Systemische Gesundheitspolitik – Zeithorizont 2015

Alfred Kyrer / Bernhard F. Seyr (Hrsg.)

Systemische Gesundheitspolitik – Zeithorizont 2015

PETER LANG
Frankfurt am Main · Berlin · Bern · Bruxelles · New York · Oxford · Wien

Bibliografische Information der Deutschen Nationalbibliothek
Die Deutsche Nationalbibliothek verzeichnet diese Publikation in der Deutschen Nationalbibliografie; detaillierte bibliografische Daten sind im Internet über http://dnb.d-nb.de abrufbar.

Gedruckt mit Förderung des Bundesministeriums
für Wissenschaft und Forschung in Wien.

Umschlaggestaltung:
© Olaf Glöckler, Atelier Platen, Friedberg

Gedruckt auf alterungsbeständigem,
säurefreiem Papier.

ISBN 978-3-631-60977-4

www.peterlang.de

Inhaltsverzeichnis

Alfred Kyrer/Bernhard F. Seyr: Transdisziplinäre Governance, Backcasting und Presencing als Reformtreiber für die österreichische Gesundheitswirtschaft (Editorial)[1]

1. Vorbemerkung

Governance war im Zeitraum 2007 – 2010 der Forschungsschwerpunkt im Fachbereich für Sozial- und Wirtschaftswissenschaften an der Paris Lodron Universität Salzburg.

Der Forschungsschwerpunkt wurde als 3-stufiges Projekt konzipiert, dessen Ergebnisse jeweils mit einer Publikation im Peter Lang Verlag dokumentiert werden:

Stufe 1: Zunächst wurden *die Methodik und die systemisch-kybernetischen Grundlagen* des Governance-Paradigmas erarbeitet: *Alfred Kyrer/Bernhard F. Seyr (Hrsg.), Governance und Wissensmanagement als wirtschaftliche Produktivitätsreserven, Frankfurt et al. 2007.*

Stufe 2: Hierauf wurden mögliche Anwendungsfelder der Governance-Handlungstheorie aufgezeigt, wobei vor allem Probleme der Komplexität sozialwissenschaftlicher Steuerungsprozesse fokussiert wurden: *Nikolaus Dimmel/Wolfgang Pichler (Hrsg.), Governance – Bewältigung von Komplexität in Wirtschaft, Politik und Kultur, Frankfurt et al. 2010.*

Stufe 3: Nunmehr geht es in der vorliegenden Publikation um die *Anwendung* des neuen Paradigmas in einem konkreten politischen Handlungsfeld, der *Gesundheitswirtschaft*. Dabei soll neben den bereits erarbeiteten Werttreibern der Governance drei weitere Reformtreiber

---

1 Die Herausgeber danken Frau Johanna Baier, M.A., für die wertvolle Unterstützung beim Lektorat dieses Bandes.

erörtert werden: Transdisziplinarität, Backcasting und Presencing. Im Fokus sind dabei Berufserfahrungen und Reformvorschläge in Österreich, Deutschland und der Schweiz.[2]

2. Eine Zeitreise durch die österreichische Gesundheitspolitik (1955 – 2010)

Alles begann mit dem Schmieden des ASVG. Damals, kurz nach dem Krieg und dann über zehn Jahre lang, mussten sich zwei politische Gruppierungen, die sich in den 30er Jahren noch in verfeindeten Lagern gegenüber standen, auf einen gemeinsamen Sozialstaat einigen.

In den 50er Jahren sind dann die falschen Weichenstellungen für das österreichische Gesundheitswesen erfolgt. Denn bereits die damaligen Kompromisse weisen etwas sehr typisch Österreichisches auf, statt klarer Aussagen diplomatische Noten! Oder anders ausgedrückt: im Gesetz tun wir keinem weh, und was wirklich passiert, „mauscheln" wir uns dann schon aus!

Und so war bereits 1955 das österreichische Gesundheitswesen ein heilloser Kompetenzdschungel, der weder klare Abgrenzungen bei den Entscheidungsträgern, noch bei den Versorgungssektoren (Prävention, Kuration, Rehabilitation, Pflege) kennt – und dafür viel willkürlichen Interpretationsspielraum offen lässt.

1969 wurde das österreichische Gesundheitswesen von der Weltgesundheitsorganisation (WHO) evaluiert. Diese hat in diesem Kontext bemerkenswerte Sachverhalte festgestellt:

---

2 Einige Referate wurden auf dem Symposium „Gesundheit und Governance – Reformen im Gesundheitswesen in Österreich, in Deutschland und der Schweiz", das am 19. August 2011 auf der Edmundsburg in Salzburg stattfand, gehalten. Veranstalter des Symposiums waren die Research Studios Austria Forschungsgesellschaft m.b.H. (Prof. Dr. Peter A. Bruck). Bei den Beiträgen von Fritz Lechleutner bzw. Wolfgang Pichler handelt es sich um Reprints aus Kyrer/Seyr (Hrsg.) 2007 bzw. Dimmel/Pichler (Hrsg.) 2009.

- Das österreichische Gesundheitswesen zeigt das Bild beachtlicher Verschiedenheit durch unterschiedlichste Träger (Landesregierungen, Gemeinden, Religionsgemeinschaften, Kassen, Versicherungen etc.), wodurch eine überregionale Zusammenarbeit zugunsten von „Eigeninteressen“ behindert wird.
- Die Existenz so vieler Träger ist nicht geeignet, die Entwicklung eines rationellen, aufeinander abgestimmten und reibungslos funktionierenden Systems zu fördern. Die Träger sind oft klein und von beschränkter Finanzkraft. Es besteht ein Mangel an Zusammenarbeit verschiedener Spitäler.
- Die Bundesregierung hat keine Kompetenzen und kann den Trägern keine verbindlichen Weisungen erteilen.
- Es gibt keine Vorkehrung für eine systematische Bewertung der Qualität der Arbeit der einzelnen Spitäler.
- Spitalsplanung ist nicht Teil eines umfassenden Planes der Gesundheitspflege. Es besteht keine Vorkehrung für eine Behandlung in Tages- oder Nachtkliniken, daher werden im Allgemeinen nur „vollstationäre“ Patienten im Spital behandelt.
- Spitäler erhalten statt konkreter Zuschüsse für spezifische Programme globale Defizitdeckungen, wodurch weder Kostenwahrheit entsteht, noch Anreize geschaffen werden, die Effizienz zu erhöhen.
- Zwischen intramuralem und extramuralem Bereich besteht eine scharfe Trennlinie. Es existieren Zweigleisigkeiten in der Arbeit von Spitälern und Ärzten in der Praxis.
- Es gibt die steigende Tendenz der praktizierenden Ärzte, ihre Patienten in ein Spital einzuweisen – diese Tendenz wird unter anderem durch das Honorierungssystem gefördert.
- Die Vorsorge für die ärztliche Betreuung älterer Menschen und chronisch Erkrankter ist in vielen Fällen unzulänglich.

Die zu diesem Zeitpunkt gerade einmal 15 Jahre alten Kompromisse hatten bereits ihre ersten Wirkungen gezeigt und Außenstehende konnten schon spätere Entwicklungen erahnen und davor warnen. Allerdings hat das hierzulande niemanden interessiert! Denn statt eine Reform der Zuständigkeiten durchzuführen und so die Steuerbarkeit herzustellen, wurden die Kompetenzen weiter zersplittert – Teile wurden den Gemeinden übertragen, andere den Ländern. Die Zahl der

„realen" Entscheidungsträger stieg damit und die Kompetenzstreitigkeiten ebenfalls. Und solange es genug Geld gab, wollte niemand etwas von Reformen wissen.

1995 haben sich dann die Kassen des Spitalssektor endgültig entledigt und die Welt in *extramural* und *intramural* geteilt. Ab nun bestand die Gesundheitspolitik nur mehr aus dem Kassenarztbereich und dem Spitalsbereich. Pflege, Rehabilitation und Prävention waren zu diesem Zeitpunkt bereits Stiefkinder. Niemand interessierte sich – trotz wachsendem Bedarf – wirklich dafür. Die Politik liebte die Spitäler, und die Kassen hielten sich an das ASVG, das für diese Bereich kaum Platz hatte – logischerweise, sind sie doch Ausdruck einer alternden Gesellschaft und des medizinisch technischen Fortschritts. Beides war 1955 unbekannt.

Die Reduktion des eigenen Leistungsspektrums was das Thema für alle, deren Geld immer knapper wurde, Leistungsausweitung das Thema der steuerfinanzierten Teile – und so stieg die Spitalslastigkeit in schwindende Höhen, während der Kassenarztbereich im Verhältnis zum Bedarf immer dünner wurde. Seit 1995 stagnierte die Zahl der Kassenärzte, während sie im Spital stetig und steil anstieg.

Als 1999 durch den Bund der Versuch unternommen wurde, durch die Einführung eines neuen leistungsorientierten Finanzierungssystems (LKF) die steigenden Spitalskosten und die steigenden Patientenzahlen unter Kontrolle zu bringen, war jedem Experten klar, dass so etwas problematisch ist. Nicht umsonst gibt es ein leistungsorientiertes Finanzierungsmodell nur bei uns, während andere Länder DRGs (Diagnoseabhängige Behandlungsgruppen) eingeführt haben und so unnötige Spitalsaufenthalte eher vermeiden konnten. Wir hingegen haben mit dem LKF dem *Moral Hazard* quasi Tür und Tor geöffnet und sogar jene bestraft, die nicht mitspielen wollten. Andererseits konnten wir wohl gar nicht anders, weil eben der Spitalssektor keine Entscheidungskompetenz im Kassensektor hat, und umgekehrt. Damit wusste auch niemand, welches Spital welche Aufgaben für den Kassenbereich übernehmen musste. Eine rigide Kürzung der Spitalsversorgung hätte möglicherweise ungeahnte Probleme verursacht.

2005 wurde dann ein Versuch gestartet, die Welten wieder zusammenzubringen. Jedem war mittlerweile klar, dass die Schnittstellen, die unser System zerpflügen, viel Geld kosten, Patientenleid vergrößern und eine qualitative Entwicklung unmöglich machen. Aber auch dieser Versuch ist komplett danebengegangen. Die Hoffnung, zum Wohle der Bevölkerung mehr Sachlichkeit statt Machtwille in die Gesundheitspolitik zu bringen, wurde wegen des damaligen scheinbaren Reichtums der öffentlichen Hand – eigentlich nur der Landesfürsten – vernichtet. Wie der Rechnungshof treffend bemerkte, ist von dieser Reform nichts übrig geblieben. Ob es auch einmal einen Evaluierungsbericht geben wird?

Ein Evaluierungsbericht (anlässlich des 10-jährigen Jubiläums) des LKF-Systems, der bereits 2009 hätte präsentiert werden sollen, ist bis heute noch unter Verschluss. Offenbar dokumentiert er das komplette Versagen des Systems.

Jetzt, nach dem Platzen der Spekulationsblasen und der Erkenntnis der öffentlichen Hand, dass die verfügbaren Ressourcen knapper werden, kündigt man wieder Reformen an. Doch auch diesmal läuft alles nach den alten Mustern ab. Statt das System entscheidungsfähig zu machen, indem eine echte Kompetenzbereinigung erfolgt, wird wieder sektoral – unter Wahrung der bestehenden Machtstrukturen – herumgebastelt.

Als nächstes wurde der Versuch unternommen, die Kassen zu sanieren. Glücklicherweise waren die Medikamentenkosten so schwach gestiegen, dass diese, ohne jegliche Strukturreform, die „Soll"-Vorgaben der Politik erfüllten, um neues Geld zu erhalten. Jetzt sind sie – wenigstens lautet so die veröffentlichte Meinung – saniert. Bei genauerem Hinsehen ist das natürlich falsch, denn aus der gewöhnlichen Geschäftstätigkeit ist noch immer kein Überschuss zu erzielen. Alles, was dort nicht zu roten Zahlen führt, sind merkwürdigste Einmaleffekte und intransparente Steuersubventionen.

Weiterer Fokus: Pflege. Auch diese erhält einfach neues Geld über einen Pflegefonds. Wesentlich wichtiger wäre es jedoch, endlich eine Abstimmung mit den Spitälern vorzunehmen. Dort werden wenigstens ein Viertel aller Betten von Patienten „belegt“, die eigentlich Pflege bräuchten, aber kein Akutspital. Könnte es nach einer Kompetenzbereinigung zu dem seit langem geforderten „Geld folgt Leistung“-Prinzip kommen, hätten beide Sektoren, Spital und Pflege, „ausgesorgt“ – ganz ohne neues Geld.

Und nun gibt es in einigen Bundesländern Spitalsreformen – oder wenigstens Ankündigungen davon. Und worum geht es da? Um Bettenabbau! Gesetzlich ist eine mit dem Kassenbereich abgestimmte Leistungsangebotsplanung vorgeschrieben. Doch so etwas findet nicht statt. Betten sind, heute wie immer, der einzige Maßstab, den die Politik kennt. Eine notwendige Abstimmung mit dem Kassenbereich fehlt zur Gänze – und deswegen darf man gespannt sein, wie das alles umgesetzt werden soll.

Bereits in zwei Jahren gibt es Nationalratswahlen, kurz darauf Verhandlungen zum Finanzausgleich. Bis dahin stehen, wenn überhaupt, die Reformen erst am Anfang der Umsetzung. Zudem fordern die Länder, dass die jährlich steigenden Abgänge der Spitäler von Bund, Land, Gemeinden und Sozialversicherung partnerschaftlich zu tragen sind. Eine eigenartige Formulierung, wenn man es mit Spitalsreformen ernst meinte; denn dann müsste man doch etwas über die partnerschaftliche Aufteilung der reformbedingten Einsparungen lesen? Zudem gibt es genug Hinweise, dass die Reduktion der Spitalspatienten – und diese müssen ja reduziert werden, wenn es wirklich eine finanzwirksame Reform sein soll – nur über den Ausbau der hausärztlichen Versorgung möglich ist. Findet man irgendwo Ansätze – z. B. eine gemeinsame Finanzierung der Hausärzte durch Kassen und Länder – die so etwas vorsehen? Die Stärkung der Hausärzte ist übrigens ein seit wenigstens 1998 nachweisliches, politisches Lippenbekenntnis!

Was geschieht also, wenn die Reformen bloß Argumente für die Finanzausgleichsverhandlungen im Jahr 2013 sind? Das Prinzip lautet offenbar: „Seht her, wir machen unsere Hausaufgaben, also erfüllt unsere Forderungen.“

Und noch eine Frage: Wer wird, so ganz ohne Staatsreform, eine Nicht-Umsetzung der Spitalsreformen sanktionieren? Dass die Länder sich kaum an Vereinbarungen halten, kann schon man daran erkennen, dass ihre Ausgaben stets größer als „erlaubt“ waren und der Bund nachträglich die Defizite genehmigen musste. Warum soll es diesmal anders sein?

Gut, alle Signale stehen auf Sturm – oder wie Hans Jörg Schelling es ausdrückt, wäre eine Reformverweigerung ein „Selbstmord mit Anlauf“. Ob sich aber wirklich etwas ändern wird, ist fraglich. Leider ist zu befürchten, dass erst der Zusammenbruch des jetzigen Systems abgewartet werden muss, damit die Kompetenzen neu verteilt werden können und auf diese Weise eine echte Steuerung des österreichischen Gesundheitswesens wieder – eigentlich erstmalig – möglich wird.

3. Ansatzpunkte für systemische Interventionen in der österreichischen Gesundheitswirtschaft

Die österreichische Gesundheitswirtschaft weist große Steuerungsdefizite auf. Viele Maßnahmen sind ineffektiv, unfinanzierbar, symptomorientiert und kurzfristig ausgerichtet. Auch die Nachhaltigkeit der Problemlösungen lässt aufgrund einer oberflächlichen Orientierung an Aspekten der Kostenersparnis („Sparpakete“) zu wünschen übrig. Immer häufiger werden einzel- und gesamtwirtschaftliche Ziele verfehlt, da die Zielerreichung nicht ausschließlich von einer Gruppe von Akteuren abhängt.

Während die ältere Systemtheorie Luhmann’scher Prägung noch weitgehend *steuerungsabstinent* war, ist die neuere Systemtheorie der Bielefelder Schule mit Helmut Willke stark *handlungsorientiert* und wird damit – indirekt – zum Wegbereiter der Governance und einer neuen *Handlungstheorie* für den öffentlichen Sektor.

Gesundheitspolitik, muss – aufgrund fortwährend unübersichtlich werdender Umfeldbedingungen – eine Fülle von Faktoren „internalisieren“, also in sich Entscheidungs- und Handlungskalkül einbeziehen. Die Welt der Steuerung ist voll von nicht beabsichtigten Handlungsfolgen, paradoxierenden Wirkungen und systemischen Rückkopplungen.

Systemische Imperative in Richtung Integration und Koordination der Elemente eines Systems können ignoriert, geleugnet, interpretiert, bekämpft oder sabotiert werden, aber sie sind immer latent vorhanden und bilden die Grundlage für eine effektive, effiziente und nachhaltige Transformation. Governance stemmt sich gegen Insellösungen und die falsche Strategie des *Divide et impera!*

Die meisten „Reformen" im österreichischen Gesundheitswesen kranken auch daran, dass einerseits kein eindeutiger Zielkatalog definiert wurde und andererseits keine klaren Vorstellungen über die *tatsächlichen Kostentreiber* bestehen. Man versucht aber trotzdem laufend, übereilte Maßnahmen zur *Kostensenkung* zu ergreifen. Nur wenn die eigentlichen Kostentreiber auf der mikroökonomischen Ebene[3] umrisshaft bekannt sind, ist es möglich,

- politische Maßnahmen, die eine Kostenbeeinflussung zum Ziel haben, zu formulieren,
- Kapazitäten zur Zielerreichung aufzubauen („capacity building") und
- die Effizienz, Qualität („outcome") und Nachhaltigkeit von Programmen bzw. Projekten zu beeinflussen.

Die „Knochenarbeit" im Zuge der Vorbereitung von Reformen besteht darin, alle relevanten Papers, Studien, Gutachten etc., die vorliegen, durchzuarbeiten, um

- die grundsätzlich möglichen Kostentreiber[4] herauszufiltern,
- in einem systemischen Kontext zu vernetzen und
- so aufzubereiten, dass Ansatzpunkte für konkrete Maßnahmen („Interventionen") geschaffen werden können.

---

3 Die Mikroperspektive wird auch im Bereich des Gesundheitswesens zu einem immer wichtigeren Denkansatz, da hoch aggregierte makroökonomische Datenbestände nur wenig Informationsgehalt aufweisen und keine Auskunft darüber geben, wie und wo Interventionen möglich sind.

4 Vgl. Kyrer/Kasserola 2008, S. 1 ff und Kasserola 2008, S. 1 ff

3.1 Angebotsseitige Kostentreiber

- **Ärzte**

Mangelndes Kostenbewusstsein bei Verschreibungen, Therapien und Überweisungen

Mangelnde Pharmakovigilanz der verschriebenen Medikamente kann – infolge von Nebenwirkungen – zu zusätzlichen Behandlungskosten führen.

Unzureichende Bereitschaft zu *echter* Kooperation in allen Bereichen (extra- und intramural). Dies gilt auch für die niedergelassenen Ärzte. Eine Kooperation erfolgt in der Regel nur dort, wo ein persönliches Netzwerk dahinter steht (sie haben gemeinsam studiert, waren im gleichen Spital als Turnusärztin beschäftigt etc.). Das gilt aber auch vor allem, was die Kooperation mit *anderen Gesundheitsberufen* anbelangt, für niedergelassene nicht-ärztliche Psychotherapeuten. Dies schlägt sich vor allem in den Kosten zur Behandlung psychosomatischer Krankheiten nieder.

Auch Gruppenpraxen werden nicht immer ernsthaft betrieben: Einsparungsmöglichkeiten werden nicht ausgeschöpft.

Schlecht organisierte und veraltete Ordinationen

Größe der Ordination: Je kleiner eine Praxis ist, desto teurer ist sie in der Regel, da versucht wird, mehr an persönlicher „Wertschöpfung“ zu erreichen, was sich freilich auch in einer qualitativ besseren Versorgung des Patienten niederschlagen *kann*.

Umgekehrt können in größeren „überlaufenen“ Ordinationen, die zwar grundsätzlich „billiger“ sind, dadurch Mehrkosten im System entstehen, dass Ärzte, die unter Zeitdruck stehen, Überweisungen vornehmen, um sich einerseits zu entlasten und andererseits entsprechend gegen Fehldiagnosen abzusichern.

Der Trend zur Spezialisierung ist stark überzogen und stellt einen weiteren Kostentreiber dar.

- **Krankenhäuser**

  Soziale Indikation bzw. ineffektives und ineffizientes Entlassungsmanagement

  Verstärkter Wettbewerb zwischen den Anbietern

  Überkapazitäten führen tendenziell zu Kostensteigerungen.

  Da Gesundheitseinrichtungen derzeit tendenziell eher „körperlastig“ organisiert sind, während psychisch und/oder soziale Beeinträchtigungen noch unzureichend behandelt werden können, müssen hier erst Kapazitäten aufgebaut werden bzw. bei anderen Organisationen in der Region in Anspruch genommen werden.

- **Medizintechnischer Fortschritt** und die **Industrialisierung** der Gesundheitsversorgung als essentielle Kostentreiber. Hier wird in Zukunft mehr Denken in alternativen Kosten-Nutzen-Strukturen gefragt sein.

- **Pharmaindustrie als Kostentreiber**

  Hohe Marketingkosten

  Pseudoinnovationen

  Re-Installierung von Patenten, um höhere Preise auf dem Markt erzielen zu können

  Neue Wege der Zubereitung von Substanzen, um die spätere Erzeugung von Generika zu erschweren

3.2 Nachfrageseitige Kostentreiber

- **Patienten**

  Extrem kostenintensive Krankheitsbilder

  Anspruchsverhalten, oft getrieben durch Fehlinformationen seitens der Medien und Patientenanwälte

  Aktuelle Lebensqualität und Lebensstil als Kostentreiber

  Arztbesuch als Kompensation für mangelnde soziale Kontakte

  Irrationales Streben nach Lebensverlängerung

  Fehlende Bereitschaft, grundsätzlich mehr persönliche Verantwortung für die eigene Gesundheit zu tragen

  Demografische Einflussfaktoren

  Änderung der Funktion und Struktur der Familie

3.3 Systembedingte Kostentreiber

- Falsche Anreize, die durch die Krankenversicherung gesetzt werden („Moral Hazard"), wobei zwei Arten zu unterscheiden sind:

  ex ante Moral Hazard: zu wenig Prävention seitens der Patienten, da weitgehender Versicherungsschutz besteht (z. B. beim Betreiben von Outdoor-Extremsportarten)

  ex post Moral Hazard: Hereinholen von Versicherungsbeiträgen (z. B. Kuraufenthalt, ohne dass hiezu eine echte Notwendigkeit besteht etc.)

- Vertragsvergabe durch Kammern und Kassen

- Regionaler Fokus bei medizinischer Versorgung noch zu schwach ausgeprägt. Fokussiert werden nur gesamtösterreichische Engpässe und hier ist hauptsächlich wieder nur die Finanzierung im Brennpunkt.

- Zu wenig Benchmarking und Benchlearning. Nur durch interregionale und internationale Vergleiche können ineffiziente regionale Strukturen aufgedeckt werden.

- Unzureichende nicht koordinierte Datengrundlagen und fehlende Cockpitsteuerung, wodurch gewisse Entwicklungen erst verspätet wahrgenommen werden.

- Falsche Honorarkataloge

- Doppelgleisigkeiten (Mehrfachbehandlungen, Doppelbefundungen beim Hausarzt, dem Internisten, in der Ambulanz etc.)

- Unzureichende Koordination der Nahtstellen (extramural – Intramural) bewirkt Fehlbelegungen

- Finanzierung aus verschiedenen „Töpfen“

- Machtanspruch der politischen Parteien: Probleme der medizinischen Versorgung werden zu Wahlkampfthemen instrumentalisiert. Echte Reformen werden blockiert, weil man auf potenzielle Wähler Rücksicht nimmt.

- Versuch der „Player“ im österreichischen Gesundheitswesen, die Kosten nicht tatsächlich zu senken, sondern von einem Träger auf einen anderen zu verlagern. Es existiert vielfach keine gemeinsame Perspektive.

- Große Zahl von Interessengruppen, die Ansprüche geltend machen. In Österreich sind es über 30 Gruppierungen.

- Es gibt sehr viel verstecktes Wissen („hidden knowledge“), wie und wo man Kosten sparen könnte, das jedoch von den einzelnen „Playern" nicht preisgegeben wird, solange keine Anreize hierzu geschaffen werden.

Das Gesundheitswesen ist ein politisches Gestaltungsfeld, das weit über medizinisch-kurative Aspekte eines limitierten biomedizinischen Modells hinausgeht. Nachhaltige Kosteneinsparungen im Gesundheitswesen sind ohne Verstärkung von Primärprävention und Gesundheitsförderung schwer erreichbar. Systemreformen, die nicht Fragen der Gesunderhaltung und Krankheitsentstehung einbeziehen, bleiben im Rahmen der vertrauten „Verteilungsspiele" und können die Kostensteigerung des Gesundheitssystems insgesamt nicht dämpfen, unabhängig davon, ob die Systemreformen stärker marktwirtschaftlich oder öffentlich ausgerichtet sind. Eine Neuorientierung der Gesundheitsreform-Diskussion erscheint angesichts dieses Befundes als unerlässlich. Grundsätze von „Good Governance" sind an steigender gesellschaftlicher Komplexität[5], Selbstverwaltung und Selbstorganisation orientiert. Governance-Prinzipien sind daher auch in der Gesundheitspolitik für eine notwendige Neuorientierung unverzichtbar.

4. Stakeholder der Gesundheitswirtschaft

In allen politischen Handlungsfeldern erfolgen Steuerungs- und Regelungsimpulse nicht nur durch die jeweiligen staatlichen Gesetzgeber, sondern auch durch wirtschaftliche Organisationen (öffentliche und private Unternehmen) sowie durch den sog. „Dritten Sektor", in dem sich Vereine, Verbände und andere zivilgesellschaftliche Interessenvertretungen („Stakeholder") finden.

Im österreichischen Gesundheitswesen gibt es über *30 Stakeholder.*[6] Da sind zunächst die Gesundheitspolitiker unterschiedlichster Couleur, auf Bundes- und Landesebene sowie aus den Städten und Gemeinden, und natürlich die Sozialpolitiker. Außerdem zählen die regionalen Wirtschaftspolitiker dazu und nicht zu vergessen die Finanzpolitiker. Diese muss man getrennt anführen, weil sie andere Ziele verfolgen und vor

5 Vgl. Mayntz 2006

6 Ernest G. Pichlbauer, Neujahrswünsche, „Rezeptblock" in der Wiener Zeitung vom 28. 12.2010

allem die Schuldenproblematik im Auge haben. Nicht zu unterschätzen ist der Einfluss der Beamten aller Gebietskörperschaften, die den Politikern unterstellt sind und „ihren" Politikern Informationen liefern und „Ezzes" geben, was in Sachen Gesundheitspolitik am besten zu tun wäre. Abgesehen davon machen die Funktionäre aus den Krankenkassen und Krankenfürsorgeanstalten ihren Einfluss geltend usw.

Dazu kommt noch der Umstand, dass viele Stakeholder in mehreren Gremien, Organisationen, Verbänden tätig sind, wo sie – ihrem Auftrag folgend – bestimmte Schichten der Bevölkerung mit ihren Interessen entsprechend vertreten. Auf diese Weise entsteht – worauf Michael Breisky[7] kürzlich hingewiesen hat – eine virtuelle Bevölkerung, die größer ist als die reale Bevölkerung, was die Umsetzung von Reformen – gleich welcher Art – noch zusätzlich erschwert.

Hier sind die wichtigsten Stakeholder:

1) Gesundheitspolitik der Städte und Gemeinden
2) Gesundheitspolitik der Länder
3) Bundes-Gesundheitspolitik
4) Sozialpolitik der Städte und Gemeinden
5) Sozialpolitik der Länder
6) Bundes-Sozialpolitik
7) Wirtschaftspolitik der Städte und Gemeinden
8) Wirtschaftspolitik der Länder
9) Finanzpolitik des Bundes
10) Verwaltungsbeamte auf Bundesebene
11) Verwaltungsbeamte auf Landesebene
12) 20 Sozialversicherungen
13) 35 Krankenfürsorgeanstalten
14) 1 Pensionsversicherungsanstalt
15) Private Krankenversicherungsträger
16) Öffentliche Krankenanstaltenträger (bettenführend, Spitäler)
17) Öffentliche Krankenanstaltenträger (nicht-bettenführend, Ambulatorien)

---

7 Vgl. Breisky 2011, S. 27

18) Private gemeinnützige Krankenanstaltenträger (i. d. R. Ordensspitäler)
19) Profitorientierte Krankenanstaltenträger (bettenführend, Spitäler)
20) Profitorientierte Krankenanstaltenträger (nicht bettenführend, Ambulatorien)
21) 7 Gewerkschaften
22) 10 Ärztekammern
23) Wirtschaftskammer
24) Interessenvertretungen der Primarärzte (innerhalb und außerhalb der Kammern)
25) Interessenvertretungen der angestellten Ärzte mit Ordinationen (innerhalb und außerhalb der Kammern)
26) Interessenvertretungen der angestellten Ärzte ohne Ordinationen (innerhalb und außerhalb der Kammern)
27) Interessenvertretungen der niedergelassenen Kassenärzte (innerhalb und außerhalb der Kammern)
28) Interessensvertretungen der Wahlärzte (innerhalb und außerhalb der Kammern)
29) Fachgesellschaften
30) Krankentransport-Organisationen
31) Blaulicht-Organisationen im Gesundheitswesen
32) Patientenanwälte
33) Patienten mit Zusatzversicherung
34) Patienten ohne Zusatzversicherung

In der folgenden Grafik werden die Stakeholder zu Gruppen zusammengefasst.

Abbildung 1: Stakeholder der Gesundheitswirtschaft

Die Gesundheitswirtschaft und ihre (wichtigsten) Stakeholder

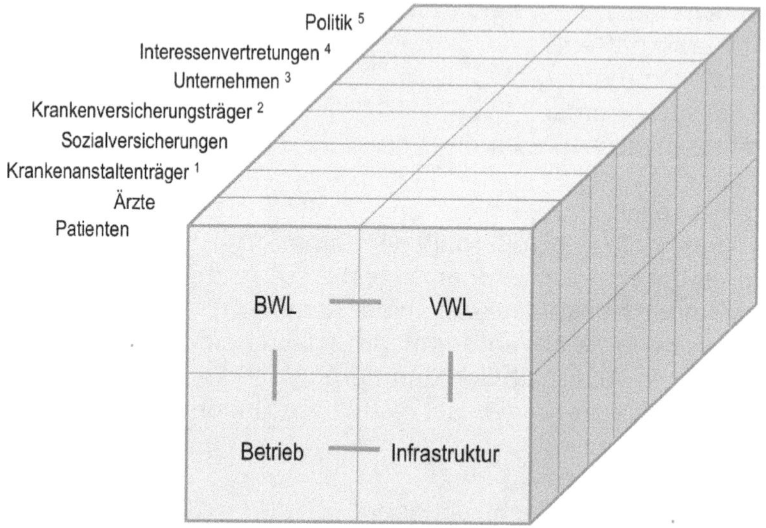

1 öffentliche und private, inkl. Rehabilitations-Einrichtungen
2 private
3 Bauwirtschaft, Medizintechnik, Pharmaindustrie, Krankentransport- Unternehmen, etc.
4 Interessenvertretungen der Patienten, Ärzte, Arbeitnehmer, Unternehmen etc.
5 Bund, Länder, Städte, Gemeinden

5. Governance und die Werttreiber systemischen Handelns

In vielen politischen Handlungsfeldern wächst die Komplexität und man sucht fieberhaft nach neuen handlungsleitenden Strukturen und Entscheidungsmustern.

Governance ist eine Antwort auf das *Scheitern naiver Management-Konzepte*, die von der unproblematischen Machbarkeit und Gestaltbarkeit sozialer Wirklichkeiten durch Anweisung und zentrale Entscheidungen von oben nach unten („top-down“) bestimmt sind.

Fredmund Malik hat daher dafür plädiert, neue Anwendungsfelder für das Governance-Paradigma zu suchen und überhaupt den Schritt zur generellen *Organisational Governance* zu wagen. „Die [...] Überlegungen zur Corporate Governance gelten in entsprechend adaptierter Weise prinzipiell für alle Organisationen – jene des Bildungs- und des Gesundheitswesens, des Wohlfahrts-, Kultur- und Mediensektors, für alle privaten Non-Profit-Organisationen und in erheblichem Umfang auch für die öffentliche Verwaltung, zumindest für den nichthoheitlichen Bereich. Nicht nur Corporate, sondern *Organizational Governance* schlechthin wird wichtig sein."[8]

Auch im Gesundheitswesen gewinnt *Governance als Handlungsstrategie* immer mehr an Bedeutung. Viele staatliche und halbstaatliche Organisationen sind strategisch noch immer „schlecht aufgestellt".

Zunächst waren es *drei Werttreiber*, die der Governance-Ansatz im Fokus hatte: *Effektivität, Effizienz und Nachhaltigkeit.* Diese sind zwar für die *Performance* eines Systems *essentiell, aber* infolge der Komplexität der zu treffenden Entscheidungen *allein nicht ausreichend* und müssen um weitere Werttreiber *ergänzt* werden. Mittlerweile sind 12 Werttreiber zu unterscheiden, die im abgebildeten Governance-Rad dargestellt sind.

8 Malik 2003, S. 53

Abbildung 2: Governance-Rad

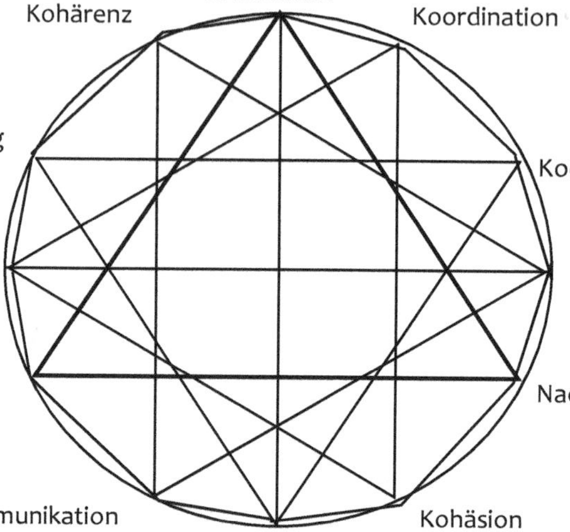

Werttreiber 1: Effektivität

„*To do the **right** things*". Festlegung und Formulierung der richtigen Ziele einer Organisation, eines Projektes. Bei diesem Werttreiber geht es um die Wirksamkeit, den Grad der Zielerreichung in einem bestimmten Zeitpunkt bzw. Zeitraum. Bei staatlichen Einrichtungen fehlen häufig klare Zielvereinbarungen oder es werden Ziele ad hoc festgelegt; es gilt leider über weite Strecken noch immer das „*Travnicek*"-*Prinzip*: Ich weiß zwar nicht, wo ich hin will, dafür bin ich aber schneller dort!

Werttreiber 2: Effizienz

"*To do the things **right***". Hier geht es darum zu untersuchen, *wie wirtschaftlich* bestimmte Projekte abgewickelt werden, welche Ziele zu welchen Kosten erreicht werden können.

Werttreiber 3: Nachhaltigkeit

In den 80er und 90er Jahren des vergangenen Jahrhunderts wurde der Begriff fast ausschließlich im ökologischen Kontext verwendet. Nun wird der Begriff immer häufiger in der Bedeutung von „dauerhafte Lösung“ verwendet, etwa der Fähigkeit von politischen Organisationen (Parteien, Regierung etc.), notwendige Reformen so zu gestalten, dass die politische Lösung eines Problems (z. B. Spitalsreform, Rentenreform etc.) zeitlich nachhaltig ist und nicht alle zwei Jahre eine „Reform der Reform“ folgen muss.

Werttreiber 4: Koordination

Hier geht es um die Koordination der Ziele, der Instrumente, der Schnittstellen, der Berücksichtigung von erwünschten und unerwünschten Nebenwirkungen etc.

Werttreiber 5: Kohärenz

Hier geht es um die Aufdeckung von Widersprüchen, um den inhaltlichen Zusammenhang von Zielen, Verfahren und Maßnahmen bei politischen Projekten und Programmen.

Werttreiber 6: Kooperation

Beispiele: Kooperation der Sozialpartner über Netzwerke, Public Private Partnership, Clusters, Kooperation mit Kunden etc., Kooperation von staatlichen und privaten Organisationen.

Werttreiber 7: Controlling

Evaluierung von Projekten und Programmen. Hier ist zu überprüfen, ob die vereinbarten Ziele (z. B. Zeit, Kosten, Budget, Qualität) von Projekten und Programmen erreicht wurden.

Werttreiber 8: Kommunikation

Die Aufgabe der strategischen Kommunikation besteht darin, alle Stakeholder über den Stand eines Projektes und die Probleme der Abwicklung zu informieren. Auch hier ist zu unterscheiden zwischen einer internen und einer externen strategischen Kommunikation, intern für die Mitarbeiter und Führungsetage und extern für Medien, Politik und Gesellschaft.

Werttreiber 9: Wissensmanagement

Ungeachtet seiner enormen Wichtigkeit gehört Wissen zu den am schlechtesten gemanagten Ressourcen (in privaten Unternehmen genauso wie in vielen in staatlichen Organisationen).

Werttreiber 10: Kohäsion

Schlüsselbegriff, der den Zusammenhalt in einer Region zum Ausdruck bringt. Man unterscheidet wirtschaftliche, soziale und *räumliche Kohäsion*.

Werttreiber 11: Finanzierung

Hierher gehören u. a. Fragen der grundsätzlichen Finanzierbarkeit sowie die Art der Finanzierung (z. B. Kredit- oder Steuerfinanzierung, Finanzierung von einer oder mehreren Gebietskörperschaften, Finanzierungskonditionen, Finanzierung aus einem „Topf" oder mehreren „Töpfen").

Werttreiber 12: Social responsibility

Fähigkeit eines Unernehmens bzw. einer politischen Organisation, soziale und/oder finanzielle Verwantwortung für bestimmte Projekte und Programme zu übernehmen.

Die 12 Werttreiber, die untereinander vernetzt sind, bilden das *Governance-Rad*, ein kybernetisches Steuerungstool, welches die Verarbeitung von Komplexität nach und nach („iterativ") ermöglicht. Es ist ein offenes System, das – wenn sich neue Perspektiven ergeben – um weitere Werttreiber ergänzt werden kann.

6. Transdisziplinarität, Backcasting und Presencing – Bausteine für eine politische Handlungstheorie im Gesundheitswesen

6.1 Transdisziplinarität

Transdisziplinarität ist eine neue Organisationsform des Forschens, für die Dialog und gegenseitiges Lernen wichtig ist. Durch die sich vertiefende Arbeitsteilung und Spezialisierung ist es zu einer Entkoppelung von gesellschaftlichen und politischen Bereichen gekommen. Viele Wissenschaften haben sich immer mehr in eigenständige Disziplinen ausdifferenziert, die untereinander nicht mehr kommunizieren.

Transdisziplinäre Forschung versucht nun, diese Entwicklung umzukehren. Immer häufiger stoßen wir auf Probleme, die äußerst komplex sind und im Rahmen *einer* Disziplin nicht gelöst werden können.

Um z. B. Reformen in der Gesundheitswirtschaft eines Landes effektiv und nachhaltig zu gestalten, braucht man eine *Task force* mit Medizinern, Ökonomen, Soziologen, Psychologen, Politikern o. Ä. Die Arbeit dieser Teams wird dabei oft dadurch erschwert, dass in den einzelnen Disziplinen unterschiedliche Begriffe, Methoden und Denkansätze bestehen, die nicht zusammenpassen.

Bei transdisziplinären Forschungsprojekten kooperieren die Vertreter unterschiedlicher wissenschaftlicher Disziplinen auf einer neuen Basis. Sie „beforschen" ein komplexes Problem, indem sie ein gemeinsames Methoden- und Theorienpaket entwickeln, eine „Methodenkreuzung" (Kurt Luger), wenn man so will. Damit dies möglich wird, muss man erst gemeinsame Sichtweisen und Begriffe erarbeiten, um Brücken zwischen den Disziplinen zu bauen und gemeinsame Projekte verwirklichen zu können.

Governance ist beispielsweise so ein „Brückenbegriff", der dazu dient, mehrere Disziplinen oder politische Handlungsfelder zusammenzuführen. Dies ist vor allem deshalb notwendig, da häufig im Zuge der Projektentwicklung, Projektbewertung und Budgeterstellung unterschiedliche Konzepte verwendet werden, die einzelnen Projekte nicht vergleichbar sind und dadurch keine Prioritäten im Hinblick auf die Umsetzung gebildet werden können.

Dass transdisziplinäre Forschung[9] noch nicht sehr verbreitet ist, hängt vor allem damit zusammen, dass es in der Scientific community noch immer an einer Kultur der Kooperation fehlt.

Transdisziplinäre Governance und systemische Transformation anhand von Masterplänen statt hastig durchgezogener Einzelmaßnahmen sollten in Zukunft Reformen im Gesundheitswesen prägen. Die Qualität von Governance-Arrangements resultiert dabei aus ihrer Gegenstandsangemessenheit, der genauen Definition der Schnittstellen, die bearbeitet werden sollen, aber auch daraus, ob es gelingt, Systeme zur Anpassung bzw. Selbständerung zu veranlassen bzw. anzuregen.

In jenen Bereichen, in denen derzeit Governance-Forschung betrieben wird, kann man die Effektivität des Governance-Konzeptes auch daran ablesen, ob es gelingt im Sinne von Partizipation, Selbstorganisation und Empowerment *Betroffene zu Handelnden* zu machen.

6.2 Backcasting

Politik und Wirtschaft werden in steigendem Maße damit konfrontiert, dass die Systeme, die gesteuert werden sollen, im Zeitablauf an Dynamik und Komplexität zunehmen. Dies erfordert neue Werkzeuge für Analyse, Monitoring und systemische Intervention.

---

9 Institutionen, die transdisziplinäre Forschung betreiben: Paulo Freire Zentrum für transdisziplinäre Entwicklungsforschung in Wien, Center for Transdisciplinary Governance in St. Gallen, AIT Austrian Institute of Technology in Wien.

Abbildung 3: Schematische Darstellung des Backcasting

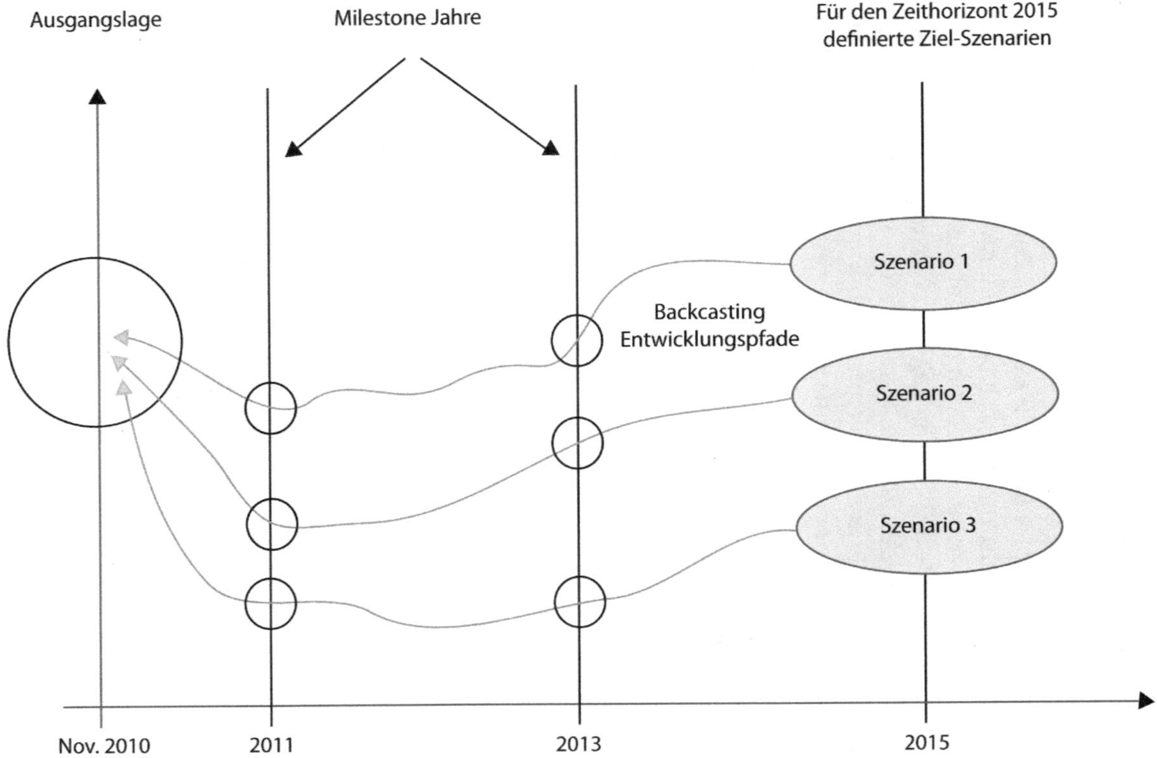

Quelle: rsa - Research Studios Austria Forschungsgesellschaft m.b.H.

Dringend gebraucht werden neue Steuerungs- und Governancemodelle. Sie sollen dazu beitragen, die Effektivität, die Effizienz und die Nachhaltigkeit der operativen Maßnahmen der politischen Akteure zu verbessern.

In diesem Zusammenhang spielt auch der Zeitpunkt, zu dem mit der Umsetzung eines Reformprojektes begonnen werden muss, eine wichtige Rolle. Während beim *Forecasting* in der Zukunft liegende mögliche Szenarien beschrieben werden, geht *Backcasting* von definierten zukünftigen Szenarios aus, die man erreichen möchte und versucht, *entgegen der Zeitachse* Entwicklungspfade zu konstruieren und Zeitpunkte festzulegen, zu denen in einem bestimmten Reformprojekt mit konkreten Maßnahmen begonnen werden muss, um die Zielerreichung sicherzustellen.

6.3 Presencing

Wir leben in einer Zeit aufeinander prallender nationaler und internationaler Konflikte und müssen immer wieder beobachten, wie historisch gewachsene Institutionen versagen.

Die Gefahr von politischen Fehlentscheidungen wächst rasant. Dies gilt für Entscheidungen, welche die Energieversorgung einer Volkswirtschaft betreffen genauso wie für politische Entscheidungen, mit denen die Rahmenbedingungen für die Gesundheitswirtschaft reformiert werden sollen. „Wir geben Unsummen Geld für Gesundheitssysteme aus, die auf der Symptomebene herumstochern und nicht in der Lage sind, die ursächlichen Gründe für Gesundheit und Krankheit in unserer Gesellschaft anzugehen. Wir produzieren mit viel Aufwand Gesundheitsergebnisse, die nicht viel besser sind als die Ergebnisse anderer Länder, die viel weniger Geld dafür ausgeben.“ [10]

Claus Otto Scharmer hat eine neue Forschungsmethode entwickelt, die er *Presencing* nennt und die dazu beitragen kann, alte ausgetretene Pfade der Politik zu verlassen und neue Strukturen aufzubauen.

---

10 Scharmer 2005, S. 3

Presencing ist eine Wortschöpfung aus den englischen Wörtern „presence", also Gegenwart bzw. Anwesenheit und „sensing", fühlen, erspüren. Scharmer hat mehrfach darauf hingewiesen, dass es ein Irrweg ist, nur auf der Basis *vergangener Erfahrungen* zu lernen. Der neue Ansatz, den er gemeinsam mit *Peter Senge, Joseph Jaworski und Betty Sue Flowers*[11] entwickelt hat, geht davon aus, dass Lernen aus der *im Entstehen begriffenen Zukunft* her möglich und sinnvoll ist. Die Suche nach einem neuen *Lernzyklus,* seine Entdeckung und Beschreibung, ist sein besonderer Fokus.

Abbildung 4: Presencing

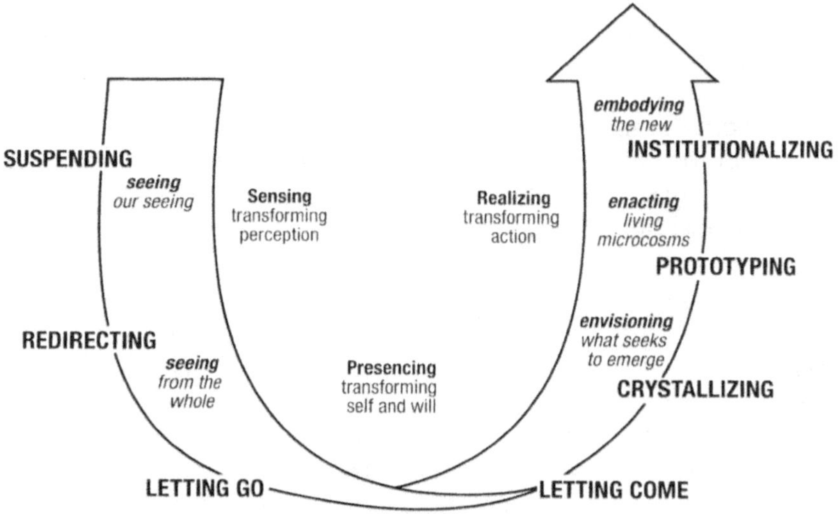

Die empirische Basis des Presencing beruht auf 150 Interviews mit weltweit führenden Denkern und Praktikern, mit Kollegen und Aktionsforschern von Fujitsu, Daimler-Chrylser, GlaxoSmithKline, Hewlett-Packard, Federal Express, McKinsey & Company, Nissan, PriceWaterhouseCoopers, Shell Oil, Bürgerbewegungen in den USA, Europa und

11 Vgl. Senge et al. 2005

Asien. Die Interviews wurden im Zeitraum 1995 – 2005 gemacht und sollten den „Blind Spot of Leadership" (so lautete der Arbeitstitel der empirischen Feldforschung) besser ausleuchten.

In dem Buch *Theorie U: Von der Zukunft her führen* hat Scharmer die Idee des *Presencing* weiter ausgebaut. Während der ursprüngliche Ansatz nur für Individuen und Unternehmen konzipiert war, eignet sich der weiterentwickelte neue Presencing-Ansatz für jede Form von Organisation, kann also auch auf öffentliche, *staatliche Institutionen* übertragen werden.

Mit der Theorie U möchte Scharmer vor allem zwei Dinge erreichen: Einerseits eine *soziale Grammatik der Emergenz* entwerfen und andererseits eine *neue Handlungstheorie* entwickeln, die sich in konkreten Entscheidungssituationen bewährt.

Die globalen Herausforderungen unserer Zeit zwingen die meisten Institutionen dazu, sich von Grund auf neu zu erfinden: Wer sind wir, wofür stehen wir, wie wollen wir die Welt verändern, wie gehen wir vor? In Organisationen und Institutionen ist – mehr denn je – *Leadership* gefragt, um sich auf allen Ebenen des Lernens und der Veränderung professionell bewegen zu können.

Literatur

Benz, Arthur (Hrsg.): Governance – Regieren in komplexen Regelsystemen. Eine Einführung. Wiesbaden, 2004.

Baumfeld, Leo; Hummelbrunner Richard; Lukesch Robert: Instrumente systemischen Handelns. Frankfurt am Main et al., 2008.

Breisky, Michael: Österreich hat die Wahl: Weiterwursteln oder eine Ochsentour, in: Die Presse vom 31. Mai 2011, S. 27.

Dimmel, Nikolaus/Pichler, Wolfgang (Hrsg.): Governance – Bewältigung von Komplexität in Wirtschaft, Gesellschaft und Politik. Frankfurt am Main et al., 2009.

Eder, Rudolf: Das Wesen der Wirtschaft. Einführung in die allgemeine Wirtschaftstheorie. Frankfurt am Main et al., 2011.

European Commission: European Governance. A Whitebook. Luxemburg, 2001.

Fischer, Andrea; Sibbel, Rainer (Hrsg.): Der Patient als Kunde und Konsument. Wie viel Patientensouveränität ist möglich? Wiesbaden, 2011.

Hank, Rainer: Aspekte einer Theorie der Knappheit. Manuskript, Frankfurt, 2011.

Kasserola, Renato G.: Das Damoklesschwert der Sozialversicherung. Kostentreiber im österreichischen Gesundheitswesen. Unveröffentlichtes Manuskript. Salzburg, 2008.

Korosec, Ingrid; Pichlbauer Ernest G.: Gesunde Zukunft. Österreichs Gesundheitsversorgung neu. Diskussionsgrundlage zur Entwicklung neuer Strategien im Gesundheitswesen. Wien, 2007.

Kyrer, Alfred: Das Titanic-Syndrom. Über das Schnüren von "Sparpaketen" in Österreich, in Deutschland und in der Schweiz oder: Wasch' mir den Pelz, aber mach' mich nicht nass! Wien, 1995.

Kyrer, Alfred: Neue Politische Ökonomie 2005, München und Wien 2001.

Kyrer, Alfred; Kasserola, Renato: Kostentreiber im Gesundheitswesen, Salzburg, 2008.

Kyrer, Alfred; Seyr, Bernhard F. (Hrsg.): Governance und Wissensmanagement als wirtschaftliche Produktivitätsreserven. Frankfurt am Main et al., 2007.

Laimböck, Max: Die Zukunft des österreichischen Gesundheitssystems. Wettbewerbsorientierte Patientenversorgung im internationalen Vergleich. Wien, New York, 2009.

Malik, Fredmund: Die Neue Corporate Governance, 2. Aufl., Frankfurt/Main et al., 2003.

Mayntz, Renate: Fluch der Komplexität, in: *Handelsblatt* vom 29.09.2006, S. 9.

Osztovics, Walter; Kovar, Andreas; Mayrbäuerl, Cornelia: Besser regieren – Arena Analyse 2011 Österreich. Wien, 2011.

Scharmer, Claus Otto: Theorie U: Von der Zukunft her führen. Einführung. Massachusetts, 2005.

Senge, Peter; Scharmer, Claus Otto; Jaworski, Joseph; Flowers, Betty Sue: Presence – Exploring profound Change in People, Organizations und Society. London, 2005.

Seyr, Bernhard F.: Integratives Management und Wissensbilanzierung in der Hochschulforschung. Frankfurt am Main et al., 2006.

Watzlawick, Paul, John H. Weakland, Richard Fisch: Lösungen – Zur Theorie und Praxis menschlichen Wandels. Berlin, Göttingen, Toronto, 1992.

Willke, Helmut: Systemisches Wissensmanagement. Stuttgart, 2001.

Willke, Helmut: Systemtheorie. 3 Bände, Stuttgart, 2005.

Peter-Wolf Aichberger: Systemische Ansätze für eine effektive, effiziente und nachhaltige Gesundheitswirtschaft mit dem Fokus Krankenhaus-Bau

A. Einleitung

Der Krankenhaus-Bau (im Folgenden kurz BAU genannt) repräsentiert sich, im Wesentlichen aus der Hülle und der strukturgebenden Raumgliederung, Ausrüstung, Ausstattung und Einrichtung sowie der funktionellen Nutzung im Rahmen des Themas Inbetriebnahme.

Die bauliche Substanz ist grundsätzlich ein langfristig beständiges Element, welches erheblich die Ressourcen der Umwelt beansprucht.

Bei der Gewinnung der Materialien – Transporten – Herstellung – im Betrieb – bei Veränderungen – und letztlich beim gänzlichen Abbau. Die Standard-Lebensdauer liegt bei 80 bis 100 Jahren – aus medizinischer Sicht eine Ewigkeit.

Aus der letzten Aussage heraus wird daher seitens der Medizin eine hohe Flexibilität der Baumasse, d. h. laufende Änderbarkeit der Raumgliederung, der technischen Gebäude-Ausrüstung und der medizintechnischen Ausstattung und –Einrichtung gefordert.

Hier greifen Kosten- und Komplexitäts-Treiber, die es gilt, effektiv, effizient und nachhaltig zu vermeiden.

1. Umsetzung

Vorraussetzung für die bauliche, ausstattungs- und einrichtungsgemäße Umsetzung ist eine präzise Beschreibung der Anforderung in betrieblicher Hinsicht, zur Feststellung des Gefahrenpotentials und der

Dimensionierung der Bausubstanz einerseits und der Flexibilitätsvariablen.

Um eine bessere Performance der Gesundheitswirtschaft zu erzielen bräuchte man einen detaillierten österreichweiten Übersichtsplan (neuerdings auch als *Masterplan* bezeichnet).

Damit ist auch schon die größte Schwachstelle aufgezeigt, nämlich: abgekapselte medizinische Einrichtungen, welche nicht in ein Gesamtkonzept integriert sind.

Dazu kommen dann noch die Erreichbarkeit und die Kosten für Patiententransfers etc. zum Tragen. Die Verfügbarkeit der medizinischen Einrichtungen ist auch in einem flächenmäßig kleinen Land wie Österreich mit Unterschieden zur Kenntnis zu nehmen.

2. A-Schilda

Ein Synonym für gemeinnützigen Unsinn – dazu bei bester Gesundheit und nicht umzubringen:

Jeder Flecken in Österreich hat sein eigenes Bau-, Förderungs-, Abrechnungs- und was sonst noch für ein -Gesetz und natürlich alle dazu gehörigen Verordnungen.

Bei etwas Willen zur Sparsamkeit, kann diese „gesetzliche Steuerung“ sehr einfach effektiv, effizient und nachhaltig organisiert werden. Hier könnte auch der Föderalismus greifen, indem die gesamte Steuerungsaufgabe einem am besten dafür geeigneten Bundesland übertragen wird.

Damit wären die Planungsstrukturen vereinheitlicht und es könnte hier, abgesehen von einer Anpassung an das jeweilige Ortsbild, eine Kosten reduzierende Umsetzung erfolgen. Auch die äquivalenten Einrichtungen wären in gewohnter Weise gleich, was bei Personaltransfers auch von Vorteil ist. Hier wäre die Industrie ein Vorbild, da wird auch nicht das bauliche Strukturkonzept je nach Standort geändert, sondern es gilt immer der Arbeitsinhalt des Standortes.

3. Die Planungskompetenz des Auftraggebervertreters während der Bauzeit

Nach ausreichend langem Rückblick auf bauliche Umsetzungen ist die Planungs-Aktivität des Auftraggebervertreters der effektivste, effizienteste und nachhaltigste Kostentreiber des Baues. Ohne hier weiter auf die oft katastrophalen Auswirkungen näher einzugehen – es ist der Planungsvorgang so rechtzeitig abzuschließen, dass die Ausschreibung, die Anbote und der Kostenspiegel vollständig und revidierbar vorliegen. Dann erfolgt die Vergabe und es wird ein strenger Terminplan erstellt.

4. Die Liga der Aufsichtsräte und sonstiger Kontrollorgane

Ein wesentlicher positiver Faktor ist auch, dass die Leistungen nach Gewerken getrennt behandelt werden und nicht über die Generalunternehmer abgewickelt werden. Bei sorgsamer Abwicklung ist hier eine beträchtliche Kosteneinsparung zu realisieren. Bei den geltenden EU- und österreichischen Ausschreibungsbestimmungen ist vorsorglich darauf zu achten, dass auch die Erreichbarkeit der im Zeitraum des laufenden Betriebes allenfalls benötigten Firmen mit entsprechender örtlicher Nähe und ausreichender Bonität beachtet wird.

Projektsteuerung – Projekt-/Baumanagement – Planung – Bauaufsicht müssen an bewährte Fachleute vergeben werden, wobei Kompetenz, Unabhängigkeit und Seriosität penibel nachzuweisen sind (Aufsichtsrat). Die richtigen Leute gibt es und die schwarzen Schafe auch.

5. Funktionsplanung

Der architektonischen Planung vorauslaufend ist eine Funktionsplanung für alle medizinischen Einrichtungen obligat. Dabei sind neben den rein medizinischen Abläufen und sich daraus ergebenden Wegen, auch die Subfunktionen wie Hol- und Bringdienst, Gebäudeinstandhaltung, Wartungsdienste, Gebäudereinigung sowie die Personal-, Patienten- und die Sicherheitswege mit ihrem Ablaufgeschehen darzustellen (Zeit-Wege-Matrix).

Für sämtliche errechenbaren Zeitabläufe sind Grenzwerte (Benchmarks) festzulegen. Weitläufige und unübersichtliche Anlagen sind Ressourcenkiller.

In diesem Planungsabschnitt ist die Mitwirkung eines kompetenten Mitarbeiterteams von höchster Priorität. Unter der Beachtung der schon oben erwähnten Forderung eines für alle gleichartigen Einrichtungen geltenden Planungskonzeptes, ist dieses mittels entsprechender Checklisten unter Mehrheitsentscheidungen durch die parallele Einbindung aller größeren einschlägigen Teams zu entwickeln. Dabei sollen die Entscheidungsbegründungen („warum so und nicht anders") in den Checklisten für die späteren Evaluierungen als Entscheidungshilfen festgehalten werden.

6. Schiff ahoi!

An dieser Stelle steht die Frage nach den Entwicklungskriterien der Gesundheitswirtschaft, welche zu jeder Zeit nach Verbesserung des Gesundheitszustandes der Bevölkerung einerseits und andererseits nach Verminderung der Gesundheitskosten trachten.

Jetzt sind die Gesundheitswirtschafts-Faktoren zu hinterfragen und die Möglichkeiten zu prüfen, wie mit diesen Faktoren die Gesundheitsentwicklung zu steuern ist.

B. Planungsvorgaben

Die primäre Fragestellung der Studie lautet:

Welche Beiträge aus dem Bereich BAU enthalten „Systemische Ansätze für eine effektive, effiziente und nachhaltige Gesundheitswirtschaft?"

Um dieser Frage näher zu treten, muss vorerst nochmals der grundsätzliche Beitrag des BAU dargestellt werden:

Der BAU stellt den umhüllenden Raum („hardware“) dar, in welchem der funktionelle Ablauf des medizinischen Einsatzes (quasi die „software“) stattfindet. Es müssen bestimmte Eigenschaften gegeben sein, welche ein einwandfreies Gebäude sicher stellen, in welchem die „software“ funktionieren kann.

Da sich das Umfeld und der Inhalt laufend verändern, müssen diese Eigenschaften genau steuerbar sein:

- Hygienische Reinheitsklassen > Raumtemperaturen > Klimatisierung > Belichtung > usw.
- Variierbare Raumgliederung > optimierte Transportwege für Patienten – Besucher – Ärzte – Pflegepersonal – Geräte – usw.
- Behindertengerechte Wegeführungen und Einrichtungen für Desorientiertenschutz
- Ausführung, Einrichtung gemäß Arbeitsstätten- und dem ArbeitnehmerInnenschutzgesetz mit Fluchtwegen und Sicherheitseinrichtungen für den baulichen Brandschutz

C. Masterplan

Diese vorgenannten Eigenschaften erfordern eine effektive, effiziente und nachhaltige Betriebsführung und diese stellt eine Herausforderung der damit betrauten Personen dar.

Neben der konstanten Betriebsbereitschaft und laufend erforderlichen Anpassung des BAU, ist auch die Medizintechnik hinsichtlich Positionierung und Funktion eingebunden und stellt gemeinsam mit dem BAU die „Hardware“ des Gesundheitswirtschafts-Betriebes dar.

Auch die laufende Entwicklung der „Software“ sollte ohne große Umbauten – mit kleinen Anpassungen, quasi als „Customizing“ – abgedeckt werden können.

Basis für alle Überlegungen ist der Umfang und die Umsetzung der Gesundheits-Anforderung. In diesem Bereich ist auch der größte Ansatz für Steuerungen gegeben.

Das erfordert einen – bereits erwähnten – vorausschauenden „Meister-Plan" – Neu-Deutsch „Master-Plan".

D. Gesundheitswirtschafts-Faktoren – Definition

Vorauslaufend sind die Gesundheits-Anforderungen und die Gesundheitswirtschafts-Faktoren zu hinterfragen. Über eine Matrix, in welcher diese Faktoren und die Zusammenhänge erfaßt werden, können die Anforderungen übersichtlich formuliert werden.

Die Veränderungen durch die laufenden Entwicklungen der Medizintechnik werden in der vorliegenden Betrachtung durch die Beachtung der „Gesundheitsentwicklung" grundsätzlich abgedeckt.

Die Vorgehensweise muß für die Grundlagenbeschaffung im Allgemeinen gelten. Grundsätzlich muß die Matrix für sämtliche derartige Einrichtungen Geltung besitzen.

Was sind nun die „Gesundheitswirtschafts-Faktoren"?

Unter **Gesundheitswirtschafts-Faktoren** werden alle auf die Gesundheitswirtschaft wirksamen direkten und indirekten Elemente verstanden, deren Einfluß eine nennenswerte Auswirkung haben. In diesem Artikel finden Sie eine Matrix, mit deren Hilfe die folgenden Hypothesen formuliert wurden.

E. Gesundheitswirtschafts-Faktoren und ihre Vernetzung

Unter dem besonderen Aspekt der Betrachtung des Bereiches „BAU" werden in 9 *Handlungsfeldern* vor allem jene Faktoren hervorgehoben, welche relevante wirtschaftliche Auswirkungen haben. Weiters wird durch „*Anmerkungen*" auf sonstige Auswirkungen dieser „Faktoren" hingewiesen. Mit Pfeilen >>> wird auf bestehende und zu beachtende Vernetzungen hingewiesen.

SYSTEMISCHE ANSÄTZE FÜR EINE EFFEKTIVE, EFFIZIENTE UND NACHHALTIGE GESUNDHEITSWIRTSCHAFT

	THESEN **GESUNDHEITS-WIRTSCHAFTSFAKTOREN**	

1003-gesund_SAEEN-4a.ppt 10

Ziele	Organisation	Finanzierung
1 **LEISTUNGSBILD**	**4** **AUSBILDUNG**	**7** **VERURSACHER**
2 **METHODEN**	**5** **STANDORTE**	**8** **KOOPERATION**
3 **ERGEBNISSE**	**6** **UMSETZUNG**	**9** **STATISTIK**

1003-gesund_SAEEN-4b.ppt 11

1. Leistungsbild	2. Methoden	3. Ergebnisse
1.1 **Heilen - Wiederherstellen**	**2.1** **Prävention**	**3.1** **Schmerzbefreien**
1.2 **Geriatrie**	**2.2** **Eigenverantwortung**	**3.2** **Aktivieren**
1.3 **Palliativ Medizin**	**2.3** **Selbstbehalte**	**3.3** **Sterbebegleitung**

1003-gesund_SAEEN-4b.ppt 1

1.1 Heilen-Wiederherstellen	1.2 Geriatrie	1.3 Palliativ Medizin
1.1.1 KRH-Gliederung nach gestaffeltem Leistungsbild	1.2.1 Tages-, u. Kurzaufenthalte	1.3.1 Entwicklung von Therapien
1.1.2 Gestraffte Diagnostik und Laborbefunde	1.2.2 Dauer-Aufenthalte bei intensivem Bedarf ärztlicher Leistungen	1.3.2 Schmerzbefreien
1.1.3 Minimierte KRH-Aufenthalte	1.2.3 Pflege mit Fokus auf den Erhalt der Mobilität	1.3.3 Gesprächstherapie

1003-gesund_SAEEN-4b.ppt 2

2.1 Prävention	2.2 Eigenverantwortung	2.3 Selbstbehalte (20%)
2.1.1 2-Jahres Gesundheitscheck	2.2.1 Maßvolle Lebensführung	2.3.1 Gesundheitscheck fehlt
2.1.2 Fitnessplanvorgaben mit med. Leistungswerten und Erfolgsprämien	2.2.2 Fitnessaktivitäten	2.3.2 Fitnessaktivität fehlt
2.1.3 Förderung Schulsport und Breitensport	2.2.3 Sport nicht *(Selbst)*-Mord	2.3.3 Riskante Aktivitäten

1003-gesund_SAEEN-4b.ppt 3

3.1 Schmerzbefreien	3.2 Aktivieren	3.3 Sterbebegleitung
3.1.1 Vorrang. Med. Anforderung	3.2.1 REHAB-Zentren Volle Einsatzfähigkeit Motorik optimieren	3.3.1 Hinausgehen ohne Angst
3.1.2 Suchtmittel-Befreiung	3.2.2 Lebenstrainingscampus Psychisches Gleichgewicht Positives Denken	3.3.2 Abschied mit Würde
3.1.3 Alternative Physiotherapie	3.2.3 Abbau von Behinderungen Förderung des Behindertensportes	3.3.3 Begleitung der Angehörigen

1003-gesund_SAEEN-4b.ppt 4

4. Ausbildung	5. Standorte	6. Umsetzung
4.1 **Soziale Pflegehilfe**	**5.1** **Pflegestützpunkte**	**6.1** **Bauliche Strukturen**
4.2 **Pflegefachdiplom**	**5.2** **Klinik-Zentren**	**6.2** **Ausrüstung / Einrichtung**
4.3 **Jus praticandi > Facharzt**	**5.3** **Universitätsklinik**	**6.3** **Belegsysteme**

1003-gesund_SAEEN-4b.ppt 5

4.1 Soziale Pflegehilfe	4.2 Pflegefachdiplom	4.3 ius practicandi/Facharzt
4.1.1 KRH-Einsatz 3 Monate (diverse Fachabteilungen)	4.2.1 8-Sem. KRH-Einsatz mit Berufsbegleitender Ausbildung für Kranken-u. Gesundheitspflege	4.3.1 Turnusarzt-Einsätze
4.1.2 KRH-Einsatz 3 Monate (Geriatrie)	4.2.2 Abschlußprüfung (DKGK) (obligat für Ärzte in spee)	4.3.2 Facharztstudium
4.1.3 Abschlußprüfung > SHD	4.2.3 Spezialausbildungen Anästhesie-Intensivpflege Physiotherapie/Psychologie	4.3.3 Auslands-Abwanderung mit Kostenersatzverpflichtung

1003-gesund_SAEEN-4b.ppt 6

5.1 Pflegestützpunkte	5.2 Klinik-Zentren	5.3 Universitätsklinik
5.1.1 Hausarzt-Ordinationsgemeinschaft	5.2.1 Zusammenlegung der KRH	5.3.1 Forschung und Lehre
5.1.2 Mobile Dienste Physiotherapie	5.2.2 Integrierung aller Ordinationen und Labors in die Klinikzentren	5.3.2 Klinik für med. Sonderfälle
5.1.3 Temporäre Pflege / Aufsicht und Nachpflege nach OP	5.2.3 Autonome wirtschaftlich eigenverantwortliche Führung	5.3.3 Prüfstelle der Klinik-Zentren Gutachter

1003-gesund_SAEEN-4b.ppt 7

6.1 Bauliche Strukturen	6.2 Ausrüstung/Einrichtung	6.3 Belegsysteme
6.1.1 Bedarfsorientierte Raumermittlung auf Grundlage der Fallstatistik	6.2.1 Einsatz-Bedarfsanalysen mit Nachweis	6.3.1 Fachübergreifende Pflegebereiche
6.1.2 Straffe ablauforientierte Struktur Übersichtliche Wegeführung	6.2.2 Gerätepool mit anderen Klinik-Zentren	6.3.2 Zentrale Stützpunkte mit Frisch-OP-Zimmern und Personalräumen
6.1.3 Harmonisches Ambiente	6.2.3 Hersteller-offene Systeme Ausschreibungspool Vorschlagsrecht ohne Diktat	6.3.3 Pool - Sekretariate Bibliothek mit Studierraum Keine Arzt-Privaträume

1003-gesund_SAEEN-4b.ppt 8

7. Verursacherprinzip	8. Kooperation	9. Statistik
7.1 **Kostendiagramm**	**8.1** **Ausbildung**	**9.1** **Fallstatistik**
7.2 **Methoden**	**8.2** **Allgemeine Sozialpflicht**	**9.2** **Rücklauf**
7.3 **Ergebnisse**	**8.3** **Umsetzung**	**9.3** **Nachhaltigkeitswert**

1003-gesund_SAEEN-4b.ppt 9

7.1 Kostendiagramm	7.2 Methoden	7.3 Ergebnisse
7.1.1 Feststellung der Krankheits-Ursachen (Primär-Ursachen)	7.2.1 Primär-Ursachen-Katalog	7.3.1 Vergleich der vermeidbaren und schwer vermeidbaren Primär-Ursachen
7.1.2 Fall-Statistik (barcode)	7.2.2 Fall-Zuweisung an Primär-Ursachen (Alkohol-Tabak-Ernährung-Bewegungsmangel etc)	7.3.2 Kontrolle der Maßnahmen zur Vermeidung der Primär-Ursachen
7.1.3 Kostenerfassung	7.2.3 Kostenumlage an die Hersteller der Primär-Ursachen	7.3.3 Restkostenermittlung

1003-gesund_SAEEN-4b.ppt 10

8.1 Ausbildung	8.2 Allgemeine Sozialpflicht	8.3 Umsetzung
8.1.1 Unterstufenausbildung (9.Schulstufe)	8.2.1 6 Monate Heeres-Einsatz mit oder ohne Waffe	8.3.1 Verbesserung der Arzt-Informationen (mittels e-card)
8.1.2 Allgemeine Pflegehilfe (SHD)	8.2.2 3 Monate KRH-Einsatz in Fachabteilungen	8.3.2 OP-Einbindung der zuweisenden praktischen Ärzte (optimierte Nachbetreuung)
8.1.3 Sozial-Kompetenz	8.2.3 3 Monate KRH-Einsatz in Geriatrie oder Pflegeheim	8.3.3 Nachbetreuungs Reflektion in die Fall-Statistik (mittels e-card)

1003-gesund_SAEEN-4b.ppt 11

9.1 Fallstatistik	9.2 Rücklauf	9.3 Nachhaltigkeitswert
9.1.1 Permanente Evaluierung	9.2.1 Nachbehandlungs- Ergebnisse	9.3.1 Tatsächliche Fallkosten einschl. Nachbehandlung
9.1.2 Reflektion der Diagnose- Ergebnisse	9.2.2 Ergebnis-Übersicht der Fallstatistik einschl. Rückfällen und weiteren Krankheitsfolgen	9.3.2 Verhältnis der Tatsächlichen Fallkosten zu den Regelfallkosten (Einzelberichtigungen)
9.1.3 Reflektion der Therapie- Ergebnisse	9.2.3 Präventions-Nachweis Kostenaufwand	9.3.3 Verhältniszahl Gesundheitspräliminare zum Gesamtaufwand

1003-gesund_SAEEN-4b.ppt 12

Handlungsfeld 1

1.1.1 **KRH-Gliederung nach gestaffeltem Leistungsbild** > *1.1 Heilen-Wiederherstellen*

Die Aufgabenstellung jedes Krankenhauses[1] erfordert eine entsprechende bauliche Ausbildung.

KRH-Typ als Standardmodul. Ist eine Hochleistungseinrichtung, in welcher auch unter starker physischer und psychischer Belastung keine Fehler „passieren" dürfen > Orientierung – Wege – Ablauf – sind fix > wie eine zweite Haut der dort Tätigen.
Anmerkung: „Insellösungen", wenn Schwerpunkt-Sonderfächer mit abweichender Größe neben der sonstigen KRH-Ausbildung angesprochen werden.

1.1.2 **Gestraffte Diagnostik und Laborbefunde** > *1.1 Heilen-Wiederherstellen*

Diese Forderung lässt sich nur durch die Zusammenlegung aller dieser Einrichtungen in Klinik-Zentren nachhaltig realisieren >>> 5.2 ff.
Umsetzung über vertikale Anbindungen zu einem eigenen Zentrum, ev. mit Einbindung eines Schnittbild-Zentrums zielführend. Hier wären dann die Patientenwege besonders zu beachten. >>> 6.1 ff.

1.1.3 **Minimierte KRH-Aufenthalte** > *1.1 Heilen-Wiederherstellen*

Bei gleich bleibender Menge an Fallzahlen reduzieren sich die Bettenanzahl und Zimmerflächen direkt proportional.
Anmerkung: Das KRH muß für den nur kurz verweilenden Patienten sofort leicht zu überblicken sein – und eine Vertrautheit erreichen >>> 6.1 ff. >>> 4.1 ff.

1.2.1 **Tages- und Kurzaufenthalte** > *1.2 Geriatrie*

Bei schweren Erkrankungen, welche zu Hause, im Pflegestützpunkt oder in einem Seniorenheim nicht behandelt werden kön-

---

1 Im Folgenden als KRH abgekürzt.

nen, ist die Zuweisung an die Geriatrische Abteilung des KRH gegeben.
Sonderklasse in eigener Zone möglich.
Anmerkung: Grundsätzlich werden Tages- und Kurzaufenthalte von den Pflegestützpunkten abgedeckt. >>> 5.1 ff.

1.2.2 **Langzeitpflege mit und ohne intensivem Bedarf ärztlicher Leistungen** > 1.2 *Geriatrie*

a) Bei temporärem ärztlichen Leistungsbedarf, jedoch sehr hohem Pflegebedarf ist eine dezentrale Insellösung im Nahbereich des KRH zu bevorzugen. Diese Einrichtung ist analog den Anforderungen von Seniorenheimen zu gestalten. > Gartenbereich mit Desorientierten-Wegschleifen, Zimmerstaffelung bis hin zum „Betreuten Wohnen".
Da die Fluchtweganforderungen dem Thema etwas entgegen stehen, sind entsprechende Schleusen mit Frühwarnungseinrichtungen einzuplanen.
Die Lage der Pflegestützpunkte ist hier besonders zu beachten >>> 6.3.2 (nicht 6.3.1)!

b) Bei intensivem ärztlichen Leistungsbedarf entspricht die bauliche Anforderung grundsätzlich dem üblichen Pflegebetrieb. >>> 6.3.1 (wobei die Geriatrie in sich selbst fachübergreifend wirkt).
Sonderklasse in eigener Zone möglich.

1.2.3 **Pflege mit Fokus auf den Erhalt der Mobilität** > 1.2 *Geriatrie*
Für Gymnastik und Massagen sind geeignete Räume oder Flurnischen einzuplanen. Ebenso sind Räume für Tanz und Musizieren einzurichten.
Anmerkung: Die Rücksiedlung in die „eigenen 4 Wände" oder auch zum „Heimat-Pflegestützpunkt" sind vorrangiges Ziel.

1.3.1 **Entwicklung von Therapien** > 1.3 *Palliativ-Medizin*
Das Problem der meisten Patienten liegt im „Verlauf des Ablebens" – Angst der Verlassenheit, Angst vor Schmerzen, der Wunsch nach Geborgenheit etc. – mit sehr unterschiedlichen

Ausprägungen. Therapien sind individuell für jeden Patienten anzupassen. Die räumliche Auslegung ist analog einer Sonderklasse, ev. Möglichkeit für Zusatzbett oder weiteren Raum für Begleitperson.

Anmerkung: Der Wunsch vieler Patienten ist – „zu Hause zu sterben"! Soweit nicht die Schwierigkeiten der medizinischen Betreuung dagegen sprechen und auch eine durchgehende private Betreuung sicher gestellt ist, ist dieser Form der Vorzug zu geben. Die ärztliche Betreuung ist dann durch den Hausarzt zu übernehmen.

1.3.2 **Schmerzbefreien** > *1.3 Palliativ-Medizin*
Der Patient soll in die Lage versetzt werden, seine letzte Lebenszeit möglichst schmerzfrei zu erleben und noch in Ruhe allfällige Regelungen zu treffen, wohl auch jene Gedanken an das Kommende nach dem Sterben.

1.3.3 **Gesprächstherapie** > *1.3 Palliativ-Medizin*
Die Möglichkeit eines persönlichen Gesprächs ist ein Gemeinsamsein auf dem letzten Weg und wesentliches Element eines temporären Heilungserfolges.

Anmerkung: Wenn auch offensichtlich durch diese erst neuere medizinische Leistung Mehrkosten entstehen, so müssen auch die sonst vermehrt auftretenden Ausfallskosten bei den Angehörigen und auch die Mehraufwände des KRH-Personals infolge der gegebenen größeren Unruhe im Umfeld der Sterbenden gegen gerechnet werden. Daraus entsteht vermutlich ein Null-Summen-Ergebnis.

Handlungsfeld 2

2.1.1 **2-Jahres Gesundheitscheck** > *2.1 Prävention*
Die laufende Gesund-Kontrolle mit wechselnden Schwerpunkten, entsprechend protokolliert, ist die Voraussetzung einer wirksamen Gesundheitsplanung.

2.1.2 **Fitnessplanvorgaben mit med. Leistungswerten und Erfolgsprämien** > 2.1 *Prävention*

Im Rahmen des Gesundheitschecks werden Fitnesspläne und sonstige Verhaltensempfehlungen (z. B. Ernährung etc.) nach dem individuellen Bedarf der Staatsbürger an diese ausgegeben und zugleich mit der e-card festgehalten.

Anmerkung: Bei Erreichung der vorgegebenen, verbesserten Leistungswerte (Prüf-Intervalle zwischen 6 und 12 Monaten) wird automatisch eine Prämie – z. B.: 40 % von durchschnittlichen Fitnessclubkosten o.dgl. ausbezahlt. Vorsicht siehe auch >>> 2.3.2

Verbesserte Fitness > weniger „Kranken-Fälle" > weniger KRH-Betten etc. >>> 1.1.3

2.1.3 **Förderung Schulsport und Breitensport** > 2.1 *Prävention*

Der Schulsport muß wesentlich verstärkt und vielseitig erfolgen, damit ist auch schon im „Pflicht"-Kindergarten zu beginnen – Bewegung, und nicht zu wenig. Der dzt. Stand ist unverantwortlich und enorm kostentreibend – jedenfalls beim „Gesundheitsetat".

Anmerkung: Gleichermaßen gilt dies auch für die Förderung des Breitensportes > Bewegung, Bewegung und nicht zu wenig. Hier ist allerdings darauf zu achten, dass nicht zu extrem agiert wird – also nicht die Podestplätze sind zu honorieren, sondern das tatsächliche „Dabeisein". Da gehört auch das „einfache Wandern" dazu. Das in die Arbeit-Fahren mit dem Fahrrad > Leihfahrrad mit e-card.

Verbesserte Kondition > weniger „Kranken-Fälle" > weniger KRH-Betten etc. >>> 1.1.3

2.2.1 **Maßvolle Lebensführung** > 2.2 *Eigenverantwortung*

Hier werden die Ernährung, der Tabak- und Alkoholkonsum etc. angesprochen. In diesem Zusammenhang wird das zu erweiternde Wissen durch die Grundschulausbildung einen wesentlichen Akzent setzen > Lebensmittelkunde, Kochen etc. >>> 8.1 ff.

2.2.2 **Fitnessaktivitäten** > 2.2 *Eigenverantwortung*
Die Auswahl der Fitnessaktivitäten bleibt dem Einzelnen grundsätzlich überlassen, soweit nicht im Fitness-Vorgabeplan besondere Anforderungen oder Einschränkungen angegeben sind. Es ist somit auch ein Eigenkonzept ohne Klubzwang etc. möglich. Wichtig ist, dass eine Verbesserung erreicht wird.

2.2.3 **Sport nicht *(Selbst)*-Mord** > 2.2 *Eigenverantwortung*
Die Auswahl der Sportarten bleibt dem Einzelnen grundsätzlich überlassen. Bei Wettkampfsport mit erhöhtem Verletzungspotential (Boxen, Judo, Reiten, Klettern etc.) sind entsprechende Versicherungen vom Hobby-Sportler abzuschließen.

Hier könnte die Sportförderung einen Prämienanteil übernehmen, da auch diese Sportarten erheblich zur Verbesserung der Fitness beitragen.
Der Spitzensport der „Berufsaktiven" muß sich unabhängig, selbständig gegen die Unfall- und Abnutzungsfolgen versichern. Die Sportförderung könnte jedoch auch hier einen Prämienanteil im gleichen Rahmen wie beim „Hobby-Sport" übernehmen.

2.3.1 **Gesundheitscheck fehlt** > 2.3 *Selbstbehalte*
Allfällige KRH-Kosten werden mit 20 % Selbstbehalt auf den „Säumigen" überwälzt.

2.3.2 **Fitnessaktivität fehlt** > 2.3 *Selbstbehalte*
Wenn die vorgegebenen Leistungswerte nicht erreicht werden, wird ebenfalls der 20 %ige Selbstbehalt von allfälligen KRH-Kosten auf den „Säumigen" überwälzt. Es sind dabei jene Kosten angesprochen, welche durch die fehlende Fitness (nicht erreichte Ziel-Vorgaben) ausgelöst und/oder auch beeinflusst werden.

2.3.3 **Riskante Aktivitäten** > 2.3 *Selbstbehalte*
Bei Unfällen und Verletzungen infolge überhöhter Geschwindigkeit, Alkoholeinfluß über 0,8 ‰, und sonstigem riskanten Verhalten, wird ebenfalls der 20 %ige Selbstbehalt von allfälligen KRH-Kosten auf den „Säumigen" überwälzt. Die Eigenverantwortung

des Einzelnen ist hier deutlich angesprochen. Das erhöhte Wissen >>> 8.1 ff. – die Methoden im „Verursacherprinzip“ >>> 7.2.3 und die Realisierung von Selbstbehalten >>> 2.3 ff. – werden wirksame Veränderungen auslösen >>> 1.1.3

Handlungsfeld 3

3.1.1 **Vorrangige medizinische Anforderung** > *3.1 Schmerzbefreien*
Die Schmerzbefreiung ist ein wichtiges Element für den weiteren Behandlungserfolg. Die Kommunikation mit dem Patienten wird dadurch ebenfalls erleichtert und dient der ersten Abklärung durch den Arzt. Langfristige Anwendung von Schmerzmitteln (Opiate u. dgl.) bringt allerdings durch die Nebenwirkungen oft sehr ungünstige Begleiterscheinungen. Hier kann nur gespart werden, wenn alternativ Physiotherapien greifen.

3.1.2 **Suchtmittel-Befreiung** > *3.1 Schmerzbefreien*
Durch die starke Ausbreitung der Drogensucht ist dieser Bereich in den Vordergrund getreten. Eine Heilung ist, soweit überhaupt erfolgreich, jedenfalls langwierig. Die Beseitigung der Ursachen wäre das Element mit der stärksten Wirkung, nur treten hier hohe Widerstandspotentiale in Erscheinung, welche offensichtlich im „Grauen Raum“ ihre Sprachrohre finden (große steuerfreie Ertragsquoten).

Die weitere Ursache liegt in den anwachsenden Depressionen, für welche dieses Land eine besondere Neigung zeigt. >>> 2.2.1

3.1.3 **Alternative Physiotherapie** > *3.1 Schmerzbefreien*
Nach einer Schmerzbefundung durch den Arzt ist die Zuweisung an die Physiotherapie (Qi Gong/Osteopathie/Craniosacraltherapie/Shiatsu usw.) als eine der ersten Möglichkeiten anzusetzen. Es bleiben die Medikamenten-Nebenwirkungen aus und die Kosten sinken.
Anmerkung: Die Physiotherapie ist gleichwertig im Medizinischen Funktionsbereich zu bewerten und allgemein zugänglich zu machen. Der Erfolgsnachweis ist hier ebenso wie in den sons-

tigen medizinischen Aktivitäten (operative/konservative) zu erbringen und die Nachhaltigkeit darzustellen.

3.2.1 REHAB-Zentren – volle Einsatzfähigkeit – Motorik optimieren > *3.2 Aktivieren*

Die REHAB-Zentren stellen einen in der Regel ausgelagerten und spezialisierten Bereich dar. Die Erfolge dieser Einrichtungen sprechen für sich. Wesentlich ist die unmittelbare Aufnahme der Patienten nach operativen Interventionen bzw. nach Vorliegen der entsprechenden Diagnosen. Wartezeiten sind hier unbedingt zu vermeiden und daher sind die Einrichtungen vorauslaufend dem Bedarf anzupassen, da in der Wartezeit die Kosten an anderer Stelle, durch reduzierte Leistungen, Krankenstände etc. auftreten, also Volkswirtschaftlich gesehen noch teurer kommen. Hinsichtlich der Ansätze für Selbstbehalte, gelten die Regelungen analog. >>> 2.3 ff. Ebenso greift auch hier das Verursacherprinzip.

Hinsichtlich der Sorge wegen teurer Expansion > die REHAB-Zentren können bei ungenügender Auslastung als Sonder-Fitnesszentren eingesetzt werden und damit Erträge erwirtschaften. *Hier schließt sich dann der Kreis und die „Prävention übernimmt die Betreuung der Bevölkerung – zur Vermeidung von Patienten“.*

Anmerkung: Die Gestaltung der REHAB-Zentren soll ein harmonisches Ambiente vermitteln, in dem sich auch der Geist im gesundenden Körper wieder aufrichten kann. >>> 6.1.3
Hier sei Thomas von Aquin zitiert: *„Gesundheit ist weniger ein Zustand als eine Haltung und sie gedeiht mit der Freude am Leben.“*

3.2.2 Lebenstrainingscampus – Psychisches Gleichgewicht – Positives Denken > *3.2 Aktivieren*

Ein stark zunehmender Personenkreis verliert den Überblick über seine Zukunft, da diese in hohem Tempo mit wechselnden Bildern von den Akteuren an den Schaltpulten der Welt chaotisch gestaltet wird. Die hauptsächliche Orientierung an der

„Geldmenge" schafft keine wirklichen *Idole und Helden.* Damit verlieren viele Menschen jene Leitfiguren, welche für sie aber dringend für ihre Orientierung notwendig sind.
Wie läuft es denn? > Wo es noch durchsetzbar ist, werden mit Geld Macht und Waffen gekauft und wird die Bevölkerung von einigen Wenigen schamlos ausgebeutet – in den „friedlichen" Regionen versucht man es mit der Macht alleine und hat die beiden Ikonen > „Optimierung des Gewinnes" sowie das „Unaufhörliche Wachstum" auf den Altar der „Über*welt*-Flieger" (Globalisierungs-Athleten) gestellt. Diesen Ikonen wird ohne Ruhezeiten gehuldigt, damit es nur so weiter geht. Eben diese Situation bringt einen andauernden Aktivitäts-Stress mit sich, welcher keine Ruhephasen zum „Leben" zulässt, denn auch im Zeitraum der Pause, des Urlaubs usw., muß „massenhaft" konsumiert werden > kaum gesehen, schon vorbei >>> *„Wegwerfgesellschaft"* >>> *„Müllzeitalter"*. Das gilt für alles, für das neue Auto ebenso für die Beziehungen.

Jene, welche sich nicht zurechtfinden, fallen in die Depression, verlieren die Freude am Leben, verlieren ihren Arbeitsplatz und verlieren die Steuerung ihres Lebens. Letztendlich schwer erkrankt, fallen sie als „Verlierer" der Gesellschaft zur Last.

Anmerkung: Um dieses Problem nachhaltig, effektiv und effizient zu beheben, muß der Hebel bei den Ursachen angesetzt werden. Hier müssen also Wert-Ordnungen hergestellt werden, welche ein Vertrauen in die Zukunft sicher stellen > also eine Aufgabe der Gesellschaft.

Um in der Heilung weiter gehen zu können, wird unterstellt, dass die Gesellschaft dieses Problem erkennt und nachhaltig löst. Unter dieser Prämisse kann von der Medizin ein Heilungserfolg erwartet werden.

In einem *Lebenstrainingscampus* soll den derart psychisch Erkrankten der Weg zurück in die Gesellschaft und in die Arbeitswelt vermittelt werden. Es sollen das Selbstvertrauen und die

eigene Wertschätzung wieder richtig gestellt werden > also das psychische Gleichgewicht.
Diese Methode kann auch bei anderen Persönlichkeitsstörungen mit Erfolg eingesetzt werden. Insgesamt soll „Positives Denken“ vermittelt werden, um diese Menschen in die Lage zu versetzen die Probleme des Alltags wieder selbständig zu bewältigen.

Im Verlauf der Behandlung, welche zwischen 3 – 12 Monate in der Regel in Anspruch nimmt, soll die Tätigkeit schon ertragsorientiert sein. Damit werden zwei Effekte erzielt: erstens wird die Leistung des Patienten honoriert und zweitens wird der Unterstützungsbeitrag aus dem Sozialbudget verringert.

3.2.3 **Abbau von Behinderungen – Förderung des Behindertensportes** > 3.2 *Aktivieren*

Körperliche und geistige Behinderungen müssen nach dem letzten Stand der Wissenschaften behandelt werden. Die Eingliederung der Behinderten in das allgemeine Gesellschaftsleben ist zu forcieren, da auch hier der Doppeleffekt – Selbstbestätigung und tatkräftiges Mitglied der Gesellschaft – mit zum Tragen kommt. Das gilt für die Teilnahme am Schulunterricht und auch für die sonstigen Lebensbereiche. Zudem wird dadurch die soziale Kompetenz der übrigen „Normalen“ wesentlich gestärkt.

Die Förderung des Behindertensportes bringt nicht nur für die Sportler Vorteile, sondern es ist auch die hervorragende Vorbildwirkung von großer Bedeutung.

3.3.1 **Hinausgehen ohne Angst** > 3.3 *Sterbebegleitung*

Wie schon erwähnt, ist es hier das Ziel dem Patienten die Angst vor dem Unbekannten zu nehmen >>> *1.3.1* – im Besonderen aber auch die Angst vor Schmerzen und der Verlassenheit.

3.3.2 **Abschied mit Würde** > 3.3 *Sterbebegleitung*

Der bauliche Aufwand ist moderat, die Räume können variabel eingesetzt werden. Der weiße Vorhang um das Sterbebett im Raum mit den anderen Patienten oder auch die Praxis des Transfers der Sterbenden in eine Flurnische oder den Abstellraum sind unakzeptabel. >>> *1.3.1*

3.3.3 **Begleitung der Angehörigen** > *3.3 Sterbebegleitung*
Die Palliativ-Medizin bringt einen Heilerfolg für den Sterbenden und verringert die Unruhe im Umfeld. Damit werden auch traumatische Folgeerscheinungen vermieden, welche sich in Erkrankungen und erhöhten Belastungen der Angehörigen niederschlagen. >>> *1.3.3*

Handlungsfeld 4

4.1.1 **KRH-Einsatz 3 Monate** (diverse Fachabteilungen) > *4.1 Soziale Pflegehilfe*
Im Sinne einer erweiterten Ausbildung soll auf der Grundlage der ergänzenden Ausbildung in der 9.Schulstufe >>> *1.3.3* – unmittelbar nach Ende der Lehrausbildung bzw. nach Matura oder Reifeprüfung ein 3-monatiger KRH-Einsatz für alle StaatsbürgerInnen verpflichtend werden. Es soll damit der KRH-Betrieb entlastet und zudem das Erlernte in der Praxis umgesetzt werden. >>> *8.2.2*

4.1.2 **KRH-Einsatz 3 Monate** (Geriatrie) > *4.1 Soziale Pflegehilfe*
Anschließend an den Einsatz in den Fachabteilungen soll ein 3-monatiger KRH-Einsatz in der Geriatrie oder einem Pflegeheim erfolgen.

Es soll damit der KRH-Betrieb bzw. der Pflegeheimbetrieb entlastet, das Erlernte erweitert in der Praxis umgesetzt und die soziale Kompetenz erweitert werden. >>> *8.2.3* Der Gesprächsaustausch zwischen den beiden Altersgruppen wird das Generationen-Verständnis fördern.

4.1.3 **Abschlußprüfung > SHD** > *4.1 Soziale Pflegehilfe*
Mit Abschluß der beiden Einsatzzeiten rundet eine Abschlußprüfung für den „Sanitäts-Hilfsdienst" diesen Teil der Allgemeinen Sozialpflicht ab. >>> *8.2 ff.*

4.2.1 **Berufsbegleitende Ausbildung für Kranken- u. Gesundheitspflege** > *4.2 Pflegefachdiplom*
8-Semester KRH-Einsatz. Dieser stufenweise Berufseinsatz soll einen kontinuierlichen Aufbau der Pflege sichern. Da hier auch im Unterricht ein wesentlicher Anteil der „Oberstufenbildung der allgemeinen Mittelschule“ anzusetzen ist, ist eine Aufnahmsprüfung zu empfehlen.

4.2.2 **Abschlußprüfung > DKGK** > *4.2 Pflegefachdiplom*
Obligat für Ärzte in spe! Die obligate Abschlussprüfung für das Diplom, ist auch für Ärzte zu fordern. Der Vorteil für die Approbanden wäre eine vorauslaufende Interessens- und Eignungsfeststellung.
Anmerkung: Der Einstieg der werdenden Mediziner könnte auch nach einem Matura-Abschluß und einem 3-monatigen Pflege-Kurs mit den letzten 4 Semestern der berufsbegleitenden Ausbildung für Kranken- u. Gesundheitspflege erfolgen.

4.2.3 **Spezialausbildungen Anästhesie-Intensivpflege, Physiotherapie und Psychologie** > *4.2 Pflegefachdiplom*
Die Spezialausbildungen werden im Anschluß an eine Praxiszeit und Eignungsfeststellungen berufsbegleitend geführt. Die Berechtigungen sind mit den effektiv durchzuführenden Leistungen in Übereinstimmung (selbständiger Verantwortungsbereich) zu bringen.

4.3.1 **Turnusarzt-Einsätze** > *4.3 ius practicandi/Facharzt*
Durch die schon oben angegebene berufsbegleitende Ausbildung der Ärzte im Pflegefach – vor dem regulären Medizinstudium – eröffnet neue Ausbildungswege. Auch die Ferienzeiten sollen für die Ausbildung bei einem Allgemein-Mediziner mit mind. je 2 Monaten Dauer obligat werden (Tätigkeit in Ordination und/oder KRH-Fachabteilungen).
Durch die verbesserte praktische Erfahrung können die Turnusarzt-Zeiten verkürzt werden und damit verbunden, kann auch die Prüfung zum *ius practicandi* früher erfolgen.

4.3.2 **Facharztstudium** > *4.3 ius practicandi/Facharzt*
Insbesondere auch wegen der hohen Ansprüche im Bereich der Diagnostik ist die Allgemein-Medizin als eigenes Fach zu führen. Dementsprechend erfolgt auch eine eigene Facharztausbildung für die Allgemein-Medizin.
Mit der oben angesprochen verkürzten Ausbildungszeit zum ius practicandi wäre die Ausbildung zum Facharzt auch in Österreich früher möglich.

4.3.3 **Auslands-Abwanderung mit Kostenersatzverpflichtung** > *4.3 ius practicandi/Facharzt*
Die Zulassung zum Studium ist mit dem DKGK-Diplom geregelt. Die reguläre Arztausbildung soll für Inländer ohne Studiengebühren erfolgen. Für Ausländer (das sind auch alle anderen EU-Bürger) sind die tatsächlichen Kosten zu verrechnen. Kostenübernahmen der jeweiligen Mutterländer können ja ein für alle EU-Studenten kostenloses Studium ermöglichen. Bei Kapazitätsproblemen sind ergänzende Aufnahmsprüfungen anzusetzen, wobei für Inländer ein Mindestanteil von 70 % der Studienplätzen reserviert ist.
Durch eine laufende detaillierte Bedarfsanalyse ist der Zugang zum Studium zu regeln.

Bei Abwanderung eines inländischen Arztes innerhalb einer Frist von 12 Jahren nach Studiumsabschluß, entsteht eine Kostenersatzverpflichtung in Höhe der valorisierten tatsächlichen Studienplatzkosten (somit Gleichstellung mit ausländischen Studierenden).

Handlungsfeld 5

5.1.1 **Hausarzt-Ordinationsgemeinschaft** > *5.1 Pflegestützpunkte*
Abhängig von der Ortsgröße und der Bevölkerungsdichte ist die Anordnung von Pflegestützpunkten zur Optimierung der medizinischen Versorgung ein Weg um Kosten zu reduzieren.

Durch den Wegfall der Großfamilien und der Ansammlung von Alleinstehenden mit Kindern oder ohne Kinder ist diese Bevölkerungsstruktur schon bei kleineren Erkrankungen im Dilemma.

Anmerkung: Die medizinische Leitung der Pflegestützpunkte kann durch die Bildung von Hausarzt-Ordinationsgemeinschaften sicher gestellt werden. Weiters sind dadurch längere Bereitschaftszeiten der Ordinationen realisierbar, bis hin zur Hausarzt-Apotheke. Die Bettenanzahl kann nach den Fallzahlen der KRH vorweg ermittelt werden, wobei hier die temporäre Tagesaufnahme, insbesondere für Kinder, aber auch für Doppelverdiener u. Ä. im Vordergrund steht.

5.1.2 **Mobile Dienste/Physiotherapie** > *5.1 Pflegestützpunkte*
Für die leichteren Krankheitsfälle bzw. in den Fällen, in denen Betreuungspersonen in der Familie etc. gegeben sind, kann der im Pflegestützpunkt situierte mobile Dienst angesprochen werden. Dies wird insbesondere auch für den Bereich der Altenpflege im Vordergrund stehen.

Anmerkung: Der Pflegestützpunkt sollte auch den Bereich der Physiotherapie aufnehmen – *erstens* im Sinne der Ordinationsgemeinschaft zur Reduzierung des Verwaltungsaufwandes und *zweitens* wegen der übergreifenden Einsatzmöglichkeiten. Es sollen ja Aufgaben aus dem KRH nach außen getragen werden, hier insbesondere > Schmerzbefreien >>> *3.1 ff.* – Aktivieren >>> *3.1 ff.*

5.1.3 **Temporäre Pflege/Aufsicht und Nachpflege nach OP** > *5.1 Pflegestützpunkte*
Die Einrichtung der Pflegestützpunkte im unmittelbarem Wohn-Umfeld, soll alle jene Krankenfälle abfangen, welche durch nicht gegebene Familienstruktur eine Zuweisung von Patienten in ein KRH oder einen Pflegeurlaub auslösen würden. Es entsteht eine Entlastung des KRH und eine deutliche Kosteneinsparung – ohne dass dadurch die Qualität für die Patienten sinkt.

5.2.1 **Zusammenlegung der KRH** > 5.2 *Klinik-Zentren*

Die Größe des Versorgungsbereiches und die Erreichbarkeit der in Frage kommenden Standorte dienen dazu die Anzahl der KRH und Ihre Positionen fest zu legen. Dazu kommt dann noch die allfällige Ausbildung eines Sonderschwerpunktes, welcher zusätzliche Anforderungen mit sich bringt.

Anmerkung: Maxime soll die Überschaubarkeit und die Kürze der Wege des täglichen Betriebes für die Anlage sein. Bei Überschreitung der Wegstrecken erleidet das System sehr schnell einen Kollaps. Es sind also hier sehr genaue Berechnungen für eine große Anzahl von Variantenabläufen zur Eingrenzung der „Wegzeiten" erforderlich.

Weiters wirkt ein zu groß aufgezogenes KRH sehr schnell als Bedrohung und schadet der Heilung durch die negative Ausstrahlung auf den Patienten und auch auf die dort Tätigen.

5.2.2 **Integrierung aller Ordinationen und Labors in die Klinikzentren** > 5.2 *Klinik-Zentren*

Zur Verbesserung der Kommunikation und dem Zeitaufwand ist zu überlegen die Ordinationen der Fachärzte in den Klinik-Zentren zu konzentrieren. Das Gleiche gilt für die Labors und Institute für Röntgen, MSI, MSR etc. Damit sollen neben dem Zeitgewinn auch die Doppelbefundungen vermieden werden. Die nachstehend beschriebene autonome wirtschaftliche Führung könnte auf weitgehend privatwirtschaftliche Elemente zurückgreifen.

5.2.3 **Autonome wirtschaftlich eigenverantwortliche Führung** > 5.2 *Klinik-Zentren*

Zur Verbesserung der wirtschaftlichen Vorgänge sind die Klinik-Zentren als eigenverantwortliche Betriebe zu führen. Das bedeutet eine aus dem Bevölkerungsschlüssel abgeleitete Personalbesetzung mit fixer Honorierung.

Anmerkung: Keine Sondergebühren – wobei auch die „Sonderklasse" neu zu überdenken ist. Das Einzelzimmer – die Sonderausstattung machen bei dem heute schon sehr hoch angesiedelten baulichen Qualitätsstandard – nicht wirklich einen Kostensprung aus. Der quasi „konsiliare“ Einsatz des gewünschten Mediziners darf zu keiner Kostenerhöhung führen.

Der Leistungsvergleich wird mit anderen Klinik-Zentren geführt, die Erfolgssteuerung erfolgt durch Anteile aus dem erzielten Überschuß und einer Sonderprämie für das rationellste Klinik-Zentrum. Die Qualitätsschere wird durch Anforderungen der Universitätsklinik und den statistischen Kennwerten aktiviert.

5.3.1 **Forschung und Lehre** > *5.3 Universitätsklinik*

Die Konzentration von herausragenden Kapazitäten auf eine Klinik erfordert einen großen Einsatzbereich und damit das Bevölkerungs-Reservoir einer Großstadt. Der Zeitaufwand für Lehre und Forschung erfordert eine Tätigkeits-Konstanz und ist erheblich.

5.3.2 **Klinik für medizinische Sonderfälle** > *5.3 Universitätsklinik*

Damit der jeweilige Abteilungsvorstand am Patienten selbst tätig werden kann, ist ein großes Team von Fachleuten erforderlich, auf welches Aufgaben verteilt werden können.

Anmerkung: Es darf dabei der Klinikumfang nicht zu groß werden, da dann die Gefahr von gigantischen Unübersichtlichkeiten entsteht. Der dahinein geratene Patient ist dann zwar in den „besten Händen“ – aber der so wichtige Kontakt Arzt – Patient wird unmöglich.

Der Betrieb ist als Staatseinrichtung vorgesehen, soll aber trotzdem auch wirtschaftlich geführt werden. Zur Steuerung wird es erforderlich sein Nachweise der Effektivität, Effizienz und Nachhaltigkeit zu erbringen. Die Grundlagen dafür werden statistische Vergleichswerte sein.

5.3.3 **Prüfstelle der Klinik-Zentren/Gutachter** > *5.3 Universitätsklinik*

Die Universitätsklinik stellt auch die medizinischen Gutachter bei Streitfällen und ist die Prüfstelle der Klinik-Zentren. Damit kann auch die schon oft erhobene Forderung nach einem konstanten Controlling erfüllt werden.

Handlungsfeld 6

6.1.1 Bedarfsorientierte Raumermittlung auf Grundlage der Fallstatistik > 6.1 *Bauliche Strukturen*

Auf Basis der erfassten statistischen Analysen können Kennwerte für Abteilungsgrößen, Bettenbedarf etc. abgeleitet werden. Die dabei festgestellten variablen Faktoren sind während des Betriebes genau zu verfolgen, da daraus rechtzeitig Reaktionen durchgeführt werden können.

Anmerkung: Die Forderung nach flexibler Bauweise soll nicht überfordert werden. Es kann auch die Anpassung an den baulichen Ist-Zustand Vorzüge aufweisen. Die Leitungsführungen der Technischen Gebäudeausrüstung (TGA) und der Medizintechnischen Ausstattung sind immer großzügig und mit erheblichen Platzreserven einzuplanen. Dazu gehört auch die genau eingeplante Zugänglichkeit, welche ohne besondere Aufwände Kontrollen, Wartungen, Anpassungen und Erneuerungen zulassen. Selbstverständlich ist das alles genauestens zu dokumentieren.

Heizung-Kühlung-Lüftung-Klimatisierung sind sehr umsichtig zu planen und dabei auf die Anforderungen durch Patienten aber auch die im KRH Tätigen zu achten. Durch das Wesen eines KRH bedingt, können die Personen ungünstigen Umfeldbedingungen, wie Zugluft, Überhitzung, blendendes Licht etc, schlecht oder überhaupt nicht ausweichen.

6.1.2 Straffe ablauforientierte Struktur/Übersichtliche Wegeführung > 6.1 *Bauliche Strukturen*

Für eine erfolgreiche Planung ist es erforderlich, dass zumindest die wesentlichen Arbeitsabläufe bekannt gegeben werden. Die Planung soll einerseits Platz sparend sein aber andererseits darf nicht durch Knappheit eine Bewegungsbehinderung entstehen, welche Zeit kostet und/oder zu Verletzungen oder Beschädigungen führt. Der Transport des liegenden Patienten durch eine Person ist da ein gutes Prüfobjekt.

Die Transferzeiten, die Wegfolgen usw. sind alle genau aufzustellen und daraus der optimale Funktionsplan herauszuarbeiten.

Anmerkung: In diesem Zusammenhang ist auch die Flurbeleuchtung von Interesse. Hier sind Bewegungsmelder, welche von der konstanten Notbeleuchtung auf Vollbeleuchtung feldweise umschalten, eine zusätzliche Informationsquelle, wohin der Patient in der Nacht geht.

6.1.3 **Harmonisches Ambiente** > *6.1 Bauliche Strukturen*

Für den Heilerfolg ist die Stimmung des Patienten von großer Wichtigkeit. Diese wiederum wird sehr stark durch die Optik – die Animation des Umfeldes beeinflusst. Daher sind die Wirkungen über Raumempfindungen, Lichtsteuerungen und Farbgebung besonders zu beachten.

6.2.1 **Einsatz-Bedarfsanalysen mit Nachweis** > *6.2 Ausrüstung/Einrichtung*

Mit Hilfe der Fallstatistiken kann ein guter Überblick über den Bedarf und die Abnutzung bis zur Tendenz der Neuentwicklungen gefunden werden. Daraus lässt sich der Bedarf gut darstellen und die getroffene Entscheidung mit dem tatsächlichen Einsatzgrad relativieren.
Die Order – das hätte ich gerne oder das brauchen wir unbedingt – ist immer zu hinterfragen.

Außerdem – vielleicht steht das Gerät, das wir so gerne hätten in einem Depot in ..., da sollte man fragen, vielleicht entspricht es und kostet nur die Hälfte.

In der Bewertung der Anschaffungen werden immer die Gravität der Heilerfolge und die Menge der Heilerfolge zu berücksichtigen sein. Das ist natürlich oft schwer unter den einzelnen Abteilungen zu verteilen.

6.2.2 **Gerätepool mit anderen Klinik-Zentren** > 6.2 *Ausrüstung/Einrichtung*
Eine wunderbare und auch kostensparende Variante, welche bei allen Beteiligten einen guten Überblick über den Bedarf und ein gutes Einvernehmen voraussetzt.

6.2.3 **Hersteller-offene Systeme / Ausschreibungspool / Vorschlagsrecht ohne Diktat** > 6.2 *Ausrüstung/Einrichtung*
Es gibt Bereiche, in welchen die Hersteller für ihre Produkte die Weichen über gewisse Anschlusskriterien und ähnliches zu stellen versuchen. Es muß daher schon in der Ausschreibung festgeschrieben werden, dass Geräte oder Systemeinheiten mit gleicher Funktion durch andere Produkte ersetzt werden können. Ein besonderes Problem können hier auch EDV-Programme mit sich bringen.

6.3.1 **Fachübergreifende Pflegebereiche** > 6.3 *Belegsysteme*
Bis auf einige wenige Fälle, wo es aus medizinischen Gründen nicht möglich ist, sind fachübergreifende Belegungen der Stationen zuzulassen, um Auslastungsprobleme zu regeln.

6.3.2 **Zentrale Stützpunkte mit Frisch-OP-Zimmern und Personalräumen** > 6.3 *Belegsysteme*
Die zentrale Anordnung der Stationsstützpunkte bringt gute Kommunikationsvoraussetzungen und kurze Wege.

Anmerkung: Die zum Stützpunkt nächsten Zimmer sind für die bevorzugte Überwachung auch mit allen medizinischen Gasen etc. auszurüsten. Damit können kurze Interventionen direkt auf der Station durchgeführt werden. Die schwierigeren Fälle müssen ohnedies an die Intensivstation transferiert werden. Die Personalräume sind ausreichend dimensioniert worden und werden auch von den Ärzten frequentiert.

6.3.3 **Pool – Sekretariate/Bibliothek mit Studierraum** > 6.3 *Belegsysteme*
Keine Arzt-Privaträume. Die Sekretariate sind Abteilungsübergreifend als „Pool"-Sekretariate zu führen. Die Lage dieser Sek-

retariate kann bei den OP-Arzt-Zugängen vorteilhaft situiert werden.

Für die Vorbereitung der Ärzte ist eine Bibliothek mit Studierräumen vorzusehen, es sind jedoch keine eigenen Arzt-Privat-Büros erforderlich.

Facharzt-Ordinationen können ähnlich wie Ambulanzbetriebe geführt werden, wobei hier die Lage Patientenorientiert mit einer gewissen Distanz zu den OP-Räumen gewählt werden soll. Das dazugehörige Poolsekretariat ist die Anlaufstelle für die Patienten.

Handlungsfeld 7

7.1.1 **Feststellung der Krankheits-Ursachen** > *7.1 Kostendiagramm*
Primär-Ursachen. Um eine nachhaltige Verbesserung der Gesundheit der Bevölkerung und zugleich auch eine spürbare Kostensenkung in der Gesundheitswirtschaft zu erreichen, ist es sehr wichtig die primären Ursachen der Krankheitsfälle festzustellen. Arztbefunde und Pflegeberichte können dabei mit Textblöcken über *Barcode* eingelesen und ergänzt werden.

7.1.2 **Fall-Statistik** > *7.1 Kostendiagramm*
In der Fall-Statistik ist der Vorgang etwas umfangreicher zu fassen. Es sind besondere Einflüsse, die eine Begünstigung des Krankheitsfalles gebracht haben, aufzuzeigen und zu bewerten (%-Satz), dabei sind die gravierenden 2 – 3 Faktoren maximal aufzuzeigen.

7.1.3 **Kostenerfassung** > *7.1 Kostendiagramm*
Die in der EDV erfassten Kostenanteile des Falles werden in der Datenbank bereit gestellt. Daraus werden die Aufwände nach Personalkosten / Medikamenten / OP-Nutzung/sonstige Sachaufwände aufgegliedert.

7.2.1 **Primär-Ursachen-Katalog** > 7.2 *Kostendiagramm*
Auf Basis der Fallstatistik ist ein Katalog mit den Primärursachen zu erstellen. Diese Primärursachen können zum einen aus der Ursache unmittelbar oder zum anderen durch den unmäßigen Gebrauch entstanden sein. Das muß im Katalog erkennbar gemacht sein.

7.2.2 **Fall-Zuweisung an Primär-Ursachen** > 7.2 *Kostendiagramm*
Alkohol-Tabak-Ernährung-Bewegungsmangel etc. Die Fallkosten werden mit dem %-Anteil der Primärursachen markiert und entsprechend gelistet (das wird in der EDV natürlich alles automatisch verarbeitet).

7.2.3 **Kostenumlage an die Hersteller der Primär-Ursachen** > 7.2 *Kostendiagramm*
Die Kostenumlage an die Hersteller erfolgt generalisiert, das bedeutet z. B. die Primärursache Schweinefleisch geht an die Schweinezüchter bzw. Importeure/usw. Die daraus ermittelten, nach Mengen aufgeteilten Kosten, werden den Herstellern als direkt wirksame Sondersteuern angelastet. Die Hersteller werden diese Kosten auf die Waren aufschlagen. Daraus müsste sich ein positiver Effekt entwickeln. Zudem kann ein Teil der KRH-Kosten zurückgeholt werden. Bei Übermaß greift auch der Selbstbehalt. >>> 2.3 *ff.*

7.3.1 **Vergleich der vermeidbaren und schwer vermeidbaren Primär-Ursachen** > 7.3 *Ergebnisse*
Die Ausgrenzung schwer vermeidbarer Primär-Ursachen ist für eine korrekte Statistik im Vorfeld erforderlich. Diese Vergleiche dienen vorrangig der Entscheidung für Selbstbehalte.

7.3.2 **Kontrolle der Maßnahmen zur Vermeidung der Primär-Ursachen** > 7.3 *Ergebnisse*
Hier wird erwartet, dass die mit den Kosten belasteten Primär-Verursacher Maßnahmen zur Minderung ergreifen werden. Dabei können auch Umgehungen angedacht werden. Dem wäre Rechnung zu tragen.

7.3.3 **Restkostenermittlung** > *7.3 Ergebnisse*
Die verbleibenden Belastungen werden aus den Aufstellungen Kostenerfassung >>> *7.1.3* und Kostenumlage >>> *7.2.3* errechnet.

Handlungsfeld 8

8.1.1 **Unterstufenausbildung** > *8.1 Ausbildung*
9.Schulstufe. Hier wird ein Lebenskundeunterricht mit den Zusätzen – 1. Hilfe, Krankenpflege und Sozialkompetenz – durchgeführt. Die Berufsmöglichkeiten sollen dabei durch Projektstudien näher gebracht werden. Mit dem Ende der 9.Schulstufe kann eine Aufnahmeprüfung in eine weiterführende AHS abgelegt oder die Berufausbildung über eine Lehre gewählt werden.

8.1.2 **Allgemeine Pflegehilfe** > *8.1 Ausbildung*
Im Rahmen der Pflegeausbildung werden die Ausbildungselemente für den Sanitäts-Hilfsdienst (SHD) vermittelt. Die Abschlussprüfung erfolgt erst nach dem Praxis-Einsatz >>> *4.1.3*

8.1.3 **Sozial-Kompetenz** > *8.1 Ausbildung*
Im Rahmen des Lebenskundeunterrichtes sind auch die Elemente für eine soziale Kompetenz zu vermitteln. Damit soll eine Verminderung der Gewaltbereitschaft und das Erkennen der Voraussetzungen eines problemfreien Zusammenlebens erreicht werden.

8.2.1 **6 Monate Heeres-Einsatz mit oder ohne Waffe** > *8.2 Allgemeine Sozialpflicht*
Der Dienst ist für Frauen und Männer unabhängig von einer besonderen Tauglichkeit verpflichtend, soweit nicht eine entgegenstehende Behinderung gegeben ist. Der Dienst wird in Abstimmung mit den KRH-Einsätzen angesetzt und kann je nach Bedarf vor oder nach dem KRH-Dienst durchgeführt werden. In der Regel soll der KRH-Dienst vorgezogen werden.

8.2.2 **3 Monate KRH-Einsatz in Fachabteilungen** > *8.2 Allgemeine Sozialpflicht*
Wie schon unter >>> *4.1.1* festgehalten erfolgt die Praxisausbildung im Rahmen der Allgemeinen Sozialpflicht, das mit der Schulausbildung erworbene Wissen wird nochmals aufgefrischt und aktualisiert.

8.2.3 **3 Monate KRH-Einsatz in Geriatrie oder Pflegeheim** > *8.2 Allgemeine Sozialpflicht*
Wie schon unter >>> *4.1.2* festgehalten erfolgt die Praxisausbildung im Rahmen der Allgemeinen Sozialpflicht, das mit der Schulausbildung erworbene Wissen wird nochmals aufgefrischt und aktualisiert.

Mit Abschluß des Einsatzes erfolgt die Abschlussprüfung für den Sanitäts-Hilfsdienst (SHD).

8.3.1 **Verbesserung der Arzt-Informationen** > *8.3.1 Umsetzung*
e-card. Durch die Entwicklung der Kommunikationstechnik ist es möglich sämtliche Angaben über die persönliche Krankengeschichte der Patienten über die e-card abzurufen. Weiters ist es auch möglich, damit die Medikamentenverträglichkeiten oder Überschneidungen der Wirkstoffe aufzuzeigen. Ebenso können der Arztbrief und sonstige Dokumente, wie Röntgenbilder etc. über *Links* abgerufen werden.

8.3.2 **OP-Einbindung der zuweisenden praktischen Ärzte** > *8.3.1 Umsetzung*
Optimierte Nachbetreuung. Die OP-Einbindung kann durch Teilnahme z. B. 2. Assistenz oder über mitlaufende Kamera für den zuweisenden Arzt ermöglicht werden. Dadurch ergeben sich Vorteile für die Nachbetreuung. Es ist nicht immer alles im Arztbrief festgehalten.

Darüber hinaus können diese OP-Mitschnitte für Ausbildungsbeispiele und auch zur Beweissicherung dokumentiert werden.

8.3.3 **Nachbetreuungs-Reflexion in die Fall-Statistik** > *8.3.1 Umsetzung* e-card. Das Ergebnis der OP-Nachbetreuung ist vom behandelnden Arzt, ebenso wie die Ergebnisse der KRH-Visiten, in der Krankengeschichte zu dokumentieren. Erst damit sind der Fall und auch die Fallkosten vollständig erfasst.

Anmerkung: Die Mitteilungen sind zu normieren um eine automatische Verarbeitung der Ergebnisse möglich zu machen. So könne dann auch die Effektivität, Effizienz und Nachhaltigkeit der gewählten Therapien bewertet werden.

Handlungsfeld 9

9.1.1 **Permanente Evaluierung** > *9.1 Fallstatistik*
Die Fallstatistik mit allen Einflusswerten wird permanent evaluiert. Damit können die Maßnahmen bewertet und erforderliche Veränderung begründet vorgenommen werden.

9.1.2 **Reflektion der Diagnose-Ergebnisse** > *9.1 Fallstatistik*
Es sind die Diagnosen hinsichtlich ihrer Treffsicherheit darzustellen. Damit können auch gezielte Verbesserungen bei der Diagnoseerstellung veranlasst werden.

9.1.3 **Reflektion der Therapie-Ergebnisse** > *9.1 Fallstatistik*
Es sind die Therapien hinsichtlich der Heilerfolge darzustellen. Damit können auch gezielte Verbesserungen bei der Wahl der Therapien veranlasst werden.

9.2.1 **Nachbehandlungs-Ergebnisse** > *9.2 Rücklauf*
Die in die Statistik automatisch eingelaufenen Nachbetreuungs-Reflektionen >>> 8.3.3 müssen bei auffälligen Abweichungen bewertet und für die Überarbeitung der Fallstatistik bereit gestellt werden. >> 9.2.2

9.2.2 **Ergebnis-Übersicht der Fallstatistik** > *9.2 Rücklauf*
Allfällige Rückfälle und Folgeerscheinungen erfordern eine Überarbeitung dieser Fälle in der Fallstatistik, welche erst damit abgeschlossen werden kann.

9.2.3 **Präventions-Nachweis/Kostenaufwand** > *9.2 Rücklauf*
Die gewählten Präventionsziele sind darzustellen und mit den Ergebnissen der Fallstatistik zu vergleichen. So kann die Effektivität der Präventionsziele geprüft werden.

Ein weiterer Schritt ist die Aufstellung des Kostenaufwandes für die Prävention > Gesundheitschecks/Prämien etc. Diese Kosten können nun den betroffenen Fallkosten-Veränderungen gegenüber gestellt werden. So kann letztlich die Effizienz der Prävention geprüft werden.

9.3.1 **Tatsächliche Fallkosten einschl. Nachbehandlung** > *9.3 Nachhaltigkeitswert*
Die Kostenzusammenstellung je Fall erfolgt automatisch. Darüber hinaus werden die Kosten je Patient zusammengestellt. In einer Übersicht kann die Wirksamkeit von Prävention und Therapien etc. für jeden Patienten dargestellt werden.

9.3.2 **Verhältnis der tatsächlichen Fallkosten zu den Regelfallkosten** > *9.3 Nachhaltigkeitswert*
Einzelberichtigungen. In den Vorgaben des Fallkataloges sind die Regelfallkosten angegeben, diese werden zu den tatsächlichen Fallkosten ins Verhältnis gesetzt. Die Abweichungen werden unter Betrachtung der jeweils gesetzten Verbesserungsmaßnahmen bewertet. Daraus werden die neuen Vorgaben für Verbesserungsmaßnahmen ermittelt.

9.3.3 **Verhältniszahl – Gesundheitspräliminare zum Gesamtaufwand** > *9.3 Nachhaltigkeitswert (NaWe)*
Das Gesundheitspräliminare wird in einem %-Satz des Bruttonationalproduktes festgelegt.

Der Nachhaltigkeitswert ergibt sich aus dem Verhältnis tatsächlicher Gesamtaufwand der Gesundheitswirtschaft (GWA) zum Gesundheitspräliminare (GP).

GWA : GP = NaWe < 1,0 !

Tatsächlicher Aufwand/Vorgabe =< 1,00 !

Peter-Wolf Aichberger/Alfred Kyrer: Masterpläne als Werkzeuge der Gesundheitspolitik

Der Bedeutungszuwachs von Masterplänen ergibt sich aus den zunehmend komplexer werdenden Handlungsansätzen und Planungserfordernissen, die nicht mehr durch traditionelle Planungsverfahren bewältigt werden können.

Für jeden Bereich menschlichen Zusammenlebens, der von der Politik gestaltet werden soll, braucht man ein **Grundkonzept**, eine generelle Vorstellung dessen, was man in bestimmten Politikfeldern überhaupt erreichen will.

Ein Masterplan ist auf einer Kriterien-Matrix aufgebaut, welche sämtliche relevanten Faktoren und deren Zusammenhänge für eine zielorientierte Lösung (Vision) enthält. Vorweg sind die wesentlichen Fragen zu stellen, aufgrund der er letztlich die jeweils relevanten Entscheidungen getroffen werden können. Das Hinterfragen der Kriterien-Matrix erfordert ein gebündeltes, Fachgrenzen übergreifendes transdisziplinäres Wissen und Denken und viel praktische Erfahrung.[1] Masterpläne sind Instrumente systemischer Intervention. Ziel ist die ganzheitliche Analyse bestimmter Politikfelder. Masterplanung benennt Entwicklungstendenzen und Entwicklungspotentiale und bezieht alle relevanten Stakeholder ein, die für die Erreichung bestimmter Ziele von Bedeutung sind. Im Gegensatz zur Entwicklungsplanung legen Masterpläne einen in der Zukunft liegenden Zustand nicht verbindlich fest, sondern beschreiben nur Perspektiven einer möglichen Entwicklung. Masterpläne fungieren als Steuerungs- und Koordinationsinstrumente, denn sie beschreiben Empfehlungen zur Umsetzung von Zielen. Der Masterplan ist offen für Veränderungen und demnach fort-

1 Siehe auch den Beitrag von Peter-Wolf Aichberger, Systemische Ansätze für eine effektive, effiziente und nachhaltige Gesundheitswirtschaft mit dem Fokus Krankenhaus-Bau.

schreibungsfähig.[2] Die Masterplanung agiert jenseits hierarchisch-administrativer Strukturen. Es existiert kein allgemeingültiger Weg zur Erstellung eines Masterplans, vielmehr orientiert sich das Verfahren an der jeweiligen Problemstellung, den beteiligten Akteuren sowie der jeweiligen Planungsebene.

Masterpläne unterscheiden sich von der bisherigen Planungskultur durch folgende Merkmale:

- Abrücken von der Leerformel „rationale" Planung und Erkennen der Komplexität der Planungsaufgaben. Früher lautete das Motto: There are no problems, only solutions! Heute hingegen weiß man: Behind every solution is a problem!
- Mehr Transparenz und bessere Kommunikation zwischen Beteiligten und Betroffenen.
- Arbeiten mit dem Modulprinzip: Erarbeitung überschneidungsfreier Bereiche, Beachtung der Schnittstellen zwischen den einzelnen Modulen.
- Vernetzung aller Planungsbereiche und Arbeiten mit systemischen Verfahren, um Widersprüche und Beschränkungen („constraints") bereits in einem frühen Planungsstadium aufzudecken.

Masterpläne haben eine starke integrative und präventive Komponente. Sie führen weg von ad hoc-Entscheidungen und können politischen Begehrlichkeiten entgegenwirken.

---

2 Hoffmann, M. N./Ufer, U. T., Der Masterplan in NRW – Ein Instrument der Zukunft?! Etappen zum Ziel: Wesentliche Anforderungen an die Masterplanung, Dortmund 2005.

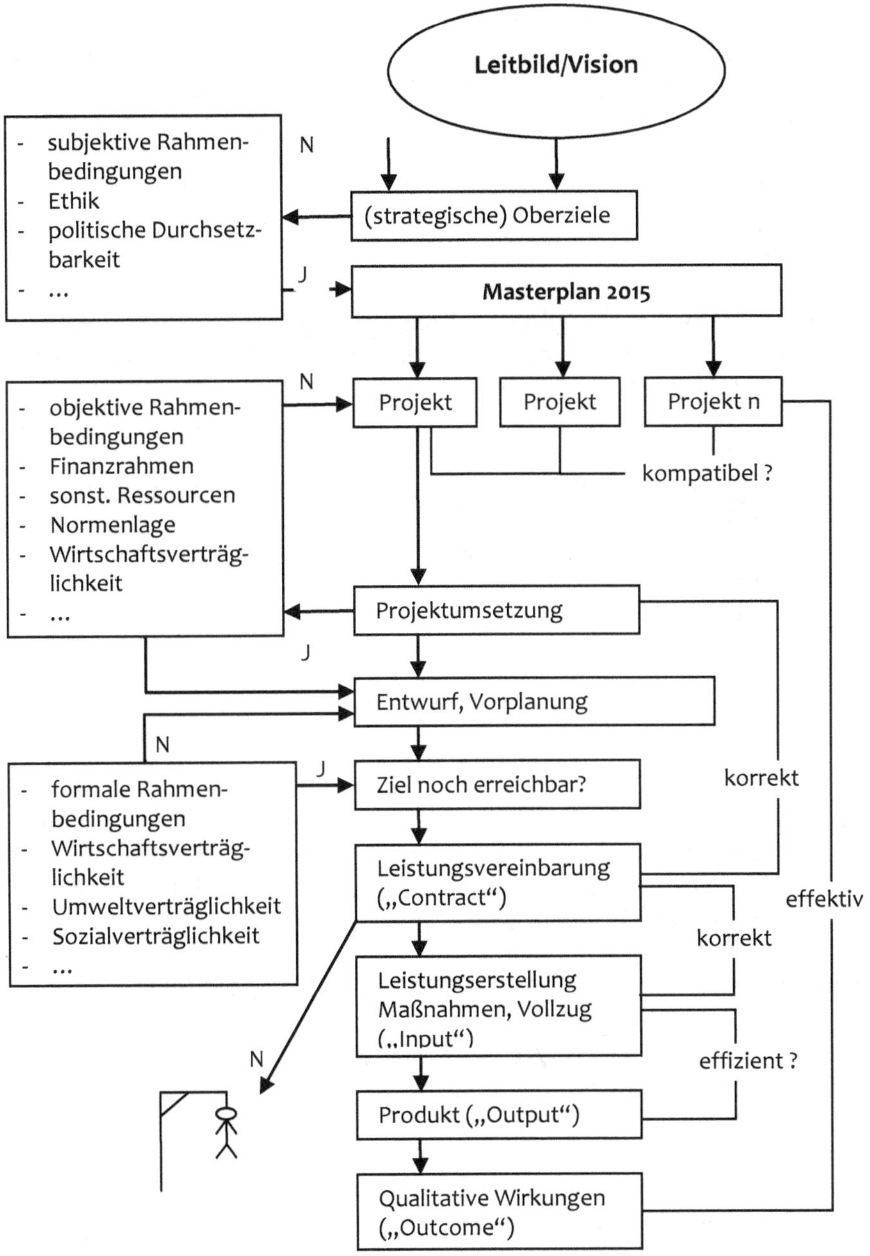
Leitbild/Vision
- subjektive Rahmenbedingungen
- Ethik
- politische Durchsetzbarkeit
- ...
N
J
(strategische) Oberziele
Masterplan 2015
N
Projekt
Projekt
Projekt n
kompatibel ?
- objektive Rahmenbedingungen
- Finanzrahmen
- sonst. Ressourcen
- Normenlage
- Wirtschaftsverträglichkeit
- ...
Projektumsetzung
J
Entwurf, Vorplanung
N
J
- formale Rahmenbedingungen
- Wirtschaftsverträglichkeit
- Umweltverträglichkeit
- Sozialverträglichkeit
- ...
Ziel noch erreichbar?
korrekt
Leistungsvereinbarung („Contract“)
effektiv
korrekt
Leistungserstellung Maßnahmen, Vollzug („Input“)
N
effizient ?
Produkt („Output“)
Qualitative Wirkungen („Outcome“)

Die Erstellung von *Masterplänen und Projektmanagement* hängen sehr eng miteinander zusammen. Gegenstand des Projektmanagements ist die Planung, Steuerung und Überwachung von komplexen Aufgaben („Projekten“), die organisatorisch aus einem größeren Feld herausgelöst und selbstständig abgewickelt werden. Projektmanagement ist ein transdisziplinärer Forschungszweig.

Masterpläne gibt es

- auf **Unternehmensebene**: Masterpläne für Krankenhäuser (z. B. SALK), für Flughäfen (z. B. Airport Salzburg) und Stadtentwicklungsgebiete (z. B. Aspern 2025)
- für einzelne **Politikfelder**: z. B. Masterplan für den Verkehr in einer Region
- auf **regionaler Ebene:** Ein regionaler Masterplan ist quasi die akkordierte Willenserklärung einer Stadt bzw. Region. Die ersten regionalen Masterpläne wurden in den USA in den 30er Jahren erstellt.
- auf **nationaler Ebene**: z. B. der Masterplan Gesundheit zur Weiterentwicklung des österreichischen Gesundheitswesens (siehe Anhang)
- im **supranationalen Kontext**: z. B. Pläne des IMF zur Regulierung der internationalen Finanzmärkte.

Anhand von **Masterplänen** erfolgt eine **Optimierung** des Einsatzes der wirtschaftlichen Ressourcen. Die Knappheit der Ressourcen zwingt die politischen Akteure zu einer Bedarfsprüfung, einer sorgfältigen Projektauswahl und Projektüberprüfung.

Welche Projekte überhaupt in einen Masterplan aufgenommen werden, hängt vom jeweiligen **Leitbild** („Mission statement“) und den daraus abgeleiteten strategischen Oberzielen ab. Die Steuerung erfolgt von **oben nach unten** („top down“). Dabei legt die Politik vorweg sachliche, finanzielle und zeitliche Prioritäten fest, die im Zuge der Erstellung eines Masterplanes gegebenenfalls zu modifizieren sind. Die Erarbeitung und Überprüfung der Einzelprojekte erfolgt hingegen von **unten nach oben** („bottom up“).

Diese Sachverhalte werden in folgender Abbildung deutlich.

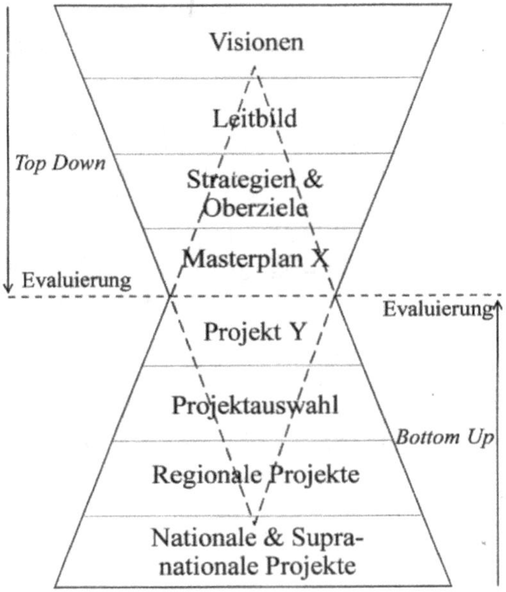

Die unterschiedlichen Perspektiven der Planung

Ein Masterplan vernetzt zunächst **Projekte eines Politikfeldes,** in der Folge handelt es sich um die Überprüfung der Schnittstellen **zu anderen Politikfeldern,** um gegenseitige Beeinträchtigungen und unerwünschte Verstärkereffekte zu vermeiden. Der Fokus liegt auf der Fragestellung, ob und wie die einzelnen Projekte untereinander zusammenhängen bzw. ob Ziel- und/oder Mittelkonflikte bestehen.

Ein ganz wesentlicher Planungsgrundsatz bei der Erstellung eines Masterplanes ist, dass alle Projekte nach einem **einheitlichen Verfahren** entwickelt und überprüft werden müssen. Ansonsten können in der weiteren Folge keine **Prioritäten** und **Posterioritäten** festgelegt werden.

Masterpläne sind das (vorläufige) Ergebnis umfassender Planung und Koordination in den einzelnen Ressorts und enthalten alle auf Machbarkeit überprüften Projekte. Sie sind die Basis für eine nachhaltige Politik, da Projekte, die einmal in den Masterplan aufgenommen wurden, auch innerhalb der geplanten Zeit umgesetzt werden müssen. Nur **Masterpläne** liefern der Wirtschaft einer Region jene eindeutigen **Planungsgrundlagen**, auf die sie ihre Sachinvestitionen und die Beschäftigung von Arbeitskräften ausrichten können. Gerade aber diese Bindungswirkung ist es, auf welche die Wirtschaft wartet. Es müsste eine neue **Vertrauenskultur** zwischen Wirtschaft und Staat aufgebaut werden. Masterpläne sind eine längst fällige Bringschuld gegenüber den privaten Unternehmen. Sie sind zugleich die Basis für nachhaltiges Wachstum.

Mit akkordierten Masterplänen steht der Regierung, der Opposition und der Öffentlichkeit ein festes, aber nicht starres **Koordinatensystem** zur Verfügung, in das alte und neue Ideen und Fakten eingebracht werden und an dem neue Planungen und Projekte gemessen werden können. Masterpläne müssen laufend fortgeschrieben werden. Grundlegende Änderungen in den nationalen und internationalen Rahmenbedingungen sind zu berücksichtigen. Darüber hinaus sind Masterpläne rechtlich so abzusichern, dass sie über die Grenzen einer Legislaturperiode hinausreichen. Motto: Politiker gehen, Masterpläne bleiben!

Solange wir nicht über **griffige Masterpläne** verfügen, dürfen wir uns nicht wundern, wenn viele Projekte (mit einer Lobby im Hintergrund) in Angriff genommen werden, die eher problematisch sind und andere sachlich dringendere Projekte (ohne Lobby) unterbleiben. Oft werden wirtschaftspolitische Großprojekte sogleich in Frage gestellt, sobald sich die **politische „Farbenlehre“** ändert oder ein Politiker von seiner Partei ausgetauscht wird. Die damit verbundene Verunsicherung „kostet“ Arbeitsplätze und Wachstumsraten bei den Investitionen.

Eine Steuerung anhand von Masterplänen kann nur dann erfolgreich sein, wenn folgende **Rahmenbedingungen** gegeben sind:

1. Wahrnehmung der Steuerungsnotwendigkeit durch Politiker.
2. Geschickte Verhandlungsführung nach der *Harvard-Methode.*

3. Langfristorientierung: Dazu gehört, dass man nicht bei jeder politischen Maßnahme gleich auf den nächsten Wahltermin schielt.
4. Reflexionsfähigkeit: In der Vergangenheit begangene Fehler sollte man nicht verdrängen, sondern zugeben.
5. Selbstbeschränkung: Politik sollte sich wieder auf Kernkompetenzen beschränken. Motto: Doing less and enabling more!
6. Das Risiko nicht-professioneller Intervention durch Politiker kann durch Outsourcing vermindert werden, indem man die Aufgabe der Erstellung eines Masterplanes ausgliedert. Motto: Vom politischen „Machertum“ zur Kunst der systemischen Intervention.
7. Visionen und realistische Leitbilder, die sich nach und nach in Strategien niederschlagen und zu nachhaltigen Strukturen führen, nach dem Motto „structure follows strategy.“
8. Berücksichtigung der Bedürfnisse der Bürger und aller, die an der Effektivität, Effizienz und Nachhaltigkeit einer Entwicklung interessiert und beteiligt sind („Stakeholder“-Orientierung)
9. Ganzheitliche Multiprojektentwicklung.
10. Wissensmanagement unter Berücksichtigung des verfügbaren schweigenden Wissens („tacid knowledge“) und eine konsequente Umsetzung der politischen Programme und Projekte.

Anhang: Masterplan Gesundheit

Einladung zum Dialog – Strategische Handlungsoptionen zur Weiterentwicklung des österreichischen Gesundheitswesens aus Sicht der Sozialversicherung. Wien, im November 2010.

1.1 Ausgangslage

Österreich ist eines der reichsten Länder der Welt. Die **Menschen** sind mit unserem **Gesundheitssystem sehr zufrieden.** In internationalen Rankings bekommt das österreichische Gesundheitssystem gute Bewertungen, vor allem wegen der guten Zugänglichkeit für alle Bürgerinnen und Bürger.

Mit einer durchschnittlichen **Lebenserwartung von 80,4 Jahren** erreichen die Österreicherinnen und Österreicher ein hohes Lebensalter, verlieren aber mehr als 20 Jahre an Lebensqualität durch Krankheit. Damit schneiden wir im EU-Schnitt verhältnismäßig schlecht ab, dies trotz hoher Gesundheitsausgaben.

Mit **3.970 US-Dollar pro Kopf** liegt **Österreich** nach Luxemburg und den Niederlanden an dritter Stelle der verglichenen EU-Länder. Mit diesem Wert liegt Österreich auch deutlich über dem Schnitt der 21 vergleichbaren EU-Länder. Nach aktuellen Prognosen des IHS werden die Gesundheitsausgaben bis zum Jahr 2030 auf über 12,5 % des Bruttoinlandproduktes steigen. Kontinuierlich **steigend** sind auch die **pro-Kopf-Kosten im Bereich der Spitäler**. Legt man diese Steigerungen auf die bestehenden Finanzierungsquellen um, lässt sich erkennen, dass entweder die Abgaben- und Steuerlast dramatisch ansteigen wird oder weitere **Schuldenaufnahmen** für die laufenden Gesundheitsausgaben getätigt werden müssen. Wir haben in Österreich ein sehr gutes System, im internationalen Vergleich jedoch hohe Kosten.

Die bisherigen Diskussionen rund um das österreichische Gesundheitswesen zäumen das Pferd von hinten auf. Statt über Strategien wird über Strukturen, statt über den Bedarf wird über bestehende Einrichtungen, statt über gemeinsame Ziele wird über Machtabsicherung diskutiert.

Soziodemografische Veränderungen

Wie in vielen entwickelten Ländern ist auf Grund **sinkender Geburtenraten** und **steigender Lebenserwartung** ein demografischer Alterungsprozess in Gang gekommen, sodass mit einem Sinken des Anteils der unter 20-Jährigen und einem Ansteigen des Anteils der über 65-Jährigen zu rechnen ist („doppelte Alterung"). Dadurch wird im Jahr 2020 der Anteil der über 65-Jährigen den der 0- bis 19-Jährigen übersteigen. **Fast ein Viertel** der Österreicherinnen und Österreicher **wird 2030 älter als 65 Jahre sein** und entsprechender **Gesundheitsversorgung sowie Pflege** bedürfen, die vom sinkenden Anteil der 20- bis 64-Jährigen zu finanzieren ist. Durch die Reduktion der Jungen und damit der Hauptbeitragszahlerinnen und Hauptbeitragszahler entstehen finanzielle Probleme auf der Aufkommensseite und Engpässe bei den Humanressourcen im Gesundheits- und Pflegewesen. Da diese beiden Faktoren zusammenwirken, ergibt sich wiederum die Dringlichkeit des Handelns.

Chronische Krankheiten

Eine der größten Herausforderungen ist die **ständig wachsende Zahl** jener Menschen, die an **chronischen Krankheiten** leiden und kontinuierlich mit Krankheit leben. Bisher wurden chronisch Kranke **sequenziell versorgt**. Viele der Probleme bei der Versorgung chronisch Kranker stehen in engem Zusammenhang mit der weit verbreiteten Vorstellung der Patientinnen und Patienten als passive Empfängerinnen und Empfänger von medizinischen Leistungen.

Statt auf Krankheit, den Blick auf Gesundheit lenken

Der Fokus im österreichischen **Gesundheitswesen** liegt derzeit auf der individuellen Reparaturmedizin und nicht auf einem ganzheitlichen Ansatz zur Verbesserung der Gesundheit. Das österreichische Gesundheitssystem handelt **zu wenig gesundheitsorientiert.** Die Folge ist eine hohe Zahl vermeidbarer chronischer Erkrankungen der Menschen, wie z. B. ischämische Herzkrankheiten, Schlaganfall, Asthma bronchiale, etc. Die Ausgaben für Prävention betragen in Österreich lediglich 1,5 % der öffentlichen Gesundheitsausgaben (EU: 2 %). Umfassende **bevölkerungsgruppenspezifische Maßnahmen fehlen** gänzlich. **Österreichweit gibt es keine einheitlichen Gesundheitsziele** an denen sich alle Akteure im Gesundheitswesen orientieren.

Kompetenzzersplitterung und einrichtungsorientierte Finanzierung

Die österreichische **Bundesverfassung** sieht eine **Trennung der Kompetenzen** im Gesundheitswesen zwischen Krankenanstalten und niedergelassenen Ärztinnen und Ärzten vor, mit negativen Folgen. Durch die Fragmentierung der medizinischen Versorgung kommt es zu Informationsverlusten an den Schnittstellen, oft aber auch zu **Über-, Unter- und Fehlversorgungen** der Patientinnen und Patienten.

Im **Spitalsbereich** sind die Kompetenzen darüber hinaus erneut geteilt. Der **Bund** ist für die **Grundsatzgesetzgebung** und die **Länder** sind für die **Ausführungsgesetzgebung und Vollziehung** zuständig. Dies führt dazu, dass **jedes Bundesland andere Regelungen und Planungsgrundsätze** hat und diese unterschiedlich umsetzt.

Die Versorgung erfolgt nicht nach dem Bedarf, sondern nach den Zuständigkeiten der Akteure im Gesundheitswesen. Behandlungen werden teilweise nicht von der fachlich am besten geeigneten Leistungsebene erbracht. Dies führt zu **Qualitätseinbußen.** Patientinnen und Patienten werden zwischen Spital und niedergelassenem Bereich hin und hergeschoben. Dabei bedeutet die Behandlung auf einer nicht adäquaten Versorgungsebene meist **volkswirtschaftliche Mehrkosten.**

Mangelnde sektorenübergreifende Planung

Derzeit erfolgt die Planung im intramuralen und im extramuralen Bereich völlig getrennt. Einzelne Schritte zu einer Vernetzung blieben bisher in den Ansätzen stecken.

In Österreich wird Planung in erster Linie als Kapazitätsplanung aufgefasst. Diese erfolgt über die Systeme des ÖSG/RSG und der Stellenplanung. Die derzeitige **Rahmenplanung** ist **vergangenheitsorientiert, nicht sektorenübergreifend** und **nicht ganzheitlich** ausgerichtet. Die „Regionalen Strukturpläne Gesundheit“ sind weder umfassend noch **gesundheitspolitisch zielorientiert.** Prävention und Gesundheitsförderung fehlen gänzlich. Einzelne Versorgungsbereiche werden gar nicht berücksichtigt.

Darüber hinaus **fehlt** im Gesundheitswesen eine **ganzheitliche Finanzplanung.**

Sakrileg – „Qualitätskontrolle“

Das **österreichische Gesundheitswesen** befasst sich im internationalen Vergleich viel **zu wenig** mit dem Thema **Qualität und Evidenz.** Umfassende Qualitätsberichte fehlen ebenso, wie eine offene Fehlerkultur. International zeigt sich, dass die Zukunft im umfassenden Qualitätsmanagement und einem offenen und transparenten Umgang mit Qualitätsmängeln sowie Fehlern liegt. Die zersplitterten Strukturen erschweren zudem eine Qualitätsorientierung.

1.2 Warum erstellt die Sozialversicherung einen Masterplan?

Die österreichische Sozialversicherung vertritt **8,3 Millionen Österreicherinnen und Österreicher.** Diese 8,3 Millionen Menschen zahlen jährlich rund **13 Mrd. Euro Beiträge** an die Krankenversicherungsträger, damit werden rund **drei Viertel der öffentlichen Gesundheitsausgaben** bestritten (ohne Pflege). Die Beitragszahlerinnen und Beitragszahler haben ein Recht darauf, dass diese Mittel effektiv und effizient genutzt werden (Verbesserung der Gesundheit der Bevölkerung, Erhöhung der PatientInnenorientierung, Qualitätsverbesserung). Dies betrifft nicht nur die Krankenkassen, sondern alle Gesundheitseinrichtungen, die mit diesen Beiträgen finanziert werden, wie der Spitalsbereich, in dem die Sozialversicherung ein wesentlicher Financier ohne Mitspracherecht ist.

Beweggründe für den Masterplan Gesundheit

Internationale Vergleiche zeigen, dass in jenen Bereichen, in denen die Sozialversicherung die alleinige Verantwortung trägt, sorgsam mit finanziellen Mitteln umgegangen wird. Die österreichische **Sozialversicherung** hat **2009** ein **Sanierungskonzept „Gesundheit: Finanzierung sichern** – Langfristige Potenziale zur Steuerung der Ausgaben und zur nachhaltigen Kostendämpfung" erarbeitet. Das Maßnahmenportfolio sieht für den Zeitraum 2010 bis 2013 ein **Kostendämpfungsvolumen** von insgesamt **1,725 Mrd. Euro** vor. Die Umsetzung erfolgt durch verbindliche Zielvereinbarungen mit den Krankenversicherungsträgern. Der Sanierungspfad sieht für 2010 ein Kostendämpfungsvolumen von insgesamt 197 Mio. Euro vor. Das halbjährliche **Monitoring** der Finanzziele (15. März und 15. September) zeigt, dass die Krankenversicherungsträger heuer insgesamt ihre Finanzziele erreichen werden.

Die **Sozialversicherung** strebt darüber hinaus eine **ganzheitliche Reform** an, die **alle Sektoren** des Gesundheitswesens umfasst, weil die Herausforderungen an das Gesundheitswesen nur gemeinsam gemeistert werden können. Alle Financiers werden daher zu einem **Reformdialog** eingeladen, um gemeinsame Reformschritte verbindlich zu vereinbaren und umzusetzen.

1.3 Paradigmenwechsel

Unsere Vision: „Länger selbst bestimmt leben bei guter Gesundheit"

Um die Vision, ein längeres selbst bestimmtes Leben bei guter Gesundheit, für alle Bürgerinnen und Bürger, unabhängig von ihrem Einkommen oder sozialen Status, zu erreichen, fordert die Sozialversicherung einen Paradigmenwechsel im österreichischen Gesundheitswesen. Wir verlangen die **Fokussierung auf die Bevölkerungsgesundheit** und eine **patientenorientierte Versorgung an Stelle einer Finanzierung von Institutionen.**

Reformschritte zur Weiterentwicklung des österreichischen Gesundheitswesens müssen darauf ausgerichtet sein, **drei zentrale Ziele** des Gesundheitswesens bestmöglich zu erfüllen:

- Verbesserung der **Gesundheit** der österreichischen **Bevölkerung**
- Orientierung am **Bedarf der Bevölkerung**
- Sicherstellung einer **nachhaltigen und fairen Finanzierung.**

Das Ziel der Verbesserung der Gesundheit der österreichischen Bevölkerung umfasst auch die Reduktion von Ungleichheiten bei der Gesundheitsversorgung der österreichischen Bevölkerung. Die Wahrung der Menschenwürde, die Vertraulichkeit beim Umgang mit medizinischen Daten und Bewusstseinsbildung der Menschen und deren Familien bezüglich ihrer Gesundheit sind wesentliche Elemente eines funktionierenden Gesundheitssystems. Die Sicherstellung einer nachhaltigen und fairen Finanzierung verhindert, dass in Österreich Menschen aufgrund von Krankheit und der damit verbundenen Kosten in Existenz bedrohende finanzielle Schwierigkeiten geraten.

Die strategische Ausrichtung des Gesundheitswesens muss sich an bundesweiten Gesundheitszielen orientieren. Einige Bundesländer haben Landesgesundheitsziele, eine **gemeinsame Entwicklung von Bundesgesundheitszielen** ist jedoch noch ausständig. Gemeinsame Ziele stellen das Fundament einer nachhaltigen Weiterentwicklung unseres Gesundheitssystems dar.

Transparenz und Beteiligung fördert die Identifikation der Bevölkerung mit dem Gesundheitswesen. Transparenz unterstützt darüber hinaus ein zielorientiertes Vorgehen, weil es die Spielräume nicht effizienten Handelns einschränkt. Die Beteiligung der Betroffenen an der Weiterentwicklung des Gesundheitswesens kann auch durch Selbsthilfegruppen erfolgen. Wesentlich ist jedoch die Beteiligung der Menschen, die eigene Gesundheit zu fördern und bei der Krankenbehandlung eine aktive Rolle zu spielen, um den Behandlungserfolg zu beschleunigen und zu optimieren. Eine verstärkte **Qualitätsorientierung** spielt dabei eine wichtige Rolle.

Die Sozialversicherung fordert eine verstärkte **Prozessorientierung** im österreichischen Gesundheitswesen. Die Gesundheitsreform soll nicht Einrichtungsstrukturen, sondern vorrangig die Bevölkerung mit ihren Bedürfnissen in den Vordergrund stellen. Dies bedeutet, dass nicht die vertikale Betrachtung der einzelnen Sektoren (niedergelassener Bereich, Spitalsambulanzen, stationärer Bereich der Krankenanstalten, etc.), sondern die horizontale Betrachtung der Patientenkarrieren die dominierende Perspektive darstellt.

1.4 Kernforderungen

Der Masterplan Gesundheit will einen grundlegenden Kurswechsel anregen. Zur Erreichung der strategischen Ziele ist ein Maßnahmenbündel notwendig. Im Rahmen einer „Allianz der gesunden Vernunft" soll ein Dialog gestartet werden, der in einer umfassenden Reform mündet. Die österreichische Sozialversicherung ruft daher alle Beteiligten nachdrücklich dazu auf, sich an einem gemeinsamen **„Gesundheitsreformdialog für Österreich"** auf breiter Ebene zu beteiligen.

1. Entwicklung von Gesundheitszielen!

„Zielgerichtet gestalten statt anlassbezogen reagieren"

Österreich ist eines von wenigen europäischen Ländern, das keine nationalen Gesundheitsziele definiert hat. Diese Gesundheitsziele müssen die Grundlage des Handelns aller Verantwortlichen im Gesundheitswesen sein. Die Zielerreichung muss jährlich evaluiert werden und in einer verständlichen Gesundheitsberichterstattung transparent gemacht werden.

Bereits seit 2009 sieht die 15a-Vereinbarung zwischen Bund und Ländern die Entwicklung von österreichweiten Gesundheitszielen vor. Derzeit existieren lediglich in manchen Bundesländern einzelne Landesgesundheitsziele, mit unterschiedlicher Themensetzung, Intensität und unterschiedlichen Zeithorizonten.

⇒ Der Bund wird daher dringend aufgefordert, im Rahmen der Bundesgesundheitskommission einen Prozess zur Entwicklung von nationalen Gesundheitszielen zu initiieren, die sich an den WHO-21 Grundsätzen orientieren. Für den Bereich der Sozialversicherung übernimmt der Hauptverband eine koordinierende Rolle zwischen den Trägern.

⇒ Diese Gesundheitsziele sollen Politikfeld übergreifend formuliert werden (HiAP – Health in All Policies).

2. Ausbau von Prävention und Gesundheitsförderung

„Mehr Gesundheit durch einen ganzheitlichen Ansatz"

Notwendig ist ein **Paradigmenwechsel** von der reinen Reparaturmedizin. Gesundheitsförderung und Prävention ist auszubauen.

Neben der Stärkung der individuellen Gesundheitskompetenz brauchen wir **gesunde Lebenswelten**, wie Betriebe oder Schulen sowie gesellschaftliche und gesetzliche Rahmenbedingungen, die den Menschen in Österreich ermöglichen, gesund zu bleiben.

⇒ Maßnahmen müssen daher österreichweit und flächendeckend umgesetzt werden. Aktionspläne sind ressortübergreifend zu erstellen. Für den Bereich der Sozialversicherung übernimmt der Hauptverband eine koordinierende Rolle zwischen den Trägern. Der Bund hat eine an Gesundheitszielen orientierte Umsetzung im Bereich der Länder zu gewährleisten.

⇒ Die Politik hat gesetzliche Grundlagen zum Ausbau der Gesundheitsförderung zu schaffen.

3. Planung, Steuerung und Qualitätssicherung auf österreichischer Ebene

„Voraussetzung für eine dynamische und strategische Entwicklung des Gesundheitswesens"

Gefordert ist der Blick über den Tellerrand. Die Planung muss in Zukunft bundesweit bedarfsgerecht erfolgen. Sie darf nicht wie bisher vergangenheitsorientiert sein, sondern muss nach einem objektiv festgestellten Bedarf auf Basis epidemiologischer Daten erfolgen. Die Detailplanung kann nur dezentral und unabhängig von den Leistungsanbietern durchgeführt werden.

⇒ Die Rahmenplanung ist österreichweit einheitlich durchzuführen (Abschied vom derzeitigen ÖSG als Planungsgrundlage). Bund, Länder und Sozialversicherung haben eine neue Planungsgrundlage zu erarbeiten. Die Planungsgrundsätze (z. B. Planung in Versorgungszonen) sind verpflichtend zu berücksichtigen.

⇒ Strategische Rahmenplanung muss sich an Gesundheitszielen, an international anerkannten Grundsätzen (evidence based health policy) und am tatsächlichen Bedarf orientieren.

⇒ Zeitpläne und Meilensteine sind bei der Rahmenplanung festzulegen.

⇒ Als Instrument wird die Balanced Score Card (BSC) vorgeschlagen.

⇒ Ein unabhängiges Controlling zur Überprüfung des Umsetzungsstandes ist einzurichten.

⇒ Die Detailplanung bleibt dezentral und grundsätzlich unabhängig von den Leistungsanbieterinnen und Leistungsanbietern.

⇒ Die Einhaltung der Rahmenplanungsvorgaben wird durch Anreize sichergestellt.

⇒ Die Politik ist gefordert, für den Bereich der niedergelassen Ärztinnen, Ärzte und der Spitalsambulanzen eine verpflichtende Diagnose-Codierung vorzusehen.

⇒ Der Gesetzgeber hat die Schaffung einer objektiven Datengrundlage zur Ermittlung eines evidenz-basierten Bedarfs sicherzustellen.

⇒ Ein gemeinsames Datawarehouse für das österreichische Gesundheitswesen ist zu schaffen.

⇒ Die Bedarfsplanung erfolgt in Zukunft ohne Anbieter.

⇒ Bei kooperativen Finanzierungsmodellen ist eine allfällige Mitsprache von Leistungsanbietern vertraglich zu regeln.

⇒ Neben der jährlichen Budgetierung ist eine mittelfristige Finanzrahmenplanung aller Sektoren zu erstellen.

⇒ Ziel ist eine gesamthafte Finanzplanung für das Gesundheitswesen inklusive vereinbarter Konsolidierungsmaßnahmen aller Bereiche parallel zur 4-jährigen Finanzrahmenplanung des Bundes.

Die Verteilung der Mittel ist an Bedarfskriterien auszurichten. Es gilt der Grundsatz: Erst ein an gemeinsam formulierten Gesundheitszielen orientierter Bedarf löst Zahlungsströme aus.

4. Der/die selbstbestimmte eigenverantwortliche Versicherte

„Vom Lippenbekenntnis zum Lebensprinzip“

Ein modernes Gesundheitssystem setzt auf die aktive und eigenverantwortliche Mitwirkung der Versicherten. Dies braucht neben der Bereitschaft der Beteiligten auch die nötige Gesundheitskompetenz. Der Mensch ist eigenverantwortlicher Gestalter seiner persönlichen Lebenswelt.

Die Sozialversicherung setzt auf das Prinzip **„Transparenz und Beteiligung“** und fordert:

⇒ Patientinnen und Patienten sind durch Informationen und Schulungen im Sinne von Empowerment einzubeziehen. Die Akademie des Hauptverbandes kann durch Ausbildungen für Trainer einen Beitrag leisten.

⇒ Auf Zielgruppen und Lebenssituationen von Bevölkerungsgruppen abgestimmte Programme zur Gesundheitsförderung und Prävention sind österreichweit zu implementieren.

⇒ Versicherte sollen sich zeitnahe über die konsumierten Leistungen informieren können.

⇒ Qualitätsberichte sind für die Bereiche der Primärversorgung, Krankenanstalten und für die eigenen Einrichtungen der Sozialversicherung zu erstellen.

⇒ Versicherte sollen zur Teilnahme an Präventionsmaßnahmen und Formen der integrierten Versorgung motiviert werden. Instrumente für eine verstärkte Teilnahme und das Empowerment der Patientinnen und Patienten an Modellen zur integrierten Versorgung sind zu schaffen.

Die Sozialversicherung bekennt sich zur Stärkung der Patientensicherheit und des Konsumentenschutzes.

⇒ Das Sachleistungsprinzip ist auch im Falle eines vertragslosen Zustandes sicher zu stellen. Dies kann durch Verrechnungsübereinkommen und Nachwirkung der bestehenden Gesamtverträge erfolgen.

⇒ Selbsthilfegruppen sind durch eine interessenunabhängige öffentliche Basisfinanzierung durch den Bund zu stärken.

⇒ Die Kompetenzen der Patientenanwaltschaft sind gesetzlich um den niedergelassenen Bereich zu erweitern.

⇒ Die Sozialversicherung wird die Zusammenarbeit mit professionellen Konsumentenschutzinstitutionen intensivieren.

⇒ Regelmäßige Versichertenbefragungen sind durch den Hauptverband zur Erhebung der Servicequalität im Gesundheitswesen durchzuführen.

Die **Sozialversicherung** bekennt sich klar zu den neuen Kommunikationsformen und zum Einsatz der **e-health** Technologien.

⇒ Der elektronische Gesundheitsakt muss im Interesse der Patientinnen und Patienten am Ort der Behandlung aktuelle Informationen über Vorbefunde und Krankheitsverlauf verfügbar machen.

⇒ Das Patientenrecht auf ELGA setzt eine verpflichtende Teilnahme der Gesundheitsdienstleister voraus. Patientinnen und Patienten nehmen an ELGA teil, haben aber die Möglichkeit zum opting-out.

⇒ Die Zugangsberechtigung muss über die bestehende e-card Infrastruktur erfolgen.

5. Entwicklung strukturierter Programme zur Behandlung chronisch Kranker und multimorbider Patientinnen und Patienten

„Disease Management wirkt!“

Chronische Massenerkrankungen und Patientinnen und Patienten mit schweren multiplen Krankheiten bedürfen besonderer strukturierter Betreuungsformen. Patientinnen und Patienten dürfen nicht durch fehlende Behandlungspfade und unterschiedliche Finanzierungsströme zum Spielball im System werden.

Um die Betreuung chronisch Kranker zu verbessern, sind als erster Schritt jene Diagnosen festzulegen, die prioritär einer integrierten Versorgung bedürfen. Für die Behandlung von chronischen Erkrankungen haben sich international **Disease Management Programme** bewährt.

Die Sozialversicherung verfolgt das Ziel, dass bis Ende 2015 mindestens zwei Drittel der medikamentös versorgten Diabetiker im neuen Disease Management Programm eingeschrieben sind. Der Erfolg hängt in einem entscheidenden Maße davon ab, ob es gelingt, die Patientinnen und Patienten und ihre Angehörigen als selbstverantwortliche, informierte und kompetente Nutzerinnen und Nutzer von Gesundheitsleistungen in das Behandlungsmanagement einzubeziehen.

⇒ Neben dem bestehenden DMP für Diabetes sind für weitere 10 Krankheitsbilder strukturierte Betreuungsprogramme zu entwickeln. (Diesbezüglich wurden bereits Vorarbeiten in der SV geleistet.)

⇒ Disease Management Programme müssen sektorenübergreifend entwickelt werden. Die Sozialversicherung ist dazu bereit, künftig solche Programme gemeinsam mit den Spitalsverantwortlichen zu erarbeiten.

⇒ Für Disease Management Programme sind Behandlungspfade österreichweit durch Richtlinien vorzugeben. (Wer macht was? Wo und in welcher Reihenfolge erhält der Patient welche Leistungen?)

⇒ Gesundheitsdienstleister, die an Disease Management Programmen teilnehmen, sind durch die Sozialversicherung zu zertifizieren.

⇒ Die Aufgaben des Allgemeinmediziners bzw. der Allgemeinmedizinerin sind im Rahmen solcher Programme neu zu definieren.

⇒ Der Allgemeinmediziner und die Allgemeinmedizinerin müssen im Rahmen von Disease Management Programmen die Funktion eines verantwortlichen Gesundheitskoordinators übernehmen.

⇒ Der Allgemeinmediziner und die Allgemeinmedizinerin der Zukunft haben die Aufgabe, den Patientinnen und Patienten den optimalen Behandlungsweg verständlich und überschaubar zu machen.

⇒ Das Bezahlungssystem muss qualitäts- und ergebnisorientierte Anreize vorsehen.

⇒ Disease Management Programme bedürfen der Unterstützung durch nichtärztliche Gesundheitsberufe (z. B. Schulung von Patientinnen und Patienten, Unterstützung bei der Behandlungsführung).

Multimorbide Patientinnen und Patienten sind durch individuelles Krankheitsmanagement (Case-Management) zu unterstützen.

⇒ Die Aufgaben und Ausbildung von Case-Managern und -Managerinnen sind bundesweit einheitlich und verpflichtend durch den Gesetzgeber zu definieren.

⇒ Eine ausreichende Anzahl von sektorenübergreifend tätigen und finanzierten Case-Managern und -Managerinnen muss installiert werden.

⇒ Die Case-Manager und -Managerinnen müssen für ein geregeltes Aufnahme- und Entlassungsmanagement (AUFEM) an den Nahtstellen sorgen.

6. Neue Versorgungsstrukturen zur Verbesserung der Patientenorientierung

„Krankheit kennt keine Öffnungszeiten"

Integrierte Versorgung bedarf eines neuen ganzheitlichen Zugangs, der sich an den Bedürfnissen der Patientinnen und Patienten orientiert. Lediglich Gruppenpraxen gleicher Fachrichtungen sind gesundheitspolitisch zu wenig. Angebote sind zwischen allen Leistungserbringern abzustimmen und an die Patientinnen und Patienten zu kommunizieren.

Organisatorische Integration von Leistungsanbieterinnen und Leistungsanbietern oder ganzer Versorgungsregionen (Modellregionen) fördern eine patientenorientierte ganzheitliche Betreuung.

⇒ Neue Versorgungsstrukturen (interdisziplinäre Ärzte GmbHs, Kassenambulatorien, Spitalsambulanzbereiche und Institute) müssen künftig prozessorientiert ausgerichtet sein und integrierte Gesundheitsdienstleistungen anbieten. Der Transfer von Leistungen bedingt dabei auch den Transfer von finanziellen Mitteln.

⇒ Pauschalvergütungen für umfassende Dienstleistungen und Krankheitsepisoden sind zu vereinbaren und umzusetzen.

⇒ Öffnungszeiten müssen an den Bedarf der Patientinnen und Patienten angepasst werden. Sie sind bei der Angebotsplanung zwischen allen Leistungserbringern und Leistungserbringerinnen abzustimmen und festzulegen.

⇒ Die Ausbildung der Gesundheitsberufe ist an die Anforderungen der integrierten Versorgung anzupassen.

⇒ Die Rolle nichtärztlicher Gesundheitsberufe muss in qualitativer und quantitativer Hinsicht verstärkt werden. Künftig sollen diese entsprechend ihrer Qualifikation auch Aufgaben wahrnehmen, die derzeit ausschließlich Ärztinnen und Ärzten vorbehalten sind. Dies ist bei der Angebotsplanung zu berücksichtigen.

⇒ Neue Berufsbilder müssen geschaffen werden (z. B. community nurses).

⇒ Apotheker sollen entsprechend ihrer Qualifikation mehr Aufgaben im Gesundheitswesen übernehmen (Polypharmazie).

7. Qualität messbar machen

„Wettbewerb der Besten um Qualität“

Die Sozialversicherung wird einen Wettbewerb der Gesundheitsdienstleister um Qualität initiieren. Sektorenübergreifende Parameter für Struktur, Prozess und Ergebnisqualität müssen entwickelt werden. Entscheidende Kriterien für die Qualitätsmessung sind **Objektivität und Transparenz**.

Dazu sind folgende Voraussetzungen zu schaffen:

⇒ Sektorenübergreifende Qualitätsparameter für Struktur-, Prozess- und Ergebnisqualität sind vom Bund zu erarbeiten.

⇒ Die Evaluierung dieser Parameter erfolgt durch ein unabhängiges Qualitätsinstitut.

⇒ Die Evaluierungsergebnisse sind durch regelmäßige Qualitätsberichterstattung offen zulegen.

⇒ Für spezielle kassenärztliche Leistungen sind verpflichtende Ausbildungen und Fortbildungen vorzusehen.

⇒ Absolvierte Fortbildungsmaßnahmen sind verpflichtend offen zulegen.

⇒ Leitlinien, vor allem im Bereich chronischer Erkrankungen, sind verbindlich anzuwenden und bei Nichtanwendung zu sanktionieren.

⇒ Zur Verbesserung der Patientensicherheit ist ein standardisiertes Risikomanagement (z. B. für operative Eingriffe) zu implementieren.

⇒ Ein Fehlermelde- und Lernsystem ist einzuführen.

⇒ Zur Reduktion von Medikationsfehlern und vermeidbaren Interaktionen sind das elektronische Rezept und die e-Medikation rasch einzuführen und von den Gesundheitsberufen verpflichtend anzuwenden.

⇒ Die Ausbildung der Gesundheitsberufe ist um die Themenfelder Kommunikation, Krankheitsmanagement, Public Health und Gesundheitsökonomie zu erweitern.

⇒ Die Ausbildung von Ärztinnen und Ärzten soll durch Verstärkung zeitadäquater Inhalte im Studium, Zielorientierung der Spitalsausbildung sowie durch verpflichtende Weiterbildung modernisiert werden.

⇒ Eine verpflichtende einjährige Lehrpraxis ist zu implementieren. Lehrpraxen sind durch die Sozialversicherung zu zertifizieren. Die Sozialversicherung erhält ein Mitspracherecht bei den Ausbildungsinhalten sowie beim Einsatz und der Abgeltung der LehrpraktikantInnen. Der Transfer von Teilen der Ausbildung in den niedergelassenen Bereich bedingt dabei auch den Transfer von finanziellen Mitteln.

8. Restrukturierung der Spitäler

„Vom traditionellen Spital zum regionalen Gesundheitszentrum"

Im Jahr 2008 standen rund 52.200 Betten im Rahmen der akutstationären Versorgung zur Verfügung. Mit einer Akutbettendichte von rd. 6,4 Akutbetten pro 1.000 Einwohner liegt Österreich über dem EU-Durchschnitt (3,6). Mit 28 Spitalsaufenthalten im Jahr pro 100 Einwohner liegt Österreich deutlich über den EU-Durchschnitt von 17 Aufenthalten. Standortschließungen stehen für die Sozialversicherung nicht zur Diskussion.

⇒ Die Spitäler müssen durch neue Angebotsformen zu modern organisierten Gesundheitszentren weiterentwickelt werden, die auch länderübergreifend zu planen sind (Tageskliniken, Wochenkliniken, Umstrukturierung der Ambulanzbereiche in Aufnahme und Erstversorgungszentren und davon getrennte Spezialambulanzen).

⇒ Betriebsgrößen sind zu optimieren, indem Spitzenversorgung in Schwerpunktkrankenanstalten gebündelt wird. Die Basisversorgung erfolgt dezentral.

⇒ Überkapazitäten im Bereich der Akutbetten sind bedarfsorientiert in Pflege- und Rehabilitationsbetten umzuwandeln. Parallel dazu muss eine Verstärkung tagesklinischer Leistungserbringung erfolgen.

⇒ Für diese Reorganisation ist eine Bündelung der Zuständigkeiten von Gesundheit und Pflege in den Ländern auf politischer und Verwaltungsebene vorzunehmen.

⇒ Zwischen Bund und Ländern sind – ähnlich wie mit der Sozialversicherung – Zielvereinbarungen über einen definierten Konsolidierungspfad zu vereinbaren.

⇒ Anreize sollen die Erreichung von Konsolidierungszielen unterstützen.

⇒ Alle Zahler sollen von der Zielerreichung profitieren.

⇒ Bis zur Umsetzung einer umfassenden Verfassungsreform müssen kurzfristig Leistungsverlagerungen zwischen den Sektoren mit entsprechenden Mittelverlagerungen einhergehen. Alle Mittel sind transparent über den Spitalslandesfonds an die Spitäler auszuschütten. Abgangsdeckungen sind zu vermeiden, da sonst jegliche Anreize zur Kosteneffizienz fehlen.

⇒ Für Investitionen sind transparente, mittelfristige Pläne zu erstellen.

⇒ Der Schuldenstand der Länder bzw. Spitalsbetreibergesellschaften ist offen zu legen.

⇒ Wirtschaftlichkeitsreserven müssen ausgeschöpft werden. Effizienzpotenziale in patientenfernen Bereichen sind uneingeschränkt zu nutzen.

⇒ Spitalsübergreifende Zusammenarbeit, insbesondere in den Bereichen Apotheken, Labor, Pathologie ist zu forcieren.

9. Finanzierung

„Weg von einer einrichtungsorientierten Abgangsfinanzierung zur bedarfsgerechten Mittelverwendung“

Ein öffentliches Gesundheitswesen muss langfristig nachhaltig finanziell abgesichert sein. Menschen müssen darauf vertrauen können, dass sie auch morgen noch durch das System abgesichert sind. Zu einem späteren Zeitpunkt ist es ihnen nicht mehr möglich, private Vorsorge zu treffen. Nachhaltigkeit verlangt das Bekenntnis der Verantwortungsträger zu einer Sicherung des Leistungsniveaus und zu einer ausgeglichen Gebarung.

Mit dem **Kassensanierungspaket „Gesundheit: Finanzierung Sichern"** hat die Sozialversicherung im Jahr 2009 einen Konsolidierungspfad mit dem Ziel einer mittelfristig ausgeglichenen Gebarung beschritten. Für das Jahr 2010 wird das Kostendämpfungsziel aus heutiger Sicht erfüllt. Ein solches Konsolidierungskonzept muss für das gesamte Gesundheitswesen ohne Leistungseinschränkungen umgesetzt werden.

Ein Blick in die Vergangenheit zeigt, dass im Zeitraum 1999 bis 2009 die Aufwendungen in der Krankenversicherung jährlich im Schnitt um 3,8 % und die der Landesfondspitäler um 4,4 % gestiegen sind. Das BIP entwickelte sich im selben Zeitraum nur um +3,3 %. Will man den **Anteil der Gesundheitsausgaben am Bruttoinlandsprodukt künftig annähernd konstant** halten, ist es dringend notwendig, sich auf einen Konsolidierungskurs zu verständigen.

Wenn die Entwicklung der Spitalskosten auch im Zeitraum 2011 bis 2020 jährlich wie in den letzten zehn Jahren über dem BIP liegt, ergeben sich im Vergleich zu einer parallelen Entwicklung zum BIP (IHS-Modellrechnung) **Mehraufwendungen** von jedenfalls **5,7 Mrd. Euro**.

Es wird ein **Konsolidierungskurs im Spitalswesen** analog zur Krankenversicherung gefordert:

⇒ Vereinbarung eines mittelfristigen Kostentwicklungspfades im Rahmen des nächsten Finanzausgleiches bis 2020 orientiert an der Entwicklung des BIP.

⇒ Gemeinsames begleitendes Controlling des Konsolidierungspfades.

⇒ Die Mittel für die Umsetzung der Reformschritte (Ausbau integrierter Versorgungsmodelle, eine Qualitätsoffensive sowie für Gesundheitsförderung und Prävention) sind aus dem zu hebenden Konsolidierungspotential zu finanzieren.

Das Gesundheitswesen ist neben den Bereichen Bildung und Pflege vorrangiges Handlungsfeld einer Staatsreform. In diesem Zusammenhang bedarf es auch des politischen Bekenntnisses: **„Gelder des Gesundheitswesens dürfen nicht für Strukturpolitik zweckentfremdet werden."**

Die Quelle jeder öffentlichen Finanzierung ist die Bürgerin und der Bürger, egal ob das Geld den Umweg vom Bund über den Finanzausgleich zu den Ländern geht oder nicht. Zukünftig soll die Finanzierung der öffentlichen Fondskrankenanstalten durch Bundesmittel sowie durch Sozialversicherungsmittel auf österreichischer Ebene erfolgen. Die Finanzierungsströme sind zu vereinfachen und transparent zu gestalten.

⇒ Eine grundlegende Reform braucht zwingend eine Verfassungsänderung mit eindeutiger dauerhafter Klärung der Kompetenzen.

⇒ Die Zielformulierung und eine bedarfsorientierte Rahmenplanung haben auf Bundesebene zu erfolgen.

⇒ Die Mittelflüsse müssen einfacher und transparenter werden. Alle Mittel für die Spitalsfinanzierung sind zu bündeln und nach einheitlich festgelegten Parametern zu verteilen.

⇒ Ein bundesweites Controlling ist einzurichten, um einen effizienten und effektiven Einsatz der Mittel zu gewährleisten.

⇒ Ein öffentliches Berichtswesen und eine verstärkte Rechenschaftspflicht sichern Transparenz und unterstützten eine zielkonforme Entwicklung des Systems.

Wie gehen wir vor?

Die österreichische Sozialversicherung ist sich dessen bewusst, dass sie nicht im Alleingang die notwendigen Reformschritte bestimmen und umsetzen kann. Sie lädt daher alle Stakeholder zu einem gemeinsamen *Gesundheitsreformdialog für Österreich* ein. Der Hauptverband hat mit dem **Masterplan Gesundheit** ein umfassendes Reformkonzept vorgelegt. Alle Stakeholder werden aufgefordert, ihre Konzepte ebenfalls vorzustellen. Nach Sichtung und Diskussion aller Konzepte sollen in einem Gesundheitsreformdialog die *langfristigen Visionen* und *Ziele* für ein zukünftiges österreichisches Gesundheitswesen festgelegt werden, welches nachhaltig finanzierbar ist und den Österreicherinnen und Österreichern ein langes Leben bei guter Gesundheit ermöglicht.

Die Sozialversicherung plant, in den ersten Monaten des Jahres 2011 zur *1. nationalen Gesundheitskonferenz* einzuladen. Bund, Länder und Sozialversicherung sollen dabei die wesentlichen Eckpfeiler einer künftigen Gesundheitsreform erarbeiten und einen verbindlichen Zeitplan mit Meilensteinen zur Umsetzung vereinbaren. Der **Hauptverband** als sozialpartnerschaftlicher Interessensvertreter aller Versicherten bietet sich als *Einlader* und *Koordinator* dieser Gesundheitsreform an. Bis Herbst 2011 sollen die Schritte der Gesundheitsreform inklusive eines zehnjährigen Konsolidierungsplans erarbeitet und in einer weiteren Gesundheitsreform beschlossen werden.

Die Zeit bis 2013 muss genützt werden, um die gemeinsam vereinbarten Reformschritte in den nächsten Finanzausgleich ab 2014 einfließen zu lassen. Bis dahin sind die notwendigen Datengrundlagen zu schaffen und nationale Gesundheitsziele zu entwickeln. Ab 2014 ist ein Umsetzungsplan mit allen Stakeholdern mit den zur Zielerreichung zu setzenden Maßnahmen zu vereinbaren.

Literaturhinweise

BM für Land- und Forstwirtschaft, MUT – Masterplan Umwelttechnologie, Wien 2007

Hauptverband der österreichischen Sozialversicherungsträger, Masterplan Gesundheit, Wien 2010

Hoffmann, M. N./Ufer, U. T.; Der Masterplan in NRW – Ein Instrument der Zukunft?! Etappen zum Ziel: Wesentliche Anforderungen an die Masterplanung, Dortmund 2005

Hinterberger, K.; Masterplan 2009 für die Stadt Salzburg. 5-Jahresprogramm für die Funktionsperiode bis 2009 im Rahmen des Parteienübereinkommens, Salzburg 2004

Kyrer, A.; Ein Masterplan für die Salzburger Universitäten und Fachhochschulen, in: Governance und Synergie im Bildungsbereich in Österreich, Deutschland und in der Schweiz, Edition TIGRA, Band 1, Wien 2002

Kyrer, A./Moser E.; Masterplan für einen Neuen Österreichischen Finanzausgleich, Salzburg 2000

Rothschädl, V.; Braucht Salzburg einen Masterplan für den Verkehr? Salzburg 2001

Salzburger Landeskliniken, Masterplan/SALK 2020, Salzburg 2009

Schmidbauer, Th.; Masterplan einer regionalen Gesundheitsversorgung – Thesen und Strategien am Beispiel Salzburg, Salzburg 2001

Schmidjell, R.; Masterplan 2006 – Bausteine für ein Regionalmanagement – Balanced Regional Scorecard-Modell, Salzburg 2000

Schmidjell, R.; Masterplan 2006 – Vorschlag zur Neuorientierung der Wirtschafts- und Technologiepolitik in Salzburg, Salzburg 2000

Schmidjell, R.; Mehr Governance in der Regionalpolitik, in: Governance und Wissensmanagement als Produktivitätsreserven, Frankfurt/M. 2005

Florian Connert: Der Turnus oder: Die Leiden der jungen Ärzte[1]

Jährlich strömen hunderte Absolventen der Medizinischen Universitäten in Österreich auf den Arbeitsmarkt. Die meisten von Ihnen beginnen mit dem Turnus, der Ausbildung zum Arzt für Allgemeinmedizin, auch wenn nur die wenigsten tatsächlich Allgemeinmediziner werden wollen. Dies hat mehrere Grunde: Erstens berechtigt der Abschluss eines Medizinstudiums in Österreich nicht zur selbständigen Berufsausübung. Hierfür ist das „ius practicandi" erforderlich, welches man nach erfolgreich absolvierter Turnusausbildung inklusive Prüfung erhält, bzw. eine abgeschlossene Facharztausbildung. Zweitens ist es in Österreich nach wie vor schwierig ohne zumindest teilabsolviertem Turnus eine Facharztausbildungsstelle zu bekommen. Und drittens sehen viele junge Mediziner den Turnus als eine Art Orientierungsphase, in welcher man noch einmal einen Überblick über die verschiedenen Fachdisziplinen erhält und für sich herausfindet, welche Fachrichtung man einschlagen will.

Was sie jedoch im Krankenhaus erwartet, hat in vielen Fällen kaum etwas mit dem zu tun, wie sich die frisch gebackenen Ärzte ihren Beruf und ihre Ausbildung vorgestellt haben: Infusionen anhängen und Blutabnehmen statt Teilnahme bei der Visite, administrative Tätigkeiten statt Lernen am Patienten, Arbeitszeiten von bis zu 32 Stunden am Stück und 80 Stunden pro Woche statt notwendiger Regeneration. Am Ende der mindestens 3-jährigen Ausbildung hat die anfängliche Begeisterung die meisten von ihnen verlassen. Und dies ist neben der unzureichenden Ausbildung und der Verschwendung von ärztlichen Ressourcen der Hauptvorwurf, der der Turnusausbildung in ihrer jetzigen

---

1 Auch wenn aus Gründen der Textflüssigkeit und besseren Lesbarkeit das männliche Geschlecht gewählt wurde, beziehen sich sämtliche Geschlechtsbezeichnungen in diesem Artikel selbstverständlich auf beide Geschlechter gleichermaßen.

Form zu machen ist: Sie schafft es, innerhalb von nur 3 – 4 Jahren, aus motivierten, enthusiastischen Jungmedizinern müde, desillusionierte Ärzte zu machen, für die das Krankenhaus und oft auch der Arztberuf viel an Attraktivität verloren haben.

Ein Hauptgrund, warum sich am System „Turnus" bislang nichts geändert hat, ist, dass die Krankenhäuser vom ständigen Nachschub an billigen Arbeitskräften profitieren. Gemessen an den geleisteten Arbeitsstunden sind Turnusärzte nämlich billiger als diplomiertes Pflegepersonal und bieten zudem den Vorteil, dass sie nur einen Vertrag auf Ausbildungszeit haben, d. h. nach Abschluss ihrer „Ausbildung" nicht weiterbeschäftigt werden müssen. Und mangels Alternativen akzeptieren auch weiterhin die meisten Medizinabsolventen Arbeits- und Ausbildungsbedingungen, für die es sonst schwer wäre hoch qualifiziertes Personal zu finden. Doch die zunehmende Mobilität innerhalb der Europäischen Union macht auch vor Österreich nicht halt, und so wandern immer mehr junge Ärzte in andere Länder, insbesondere nach Deutschland, ab. Dort hat man vor der Situation eines Ärztemangels nämlich längst erkannt, wie man Ärzte aus Österreich abwirbt: sofortiger Antritt einer Facharzt-Ausbildungsstelle, strukturierte Ausbildung und Karrieremodelle, vernünftige Dienstzeiten und bessere Bezahlung. So verliert Österreich derzeit rund 200 Ärzte pro Jahr nach Deutschland, welche zuvor um teures Steuergeld an den heimischen Universitäten ausgebildet wurden. Wenn Österreich es nicht schafft, die eigenen Ärzte im Land zu halten, wird dies den auch hierzulande prognostizierten Ärztemangel noch weiter verstärken.

Doch was sind nun die Probleme der derzeitigen Turnusausbildung im Detail:

1. Tätigkeitsprofil

Turnusärzte verbringen einen großen Teil ihrer Arbeitszeit mit nichtärztlichen Tätigkeiten wie z. B. Blut abnehmen, Anhängen von Infusionen, Ausfüllen diverser Zettel, Ausheben alter Krankengeschichten, Eingeben von Leistungen, Vereinbaren von Terminen, Haken-Halten im OP usw. Österreich kann es sich anscheinend (noch) leisten, gut ausgebildete, akademische Schlüsselkräfte für Pflege- und Sekretariatstätigkeiten zu beschäftigen und zu bezahlen. Dass hierbei natürlich die Zeit fehlt, das zu lernen, wofür der Turnus eigentlich da ist, nämlich praktische Medizin am Patienten, wird in Kauf genommen.

2. Ausbildungsinhalte und Ausbildungskultur

Während in vielen anderen Ländern strukturierte Ausbildung eine selbstverständliche Aufgabe von Krankenhäusern darstellt, so lässt Österreich eine solche zumindest im Turnusbereich weitgehend vermissen. Jeder Turnusarzt erhält nach Absolvierung eines Ausbildungsfachs ein so genanntes „Rasterzeugnis" ausgestellt, in welchem die erlernten Kenntnisse und Fähigkeiten vom Abteilungsvorstand bestätigt werden. In den meisten dieser Zeugnisse werden dem Turnusarzt jedoch Kenntnisse und Fähigkeiten bescheinigt, welche dieser in Wahrheit nie oder nur unzureichend erworben hat, eine Kontrolle findet kaum statt. Auch hat sich bei uns so etwas wie eine selbstverständliche Kultur der Wissensweitergabe von älteren zu jüngeren Ärzten nicht entwickelt. Ein Grund hierfür ist, dass Ausbildung in unserem System in keiner Weise honoriert wird, weder finanziell, noch zeitlich, noch als Karrierebestandteil. Somit ist Ausbildung für die Lehrenden eine unentgeltliche Zusatzbelastung im ohnehin stressigen Klinikalltag.

3. Arbeitsbelastung

Für viele Turnusärzte sind durchgehende 32-stündige Dienste und Wochenarbeitszeiten von bis zu 80 Stunden noch immer Realität. Zwar gibt es ein Arbeitszeitgesetz, welches die maximale Arbeitszeit mit maximal 60 Stunden und in Ausnahmefällen bis 72 Stunden beschränkt, dieses wird jedoch oftmals nicht eingehalten bzw. exekutiert. Die im Gegensatz zum relativ niedrigen Grundgehalt gut bezahlten Nachtdienste verleiten zusätzlich zur Selbstausbeutung. Während solche Arbeitsbedingungen für die früheren Generationen noch normal und selbstverständlich waren, so sind immer weniger junge Ärzte bereit diese weiterhin zu akzeptieren. Dem Umstand, dass der Anteil von Frauen im Arztberuf stetig steigt, wird noch kaum in entsprechenden Arbeitszeitmodellen Rechnung getragen, welche Beruf und Familie leichter vereinbar machen.

4. Lehrpraxis

Zwar ist in der derzeit geltenden Ausbildungsordnung eine 6-monatige „Lehrpraxis“ bei einem niedergelassenen Allgemeinmediziner vorgesehen, es ist jedoch auch möglich, diese 6 Monate stattdessen in Krankenhausambulanzen zu absolvieren, was die meisten Turnusärzte auch tun. Dies führt zur absurden Situation, dass Österreich eines der letzten Länder in der EU ist, in dem man Allgemeinmediziner werden kann, ohne jemals eine Praxis von innen gesehen zu haben, geschweige denn von einem Allgemeinmediziner ausgebildet worden zu sein. Doch man kann Allgemeinmedizin nur dort lernen, wo sie praktiziert wird, nämlich in einer allgemeinmedizinischen Praxis. Während diese Lehrpraxis in den meisten EU-Ländern selbstverständlich von den Sozialversicherungen oder der öffentlichen Hand finanziert wird, weigern sich in Österreich Bund und Länder bisher auch nur jeweils einen Teil der Kosten zu tragen. Seit Anfang 2010 gibt es einen Kollektivvertrag, der die Entlohnung der Lehrpraktikanten regelt. Dies sichert den Turnusärzten auch außerhalb des Krankenhauses eine angemessene Entlohnung und schiebt Lohndumping einen Riegel vor. Die meisten niedergelassenen Allgemeinmediziner können es sich jedoch nicht leisten, einen Lehrpraktikanten nach Kollektivvertrag zu bezahlen. Wenn sich die öffentliche Hand nicht bald zu einer entsprechenden Finanzierung durchringen kann, drohen wir auch die bereits bestehenden Lehrpraxen zu verlieren.

5. Allgemeinmedizinische Ausbildung

Österreich ist eines der wenigen Länder in Europa, in denen sich die Ausbildung zum Arzt für Allgemeinmedizin seit Einführung des Turnus 1945 strukturell kaum geändert hat, was wohl auch die Haltung hierzulande gegenüber dieser Disziplin widerspiegelt. Während die Allgemeinmedizin in den meisten anderen Ländern bereits seit langem eine eigene Disziplin mit eigenen universitären Lehrstühlen und eigener Facharztausbildung darstellt, hält Österreich an der in keiner Weise suffizienten Turnusausbildung als Voraussetzung sowohl für eine selbständige Berufsausübung als auch für Ausbildung zum Allgemeinmediziner fest. Gerade diese Verquickung von Approbation und allgemeinmedizinischer Ausbildung ist jedoch ein Hauptgrund, warum grundlegende Reformen bisher gescheitert sind. Mit Ausnahme der wenigen Jungmediziner, die direkt nach dem Studium eine Facharztausbildung beginnen, werden alle Berufseinsteiger durch den Turnus getrieben, auch wenn nur eine Minderheit tatsächlich Allgemeinmediziner werden will. Es wird also nach dem Gießkannenprinzip eine ohnehin ineffektive und an Zeitnot leidende Ausbildung für eine eigene Fachdisziplin über eine große Zahl von Ärzten ausgeschüttet, die diese oftmals gar nicht wollen und nur in Ermangelung anderer Alternativen antreten.

Bei Betrachtung der genannten Punkte fällt es nicht schwer, die entsprechenden Forderungen an die Gesundheitspolitik daraus abzuleiten:

1) Verlagerung aller nicht notwendigerweise von einem Arzt zu verrichtenden Tätigkeiten hin zu anderen Berufsgruppen, um den Turnusärzten Zeit und Möglichkeit zu geben, ärztlich tätig zu werden und zu lernen.
2) Etablierung einer strukturierten Ausbildung mit definierten Lernzielen, welche auch überprüft und eingefordert werden. Schaffung von ausreichenden Personalressourcen und Einplanung fixer Zeitkontingente für Lehre und Ausbildung sowie Honorierung von Lehrleistungen als Karrierebestandteil gleichgestellt mit wissenschaftlichen Leistungen.
3) Strikte Einhaltung von Arbeitszeitbestimmungen und Etablierung von flexiblen Arbeitszeitmodellen.
4) Flächendeckende Einführung einer verpflichtenden Lehrpraxis und Finanzierung derselben durch die öffentliche Hand.
5) Loslösung der Approbation von der allgemeinmedizinischen Ausbildung und Etablierung eines eigenen Facharztes für Allgemeinmedizin mit einer Ausbildung, die diesen Namen auch verdient.

Christoph Dachs: Über die Stellung des Hausarztes im österreichischen Gesundheitssystem

A. Vorbemerkung

Die Stellung des Hausarztes hat in den letzten Jahrzehnten einen deutlichen Wandel erlebt, sowohl innerhalb der Ärzteschaft als auch in Bevölkerung und Politik. Ursprünglich entwickelte sich der Hausarzt aus dem Generalisten, dem „Praktiker", der alles macht. Mit der Einführung des Facharztes vor etwa 150 Jahren begann eine immer stärkere Spezialisierung der Medizin. So haben wir heute viele verschiedene medizinische Spezialgebiete, welche eine immer weitere Unterspezialisierung erfahren. Bis vor ca. 50 Jahren war der Hausarzt speziell auf dem Land noch immer für beinahe alles zuständig. So wurde er zu Geburten geholt und begleitete Menschen am Ende ihres Lebens in den Tod. Er flickte Wunden, zog Zähne und behandelte Infektionen und andere akute Erkrankungen. Diese Tätigkeiten wurden mehr oder weniger gut erfüllt, je nach Persönlichkeit und Engagement des Hausarztes. Der Arzt war neben Pfarrer und Lehrer hoch angesehen und nicht angreifbar. Die Kunst des Heilens wurde groß gehalten, die Wissenschaftlichkeit existierte nur am Rande und nach dem Studium und der praktischen Ausbildung wurden in der Regel wenig Fortbildungen besucht.

Die heutige Situation hat sich deutlich verändert. Wir arbeiten nicht mehr so forsch am Patienten wie vor 50 Jahren, wir sind angreifbar geworden und auch unser Image, obwohl noch sehr gut, hat nicht mehr den Stellenwert wie früher. Das ist grundsätzlich gut so und entspricht unserer offenen Gesellschaft, die alteingesessene Regeln hinterfragt und auch im Stande ist, diese abzulegen, wenn sie der Zeit nicht mehr entsprechen. Früher waren die Herausforderungen das Einzelkämpfertum, die ständige Erreichbarkeit, manchmal eine Überforderung durch die medizinische Situation bei gleichzeitig fehlenden

Netzwerken mit Spezialisten oder Krankenhäusern und dem Bewusstsein, anzustehen und nichts mehr tun zu können.

Heute haben wir ein deutlich gewandeltes, aber nicht weniger herausforderndes Aufgabenspektrum: Multimorbidität, Betreuung chronisch Kranker, strukturiertes Vorgehen, Behandlung von Risikosituationen (Bluthochdruck, Fett, Blutzucker) zusätzlich zu manifesten Erkrankungen, Prävention, Public Health und Lebensstilinterventionen – Akutsituationen und punktuelle Intervention sind zwar immer noch nötig, aber nicht mehr im Vordergrund.

Ein wirklich gravierendes Problem besteht darin, dass wir für die Bewältigungen dieser komplexen Aufgaben, die uns auch von der Politik auferlegt werden, keine oder nur zögerlich moderne Rahmenbedingungen zugestanden bekommen. Zusätzlich funktioniert die Ausbildung zum Arzt für Allgemeinmedizin noch immer so wie vor 50 Jahren.

Auch das Gesundheitssystem hat sich deutlich gewandelt, wir leisten uns heute eines der teuersten aber gleichzeitig nicht effizientesten Systeme. Wir geben 10,3 % des Bruttoinlandsproduktes für das Gesundheitswesen aus, davon entfallen 35,5 % auf den stationären Bereich. Im Vergleich dazu nehmen sich 19,2 % für den ambulanten Bereich eher bescheiden aus. Die Patientenzufriedenheit ist in Österreich mit 95 % sehr hoch und damit sehr gut, das Outcome ist allerdings nicht den Kosten entsprechend. Wir liegen mit der Sterblichkeit bei Diabetes, bei der Lebenserwartung und der Säuglingssterblichkeit im gesamteuropäischen Vergleich eher im unteren Mittelfeld. Systeme hingegen, die klar hausarztbasiert sind, haben ein besseres Outcome. (siehe Barbara Starfield)

B. Die Aufgaben des Hausarztes

1. Basisversorger und Lotse durch das Gesundheitssystem

Der Hausarzt begleitet im optimalen Fall den Patienten und seine Familie über einen langen Zeitraum in verschiedenen Lebensabschnitten. Er kennt die Bedürfnisse und Krankheiten, das soziale Umfeld und die psychische Situation einer Familie am besten. Deshalb versteht sich der Hausarzt als Basisversorger im Gesundheitssystem und als erste Anlaufstelle in allen Gesundheitsfragen.

In einem System, das den freien Zugang zu allen Einrichtungen ermöglicht, kommt es häufig zu einem vordergründig den Bedürfnissen des Patienten entsprechenden Einstieg in Behandlungspfade, die letztendlich nicht zielgerichtet dem Wohl des Patienten dienen. Der Patient wird nicht selten im Kreis herum geschickt, weil er selbst nicht weiß, welcher Spezialist für sein Problem zuständig ist (z. B. Schwindel, Brustschmerz, etc.), Häufig wird nicht die dem Fall entsprechende Institution bzw. der adäquate Spezialist gewählt, sodass unnötige Zeit bis zur Diagnose und Therapie verstreicht. Zusätzlich werden Spezialisten mit unnötigen Patienten überlastet, überflüssige Befunde erhoben und Transporte gemacht, bzw. andere Ressourcen wie Urlaubstage oder Krankenstand verbraucht. Überdiagnostik führt häufig zu falsch positiven Befunden, unnötigen Folgeuntersuchungen und damit möglicherweise auch zu einer Gefährdung des Patienten. Als Beispiele seien die Strahlenbelastung oder Risiken bei invasiver Diagnostik genannt.

In Ländern, die ein klares hausarztbasiertes Modell haben, fungiert der Hausarzt als Einstieg in das Gesundheitssystem. Er behandelt in den meisten Fällen die Patienten bis zum Abschluss. Wenn nötig lotst er den Patienten seinen Bedürfnissen entsprechend durch die einzelnen Institutionen und entscheidet, welche Institutionen am besten sind und wie rasch man reagieren muss. Am Ende laufen alle Informationen wiederum beim Hausarzt zusammen. Ausnahmen sind bei allen Modellen die Sparten Augenarzt, Kinderarzt, Frauenarzt, Zahnarzt und Notfälle wie Herzinfarkt oder Unfälle. Durch die konsequente Vernetzung aller Institutionen kommt es zu einer deutlichen Qualitätssteigerung der Versorgung der Patienten bei gleichzeitiger Senkung der Gesamtkosten des Gesundheitssystems von bis zu 20 %.

2. Medikamentenmanagement

Heute haben wir viele verschiedene Medikamente, mehr oder weniger gut wirksame, zur Verfügung, um akute und chronische Krankheiten effizient zu behandeln. Gerade im Bereich chronischer Erkrankungen wie Diabetes mellitus werden heute exakte Einstellungen von Blutzucker und Blutdruck eingefordert, um Spätschäden, die zum Teil zur Dauerinvalidität oder zum Tod führen, zu reduzieren und bestenfalls zu verhindern. Dafür gibt es heute Leitlinien, an denen wir unsere Behandlung orientieren. Diese Leitlinien entsprechen in der Regel dem momentanen wissenschaftlichen Stand und werden, falls der Patient sich an die Behandlung hält, auch entsprechend angewandt. Hat der Patient allerdings mehrere chronische Krankheiten wie Diabetes mellitus, Hypertonie, koronare Herzkrankheit, Niereninsuffizienz und möglicherweise noch chronische Schmerzen und eine Depression, würde eine leitliniengerechte Behandlung oft zu eine Verordnungsliste mit 15 – 20 oder mehr Medikamenten führen. Für jede einzelne Krankheit ist das auch in Ordnung. Das Problem besteht darin, dass es zu wenige wissenschaftliche Daten gibt, wie diese Medikamente zusammenwirken und welchen Gefahren wir den Patienten damit aussetzten. In Salzburg sind etwa 4 % der Krankenhausaufnahmen auf Medikamentennebenwirkungen zurückzuführen, in Amerika teilweise bis zu 20 %. Die Aufgabe des Hausarztes ist heute und verstärkt in der Zukunft, die Medikamentenverordnung so zu adaptieren, dass ein gutes Gleichgewicht zwischen Medikamentenwirksamkeit, Wohlbefinden des Patienten und Minimierung der Nebenwirkungen besteht.

3. Wissenschaft und Forschung

Der Anspruch einer zeitgemäßen wissenschaftlichen Versorgung wird auch in der Allgemeinmedizin großgeschrieben. EbM (Evidence based Medicine) hat auch in der Hausarztmedizin Einzug gehalten. Wir haben in der Allgemeinmedizin Leitlinien geschaffen, um eine möglichst strukturierte Behandlung durchzuführen, aber auch um rechtlich abgesichert zu sein. International und mit Verzögerung auch in Österreich wurden an den Universitäten wissenschaftliche Institute für Allgemeinmedizin etabliert (z.Z. in Wien und in Salzburg, Graz ist im Entstehen), um auch Forschung im Bereich der Hausarztmedizin durchzuführen. Das ist notwendig, da sich die hausärztliche Versorgung deutlich von der klinischen Versorgung unterscheidet. Die Allgemeinmedizin ist kein zusammen gewürfeltes Wissensgebiet, sondern ist zu einer eigenen wissenschaftliche Disziplin geworden. Ihre Ausübung erfordert spezifische Kenntnisse, die in der heutigen Ausbildung noch unzureichend vermittelt werden. Die Anerkennung der Allgemeinmedizin als eigenständiges Fachgebiet ist nicht nur wichtig für die Identität der heute praktizierenden Allgemeinärzte, sondern auch unerlässlich für die Motivation des allgemeinmedizinischen Nachwuchses.

4. Integrierte Versorgung

Integrierte Gesundheitsversorgung ist ein moderner Terminus für eine Aufgabe, die Hausärzte eigentlich seit langem erfüllen. Allerdings ist der Anspruch enorm gestiegen. Durch die deutliche Vermehrung der Anbieter im Kranken-, Pflege-, Sozial- und Gesundheitsbereich ist es schwierig geworden, die Lage zu überblicken. Deshalb wird versucht Netzwerke zwischen den Akteuren des Gesundheitswesens zu schaffen. Diese Netzwerke haben zum Ziel, verschiedene Bereiche besser zu strukturieren und regelmäßigen Austausch zu fördern, damit dem Patienten eine optimale Betreuung ermöglicht werden kann. Prinzipiell sollten Netzwerke so geknüpft sein, das man von vielen Seiten den Eingang findet. Trotzdem bin ich überzeugt, dass im Sinne einer Basisversorgung der Hausarzt eine wesentliche und zentrale Rolle spielen muss.

Eine der wichtigsten Nahtstellen ist jene zwischen Krankenhaus und Hausarzt, sowohl bei der Einweisung als auch vor allem in Fragen des Entlassungsmanagements. Ein gutes Management dieser Nahtstelle spart Ressourcen, vermindert den Drehtüreffekt und gibt den Patienten und ihren Angehörigen die nötige Sicherheit.

5. Qualitätssicherung

Qualitätssicherung wird in den letzten Jahren großgeschrieben. Wir Ärzte haben sehr viel Kritik einstecken müssen, da das Institut für ärztliche Qualitätssicherung in der Ärztekammer angesiedelt und damit der Verdacht entstanden ist, das es durch die Selbstevaluierung der Ärzte keine effektive Kontrolle gäbe. Das Institut ist allerdings auch von außerhalb durch unabhängige Kontrollorgane beschickt, sodass gewährleistet ist, dass auch die Ärzte einer strukturierten Qualitätskontrolle unterliegen.

Eine erste Evaluierung aller niedergelassenen Ärzte und ihrer Praxen wurde mittels eines strukturierten Fragebogens durchgeführt. In über Zufallsprinzip ausgewählte Praxen wurden die in den Fragebögen gegebenen Angaben von Evaluatoren vor Ort überprüft. Das Ergebnis zeigte eine durchaus befriedigende Qualität der österreichischen Arztpraxen, es wurden allerdings auch rund 100 Praxen in Folge der Qualitätssicherungsmaßnahmen geschlossen. Aus meiner Sicht gibt es bei der Qualitätssicherung noch Mängel, die noch zu beheben sind. Es sollten zum Beispiel die Erfahrungen anderer Qualitätssicherungsprojekte wie des EPA (European Praxis Assessment) herangezogen werden, in dem mehr Qualitätsdimensionen mit differenzierteren Indikatoren beurteilt werden.

6. Rund um die Uhr Versorgung

Eine rund um die Uhr Versorgung war für Hausärzte Teil ihres Selbstverständnisses und ihres Berufsethos, was zu einer erheblichen Belastung der Hausärzte geführt hat. In Folge entwickelte sich eine Abflachung der Erreichbarkeit, auch auf Grund der Anforderung und Erwartungen der Patienten. Heute ist in vielen Bundesländern die 24 Stunden Versorgung des Patienten durch einen Gesamtvertrag mit den Kassen geregelt. So wird die Versorgung der Patienten durch den jeweils diensthabenden Allgemeinmediziner durchgeführt. Auf diesem Weg ist für jeden Patienten über die Notrufnummer 144 jederzeit eine allgemeinmedizinische Versorgung gewährleistet.

7. Prävention

Prävention von Gesundheitsstörungen ist eine zentrale Aufgabe der Gesundheitsversorgung. Da der Hausarzt dem Patienten sehr nahe ist und seine Risikofaktoren sehr gut einschätzen kann, sollte der Hausarzt auch erster Ansprechpartner in Fragen der Gesundheitsvorsorge sein. Wir haben heute mit der Mutter-Kind-Pass Untersuchung im Kindesalter und mit der jährlich möglichen Vorsorgeuntersuchung ab dem 19. Lebensjahr auch den Auftrag, im Bereich der Vorsorge tätig zu sein. Das Problem ist häufig, dass die Patienten, die die Vorsorge am nötigsten hätten, kaum motiviert sind, die Vorsorgeuntersuchung in Anspruch zu nehmen.

8. Behandlung chronischer Krankheiten

Durch die demographische Entwicklung und durch eine eher negative Entwicklung des Lebensstils (Ernährung, Bewegung, Nikotinabusus) sind wir mit einem deutlichen Ansteigen chronischer Erkrankungen konfrontiert. Für die Begleitung chronischer Erkrankungen haben wir so genannte Disease Management Programme (DMP) entwickelt, die eine strukturierte Betreuung dieser Patientengruppe ermöglicht. Wir brauchen für viele chronische Erkrankungen die Zusammenarbeit mit Spezialisten, trotzdem ist die kontinuierliche Begleitung durch den Hausarzt ein wesentlicher Bestandteil einer optimalen Behandlung.

9. Palliative Behandlung

Eine Situation, in der Heilung nicht mehr möglich ist und der Tod in unmittelbare Nähe gerückt ist, ist für den Patienten und seine Angehörigen besonders belastend. In dieser Zeit braucht es eine gute Begleitung, sowohl in Form einer guten medikamentösen Behandlung, vor allem Schmerztherapie, aber gleichbedeutend einen liebevollen, offenen und stärkenden Umgang mit dem Thema Leid und Tod. Wir haben heute dazu viele gut ausgebildete Professionisten, die uns in dieser Aufgabe unterstützen können. Der vertraute Hausarzt bleibt dennoch häufig eine Schlüsselperson in dieser Lebensphase.

C. Maßnahmen zur Umsetzung einer zukunftsorientierten Hausarztversorgung

1. Aus- und Weiterbildung

Die Aus- und Weiterbildung zum Allgemeinmedizinarzt hat sich in den letzten Jahrzehnten nicht verändert. Nach Studium und einer dreijährigen Turnusausbildung im Spital kann sich jeder Arzt als Allgemeinmediziner mit oder ohne Kassenvertrag niederlassen. Die Turnusausbildung ist nicht wirklich qualitätsgesichert, weil gerade in der heutigen Zeit die Turnusärzte vom Auszubildenden immer mehr zum Systemerhalter gemacht werden und letztlich niemand hinterfragt, mit welchem Engagement und welchem Wissenszuwachs eine Abteilung durchlaufen wird. Außerdem unterscheidet sich die Allgemeinmedizin klar von der klinischen Medizin. Aus diesem Grund fordern wir schon seit langem eine adäquate Ausbildung zum (Fach-) Arzt für Allgemeinmedizin mit einer mindestens 18-monatigen Ausbildung in einer qualitätsgesicherten allgemeinmedizinischen Lehrpraxis. Ohne veränderte Ausbildung im Bereich Allgemeinmedizin werden die zukünftigen Allgemeinmediziner nicht in der Lage sein, die komplexen Aufgaben dieses Berufsfeldes adäquat bewältigen zu können und der zunehmenden Erwartungshaltung zu entsprechen. Ein fertig erarbeitetes Curriculum dafür wurde von der ÖGAM (Österreichische Gesellschaft für Allgemeinmedizin) vorgelegt.

2. Fortbildung

Im österreichischen Ärztegesetz ist die Verpflichtung zur Fortbildung klar definiert. Diese Verpflichtung wird in Österreich allerdings nicht exekutiert, es gibt lediglich eine Empfehlung dafür und ein von der Ärztekammer erstelltes Fortbildungsdiplom, das alle drei Jahre erneuert werden soll. Für jede von der Kammer akkreditierte Fortbildungsveranstaltung gibt es DFP-Punkte. Um ein Diplom zu erwerben, muss man im Zeitraum von 3 Jahren 150 Punkte vorweisen können. Der Aufwand entspricht in etwa 150 bis 200 Fortbildungsstunden in 3 Jahren. Für Kassenärzte steht ein Fortbildungsurlaub von 10 Tagen pro Kalenderjahr zur Verfügung.

Die Entwicklung in der Medizin geht rasch voran, Erkenntnisse und in Folge die Anwendungen dieser Erkenntnisse ändern sich laufend. In der Allgemeinmedizin, die heute einen ganz klaren wissenschaftlichen Anspruch hat, muss es deshalb eine exekutierbare Fortbildungsverpflichtung geben.

3. Der Hausarzt als Lotse durch das Gesundheitssystem

In Österreich leisten wir uns ein sehr freies System, das dem Patienten mit wenigen Einschränkungen und nahezu kostenfrei erlaubt, den Arzt oder die Institution aufzusuchen, die seinen Kundenvorstellungen entspricht. In vielen Fällen führt es dazu, dass sich der Patient im Kreis dreht und zum Teil einige unnötige Untersuchungen gemacht werden. Das erzeugt Kosten und senkt die Qualität. Deshalb wünschen sich viele Systemverantwortliche einen Lotsen, der den Patienten quasi an der Hand nimmt und zielgerichtet und effizient durch das System führt. Das Problem heute besteht darin, dass die Politik trotz oft besseren Wissens, dass es eine klare Evidenz für die Vorteile dieser Systeme gibt, aufgrund erwarteter Widerstände nicht in der Lage ist, diese Erkenntnisse in die Tat umzusetzen. Auf der einen Seite kommt der Widerstand von den Patienten selbst, die die freie Wahl nicht aufgeben wollen, da sie die Vorteile eines anderen Systems nicht (er-)kennen können. Auf der anderen Seite kommt Widerstand von den Fachärzten, die die Arbeit und Aufgaben der Allgemeinmedizin zu wenig kennen und oft unterbewerten. Durch diese Systemveränderung würde jedoch auch im Facharztbereich ein Gewinn an Qualität und Arbeitsfreude zu erwarten sein, wenn die richtigen Patienten zeitgerecht und gezielt mit allen nötigen Informationen versehen ihre Ordinationen aufsuchen. Da derartige Systemveränderungen nicht die gewünschten Ergebnisse innerhalb einer Legislaturperiode bringen, scheuen sich die Politiker, solche Systeme umzusetzen. Es gibt heute viele Überlegungen und Diskussionen innerhalb der Ärzteschaft, wie eine Lotsenfunktion etabliert werden kann. Das Vertrauensarzt-Modell wird im Moment von der ÖGAM (Österreichische Gesellschaft für Allgemeinmedizin), der Ärztekammer und der Wirtschaftskammer favorisiert.

Bei einer konsequenten Umsetzung des Modells „Arzt des Vertrauens“ kann langfristig nur der Allgemeinmediziner diese Funktion ausüben und man müsste ihn aus meiner Sicht mit einer klar definierten Steuerungsfunktion ausrüsten. Sollte man den Hausarzt nicht konsequent zum Basisversorger machen, wird der Hausarzt in der jetzigen Form nicht mehr lange existieren.

4. Wissenschaft in der Allgemeinmedizin

In Österreich gibt es erst seit relativ kurzer Zeit Institute für Allgemeinmedizin an den Universitäten Salzburg und Wien und demnächst voraussichtlich in Graz. Damit ist Österreich im Kontext der europäischen Entwicklung ein Schlusslicht und die Weiterentwicklung wird nur halbherzig betrieben. Aus der Erkenntnis heraus, dass sich die Allgemeinmedizin mit ihrem integrativen Blick auf den ganzen Menschen doch deutlich von spezialisierten Fächern mit ihrer hohen Detailkompetenz unterscheidet, muss es eine eigenständige Forschung für die Allgemeinmedizin geben. Dafür brauchen wir sowohl Ressourcen an den Universitäten aber auch in den allgemeinmedizinischen Praxen, um den Kollegen die Möglichkeit zu geben, direkt oder indirekt wissenschaftlich tätig zu sein und als Ausbildungsstätten fungieren zu können. Um unabhängige wissenschaftliche Tätigkeit zu gewährleisten, bedarf es eines Fonds, der neben Geldern aus der Industrie auch öffentliche Gelder enthalten muss.

5. Praxisstrukturen

Die nach wie vor häufigste Praxisform in Österreich in der Allgemeinmedizin ist die Einzelpraxis. Auch in diesem Bereich unterscheiden wir uns ganz gravierend vom Rest Europas. In Österreich ist die Etablierung von regional angepassten Praxisstrukturen, die eine bessere Zusammenarbeit erlauben (Gemeinschaftspraxen, virtuelle Netzwerke, etc.), erst im Entwicklungsstadium, viele offene Fragen sind ungelöst. Gemeinschaftspraxen und andere Modelle der Zusammenarbeit haben folgende Vorteile:

- Für die Patienten:
  Längere und flexiblere Öffnungszeiten; bessere Vernetzung der Dienstleister aus dem Gesundheitsbereich (z. B. Physiotherapeuten, Ernährungsberater ...) was zu einer besseren und ortsnahen Versorgung führt.

- Für die Ärzte:
  Ärztinnen und Ärzte finden vermehrt die Möglichkeit einer Balance zwischen Berufs- und Privat-/Familienleben, was besonders Frauen entgegenkommt; Synergien bei teuren Geräten und anderen Anschaffungen; fachlicher Austausch; kollegiale Qualitätssicherung.

6. Abrechnungsmodus mit den Kassen

Das Abrechnungssystem mit einer durchaus überschaubaren Anzahl von Krankenkassen in Österreich ist eindeutig techniklastig. Die Zuwendungs- und Gesprächsmedizin wird demgegenüber wenig honoriert. Deshalb versuchen viele Kollegen in der Allgemeinmedizin über zusätzliche (vielleicht nicht immer sinnvolle) technische Leistungen den Umsatz zu steigern. Da sich die Allgemeinmedizin gerade über das Gespräch mit dem Patienten definiert, müssen andere Honorierungssysteme angedacht werden. Ein möglicher Ausweg ist das so genannte gemischte Listensystem, in dem sich der Patient für einen definierten Zeitraum verpflichtet, sich bei einem Arzt einzutragen und ausschließlich bei diesem zu bleiben in allen Fragen der Hausarztmedizin. Der Arzt wird nicht nur für den kranken Patienten bezahlt, sondern pauschal für den eingetragenen Patienten. Zusätzlich bekommt er für gewisse definierte Leistungen ein Honorar, damit ein Leistungsanreiz in der Versorgung gegeben ist. Damit kann der einzelne Hausarzt die Größe seiner Praxis steuern, was wiederum der Vereinbarkeit von Berufs- und Familienleben – vor allem für junge Ärztinnen – entgegenkommt.

Sollte die Allgemeinmedizin, so wie es im Moment passiert, finanziell ausgehungert werden, werden sich immer weniger junge Kollegen für die Allgemeinmedizin entscheiden. Welche Auswirkungen das hat, sehen wir derzeit in Deutschland, wo in den nächsten Jahren 16.000 Allgemeinmediziner fehlen werden.

7. Rechtliche Aspekte

Wir erleben heute immer mehr, dass wir von Patienten über Patientenanwälte geklagt werden. Es ist durchaus in Ordnung, dass bei Fehlern, die auch in unserem Beruf gemacht werden, der Patient sein Recht bekommt. Die Erfahrung zeigt, dass die meisten Urteile gegen Ärzte durch mangelnde Dokumentation zustande kommen. Ein Paradoxon in der derzeitigen Situation ist, dass der Arzt voll zur Verantwortung gezogen, wenn ein Medikament nicht verordnet oder eine Untersuchung nicht angeordnet wird, deren Notwendigkeit sich im Nachhinein herausstellt. Wenn wir aber alle nur denkbaren Untersuchungen einleiten und alle möglichen Medikamente geben, und dabei in Kauf nehmen, dass der Patient durch Nebenwirkungen von Medikamenten oder Untersuchungen zu Schaden kommt, dann gilt das als systembedingt und der behandelnde Arzt ist aus dem Schneider. Dies führt zu einer teuren Absicherungsmedizin, die letztendlich weder dem Patienten noch dem System dient. Deshalb braucht es in diesem System Anpassungen, die einerseits die Rechte des Patienten schützen, auf der anderen Seite aber auch einen Wildwuchs von Patientenklagen verhindern.

D. Grundsatzpapier der ÖGAM zu einer Neuorientierung des österreichischen Gesundheitssystems

Um die Zukunft des österreichischen Gesundheitssystems zu sichern, gilt es Optimierungspotenziale im Sinne einer Effizienzsteigerung zu finden und umzusetzen. Die Österreichische Gesellschaft für Allgemein und Familienmedizin (ÖGAM) hat dazu folgende Vorschläge und Forderungen:

1. Wir bekennen uns zum solidarischen, sozialen Gesundheitssystem mit freiberuflichen Arztpraxen als Grundlage der ambulanten Versorgung. Dies steht im Gegensatz zu ambulanten Versorgungszentren im Besitz von Kapitalgesellschaften, deren wichtigstes Ziel der Shareholder Value ist.

2. Wir anerkennen die Notwendigkeit von Regelungen bzw. Steuerung durch die Sozialversicherungen unter der Voraussetzung ausreichender Transparenz und Mitbestimmung der Ärzteschaft. Das Ziel jeder Maßnahme im Gesundheitssystem muss klar erkennbar sein. Es muss einerseits der Erfüllung der medizinischen Bedürfnisse und der Zufriedenheit der Bevölkerung dienen, andererseits aber auch zeitgemäße Arbeitsbedingungen und die berufliche Zufriedenheit der im Gesundheitsbereich Tätigen gewährleisten.

3. Wir bekennen uns zu einer integrierten Versorgung auf der Basis einer tragfähigen Arzt-Patientenbeziehung. Dies bedeutet die Aufgabendefinition der jeweiligen Versorgungsebene, die Betreuung auf der dem jeweiligen Gesundheitsproblem angemessenen Ebene und die strukturierte Zusammenarbeit zwischen den Ebenen.

Eine integrierte Versorgung impliziert Zugangsregelungen:

- Die Versicherten wählen einen „Arzt des Vertrauens" (z. B. französisches Modell).
- Die Wahl ist persönlich. In einer Familie kann jeder seinen eigenen Arzt wählen.
- Jeder Allgemeinmediziner oder Facharzt kann gewählt werden. Notwendig ist dessen Zustimmung. Der Arzt kann nur bis zu einer gewissen Versichertenzahl Versicherte zur Einschreibung annehmen. Vertretungen und Notfälle bedürfen einer Sonderregelung.
- Der Arzt des Vertrauens wird bei einer Erkrankung und in Fragen der Gesundheitsvorsorge zuerst aufgesucht. Ausnahmen sind Notfälle und zu definierende Fachgruppen.
- Werden andere Fachärzte oder Ambulanzen direkt aufgesucht ist ein Selbstbehalt vom Versicherten zu tragen.
- Der Versicherte kann sich von seinem gewählten Arzt abmelden, dazu ist das Ausfüllen eines Formulars notwendig, das an Versicherung und Arzt zu senden ist.

4. Entsprechend der Zahl der eingetragenen Versicherten wird von der Versicherung pro Jahr ein Betrag für die Strukturvorhaltung an die

Praxis gezahlt. Die Praxis verpflichtet sich im Gegenzug zu einem definierten, von jedem Kassenarzt zu erbringenden **Leistungsspektrum**.

5. Wir fordern umsetzbare Rahmenbedingungen für neue Kooperationsformen wie Gruppenpraxen oder regionale Betreuungsverbünde zur Sicherung der Erreichbarkeit und Zusammenarbeit vor allem auch in Großstädten.

6. Um die Kontinuität der Betreuung zu gewährleisten, bedarf es einer verpflichtenden Befundübermittlung aller Einrichtungen des Gesundheitswesens an den Arzt des Vertrauens. Ebenso bedarf es im Anlassfall der gezielten Informationsübermittlung vom Arzt des Vertrauens an die konsultierten Kooperationspartner.

7. Wir fordern eine Anpassung des stationären Bereiches an europäisch übliche Dimensionen und eine bessere Koordination der Finanzierung des stationären und niedergelassenen Bereiches.

8. Den Punkten 1 – 7 liegt ein Bekenntnis zur umfassenden Qualität im Gesundheitswesen zugrunde. Es betrifft die Dimensionen Effektivität, Effizienz, Erreichbarkeit, Gleichheit, Angemessenheit und Sicherheit. Die im Folgenden beispielhaft angeführten Aspekte der Qualität sollen die unterschiedlichen Sichtweisen (Patienten, Leistungserbringer, Berufsstand, Systemverantwortliche) widerspiegeln:

Qualität aus Sicht der Patienten

- Professionelle Reaktion auf ihre Anliegen, Bedürfnisse, Probleme durch hohe Kompetenz der Leistungserbringer
- Sicherheit (geringe Risiken bei Diagnostik, Therapie)
- Gute Erreichbarkeit (wohnortnahe Versorgung), angemessene Wartezeiten
- Erfüllung des Informationsbedürfnisses, Beteiligung an Entscheidungen, Recht auf Selbstverantwortung
- Respektvoller, würdevoller Umgang
- Verschwiegenheit
- Datenschutz
- Recht auf einen persönlichen Arzt

- Recht auf eine kontinuierliche Betreuung
- Recht auf Prävention

Qualität aus Sicht der ärztlichen Leistungserbringer

- Erhalt der Rahmenbedingungen für eine vertrauliche Arzt-Patientenbeziehung
- Gutes Ergebnis der professionellen Leistung
- Möglichkeit zur Erbringung angemessener Diagnostik sowie effektiver und effizienter Therapie
- Ausreichend Raum für Prävention
- Erhaltung der eigenen Gesundheit
- Arbeitszufriedenheit von Ärzten und Angestellten

Qualität aus Sicht des ärztlichen Berufsstandes

- Gute Aus- und Weiterbildung
- Arbeitsmöglichkeit entsprechend dem Stand der Erkenntnisse
- Einhaltung ethischer Grundhaltungen
- Leistungsgerechtes Einkommen
- Weitgehende Selbstbestimmung in Anerkennung der Leistungen für die Gesellschaft

Qualität aus Sicht der Systemverantwortlichen

- Angemessenheit der Ressourcen für die lokalen Bedürfnisse
- Transparente und die Arbeitswirklichkeit der Leistungserbringer berücksichtigende Regelsysteme
- Sicherung der Finanzierbarkeit im Sinne von Bereitstellung ausreichender Mittel
- Zufriedenheit der Bevölkerung

E. Fazit

Die Allgemeinmedizin befindet sich derzeit auf einem Scheideweg. Auf der einen Seite gibt es von der Politik Signale, die Position des Hausarztes im Gesamtsystem zu stärken, auf der anderen Seite verändert sich seit Jahren nicht sehr viel. Immer neue Aufgaben werden der Allgemeinmedizin zugeschanzt, bei gleichzeitiger finanzieller Ausdünnung der Hausärzte – eine wenig attraktive Aussicht für unsere jungen Kollegen.

Wenn die Hausarztmedizin überleben soll, müssen in nächster Zeit einige wichtige Maßnahmen, wie oben beschrieben, umgesetzt werden. Realität ist, dass Eile angesagt ist, wenn wir das Potenzial des Wissens und der Erfahrung der älteren Kollegen im Sinne einer Lehrpraxis nutzen wollen, denn die erfahrenen Kollegen gehen in den nächsten 10 bis 15 Jahren in Pension. Somit würde ein nicht unerheblicher Reichtum an hausärztlichem Erfahrungswissen verloren gehen. Die derzeitige Ausbildung in der Klinik, vor allem im Sinne einer Absicherungsmedizin, ist nicht zeitgerecht und ist keinesfalls akzeptabel als Vorbereitung für die Tätigkeit in einer effizienten Hausarztpraxis.

Systemtheoretisch gesehen wäre es fatal, den Hausarzt auf die Rolle des Zuweisers und Medikamenten-Verordners zu reduzieren. Dieses wenig attraktive Berufsbild wird junge Leute nicht motivieren, den Beruf des Hausarztes anzustreben. Und das in einer Situation, in der wir insgesamt betrachtet eher auf einen Mangel an Medizinern zugehen.

Deshalb: wenn wir uns für den Hausarzt entscheiden, dann müssen wir ihm entsprechenden Rahmenbedingungen bieten und ihn im Rahmen einer verbesserten Ausbildung auf die veränderten Aufgabengebiete vorbereiten.

Nikolaus Dimmel: Komplexitätstreiber, Provinzkaiser und Informations-Overload oder: Reformen des Gesundheitssystems aus soziologischer Perspektive

> Die Determinanten der Gesundheit liegen außerhalb des medizinischen Versorgungssystems.
> *Thomas McKeown*: Die Bedeutung der Medizin, Frankfurt 1979

Marx revisited: Gesundheit hängt mit allem zusammen

1.1 Medizin und Gesundheit

Soziologische Betrachtungen der Medizin sowie der Gesundheit handeln von Unterschiedlichem. Modellhaft betrachtet: einerseits repariert die somatisch orientierte Medizin als Profession mit Deutungsmacht, Herrschaftsmechanismus und Teil der ideologischen Staatsapparate mit fortwährend feingriffiger dosierten chemischen und apparativen mechanischen Mitteln bis hin zum Einsatz von Nano-Technologien und Körper-Maschine-Kopplungen zelluläre bzw. physikalische Entgleisungen. Andererseits fokussiert der Gesundheitsdiskurs auf das komplexe (psychosome) Wechselspiel von Expositionen und Dispositionen, Risiken und Lebenslagen. Der mit der Gesundheitssoziologie einsetzende Perspektivenwechsel hat etwa über Modelle der Salutogenese, Prävention oder die Public-Health-Disziplin den hoheitlichen Deutungsanspruch der Medizin relativiert. Einerseits sehen sich PatientInnen stärker denn je als KundInnen und KonsumentInnen mit Aufklärungs- und Gewährleistungsrechten, worauf nicht nur die Einrichtungen von Ombudsleuten, Anwaltschaften und die nicht enden wollende Judikatur zu ärztlichen Kunstfehlern deuten. Andererseits klingen die Heils- und Heilungsversprechen der unternehmerisch verfassten Medizin hohler denn je, vergegenwärtigt man sich den hohen Anteil iatrogener Erkrankungen (*Unger* 2006, 29 ff.; *Illich/Lindquist/*

Schwab 2007, 225 f.) oder den ‚va banque'-Charakter einer Reihe von Krebsbehandlungen, welche Heilung durch Ganzkörpervergiftung versprechen. Historische Untersuchungen etwa zur Einführung der perinatalen Medizin haben überzeugend gezeigt, dass der Einfluss der medizinalen Intervention gegenüber einer Verbesserung sozialer, hygienischer und sanitärer Lebensbedingungen, Aufklärung mit dem Ziel der Vermeidung von Früh- und Risikoschwangerschaften sowie einer Erhöhung der Take-Up-Rate von Schwangerenberatungsleistungen (Geburtsvorbereitungskurse etc.) weitaus überschätzt wird.

1.2 Salutogenetische und pathogenetische Blickwinkel

Subjektiv empfundene Magenschmerzen indizieren nicht selbstredend Magenprobleme. Es kommt darauf an, wer sie aus welcher Sicht betrachtet und jeweils in welche Wahrnehmungs-Typologie und psychophysische Taxonomie einordnet. *Antonovsky* (1997, 36) erklärt Gesundheit als Ergebnis eines subjektiven Kohärenzgefühls, welches sich als Vertrauen der Person beschreiben lässt, dass äußere und innere Stimuli im Lebensverlauf strukturiert, vorhersehbar und erklärbar sind, dass Ressourcen zur Verfügung stehen, um den Anforderungen zu begegnen und dass diese Anforderungen Herausforderungen sind, die Anstrengung und Engagement lohnen. Es kommt also auf die subjektive Verstehbarkeit, das individuelle Gefühl von Bedeutsamkeit sowie die Zuversicht der Handhabbarkeit künftiger Herausforderungen an, ob jemand gesund ist oder nicht (*Wydler/Kolip/Abel* 2000). Zugleich erscheinen Gesundheit und Krankheit in dieser Perspektive als mehrdimensionales, individuelles Befindlichkeitsverhältnis auf einem von sozialen und kulturellen Kontexten bestimmten Kontinuum. Jeder Mensch ist abhängig von sozialer Lage, Bewusstsein und kulturellen Vorverständnissen immer gesund und krank zugleich, ist folglich nicht entweder gesund oder krank, sondern immer sowohl gesund als auch krank. Anders jene Profession, welche gemeinhin (und schlampig) als „Schulmedizin" etikettiert wird: hier wird im *Foucault*'schen Sinne der „Biomacht" der Körper kartographiert, seziert, evaluiert und innerhalb von Bandbreitenwerten die Grenzziehung zwischen Normalität und Pathologischem vorgenommen.

Der salutogenetische und pathogenetische Blickwinkel beleuchten zwei Seiten ein und derselben Münze. Eine pathogenetische Orientierung fokussiert dabei schwächenorientiert Krankheitsursachen und Bekämpfungsverfahren; eine salutogenetische hingegen fokussiert stärkenorientiert auf Gesundheitsziele und die hierfür erforderliche Verknüpfung lebensweltlicher Ressourcen, weshalb man im Kontext der Gesundheitsförderung auch von „Empowerment"-Strategien oder der Förderung von „Resilienz", also individuellen Widerstandskräften spricht (*Schiffer* 2001). *Petzold* (2010) unterstreicht zugleich den prozesshaften, biographisch-dimensionierten Charakter von Gesundheit, wenn er anmerkt, dass Gesundheit keinen fixen Zustand, sondern einen ständigen, lebenslaufbezogenen Vorgang meint, welcher im positiven Falle eine Entwicklung von Menschen auf einen subjektiv-attraktiven Idealzustand hin impliziert.

Gesundheit und Krankheit verkörpern im Ergebnis jeweilige Endpunkte eines Kontinuums und eben nicht deutlich voneinander abgegrenzte Zustände. Ebenso spielen salutogenetische Ansatzpunkte (*Antonowksy/Franke* 1997; *Franke* 2010) in der nach wie vor ungeachtet präventiver Interventionsmodelle pathogenetischen Ausrichtung der Gesundheitspolitik keine oder nur eine geringe Rolle (*Lorenz* 2005; *Petzold* 2010). Gerade für die als „Resilienz" rekonstruierte individuelle Erkennungs-, Be- und Verarbeitungskompetenz gesundheitlicher Risiken und Bedrohungen ist die jeweilige soziale Position betroffener Menschen in Milieu, Lebensstilgruppe und Schichtungssegment entscheidend (*Fröhlich-Gildhoff* 2009).

1.3. Gesundheitschancen

Ebenso dämlich wie der Satz: „Wer arbeiten will findet Arbeit" ist die Annahme: „Wer gesund bleiben will muss gesund leben". Denn der Prozess des Erhaltens oder Wiederlangens eines subjektiv als gesund empfundenen Zustands ist kategorial durch relationale und biologisch-mentale Hürden beeinträchtigt (*Bauer/Bittlingmayer/Richter* 2008). Relational betrachtet sind verbale, emotionale, kognitive und soziale Kompetenzen, welche für die subjektive Verstehbarkeit, das individuelle Gefühl von Bedeutsamkeit sowie die Zuversicht der Handhabbarkeit künftiger Herausforderungen von Bedeutung sind, höchst ungleich verteilt (*Kroll* 2010). Mit sinkendem sozialen Status sinken auch die Fähigkeiten der Selbstbeobachtung, Änderung der eigenen Lebensführung sowie zur Compliance. Gerade das Kommunikationsgefälle zwischen Arzt und Patient (*Bönte* 2008) – über unterschiedliche Statuszugehörigkeiten, Fachsprache und Habitus vermittelt – spiegelt diese ‚double trap': der kognitiv, sozial und verbal inkompetente Patient trägt seinen Körper wie ein KFZ zur Reparatur, will verbale Zuwendung, Medikation und Krankschreibung, der Arzt wiederum will/muss im engen Korsett des Kassenvertrages möglichst viele PatientInnen möglichst schnell bei weitestmöglicher Auslastung des fixen Kapitals seiner Praxis bewältigen, und d. h.: durchschleusen. In Paraphrase eines *Habermas*'schen Gedankens: beide handeln individuell rational, sowohl instrumentell als auch strategisch, aber kollektiv irrational.

Zugleich zeigt die Gesundheitssoziologie: Arbeitslose sind häufiger krank (*Möller/Walwei* 2008), häufiger psychisch instabil (*Hollereder/Brandt* 2006); sozial Benachteiligte und/oder Arme sterben nicht nur früher (*Oppolzer* 1988; *Bammann/Helmert* 2000) als der Durchschnitt, sie sind auch häufiger chronisch krank und scheiden früher gesundheitlich bedingt aus dem Erwerbsleben aus. Dabei wirken Lebensbedingungen (Expositionen wie Staub, Abgas, Lärm) und Lebensführungspraktiken (Alkohol- und Nikotinabusus, fett- und zuckerreiche Ernährung, Bewegungsarmut/-losigkeit) immer zusammen (*Elvers* 2005, 66 ff.). Hierbei ist einerseits die Verfügbarkeit von Kontrollüberzeugungen, positiven Selbstwirksamkeitserwartungen oder Resilienz ungleich verteilt, andererseits kommt es zu einer „intergenerationellen Transmission" von eben diesen Lebensführungspraktiken: gesundheitsrelevante Einstellungen und Verhaltensmuster werden sozial vererbt (*Gerber* 2006, 78 ff.) – Rauchen, Bewegungsmangel, Fehlernährung, Übergewicht sind damit nicht nur schichtspezifisch ungleich verteilt, sondern werden auch durch die ‚role models' von Eltern vermittelt.

Komplementär unterstreicht die salutogenetische Forschung, dass Gesundheitsressourcen vor allem in der frühen Kindheit erworben werden – etwa Ernährungsbewusstsein, Bewegungsorientierung – und nach dem 30. Lebensjahr kaum noch positiv beeinflusst werden können (*Bengel* 2001). Erworbene Gesundheitsmuster und verfestigte Einstellungen lassen sich – *Norbert Elias* und *Pierre Bourdieu* folgend – als „Habitus“ verstehen. *Elias* versteht Habitus als Gewohnheit im Denken, Fühlen und Handeln, *Bourdieu* hingegen handlungsorientierter als Ensemble von Lebensstil, Sprache, Kleidung, Geschmack, Ernährungs- und Reproduktionspraktiken. Eben dieses *Bourdieu*'sche Habituskonzept stellt einen Denkeinsatz zur Verfügung, mithilfe dessen das Gesundheitsverhalten als individuelles Dispositionensystem individueller Wahrnehmungs-, Bewertungs- und Verhaltensschemata, als milieu- und schichtspezifisches Verhältnis zum eigenen Körper und zur eigenen Gesundheit und schließlich auch als Ergebnis kontextueller ideologischer Zurichtungen (*Wendt/Wolf* 2006) begriffen werden kann. Was Gesundheit meint, stellt sich im Weiteren geschlechts- und schichtspezifisch unterschiedlich dar. *Meier* (2003, 88 ff.) weist darauf hin, dass Frauen aus der Unterschicht Faktoren wie ausreichende Ernährung sowie Hygiene und jahreszeitgemäße Kleidung große Bedeutung für die Erhaltung der Gesundheit zumessen. Auch Aspekte wie Wohnungsqualität und Wohnumfeld, Arbeitsplatzsicherheit sowie Stressvermeidung sind wichtige subjektive Determinanten psychosozialer Gesundheit. Demgegenüber fokussieren Mittelschichten ihre Aufmerksamkeit auf psychische Ausgeglichenheit, gesunde Ernährung, sportliche Aktivitäten oder die Vermeidung von Alkohol- und Nikotinmissbrauch. Insgesamt orientieren Personen aus der Unterschicht ihr Gesundheitshandeln und ihre Gesundheitsvorstellungen weniger an wissenschaftlichen Erkenntnissen als Mittelschichtangehörige. Gesundheitswahrnehmungen und Vorstellungen korrespondieren also mit Positionen im sozialen Raum und Praxisformen, die wiederum eng mit materiellen und immateriellen Lebensführungsbedingungen verknüpft sind. Die Denk- und Sichtweisen von Menschen verdinglichen sich an ihrem Körper. Der Habitus lässt sich folglich als Mechanismus zur Reproduktion gesundheitlicher Ungleichheitsbedingungen verstehen.

Gesundheit lässt sich in dieser Perspektive ebenso wenig moralisieren (Raucher leben auf Kosten des Restes der Gesellschaft – was im Übrigen gemessen an ihren Steuerleistungen nicht zutrifft) wie sie sich individualisieren lässt (jeder kauft ein, was ihm/ihr schmeckt). *Mielck* (2000) zeigt in diesem Kontext, dass soziale Ungleichheit nicht nur mit ungleich verteilten Morbiditäts- und Mortalitätsbelastungen einhergeht, sondern auch mit differentiellen, objektiven salutogenetischen Chancen. Im nicht nur auf die Erwerbsarbeitswelt, sondern auch die Familienarbeit bezogenen Modell der „Gratifikationskrise" (*Siegrist* 2005) erkrankt etwa eine Person dann, wenn sie ihr Arbeitsvermögen verausgabt und dafür nicht in angemessener Weise entschädigt wird, wenn der Arbeitseinsatz in Form von Engagement, kognitiver Anstrengung, Wissensproduktion, Zeit oder physikalischer Verausgabung nicht durch entsprechende Belohnungen, also nicht honoriert wird. Entsprechende Remunerationen können in Form monetärer Entgelte, aber auch in Form von Anerkennung, emotionaler Zuwendung, Arbeitsplatzsicherheit, Prestige, Weiterbildungs-, Karriere- und Einflussmöglichkeiten gewährt werden. Erfolgt dies nicht, entwickelt sich Krankheitspotential. Derartige Gratifikationskrisen betreffen überdurchschnittlich häufig Personen mit niedriger Qualifikation und geringen Mobilitätschancen wie etwa alleinerziehende Mütter. Gratifikationskrisen werden idR dann über lange Zeiträume von den Betroffenen hingenommen, wenn Alternativen fehlen. Gratifikationskrisen fördern die Entstehung von psychischen und psychosomatischen Erkrankungen. Personen in Gratifikationskrisen verhalten sich weniger gesundheitsbewusst als der Durchschnitt; ihre Reproduktionsweisen sind durch Stresstrinken, Rauchen, unreflektierte Ernährung geprägt. Insgesamt treten Gratifikationskrisen Unterschicht weit häufiger als im Rest der Gesellschaft auf.

1.4 Gesundheit und Lohnarbeit

Im ökonomischen Kontext ist das Gesundheitssystem, sind die Logiken der Leistungszuteilung (Medikation, Behandlung, Krankengeld) eng an der Erhaltung individueller Arbeitsfähigkeit orientiert. Subjektive Bedürfnislagen ebenso wie individuelle Präferenzen (etwa: Homöopathie, Adaptionen der Lebensführung, Lebensbedingungen) spielen dabei kaum eine/keine Rolle. Was jeweils als Erkrankung anerkannt wird (Alkoholismus, Neurosen, psychosomatische Erkrankungen, Wegeunfälle) ist Ergebnis sozialer Konflikte um normative, arbeitszentrierte Festschreibungen sowie die Bestimmung des Verhältnisses von Disposition und Exposition, aber auch von Selbst- und Fremdursächlichkeit einer Erkrankung. Hierbei spielt die Judikatur ebenso eine Rolle wie die Gesundheitspolitik selbst. Dabei ist die Realität meilenweit von der geläufigen WHO-Definition entfernt, wonach Gesundheit als Zustand vollständigen physischen, geistigen und sozialen Wohlbefindens und nicht als bloße Abwesenheit von Krankheit und Gebrechlichkeit zu verstehen ist. Ganz im Gegenteil: gesund ist man, wenn man als arbeitsfähig gilt.

Gesundheitsreformen auf Pfaden – Pfadabhängigkeiten von Gesundheitsreformen

Gottsucherbanden, Medizinpromotoren, Pharmakonzerne und -vertreter, ÄrztInnen, selbsternannte ExpertInnen aus dem politischen Personal, Dienstleister, Provinzkaiser (Landeshauptleute), Krankenhausdirektionen – sie alle sondern unentwegt Vorschläge ab, wie ein in die finanzielle Schieflage rutschendes Gesundheits(sicherungs)system saniert/reformiert werden sollte. Kaum ein anderes Politikfeld ist so komplex und von Blockadevetopositionen durchzogen wie jenes der Gesundheit.

In der Tat verkörpert das kapitalistische Gesundheitssystem ein Schlachtfeld heterogener Reformdiskurse, in denen es um nichts weniger als das (gute) Leben geht. Das betrifft einerseits die Lebensqualität, Gesundheit und Erkrankungsbehandlung kranker Menschen, andererseits Berufsbilder und -ethiken, Einkommenserwartungen und Gewinninteressen der nach ökonomischen Rationalitätskriterien agierenden Akteure. Die Komplexität von Reformvorhaben im Gesundheitssystem (*Simon* 2009) ist daher enorm. Im Kontext dieser Reformprozesse beeinflussen einander so komplizierte Ereignisse wie demographische Verschiebungen, Alterungs- und Migrationsprozesse. Lebensbedingungen und soziale Lagen wie der Strukturwandel der Familie, aber auch zunehmend flexibilisierte und atypisierte Arbeits-, Mobilitäts- und Reproduktionsbedingungen spielen mit herein.

Vereinfacht dargestellt geht es um eine Matrix aus folgenden Alternativen:

- Markt oder Staat bei Gesundheitsdienstleistungen
- Somatik oder Psychosomatik
- Chemo- oder Komplementärmedizin
- Reparatur oder Prävention
- vorgängig honorierte Eigenverantwortung von an Gesundheit interessierten Menschen oder Zuzahlung von Behandlungen im Krankheitsfall
- Abgeltung von ärztlichen Professionisten auf Grundlage von Output (Zahl ärztlicher Leistungen) oder auf Grundlage von ärztlichem Outcome (Unterbindung/Nichtauftreten von Erkrankungen in einem Sprengel)
- freie Arztwahl auf Märkten oder langfristig-stabile Arzt-Patient-Systeme
- Zwang zur Prävention oder Indifferenz gegenüber präventiven Praktiken (damit kann auch die Teilnahme an einer Gesundenuntersuchung gemeint sein)
- Pönalisierung gesundheitsschädlicher Lebensweisen und Kostentragungsdebatte ex post
- Steuerliche Entlastung gesundheitsfördernder Ernährungsstile oder Pönalisierung derselben durch marktlogisch-höhere Preise.

So disparat diese Reformdebatten sind – die (unendliche) Geschichte der Gesundheitsreform zeigt einen ‚roten Faden': Reformentscheidungen und Reformprozesse sind, haben sich erst einmal bestimmte Paradigmen, Akteure oder Institutionen wie der Föderalismus oder private Zusatzkrankenversicherungen in das Gesundheitssystem ‚gefressen', ‚pfadabhängig'. Die involvierten Akteure nehmen im Weiteren die institutionelle Architektur des zu reformierenden Systems ‚for granted'. Ein Diskurs über die Grundannahmen des Systems (etwa die sinnwidrige Behauptung, dass das Vorhandensein von Bezirkskrankenhäusern etwas mit „Bürgernähe" zu tun haben sollte) kann im Weiteren nicht mehr stattfinden. Deshalb kann eine Reform des Gesundheitssystems im Lichte jüngster Erfahrungen in der Standortdebatte auch nicht mit den vom Geiste nepotistischer Kleinstaaterei und vom „Interesse des administrativen Staates an sich selbst" (*Claus Offe*) geprägten Bundesländern gemeinsam stattfinden, sondern in letzter Konsequenz nur gegen sie.

Ebenso aberwitzig wäre es, korporierte Verbände, Professionisten, Unternehmen und ihre allfällig Minister gewordenen Vertreter monopolartige Zugänge zu Strategien der Gesundheitserhaltung definieren zu lassen, denen zufolge als gesundheitsförderlich gilt, woran verdient werden kann, oder das, was mit den traditionell eingesetzten Mitteln herrschaftlicher Körpereingriffe bearbeitet werden kann. Die Gesundheitsreformdebatte muss internalisieren, dass Medizin Geld ist, worüber uns jeder Apothekenbesuch und jede Selbstbehaltevorschreibung belehrt. Geld wiederum meint Status und das meint Macht. In die Legionen gehen die Anekdoten von Primarärzten, die sich die Errichtung einer neuen Abteilung mit ihren LandesgesundheitsressortleiterInnen „ausmachen" oder jene, in denen private Versicherungsträger über ihre Tarifgestaltung das Leistungsangebot von Krankenanstalten indirekt festlegen. In seiner Substanz anderes zeigt auch das Modell der leistungsorientierten Krankenanstaltenfinanzierung: krank ist man so lange, so lange/bis eine optimale Bettenauslastung gewährleistet/(wieder)hergestellt ist.

Die soziologische Institutionenlehre zeigt, dass Institutionen/Apparate ebenso wie Moral- und Gesundheitsagenturen eben das herstellen, was sie können, weshalb sie auch nur das als Problem identifizieren (wollen), welches sie mit den ihnen eigenen Wahrnehmungsmechanismen und Mitteln behandeln können. Anstelle der reformpolitischen Fragestellung: „Wie machen wir weiter?" müsste gefragt werden, ob das gesundheitspolitische Arrangement, und das meint: ein macht- und herrschaftsgetrieben zementiertes Gefüge aus regional wie funktional oder sozial nicht abgestimmten Verwertungs-, Markt- und Legitimationsinteressen, aus demokratisch nicht legitimierten Akteuren und Lobbyisten, aus regional disparaten Unter- und Überversorgungen (nicht nur mit Krankenanstaltenbetten) sowie aus einem nachgerade irrwitzig am Status Krankheit anstatt am Status Gesundheit(serhaltung) interessierten Versicherungssystem alleine nur mittelfristig weitergeführt werden kann. „Könnte man", könnte der Gesundheitsplaner sagen, „wenn man die Krankenversicherungsbeiträge fortlaufend anheben könnte". Nur: wer will/kann das? Und: welchen Sinn macht das? Außer jenen, Pfründe zu bewirtschaften.

Diese ‚Sinnfrage' gilt gerade auch für die Beurteilung von Zweck-Mittel-Relationen sowie die direktive Steuerung von Ressourcen im Gesundheitssystem. Hierbei stehen Personalkosten im stationären Bereich, Medikationskosten und PatientInnenströme (Nachfrageverhalten) im Zentrum der Gesundheitsreformdebatte. In diesem Kontext scheinen an dieser Stelle zwei Aspekte erwähnenswert: zum einen verwandeln sich die „Übermedikalisierung" (Medikamentenschwemme) sowie die Praxis der Selbstmedikation durch unkontrollierten Medikamentenkonsum aufgrund freier Apothekenabgabe in ein umwelt-, sozial-, verteilungs- und gesundheitspolitisches Problem. Die Medikalisierung der alltäglichen Lebensbewältigung geht auf die mittels Werbung herbeigeführte und gesicherte Einstellung zurück, Körper und Psyche bedarfs- und marktorientiert manipulieren zu können. Das betrifft nicht nur Muskelaufbaupräparate, Vitamintabletten und Appetitzügler, sondern auch Psychopharmaka, Angstlöser, Substanzen zur Entspannung, Schmerzstillung, Konzentrationsförderung, Leistungsverbesserung und Stressbewältigung. Die iatrogenen Folgen endemischer Selbstmedikation können nur geschätzt werden – wie auch die Gewinne der Pharmaindustrie. Zugleich gilt: während weltweit 30 Diagnosen mehr als 90 % aller Fälle abdecken und weniger als 100 Medikamente erforderlich sind, um diese 90 % abzudecken, hält das Gesundheitssystem ein Vielfaches davon vor und argumentiert mit diesem Vielfachen unentwegt die drohende Unfinanzierbarkeit und daraus abgeleitet eine Erhöhung von Mittelzuflüssen. Folgerichtig bewegen sich Reformdebatten auch nur innerhalb eben dieses Modus. Ein anderer Aspekt liegt in der Steuerung von Patientenströmen sowie Anreizen zum Arztbesuch und Medikamentenkonsum. Evident ist, dass ein Drittel aller Arztbesuche medizinisch betrachtet nicht notwendig ist, zumal der niedergelassene Arzt hierbei als Gesprächstherapeut, als Altenbetreuer oder Verschreiber eines Medikaments benötigt wird, das gekauft und ungebraucht wieder weggeworfen wird.

Auch wenn die Medizin, und das meint im Konkreten: ihre ökonomischen Interessen repräsentierenden Vertreter, in der laufenden Reformdebatte am finanziellen Limit angelangt zu sein behauptet oder angelangt sein mag, hat dies wenig oder gar nichts mit den tatsächlichen Effekten ihrer Intervention zu tun. Es reicht, Stichworte einzufügen: Medikamenten-Unverträglichkeit, allergische Reaktionen, ärztliche Kunstfehler, Medikamentenabhängigkeit, Selbstmedikation, nutzlose Doppeluntersuchungen, Nachuntersuchungen zur Absicherung medizinischer Befunde, Falschbefunde. Im Gegenbild zahlen Menschen, die sich gesund erhalten, indem sie sich biologisch/vollwert bei reduziertem Zucker und Fett ernähren, unentwegt körperlich bewegen, für ihre psychische Gesundheit sorgen, homöopathische Medikamente nutzen oder sich von einem Shiatsu-Therapeuten behandeln lassen, ihre Gesundheit als Selbstzahler zu 100 % und obendrein noch Krankenversicherungsbeiträge für sich und andere.

Abschließend ist hervorzuheben, dass die allseits gestellte Frage „Medizin am Limit. Was können und wollen wir uns noch leisten?" ebenso polemisch wie falsch ist. Richtig wäre es, die Frage danach zu stellen, ob wir uns dieses vermarktlichte Gesundheitssystem und daneben eine Produktionsweise noch leisten wollen oder können, die ein Drittel der ArbeitnehmerInnen in den Burnout entlässt, die ein Viertel aller PensionistInnen in die Invaliditätspension entlässt, welche 2008 alleine in Österreich zu 5,4 Mio Psychopharmaka-Verordnungen geführt hat (und so weiter). Im Blitzlicht wird deutlich, dass 2009 der Altersschnitt der InvaliditätspensionistInnen bei bereits 52 Jahren lag; 2007 bezogen 435.000 Personen eine I-Pension, 2009 waren es bereits 460.000 (22 % aller PensionistInnen), die vor allem wegen erwerbsarbeitsbedingten Rückenleiden, chronischen skelettalen Beeinträchtigungen und seelischen Leiden (30 %) in Invaliditätspension und die damit verknüpfte armutsbedrohte Lebenslage gingen.

3. Blinddärme und Range Rover: Gesundheit als Interessenkonflikt

Gesundheit ist ein knappes Gut, weil die Ressourcen, die zu ihrer Gewinnung, Erhaltung und Wiedergewinnung erforderlich sind, ungleich verteilt sind. Zugleich können die hegemonialen Generatoren von Gesundheit, nämlich jene Mediziner, die als Professionisten und „Götter in weiß" Narrative über die Leistungsfähigkeit somatischer Medizin durchsetzen, hohen sozialen Status beanspruchen. Diese Deutungsmacht drückt sich in einem System verkehrter Anreize aus. Während man Professionisten nach dem Ausbleiben von Krankheit abgelten sollte, werden MedizinerInnen heute nach der Menge identifizierter und behandelter Krankheit entlohnt. Damit tritt auf, was vermieden hätte werden sollen: dass MedizinerInnen ein objektives Interesse an maximalisierter Nachfrage nach ihren Leistungen haben.

3.1 Gesundheitssystem – wer sagt, was gesund ist

Gesundheitssysteme verfolgen fraktale, widersprüchliche Ziele mit jeweils divergierenden Gesundheitsbegriffen und -konzepten. Professionisten, Organisationen, Regeln und Prozesse zur Förderung und Erhaltung von Gesundheit, zur Prävention und Behandlung von Erkrankungen (Verletzungen) lassen sich als rekursiv gekoppelte Elemente dieses Systems verstehen. Als abstrakte Formalziele lassen sich ein gleichartiger Zugang zu Gesundheitsleistungen (unabhängig vom sozialen Status), die Steigerung der Bearbeitungskapazität/Leistungsfähigkeit, die Bedarfsgerechtigkeit der Angebote und Leistungen (Inanspruchnahmequote), die Wirtschaftlichkeit (Kosten-Nutzen) sowie die Wirtschaftlichkeit (Transparenz, Nachhaltigkeit, Preisbildung) identifizieren (*Rosenbrock/Gerlinger* 2006). Im Detail verstehen Ärztekammern, Sozialversicherungsträger, Länder als Krankenanstaltenträger, Patientenanwaltschaften, Apothekenkammern, Krankenanstalten, niedergelassene Ärzte, Pharmaunternehmen, private Versicherungsträger, Sozialhilfeträger, Think Tanks, Medizinische Universitäten jeweils anderes darunter. WHO-Passepartout-Begriffe wie Bedürfnisorientierung, Patientenwürde, Selbstbestimmung oder Datenschutz (*WHO-World Health Report* 2000) sind nachgerade konträr inhaltlich aufgefüllt. Auch die Ziele der EU-Kommission (*Eckhart/Jütte* 1994) – Zugang zu finanzierbaren medizinischen Leistungen von hoher Qualität – bedeuten eigentlich: nichts Konkretes. Gerade auch deshalb werden Steuerungsimpulse im Gesundheitssystem vielfach auf ökonomische Schnitte reduziert, welche in der Tat längst jenseits des britischen „National Health Service" zu Politiken der Rationierung geführt haben. In Schweden, Deutschland oder Dänemark sind ökonomische Rentabilitätserwägungen zwischenzeitig Teil der ärztlichen therapeutischen Verordnung. Zugleich wird deutlich, dass die Qualität von Gesundheitssystemen nicht mit dem Gesamtvolumen der Gesundheitsausgaben korreliert. Umgekehrt weist eine hohe Anzahl von Krankenstandstagen nicht auf eine schlechte medizinische Versorgung hin. Wiederum anders gelagert weist eine hohe Anzahl von Nierensteinzertrümmerern nicht auf eine hohe Zahl von behandlungsbedürftigen Nierensteinen, sondern auf die hohe Anzahl von Geräten, die ausgelastet werden sollen, hin. Schließlich: effiziente Systeme retten und verlängern Leben, sind daher teuer und erhöhen die Zahl der Kranken.

Gerade weil die kognitiven, körperlichen, psychischen und sozialen Bedingungen von Gesundheit und Krankheit durch Mikro-, Meso- und Makroebenen der Gesellschaft hindurch vermittelt sind (*Mann* 1996) (weshalb der Verzehr einer Kindermilchschnitte eben keine individualisierte Ernährungspraxis, sondern aufgrund hegemonialer Bewerbung sowie des hohen Zuckeranteils einen Akt strukturell gewalttätiger Fehlernährung darstellt, der einer Körperverletzung gleichkommt; *Bode* 2010), ist der Gesundheitsstatus von Personen- und Bevölkerungsgruppen eng mit der Definitionsmacht und der Regulierungskapazität des Gesundheitssystems selbst verknüpft. Gesundheit und Krankheit verweisen folglich nicht nur auf eine Funktion oder Fehlfunktion des Körpers oder verkörpern ein Phänomen der individuellen Befindlichkeit/Wahrnehmung, sondern sind Ergebnis institutioneller Problemdefinitionen, Ausdruck zugewiesener Gesundheitschancen, der Zugänglichkeit und Effizienz von Gesundheitsdienstleistungen sowie des Habitus Betroffener (*Richter/Hurrelmann* 2009, 243 ff.).

Sowohl die individuelle Selbstbeobachtung und Gesundheitsauffassung wie auch das gesellschaftlich dominante Vorverständnis von Gesundheit und Krankheit sind ebenso von kulturell geprägten Normen- und Wertsystemen wie von den ökonomischen Verwertungsinteressen der Pharmaindustrie, Apotheken und Medizintechnikunternehmen, von professionspolitischen Standesinteressen und politischen Legitimationsinteressen geprägt. Politische Diskurse, Arbeitslosigkeit, hegemoniale Denkfiguren wie die neoliberale Körperfokussierung und ‚Fitnessreligion', aber auch die materiellen und sozialen Bedingungen der Lebensführung wie etwa die Drohung des Arbeitsplatzverlustes beeinflussen das Gesundheitsbewusstsein, damit die subjektive Wahrnehmung von gesundheitlichen Beeinträchtigungen und schließlich auch den ‚take up' von Gesundheits(dienst)leistungen (*Bäcker* et.al. 2010). So zeigt jener Umstand, demnach die Krankenstandstage von

ArbeitnehmerInnen in Krisenzeiten rückläufig sind und die daraus resultierenden verschleppten (chronifizierten) Erkrankungen im ‚life course' weitaus höhere Kosten nach sich ziehen als die Einsparung durch nicht-konsumierte Krankenstandstage, dass positive und negative Umwegrentabilitäten nicht angemessen im System abgebildet oder ‚gegenverrechnet' werden. Negative Folgekosten können externalisiert und reprivatisiert (oder refamilialisiert) werden. Wer präventiv investiert kriegt hinterher nichts 'raus. Es geht freilich auch anders: in Finnland oder den USA entrichten etwa Unternehmen höhere Beiträge zu den Invaliditätspensionen ihrer früheren MitarbeiterInnen, weil dem Unternehmen eine langfristige gesundheitliche Verantwortung im Rahmen ihrer Fürsorgepflicht zugedacht wird.

Im Ergebnis determiniert in Österreich die institutionelle Ausprägung des Gesundheitssystems (niedergelassene Ärzte, Fachärzte, Spitäler, Tageskliniken usf.) das, was auf den inneren Bildschirmen (*Niklas Luhmann*) der Gesundheitspolitik als Krankheit erkennbar und behandelbar erscheint. Jeweilige Professionen des Gesundheitswesens konzipieren Gesundheit jeweils unterschiedlich (*Honecker* 1995, 83 ff.; *Hurrelmann* 2006, 113 ff.): *Krohwinkel* (1992) oder *Lay* (2004) etwa betonen aus pflegerischer Sicht die Selbstständigkeit des Handelns Betroffener sowie subjektives Wohlbefinden in den Aktivitäten. *Hurrelmann* (1997) konfiguriert aus psychologischer Sicht Gesundheit als objektives und subjektives Befinden einer Person, wenn sich die physische, psychische und soziale Entwicklung im Einklang mit den eigenen Möglichkeiten und Zielvorstellungen und den jeweils gegebenen äußeren Lebensbedingungen befindet.

3.2 Ich, Wir und Uns: Weltsichten der Profession

Medizinische Professionen monopolisieren, korporativ organisiert, das theoretische und praktische Wissen über die Natur des Menschen. Sie verordnen medizinische Therapie als Teil eines dem Laien unverständlichen Fundus, üben zugleich damit soziale Kontrolle aus (*Horn/Beier/Wolf* 1983). Deshalb ist der gesellschaftliche Status medizinischer Professionen hoch. Sie erreichen gesellschaftlichen Rang über Beruflichkeit, erwerben Privilegien über ihre Korporation und üben die Kontrolle über subordinierte Praktiken aus. Professionelle gelten deshalb als öffentliche RepräsentantInnen einer etikettierten, erfassten und sanktionierten Problemlage. Sie verordnen gleichsam Stigmata, üben Herrschaft im Max Weber'schen Sinne aus, unterliegen deshalb auch einschlägigen Transparenzgeboten sowie Maßgaben zur Überprüfbarkeit ihrer Entscheidung. Gegengleich kommt der Verwandlung des Körpers/der Person in einen Klienten/Patienten strategische Bedeutung zu, weil in der Interaktion mit ihm/ihr Standards entwickelt werden, in denen man professionellen Anforderungen genügen muss (Wissen, Diensteide) und Attribute beansprucht (Status, Prestige), und gerade deshalb legitimiert ist, subjektive Bedürfnisse eines Klienten in anerkannte Bedarfe zu übersetzen. Das symbolische, räumliche und interaktionelle Setting (Kleidung/Ärztekittel, Ausstattung der Praxisräume/Apparaturen, professionelle Sprache – die 90 % der PatientInnen nicht verstehen) dient dazu, sowohl einen Dominanzanspruch anzumelden als auch Professionalität und Verlässlichkeit zu signalisieren.

Diese Asymmetrie zwischen Professionellen und Klienten ist sowohl eine Funktion gesellschaftlicher Statusdifferenzen als auch ein Ergebnis der Wissensdifferenzen zwischen Professionellen und KlientInnen. Das lebensweltliche/körperliche, subjektiv Ungewissheit vermittelnde Problem des Klienten wird in ein Gewissheit vermittelndes Handlungsrepertoire formal-standardisierter und routinisierter Problemlösungen eingefügt, welches Professionalität und Qualität(ssicherung) verspricht. Der Klient muss Vertrauen darin haben, dass der Professionist weiß, welche „Investition in den Körper" ein „return on investment" wahrscheinlich macht. Vertrauen ist neben Geld und ‚Compliance' jener Obulus, den der Klient im Interaktionsprozess entrichtet und der für den Erfolg der Arzt-Patient-Interaktion wichtig ist.

In besonderer Weise bestimmt die Profession der MedizinerInnen durch ihre Deutungsmacht die Wahrnehmung sowie den Umgang mit Gesundheit und Krankheit. Der traditionell-zelluläre, an Fehlfunktionen festmachende Krankheitsbegriff geht von einem Krankheitsverständnis aus, demnach Krankheit als Störung biologischer Vorgänge im Organismus verstanden werden muss. Dieses Krankheitsverständnis bildet die Grundlage für das enorme Volumen der apparativen Medizin und ihr Versprechen, gleichsam entgleiste Körperfunktionen mechanisch-medikativ reparieren zu können. Insofern wirken professionelle Vorverständnisse sowie die Struktur des Gesundheitssystems auf das Krankheitsverständnis zurück. Es sind Ärzte und deren Diagnosen, welche über das Vorhandensein gesundheitlicher Beeinträchtigungen sowie individueller Erkrankungsfolgen (Krankenstand, Arbeitsunfähigkeit) entscheiden.

3.3 Wie alles immer besser und trotzdem schlechter wird

Die Gesundheitsausgaben lagen in Österreich im Jahr 2007 bei 10,1 % des BIP und damit um mehr als einen Prozentpunkt über dem Durchschnitt der OECD-Länder von 8,9 %. In den USA (16 %), Frankreich (11 %), der Schweiz (10,8 %) und Deutschland (10, %) lag der Anteil der Gesundheitsausgaben an der Wirtschaftsleistung noch höher als in Österreich. Bei den Pro-Kopf-Gesundheitsausgaben liegt Österreich mit 3.700 US-Dollar (in Kaufkraftparitäten) nach den USA, Norwegen, der Schweiz, Luxemburg und Kanada an sechster Stelle und deutlich über dem OECD-Schnitt von 2.964 US-Dollar. In der EU liegt Österreich damit an 2. Stelle. Österreich setzt sowohl deutlich mehr personelle als auch materielle Ressourcen im Gesundheitswesen ein als die meisten anderen OECD-Länder, vor allem bei den Spitalsbetten.

Umgekehrt fühlen sich die ÖsterreicherInnen im internationalen Vergleich krank. Jugendliche beurteilen einer Studie des BM Gesundheit zufolge ihren Gesundheitszustand fortlaufend schlechter. Demnach leidet rund ein Drittel regelmäßig unter Kopfschmerzen, Gereiztheit, Nervosität, Schlafstörungen, Müdigkeit oder Erschöpfung. Während noch 1990 etwa 43 % ihre Gesundheit als „ausgezeichnet" bewerteten, waren es im Jahr 2006 nur noch 30 %. Ein Blitzlicht: etwa 30 % der ÖsterreicherInnen leiden unter Nahrungsmittelunverträglichkeiten, die vor allem durch Überdosen von Histamin, Fruktose oder Laktose entstehen, die durch Überzuckerung (Fruchtzucker) von Fertig- und Light-Produkten herbeigeführt werden. Ein zweites Blitzlicht: überlange und unregelmäßige Arbeitszeiten machen Beschäftigte krank und unzufrieden. Sowohl bei der durchschnittlichen Wochenarbeitszeit als auch bei überlangen Arbeitszeiten liegt Österreich im EU-Spitzenfeld. Im Durchschnitt begeben sich ArbeitnehmerInnen jährlich an 18 Tagen an ihren Arbeitsplatz, obwohl sie sich krank fühlen. Bei einer IFES-Studie 2008 gaben über 80 % der Befragten an, zumindest gelegentlich an Rückenschmerzen und Erschöpfung zu leiden. Auch die Krankenstände aufgrund arbeitsbedingter psychischer Erkrankungen stiegen 2000 – 2008 drastisch. Wie erwähnt erfolgt ein Drittel der Invaliditäts- und Frühpensionierungen aus psychischen Gründen. In Österreich kommen trotzdem weniger als 2 % aller ArbeitnehmerInnen in den Genuss qualitätsgesicherter betrieblicher Gesundheitsförderungsmaßnahmen. Eine Gesellschaftspolitik, die sich im Feld der Gesundheit auf die medizinalen Institutionen, Apparate und Prozeduren konzentriert, und gleichzeitig den endemischen Einsatz krankmachender Arbeits-, Lebens- und Reproduktionsbedingungen offensiv fördert oder zulässt, braucht keine Gesundheitsreformdebatte führen.

Dessen ungeachtet bleibt ein wesentlicher Grund für die mangelnde Effizienz im österreichischen Gesundheitswesen, dass das heimische Gesundheitswesen von einer Fragmentierung der Finanzmittel und Kompetenzen sowie von Intransparenz gekennzeichnet ist. Diese Faktoren stehen der Hebung der Effizienzpotentiale entgegen. Die notwendigen Umstrukturierungen auf der Angebotsseite werden dadurch definitiv behindert.

4. Den Tiger reiten: Fraktale der Gesundheitsreform integrieren

Anknüpfend an die oben erwähnte Matrix kann Gesundheitsreform nur als integriertes Fraktal implementiert werden, nämlich als Bündel von Reformsträngen eines zusammengehörenden Gefüges von Geld-, Sach- und Dienstleistungen im stationären, niedergelassenen, mobilen und ambulanten Bereich, multidisziplinär und multiprofessionell, ausgehend von Bedürfnissen vor allem der (noch) Gesunden, aber auch der Kranken, ausgehend von ‚evidence-based'-Befunden, orientiert an krankmachenden Strukturen und dem Prinzip der Ersetzung von Vermarktlichungsprozessen durch Maßnahmen und Prozesse der Sozial- und Gesundheitsplanung. Legitimationsinteressen der Politik, Profitinteressen der Pharmaindustrie, Kapitalverwertungsinteressen von Apotheken oder Ärzten als Unternehmern oder Selbsterhaltungsinteressen von Sozialversicherungsträgern sollten hierbei keine oder eine subordinierte Rolle spielen (man wird sich ja wohl noch was wünschen dürfen).

4.1 Komplexität steuern

Nicht nur, was Gesundheit ist und wodurch ihre Zugangs- und Erhaltungschancen bestimmt sind, ist komplex, sondern auch was ihre Steuerung anbelangt. Bekanntlich meint „Komplexität" die Eigenschaft eines Systems, dass seine Subsysteme oder Einzelteile eine Emergenz hervorbringen, die mehr impliziert als die Summe seiner Teilfunktionen. Folgerichtig kann auch das Gesamtverhalten eines komplexen Systems nicht adäquat beschrieben werden, wenn man vollständige Informationen bloß über Einzelkomponenten des Systems und deren Wechselwirkungen („Interdependenzen") besitzt. Man benötig auch Prozessinformationen, in denen die Dialektik von Struktur und Prozess angemessen abgebildet ist, etwa zum Umstand, dass die Medizin einen Großteil der Probleme, die sie vorgeblich bekämpft, überhaupt erst schafft, etwa durch die Erhöhung der Lebenserwartung, durch die Ausdehnung der Zonen, die als „behandlungsbedürftig" etikettiert werden usf. Medizinische, gesundheitspolitische und Patientenentscheidungen erfolgen im Weiteren unter Unsicherheitsbedingungen. Sie alle sind, so *Luhmann*, „kontingent", vor allem auch deshalb, weil medizinische Behandlungen als Dienstleistungen coproduziert, symbolisch reguliert und politisch vermachtet sind, von distinkten Akteuren nach politischen, sozialen und ökonomischen Nutzen bewertet werden. Deshalb verunmöglichen die strukturelle Divergenz, Kontingenz und Fraktalität des Gesundheitssystems vereinfachende Abstraktionen und Modellierungen. Die Frage „Was krieg' ich für mein Geld?" muss ebenso unbeantwortet bleiben wie die Frage „Wann werde ich gesund, Herr Doktor?". Die Antwort erinnert an den Fahrplan des Griechischen Fährmanns: „Maybe today, maybe tomorrow, nobody knows".

Partikulare Controllingmaßnahmen, Verfahren zur Bestimmung der Bedarfsdeckung, Reihungsverfahren (etwa bei der Organtransplantation), Kontingentierungen etc. ermöglichen bloß segmentierte Zugriffe. Man spielt hier gleichsam nur im eigenen Strafraum, niemals in der gegnerischen Spielfeldhälfte. Aber selbst hier dominieren widersprüchliche wenn nicht antagonistische Zielsetzungen etwa zwischen unterschiedlichen medizinischen Teildisziplinen wie der physikalischen Medizin und der Internen. Dilemmata und Trilemmata treten in Erscheinung, in denen vorgenommene Lösungen von heute die Probleme von morgen generieren und autonome Subsysteme füreinander wechselseitig weder determinierbar noch vorhersagbar agieren.

4.2 Gesundheitspolitik – was soll das ?

Das erwähnte Spannungsverhältnis kognitiver, physischer, psychischer und sozialer, institutioneller und professioneller Bedingungen von Gesundheit und Krankheit reproduziert sich noch einmal ein Stockwerk höher, nämlich im Bereich der Gesundheitspolitik, die vorgeblich von Gesundheitswissenschaften („Public Health“) und Ideen des Gesundheitsmanagements, kurz: ‚tools‘ zur Steuerung von Gesundheit, inspiriert ist. *Haisch/Weitkunat/Wildner* (1999) zufolge liegt die behauptete Zwecksetzung der Gesundheitspolitik in Krankheitsverhütung, Lebensverlängerung und Gesundheitsförderung. Allerdings setzt dies ganzheitlich, systemisch verknüpfte Lösungen, ein Denken in rekursiven Zusammenhängen, ein Verständnis autopoietischer Emergenzen, tiefe Einsichten in die Funktionsweise von „denkenden Organisationen“ (*Mary Douglas*) und mehr voraus. Davon abgesehen, dass die Qualität von steuernden Akteuren und unterhaltenen Diskursen diesen Anforderungen kaum oder gar nicht Rechnung trägt, verunmöglichen auch institutionelle Architekturen (innerorganisationelle Hierarchien in Krankenhäusern), ständische Versäulungsinteressen (Kammern), Profitinteressen (Pharmakonzerne), politische Legitimationsinteressen (pro politischem Bezirk ein Krankenhaus) die Durchsetzung rationaler Lösungen.

Noch komplexer wird es an der Schnittstelle zwischen dem Gesundheitssystem und seinen PatientInnen, KlientInnen und KundInnen; es sei denn, man verstünde das Gesundheitssystem nur als Apparat, der an sich selbst, seinem Fortbestehen und den daraus lukrierten Einkommen interessiert sein sollte. Hier sind multi- und interdisziplinäre

Maßnahmen, die jeweils ‚tools' zum Fördern und Fordern, Anreiz- und Gratifikationssysteme, Verbote und Gebote kombinieren, zu entwickeln. Dies setzt nicht nur kollektives „awareness-rising", sondern seitens der Gesundheitsagenturen differenzierte Kommunikationsformen voraus, mit denen Menschen in ihren jeweiligen nicht nur subjektiv und familiär, sondern auch gesellschaftlich relevanten Gesundheitszuständen „abzuholen" sind, und in die zugleich auch sämtliche ‚stakeholder' des Gesundheitssystems integriert sind (*Bonfadelli/Friemel* 2010). Dabei geht es also darum, das Zusammenwirken von Expositionen und Dispositionen, Zugangschancen und ökonomischen Ressourcen angemessen abzubilden und zum Ausgangspunkt gesundheitspolitischer Interventionen zu machen.

4.3 Schnittstellen

Schwartz et.al. (1998) unterstreichen die Bedeutung der Wirksamkeitsorientierung („outcome") sowie die ökonomische (Umweg) Rentabilität gesundheitspolitischer Maßnahmen. Dabei wird in grundsätzlicher Weise deutlich, dass eine den allgemeinen Gesundheitszustand fördernde/verbessernde gesundheitspolitisch-medizinische Daseinsvorsorge eben nicht durch eine chemisch-apparative, institutionell versäulte und definitionsmächtige Spitzen erfolgen kann, sondern durch Formen der Basisversorgung sowie effizienter steuernder Eingriffe in die individuelle Lebensführung erfolgen muss (*Niehoff/Braun* 2003). Die jüngst aufgrund der extremen Dynamisierung sozialer Ungleichheit auch in den kapitalistischen Metropolen zu beobachtende Rückkehr von Seuchen (*Clausen* 1994; *Briese* 2003) ist einerseits durch eine Erhöhung der Mobilität (*Voigt* 2005, 52 ff.) sowie den Klimawandel als kumulative Wirkung von Umweltrisiken (*Beirat* 1999) bedingt, andererseits auch durch die ungehinderte Ausbreitung von Slums/Banlieus/abgehängten Wohngebieten mit prekären hygienischen, sanitären und medizinischen Bedingungen – auch in den kapitalistischen Kernländern (*Mansel/Brinkhoff* 1998; *Lampert et al.* 2005; *Richter et.al.* 2008).

4.4 Maßnahmen

Es ist abschließend nicht Anspruch, ein medizin- und gesundheitspolitisches Programm zu erörtern, sondern nur, Möglichkeitsräume auszuloten. Denkbar wäre es etwa, alternative Vergütungssysteme als Steuerungsinstrument zum Einsatz zu bringen, denen nach Ärzte entweder für das „Gesund-Bleiben" gezahlt werden oder die erbrachten Leistungen der Ärzte einen einheitlichen Preis im Vergütungssystem bekommen könnten. Die Rolle des Hausarztes wäre jene des ‚Gatekeeper & Pathfinder & Case Manager', also des Co-Piloten auf dem Flug des noch Gesunden und (präsumptiven) Patienten durch das Gesundheitserhaltungssystem. Fallkonferenzen (aus sämtlichen potentiell beteiligten Professionisten unter Beteiligung und Mitentscheidung des Patienten sowie einer Vertrauensperson) sollten Präventions-, Gesundheitserhaltungs- und Behandlungspfade als Projekte festlegen, in denen Projektcontrolling, „Utilization Reviews" und Outcome (Qualitätssicherung) gemessen werden könnten. Biographische Gesundheitsverläufe würden die Nachhaltigkeit von Maßnahmen und langfristige Kosten-Nutzen-Relationen ermöglichen. Dies würde Doppelbehandlungen vermeiden, „second opinions" systematisch einbinden, würde allerdings einen Patientenindex erfordern. Dabei müsste der Präventions- und Versorgungsprozess nicht am Angebot, sondern am Erkrankungsrisiko und/oder Krankheitsbild festgemacht werden. Derartiges „Diseasemanagement" müsste durch leistungsorientierte Selbstbehalte als Ausdruck der Selbstbestimmung und Eigenverantwortung des Gesunden/Patienten ergänzt werden, welche einerseits die Kostentransparenz erhöhen, andererseits den Nutzen präventiver Maßnahmen herausstellen könnten. Diese Selbstbehalte wären grundsätzlich zwischen Patient und Arbeitgeber (oder dessen Äquivalent) zu teilen.

Wettbewerb im Gesundheitswesen ist grundsätzlich abzulehnen. Dies betrifft sowohl Preis- wie auch Qualitätswettbewerb. Vielmehr wäre ein System der regionalen (bezirklichen) Zuordnung von PatientInnen zu Ärzten (mit eingeschränktem Opting-Out-Recht) verbunden mit der Pflicht zu einer langfristigen Arzt-Patienten-Bindung probat. Zugleich gilt der Grundsatz der Ausweitung präventiver Maßnahmen und deren Gratifikation: subjektive Anstrengungen (Bewegung, Ernährung, Vorsorge) müssten sich ökonomisch für die Versicherten rechnen. Ein Ausbau der Prävention könnte durch Anreizmodelle für die betriebliche Gesundheitsförderung erfolgen, wobei Unternehmer und Arbeitnehmer bei Inanspruchnahme qualitätsgesicherter Präventionsprogramme einen Bonus (Geld- und/oder Sachleistung) erhalten sollten, zugleich auch körperliche Rekreation (betriebliche Fitnessanlagen) in die Arbeitszeit einzurechnen wäre.

Es braucht keinen Wettbewerb oder Kennzahlenvergleich zwischen Spitälern (Rankings), sondern eine massive Reduktion der Zahl von Krankhausbetten sowie von Krankenanstalten bei gleichzeitiger Spezialisierung. Erforderlich ist ein abgestimmtes Transportsystem zwischen den Anstalten. Es ist aberwitzig zu meinen, PatientInnen könnten bei komplexeren Operationsvorgängen aufgrund von Kennziffern im Leistungswettbewerb zwischen Krankenanstalten eine Operationsentscheidung treffen. Ebenso sinnlos sind Kosten- und Qualitätsvergleiche zwischen unterschiedlichen Sozialversicherungsträgern; anstelle eines Zielerreichungsfonds für alle Sozialversicherungsträger sollte ein einziger Sozialversicherungsträger geschaffen werden.

Das ‚Issue' des barrierefreien Zugangs aller ÖsterreicherInnen zur Spitzenmedizin basiert auf einer Verkennung der tatsächlichen gesundheitspolitischen Anforderungen. Vielmehr geht es um die Qualität der basismedizinischen Versorgung. Dies setzt Maßnahmen voraus, um regelmäßigen Arzt-Patient-Kontakt, die Teilnahme an Vorsorgeuntersuchen, die Vernetzung zwischen muralem und extramuralem System sowie eine flächendeckende Einrichtung von Gruppenpraxen sicherzustellen bzw. durchzusetzen. Die absehbare steigende Lebenserwartung ist nicht zwingend gleichbedeutend mit höheren Gesundheitsaufwendungen, sondern mit neuen Herausforderungen der Prävention. Krankheitsbilder wie Demenz, Pflegebedürftigkeit, Bewegungseinschränkungen sind tatsächlich sozial vermittelt, abhängig von schicht- und milieuspezifischen Praktiken. Es ist folglich nicht das Alter als biologisch unvermeidliches Phänomen, welches medizinisch teuer kommt, sondern die soziale Ungleichheit und die damit verbundenen sozialen Praktiken. Es wäre also hoch an der Zeit, über die Grenzen des medizinischen Schrebergartens und die vermeintlichen Selbstverständlichkeiten der politischen Grenzziehung zwischen den Sphären ‚Gesundheit' und ‚Krankheit' hinauszudenken.

Literatur

Antonovsky, A./Franke, A. (1997): Salutogenese: Zur Entmystifizierung der Gesundheit, Tübingen.

Bäcker, G. et al. (2010): Sozialpolitik und soziale Lage in Deutschland. Band 2: Gesundheit, Familie, Alter und Soziale Dienste[5], Wiesbaden.

Bammann, K./Helmert, U. (2000): Arbeitslosigkeit, soziale Ungleichheit und Gesundheit; in: U. Helmert et al. (Hrsg.): Müssen Arme früher sterben? Weinheim, S. 159 ff.

Bauer, U./Bittlingmayer, U./Richter, M. (2008): Health Inequalities. Determinanten und Mechanismen Gesundheitlicher Ungleichheit, Wiesbaden.

Beirat (Wissenschaftlicher Beirat der Bundesregierung Globale Umweltveränderungen): Welt im Wandel – Strategien zur Bewältigung globaler Umweltrisiken. Gutachten 1998, Berlin.

Bengel, E. et al. (2001): Was erhält Menschen gesund? Köln.

Bode, T. (2010): Die Essensfälscher, Frankfurt.

Böhmdorfer, G./Mackinger, W. (2009): Die ewige Reform; in: Datum Nr 3.

Bonfadelli, H./Friemel, T. (2010): Kommunikationskampagnen im Gesundheitsbereich, Konstanz.

Bönte, M. (2008): Soziale Determinanten ärztlichen Handelns, Berlin.

Brauner, T. (2009): Die pharmazeutische Industrie und die Gesundheitsreform 2007; in: W. Schroeder/R. Paquet (Hrsg.): Gesundheitsreform 2007. Nach der Reform ist vor der Reform, Wiesbaden, S. 175 ff.

Briese, O. (2003): Angst in den Zeiten der Cholera, Berlin.

Clausen, K. (1994): Offene Fragen der Seuchensoziologie; in: ders. (Hrgs): Krasser sozialer Wandel, Opladen, S. 51 ff.

Eckart, W./Jütte, R. (1994): Das europäische Gesundheitswesen: Gemeinsamkeiten und Unterschiede in historischer Perspektive. Stuttgart.

Elvers, H. D. (2005): Lebenslage, Umwelt und Gesundheit, Wiesbaden.

Franke, A. (2010): Modelle von Gesundheit und Krankheit, Bern.

Friesacher, H. (2010): Nutzerorientierung – Zur normativen Umcodierung des Patienten; in: B. Paul/H. Schmidt-Semisch (Hg): Risiko Gesundheit, Wiesbaden, S. 55 ff.

Gerber, A. (2006): Gesundheitsökonomie und Pädiatrie, Stuttgart.

Gerhardt, U. (1989): Ideas about Illness. An intellectual and political History of medical Sociology, New York.

Haisch, J./Weitkunat, R./Wildner, M. (1999): Wörterbuch Public Health, Bern.

Hansen, V. (2009): Die Bundesvereinigung der Deutschen Arbeitgeberverbände und die Gesundheitsreform 2007; in: W. Schroeder/R. Paquet (Hg): Gesundheitsreform 2007. Nach der Reform ist vor der Reform, Wiesbaden, S. 198 ff.

Hanses, A. (2010): Gesundheit und Biographie – eine Gradwanderung zwischen Selbstoptimierung und Selbstsorge als gesellschaftliche Kritik; in: B. Paul/H. Schmidt-Semisch (Hg): Risiko Gesundheit, Wiesbaden, S. 89 ff.

Heins, D. (2009): Die Krankenhäuser und die Gesundheitsreform 2007; in: W. Schroeder/R. Paquet (Hg): Gesundheitsreform 2007. Nach der Reform ist vor der Reform, Wiesbaden, S. 152 ff.

Hollereder, A./Brand, H. (2006): Arbeitslosigkeit, Gesundheit und Krankheit, Bern.

Honecker, M. (1995): Grundriss der Sozialethik, Berlin.

Horn, K./Beier, C./Wolf, M. (1983): Krankheit, Konflikt und soziale Kontrolle: eine empirische Untersuchung subjektiver Sinnstrukturen, Opladen.

Hurrelmann, K. (2006): Gesundheitssoziologie, Weinheim.

Illich, I./Lindquist, T./Schwab, J. (2007): Die Nemesis der Medizin. Zur Kritik der Medikalisierung des Lebens, München.

Koppelin, F./Müller, R. (2010): Gesundheit und Krankheit in „biopolitischen Zeiten"; in: B. Paul/H. Schmidt-Semisch (Hrsg.): Risiko Gesundheit, Wiesbaden, S. 73 ff.

Krohwinkel, M. (1992): Der pflegerische Beitrag zur Gesundheit in Forschung und Praxis, Baden-Baden.

Kroll, L.-E. (2010): Sozialer Wandel, soziale Ungleichheit und Gesundheit, Wiesbaden.

Lampert, T. et al. (2005): Armut, soziale Ungleichheit und Gesundheit: Expertise des Robert Koch-Instituts zum 2. Armuts- und Reichtumsbericht der Bundesregierung, Berlin.

Lay, R. (2004): Ethik in der Pflege, Hannover.

Leanza, M. (2010): Die Gegenwart zukünftiger Erkrankungen. Prävention und die Person; B. Paul/H. Schmidt-Semisch (Hg): Risiko Gesundheit, Wiesbaden, S. 241 ff.

Lorenz, R. (2005): Salutogenese: Grundwissen für Psychologen, Mediziner, Gesundheits- und Pflegewissenschaftler, München.

Mann, M. (1996): Die Bedeutung der Soziologie für die moderne Public-Health-Entwicklung; in: H. Alemann/A. Vogel (Hg): Soziologische Beratung, Opladen, S. 132 ff.

Mansel, J./Brinkhoff, K.-P. (1998): Armut im Jugendalter, Weinheim.

Meier, C. (2003): Sozioökonomische Benachteiligung und Gesundheit bei Frauen; in: Caritas Schweiz (Hg): Sozialalmanach 2003. Gesundheit – eine soziale Frage. Luzern; URL: http://www.bag. admin.ch/gender/forschung/frauenarbeit/d/caritas.pdf.

Mlelck, A. (2000): Soziale Ungleichheit und Gesundheit, Bern.

Möller, J./Walwei, U. (2008): Handbuch Arbeitsmarkt, Bielefeld.

Nagel, E. (2007): Das Gesundheitswesen in Deutschland[4], Köln.

Niehoff, J.-U./Braun, B. (2003): Sozialmedizin und Public Health, Baden-Baden.

Oppolzer, A. (1988): Wenn du arm bist musst Du früher sterben. Soziale Unterschiede in Gesundheit und Sterblichkeit, Hamburg.

Paquet, R. (2009): Herausforderungen für die Leistungserbringer: Von Kollektiv- zu Einzelverträgen; in: W. Schroeder/R. Paquet (Hg): Gesundheitsreform 2007. Nach der Reform ist vor der Reform, Wiesbaden, S. 147 ff.

Paquet, R. (2009): Krankenversicherung im Umbruch; in: W. Schroeder/R. Paquet (Hg): Gesundheitsreform 2007. Nach der Reform ist vor der Reform, Wiesbaden, S. 118 ff.

Paquet, R./Schroeder, W. (2009): Gesundheitsreform 2007 – Akteure, Interessen und Prozesse; in: W. Schroeder/R. Paquet (Hg): Gesundheitsreform 2007. Nach der Reform ist vor der Reform, Wiesbaden, S. 11 ff.

Petzold, T. (2010): Praxisbuch Salutogenese, München.

Prainsack, B. (2010): Die Verflüssigung der Norm: Selbstregierung und personalisierte Gesundheit; in: B. Paul/H. Schmidt-Semisch (Hg): Risiko Gesundheit, Wiesbaden, S. 39 ff.

Richter, M./Hurrelmann, K. (2009): Gesundheitliche Ungleichheit, Wiesbaden.

Richter, M. et al. (2008): Gesundheit, Ungleichheit und Jugendliche Lebenswelten, Weinheim.

Rosenbrock, R./Gerlinger, T. (2006): Gesundheitspolitik, Bern.

Schiffer, E. (2001): Wie Gesundheit entsteht – Salutogenese: Schatzsuche statt Fehlerfahndung, Weinheim.

Schmidt-Semisch, H./Paul, B. (2010): Risiko Gesundheit (2010); in: B. Paul/H. Schmidt-Semisch (Hrsg.): Risiko Gesundheit, Wiesbaden, S. 7 ff.

Schmidt, B. (2010): Der kleine Unterschied: Gesundheit fördern – und fordern; in: B. Paul/H. Schmidt-Semisch (Hrsg.): Risiko Gesundheit, Wiesbaden, S. 23 ff.

Schorb, F. (2010): Fit for fun? – Schlankheit als Sozialprestige; in: B. Paul/H. Schmidt-Semisch (Hg): Risiko Gesundheit, Wiesbaden, S. 105 ff.

Schüffel, W./Brucks, U./Johnen, R. (1998): Handbuch der Salutogenese, Wiesbaden.

Schwartz, F.-W. et.al. (1998): Das Public-Health-Buch. Gesundheit und Gesundheitswesen, München.

Siegrist, J. (2005): Medizinische Soziologie, München.

Simon, M. (2009): Das Gesundheitssystem in Deutschland. Eine Einführung in Struktur und Funktionsweise, Bern.

Speth, R. (2009): Kommunikation von Reformen am Beispiel der Gesundheitsreform 2007; in: W. Schroeder/R. Paquet (Hg): Gesundheitsreform 2007. Nach der Reform ist vor der Reform, Wiesbaden, S. 229 ff.

Stillfried, D./Gräf, S. (2009): Die Kassenärztliche Bundesvereinigung und die Gesundheitsreform 2007; in: W. Schroeder/R. Paquet (Hg): Gesundheitsreform 2007. Nach der Reform ist vor der Reform, Wiesbaden, S. 159 ff.

Stöver, H. (2010): Im Dienste der Männlichkeit: Die Gesundheitsverweigerer; in: B. Paul/H. Schmidt-Semisch (Hg): Risiko Gesundheit, Wiesbaden, S. 203 ff.

Thomas, G. (2010): Warum Lucky Luke das Rauchen aufgeben musste; B. Paul/H. Schmidt-Semisch (Hg): Risiko Gesundheit, Wiesbaden, S. 187 ff.

Trojan, A./Dohner, H. (2004): Gesellschaft, Gesundheit, Medizin – Erkundungen, Analysen und Ergebnisse, Frankfurt.

Unger, F. (2006): Paradgima der Medizin im 21. Jhdt, Berlin.

Voigt, R. (2005): Weltordnungspolitik, Wiesbaden.

Waller, H. (1997): Sozialmedizin^4, Stuttgart.

Wendt, C./Wolf, C. (2006): Soziologie der Gesundheit, Wiesbaden.

Wydler H./Kolip, P./Abel T. (2000): Salutogenese und Kohärenzgefühl, Weinheim.

Zola, I. K. (1972): Medicine as an institution of social control; in: Sociological Review Nr 4, S. 487 ff.

Tamara Friedrich/Alexandra Adamczyk: Cockpitsteuerung für Krankenhäuser am Beispiel der Salzburger Landeskliniken (SALK)

Im Zuge der Spezialisierung „Wirtschaftsmanager“ im Masterstudium Recht und Wirtschaft an der Paris Lodron Universität Salzburg wurde uns die Aufgabe gestellt, eine bereits vorhandene Seminararbeit über das Thema **Governance & Health** um ein Cockpitsystem zu erweitern.

Alle Organisationen haben mit einer großen Flut an Informationen in Form von Daten zu kämpfen. Nicht alle Daten sind für Entscheidungen relevant. Daher müssen bestimmte Daten aus der Informationsflut selektiert und herausgefiltert werden. Das Ergebnis einer solchen Selektion bezeichnet man auch als **Cockpitsystem**.

Zu den wichtigsten Vorteilen von Cockpitsystemen zählen die Früherkennung, die Robustheit und das Aufzeigen von Handlungsmöglichkeiten. Mit Cockpitsystemen werden Risiken früher erkannt. Durch die Früherkennung werden Organisationen widerstandsfähiger gegenüber Störungen und können diese entweder verhindern oder zu mindestens schneller und besser in den Griff bekommen.

Es gibt zahlreiche Cockpitsysteme (BSC, EFQM, Chaotics Managment System, War room etc). Für die Darstellung unseres Cockpitsystems haben wir den War room gewählt.

Der Begriff **War room** wurde erstmals von Winston Churchill verwendet. Im zweiten Weltkrieg hatte er sein Kriegskabinett in die unterirdischen „Cabinet War rooms“ im Stadtteil Whitewall in London untergebracht, um von dort ohne Gefahr von außen die Regierungsgeschäfte führen zu können. War rooms sind heute – im Management slang – Räume, in denen auf Monitoren aktuelle, relevante Informationen über ablaufende Prozesse präsentiert werden. Sie dienen der managementgerechten, entscheidungsorientierten und damit problemfokussierten Bereitstellung und visuellen Aufbereitung von Informationen für eine Gruppe von Managern.

Der folgende **Health War room** besteht aus **fünf Wänden** – der „Black Wall“, „Blue Wall“, „Red Wall“, „White Wall“ und einer „Green Wall“, die mithilfe verschiedener Kennzahlen Antworten auf folgende Fragen enthalten:

- **Black Wall**: Definition der Ziele?
- **Blue Wall**: Wie sieht es mit unseren Ressourcen aus?
- **Red Wall**: Welches sind die externen Hindernisse und kritische Erfolgsfaktoren, die zur Zielerreichung überwunden werden müssen?
- **White Wall**: Welche sind die kritischen Entscheidungen, die jetzt getroffen werden müssen?
- **Green Wall**: Sie dient dem Datamining – dieser Wand ordnet man Kennzahlen zu, die man auf den anderen Wänden nicht verwerten kann, die aber dennoch für das Unternehmen wichtige Informationen enthalten.

Die **Walls** enthalten jeweils vier bis sechs Indikatoren, welche sich auf die oben angeführten Fragestellungen beziehen, sowie Kennzahlen, mit deren Hilfe eine Messbarkeit und somit Überprüfbarkeit möglich sein soll. Die Überlegungen zu den Indikatoren, die uns dazu veranlasst haben, diese in unserem War room aufzunehmen, werden im Einzelnen genauer ausgeführt.

Black Wall: Ziele

1. **Personal**
   - Kosten
   - Auslastung
   - Krankenstand/ Fluktuation
   - Verhältnis Personal-Patient
   - Ärzte-Einwohner
   - Qualifikation

2. **Ausstattung**
   - Anzahl
   - Zustand
   - Fehlerhäufigkeit
   - Beschaffung/ Investition
   - Lagerbestände
   - Verhältnis Betten-Einwohner

1. Personal

- **Die Kosten für das Personal:** Die Personalkosten sind ein sehr erheblicher Faktor für ein Krankenhaus. Die SALK benötigen für das Personal, darunter fällt das medizinische und das nicht medizinische Personal, 70 % ihres Jahresbudgets.

- **Auslastung (Arbeitsstunden von Verwaltung und Ärzten):** In Verbindung mit der Auslastung kann man Rückschlüsse ziehen, ob in einem Krankenhaus eventuell zu viele Personen beschäftigt sind. Dies trifft oft auf den nicht medizinischen Bereich zu, hier ist das Personal zum Teil nicht ausgelastet, weil zu viele Personen angestellt sind. Ärzte und Krankenschwestern sind dagegen oft überlastet; Überstunden sind die Regel. Folge davon ist, dass die Wahrscheinlichkeit, einen Fehler zu begehen – beispielsweise ein falsches Medikament zu verabreichen – mit zunehmender Arbeitszeit immer weiter steigt.

- **Krankenstand/Fluktuation:** Aus diesen Zahlen lassen sich Rückschlüsse auf die Arbeitsbedingungen in den einzelnen Abteilungen schließen sowie auf die Arbeitsbereitschaft und Motivation des Personals.

- **Verhältniszahl Personal – Patient:** Diese Kennzahl sagt aus, wie viel Personal auf einen Patienten entfällt und wie viele Kosten dieses verursacht. Aus dieser Zahl kann man ebenso wieder schließen, ob ein Überangebot an Personal vorherrscht und eine Reduzierung angestrebt werden sollte.

- **Verhältniszahl Ärzte/Einwohner:** Hier setzt man die Ärzte ins Verhältnis zur Bevölkerungszahl. Diese Kennzahl sagt aus, wie viele Patienten auf einen Arzt kommen.

- **Qualifikation:** Hier stellen wir uns die Frage, welchen Ausbildungsgrad das im Krankenhaus tätige Personal hat; für bestimmte Bereiche – beispielsweise den Pflegebereich – sind auch Aus- und Weiterbildungen von großer Bedeutung.

2. Ausstattung

- **Anzahl:** Hier sieht man zum einen, wie viele Großgeräte und Betten ein Krankenhaus aufweist. Des Weiteren kann man aus dieser Zahl ablesen, ob die Dichte an Großgeräten eventuell zu groß ist und man eine Reduzierung anstreben sollte.

- **Zustand (Instandhaltung/Reparaturen):** Die Kennzahl kann herangezogen werden, um Aufschlüsse über den Zustand der Geräte zu erhalten. Sie gibt weiters Auskunft darüber, wie oft Reparaturen durchgeführt werden müssen und wie teuer die Instandhaltung ist. Ebenso kann man aus dieser Kennzahl schließen, ob man gewisse Geräte, deren Instandhaltung zu teuer ist, aussortieren sollte. Und sie gibt Auskunft darüber, wann und in welchem Umfang Neuinvestitionen getätigt werden müssen.

- **Fehlerhäufigkeit:** Neigen bestimmte Geräte (eines bestimmten Lieferanten) zu einer besonders großen Fehleranfälligkeit, wirkt sich das natürlich auf die Qualität der Behandlung bzw. Untersuchung aus und kann in weiterer Folge zu zusätzlichen Kosten führen.

- **Beschaffung/Investition:** Aus dieser Zahl gewinnen wir wichtige Informationen über die Höhe der Beschaffungskosten. Um wirtschaftlich handeln zu können, ist es wichtig, die verschiedenen Lieferanten – vor allem der Großgeräte – miteinander zu vergleichen. Die Kennzahl „Beschaffung/Investition" sagt uns auch, ob eventuell zu viel eingekauft wird.

- **Lagerbestände:** Ein großes Lager verursacht sehr hohe Lager- und somit Fixkosten. Eventuell kann man den Lagerbestand reduzieren und für die benötigten Materialien eine Just-in-Time-Lieferung anstreben. Dies würde zu einer nicht unerheblichen Kosteneinsparung führen.

- **Verhältnis Betten/Einwohner:** In Österreich kommen auf 1000 Einwohner 6,1 Krankenhausbetten. Der OECD-Durchschnitt liegt bei 3,8 Betten je 1000 Einwohner.

Black Wall: Ziele

3. **Qualität d. Leistung**
    - Behandlungsfehler
    - Haftpflicht
    - Wiederaufnahme
    - Patientenzufriedenheit

4. **Kooperationen**
    - Anzahl d. Partner
    - Gemeinsame Projekte
    - Einkaufskooperation/ Zentrale Planung

3. Qualität der Leistungen

- **Behandlungsfehler:** In Österreich entstehen aufgrund von Behandlungsfehlern Kosten in der Höhe von € 450.000.000 pro Jahr. Die Dunkelziffer wird noch höher geschätzt.

- **Haftpflicht:** Im Zuge dessen muss man sich fragen, wie hoch die Kosten aus Schadenersatzansprüchen für ein Krankenhaus sind, die aufgrund von Behandlungsfehlern entstehen.

- **Wiederaufnahme:** Die Wiederaufnahmerate gibt Auskunft darüber, wie erfolgreich eine Behandlung/Operation war; sie sollte möglichst gering sein.

- **Patientenzufriedenheit:** Die Patientenzufriedenheit sollte nicht außer Acht gelassen werden. Sie gibt Auskunft über die Qualität aller Leistungen, die ein Patient im Laufe seiner Behandlung erhält.

Die Messung der Patientenzufriedenheit kann mit einem standardisierten mehrdimensionalen Fragebogen erfolgen, der alle relevanten Bereiche des Krankenhauses berücksichtigen sollte. Als Dimensionen der Patientenzufriedenheit könnte man „Ärztliche Betreuung", „Pflegerische Betreuung", „Verpflegung und Unterbringung" sowie „Verwaltung und Tagesablauf" wählen.

4. Partnerschaften/Kooperationen

- **Anzahl der Partner:** Der erste Schritt sollte sein, sich zu fragen, wer die potentiellen Partner für eine Kooperation sind. Im zweiten Schritt, mit welchen und wie vielen Partnern das Krankenhaus bereits zusammenarbeitet und welche Bereiche noch nicht oder zu wenig beachtet werden.

- **Gemeinsame Projekte (Zusammenarbeit/Vernetzung des Systems):** Aus dieser Kennzahl kann man ablesen, wo es bereits eine Zusammenarbeit gibt und welche Bereiche diese abdeckt: Einkaufskooperation (Verbrauchsmaterial, Großgeräte) unterschiedliche Schwerpunktsetzungen in den Partnerkrankenhäusern, Zusammenarbeit mit Hausärzten usw.

- **Einkaufskooperation/zentrale Planung:** Es gibt bereits einen Einkaufsverbund für Verbrauchsmaterialen, für Großgeräte existiert eine Kooperation erst sehr oberflächlich.
  Das Salzburger Landeskrankenhaus ist das erste Krankenhaus in Österreich, das eine Einkaufskooperation für Großgeräte nutzt. Es kauft nicht nur für sich Großgeräte, sondern auch für andere Krankenhäuser in Österreich; dadurch können die Beschaffungskosten gesenkt werden.

Black Wall: Ziele

5. **Synergien**
   - Zusammenlegung v. Disziplinen
   - Bauliche Zusammenlegung
   - Nutzungsgrad gemeinsamer Geräte/OPs

6. **Fallkosten**
   - Ausgaben pro Kopf
   - LKF
   - Patientendaten-management
   - Benchmarking
   - stationär/ambulant
   - Verweildauer

5. Synergien

- **Zusammenlegung von Disziplinen:** aus dieser Kennzahl bekommt man Informationen darüber, welche Disziplinen bereits zusammengelegt wurden und welche Bereiche man noch außer Acht gelassen hat. Durch die Zusammenlegung verschiedener Disziplinen können Synergieeffekte besser genutzt werden. Man spart dadurch Ressourcen, hat eine bessere Auslastung und kann Abläufe optimieren.
  Im Landeskrankenhaus Salzburg werden momentan noch in verschiedenen Gebäuden Operationen durchgeführt; angestrebt wird, dass man alle Operationen in einem Gebäude durchführt; ebenso möchte man z. B. die gesamte Radiologie zusammenfassen.

- **Bauliche Zusammenlegung:** die Zusammenlegung von verschiedenen Disziplinen führt unumgänglich auch zu einer baulichen Zusammenlegung.

- **Nutzungsgrad gemeinsamer Geräte/OPs:** Diese Kennzahl ziehen wir als Hilfestellung für die disziplinäre oder bauliche Zusammenlegung heran. (Welche Geräte/OPs werden von wem und in welchen Ausmaß genutzt?)

6. Fallkosten (Kosten je Behandlungsfall)

- **Ausgaben pro Kopf:** Die Ausgaben pro Kopf betragen in Österreich € 3606,--. Dies stellt im internationalen Vergleich einen akzeptablen Mittelwert dar.

- **LKF (= Leistungsorientierte Krankenanstaltenfinanzierung):** Über das LKF-System erfolgt die Abrechung der stationären Spitalskosten. Mit Hilfe dieses Verrechnungsschlüssels kann man die Krankenhäuser untereinander vergleichen.
  In den SALK entspricht ein LKF € 1,73. Je niedriger der Wert ist, desto effektiver arbeitet ein Krankenhaus. Besonders niedrig ist der Wert eines LKF in Klagenfurt und im AKH Linz, hier entspricht ein LKF € 1,4. Beide Krankenhäuser wurden vollkommen neu nach einem Masterplan errichtet!

- **Patientendatenmanagement:** Das Patientendatenmanagement dient dazu, die Fallkosten und den Verbrauch pro Patient festzustellen. Hier wird alles erfasst, was für einen Patienten verwendet wird – von Verbrauchsmaterialen über Salben sowie Großgeräte.

- **Benchmarking:** Der Sinn von Benchmarking bedeutet von den Besten zu lernen. Die Fallkosten pro Patient können in den einzelnen Krankenhäusern leicht miteinander verglichen werden und geben Auskunft über die Effizienz. In Verbindung mit dem Patientendatenmanagement, das in allen Krankenhäusern in irgendeiner Form vorliegt, können die Aufwendungen der einzelnen Krankheitsbilder verglichen werden. Benchmarking wird bisher leider zu wenig Beachtung geschenkt.

- **Verhältniszahl stationär/ambulant:** Diese Kennzahl gibt Auskunft darüber, wie viele Eingriffe stationär bzw. ambulant durchgeführt werden. Oft werden kleine Operationen/Eingriffe stationär durchgeführt, die man aber ebenso ambulant durchführen könnte, was wiederum eine Kosteneinsparung zur Folge hätte.

- **Verweildauer:** Die Verweildauer der Patienten hat ebenfalls eine erhebliche finanzielle Bedeutung. Hier ist es wichtig, das richtige Mittelmaß zu finden. Natürlich verursacht jeder zusätzliche Tag, den ein Patient im Krankenhaus verbringt, Kosten. Aber auch eine vorzeitige Entlassung aus wirtschaftlichen Gründen birgt neben den Risiken für den Patienten auch Kostenrisiken, z. B. wenn wegen der Erkrankung vermehrt ambulante Krankenbehandlungen, häusliche Krankenpflege oder gar ein erneuter stationärer Krankenhausaufenthalt notwendig werden.

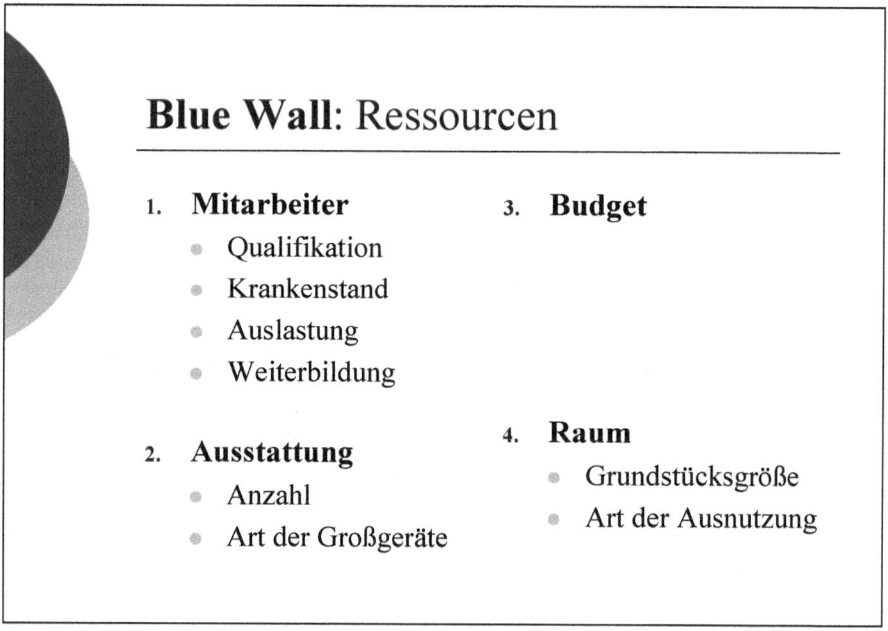

1. Mitarbeiter

Die Mitarbeiter, als eine der wichtigsten Ressourcen, werden wie bereits erwähnt unterteilt in medizinisches und nicht medizinisches Personal. Im Zuge der Mitarbeiterbetrachtung sind folgende Kennzahlen von Relevanz, da sie weitere Entscheidungen stark beeinflussen:

- **Qualifikation:** je nach Streuung lässt sich ableiten, wo ein Über- bzw. Unterangebot besteht, wie sich dieses auf den Ablauf des Krankenhauses auswirkt und wo Handlungsbedarf besteht. Beispielsweise erfordert der technische Fortschritt eine ständige Anpassung der Qualifikation, um eine gute Versorgung in der vorausgesetzten Qualität gewährleisten zu können.

- **Krankenstand:** diese Kennzahl kann herangezogen werden, um Aufschlüsse über die Arbeitsbedingungen und die Mitarbeiterzufriedenheit zu erhalten.

- **Auslastung:** je nach Auslastungsgrad bekommt man Informationen zur benötigten Personalanzahl (wenn Auslastung zu hoch, dann mehr Personal), zu den Arbeitsbedingungen (Personal kann unter- oder überfordert sein) und zu der Qualität der Arbeitsleistung (jede Tätigkeit benötigt ein gewisses Maß an Zeit, damit die geforderte Qualität eingehalten werden kann).

- **Weiterbildung:** hier sieht man zum einen die Kosten für die Weiterbildung und zum anderen die Entwicklung der Qualifikationen bzw. in welchen Bereichen vermehrt Weiterbildungsangebote genutzt werden.

2. Ausstattung

Hier sind vor allem die Anzahl und die Art der Großgeräte entscheidend, da sie das Leistungsangebot des Krankenhauses stark beeinflussen.

3. Budget

Je nach Größe des Budgets ergeben sich andere Handlungsmöglichkeiten für das Krankenhaus. Für die SALK betrug das Jahresbudget für 2010 € 480 Millionen.

4. Raum

Bei der Planung der Ausnutzung und der Größe der einzelnen Fachrichtungen – hat Auswirkungen auf das Leistungsangebot – hat die nutzbare Fläche großen Einfluss. Diese Ressource ist besonders kritisch, da sie begrenzt ist und einmal durchgeführte Bebauungen nur schwer geändert werden können.

Red Wall: externe Hindernisse, kritische Erfolgsfaktoren

1. **Gesetzgebung**
2. **Kostenexplosion aufgrund des technischen und medizinischen Fortschritts**
   - Jährliche Aufwendungen für Großgeräte & Medikamente im Zeitverlauf
3. **Mangelndes Benchmarking**
   - Pool an Vergleichsmaterial

1. Gesetzgebung

Das Krankenhaus unterliegt vielen Gesetzen, welche die Handlungsspielräume stark einschränken können. Hier ist vor allem das Vertragsbedienstetengesetz zu nennen. Dieses ist problematisch, weil es Personalkürzungen geradezu unmöglich macht. Das Gesetz gilt sowohl für das medizinische als auch für das nicht medizinische Personal. Nach Aussagen eines Angestellten des Salzburger Landeskrankenhauses ist rund ¼ zu viel Personal vorhanden.

2. Kostenexplosion aufgrund des technischen und medizinischen Fortschritts

Der technische und medizinische Fortschritt führt langfristig zu einem starken Steigen der Krankenhauskosten. Sowohl die Kosten für Medikamente, als auch für Großgeräte steigen jährlich und führen somit zu Kostenentwicklungen, die das Führungspersonal des Krankenhauses vor große Herausforderungen stellen – die vorhandenen Mittel steigen nicht im selben Ausmaß wie die Kosten.

3. Mangelndes Benchmarking

Es bedeutet „Lernen von den Besten" und soll dazu führen, durch Vergleiche zwischen Einrichtungen herauszufinden, wo innerhalb der eigenen Organisation Verbesserungspotentiale bestehen und wie diese ausgeschöpft werden können. Diese Lern- und Weiterentwicklungsmöglichkeit wird derzeit im Krankenhaus kaum genutzt.

4. Zu viel Angebot bzw. mangelnde Vernetzung

Krankenhäuser in räumlicher Nähe haben oft dieselben Abteilungen in derselben Größe und ähnlicher Ausstattung. Sie bieten somit denselben Einwohnern das gleiche Angebot an. Die dadurch entstehenden Kosten könnten durch bessere Vernetzung/Zusammenarbeit zwischen Krankenhäusern reduziert werden.

5. Mangelndes Kostenbewusstsein bei Ärzten

Bei den Behandlungsmethoden und dem Materialverbrauch sind Ärzte bzw. das medizinische Personal im Allgemeinen oft sehr nachlässig. Sie verschreiben zu schnell Medikamente und Behandlungen, obwohl diese nicht unbedingt notwendig wären.

Red Wall: externe Hindernisse, kritische Erfolgsfaktoren

4. **Zu viel Angebot bzw. mangelnde Vernetzung**
   - Großgeräte/Behandlungsmethoden/Disziplinen in einer Region im Verhältnis zu den regionalen Einwohnern
5. **Mangelndes Kostenbewusstsein bei Ärzten**
   - ø verschriebene Behandlungen/Medikamente und ø Materialverbrauch (Stück und €) pro Arzt gegliedert nach Krankheitsfall
6. **Interne Kommunikation**
   - Anzahl von Neuerungen (Prozessoptimierungen, neue Verfahren)

6. Interne Kommunikation

Die Abläufe in einem Krankenhaus sind meist sehr komplex. Zusätzlich mangelt es an der Zusammenarbeit zwischen den verschiedenen internen Entscheidungsträgern. Diese Komplexität und mangelnde Zusammenarbeit führt dazu, dass Neuerungen – neue Ideen, Projekte, Ansätze, neue Erkenntnisse durch Erfahrungsaustausch – nur sehr schwer kommuniziert und umgesetzt werden können.

White Wall: Entscheidungen

1. **Qualitätsstandards einführen**
   - Anzahl der Richtlinien, die Standards regeln, gegliedert in Regelungsbereiche
2. **Verknüpfung der vorhandenen EDV-Systeme**
   - Software & Anteil der genutzten Infos aus den 3 EDV-Systemen
3. **Kooperation**
   - Anzahl gemeinsamer Projekte
     - Intern (Ausmaß der gemeinsamen Nutzung von Ressourcen)
     - Extern (Verträge mit Partnern)

1. Qualitätsstandard einführen

Die Qualität der medizinischen Versorgung ist bis heute noch nicht einheitlich geregelt. Zum Beispiel bedeutet das in der Arztpraxis, dass jeder Arzt beim gleichen Krankheitsfall nach eigenem Ermessen handelt und so zwischen den Ärzten oft qualitativ große Unterschiede entstehen. Standardeinführungen in der Behandlungskette würden die Qualität der Behandlung nicht nur sicherstellen, sondern vor allem auch vereinheitlichen. Lediglich für Medizinprodukte sind Standards im MPG festgeschrieben, diese sind aber nicht frei von Kritik.

2. Verknüpfung der vorhandenen EDV-Systeme

In fast allen Krankenhäusern gibt es drei große EDV-Systeme, die unterschiedliche Daten erfassen. Und zwar sind das im Salzburger Landeskrankenhaus das Krankenhaus-Informationssystem, das Patientendatenmanagement-System und SAP. Alle drei werden genutzt, aber leider fehlt eine Verknüpfung dieser drei Systeme. Wenn diese Verknüpfung umgesetzt werden würde, dann hätte man fast alle wichtigen Informationen, um ein Cockpit System erstellen zu können.

3. Kooperation

Eine wichtige Maßnahme für das Krankenhaus ist eine umfassende Kooperation. Diese soll sowohl intern zwischen den Abteilungen durchgeführt werden (Disziplinen zusammenlegen), mit anderen Krankenhäusern (unterschiedliche Spezialisierungen nutzen, Einkaufskooperationen), aber auch mit Lieferanten.

White Wall: Entscheidungen

4. **Masterplan**
   - Konkrete Pläne und ihr Umsetzungsgrad
5. **Stationäre Aufnahmeraten senken**
   - Entwicklung der Aufnahmerate im stationären und ambulanten Bereich im Zeitablauf
6. **Senkung der Akutbetten**
   - Verhältnis Akutbetten und stationäre Patienten (Bettenumschlag)
7. **Personalkürzung**
   - Entwicklung der Personalanzahl im Zeitablauf

4. Masterplan

Ziel eines Masterplans ist es Abläufe und Prozesse zu optimieren. Eine erste Maßnahme wäre die bauliche Zusammenlegung von Disziplinen und OPs (wird in den SALK gerade umgesetzt). In weiterer Folge sollen vorhandene Strukturen effizienter gestaltet werden.

5. Stationäre Aufnahmeraten senken

Operationen, die in anderen Staaten tageschirurgisch erbracht werden, erfolgen in Österreich noch weitgehend stationär. Hier gibt es großes Einsparungspotenzial, um Kosten effektiv senken zu können.

6. Senkung der Akutbetten

Wenn eine Senkung der stationären Aufnahmerate gelingt, können automatisch Akutbetten, die massive Kosten verursachen, reduziert werden.

7. Personalkürzungen

Diese wäre dringend notwendig, sind aber aufgrund der derzeitigen Gesetzeslage – siehe Vertragsbedienstetengesetz – leider nahezu unmöglich. Die Situation könnte entschärft werden, wenn das Personal unter das ASVG fallen würde. Die einzige Möglichkeit, um langfristig das Personal zu kürzen, ist es, frei gewordene Stellen nicht mehr zu besetzen.

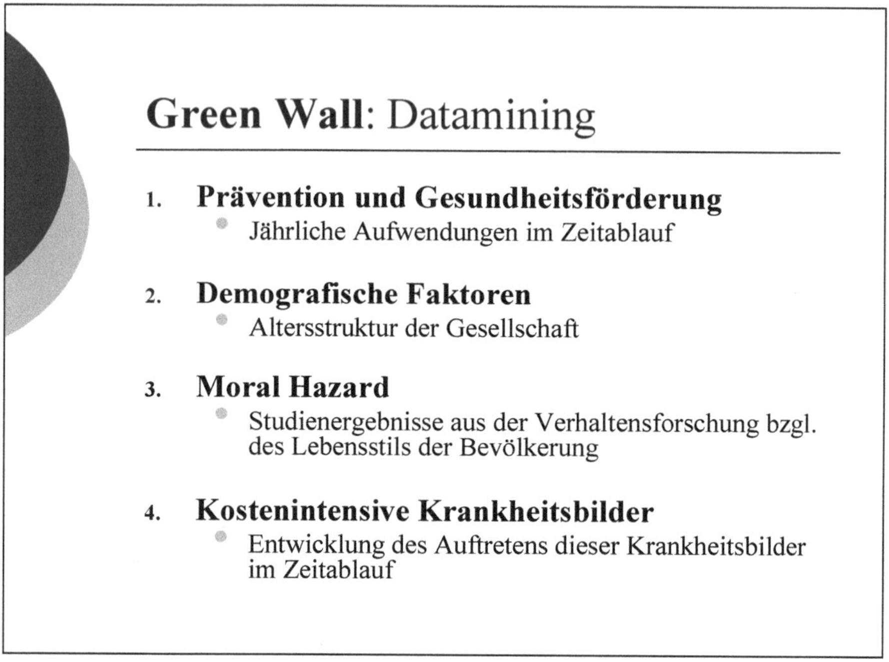

1. Prävention und Gesundheitsförderung

Für das Krankenhaus sind Ausgaben für Prävention und Gesundheitsförderung von besonderem Interesse. Wenn Österreich mehr in diese beiden Bereiche investiert, hätte das positive Auswirkungen auf die Gesundheit der Bevölkerung. Nur wenn die Bevölkerung die Krankheitsprävention und Gesundheitsförderung lebt, kann langfristig gesehen die Kostenproblematik unter Kontrolle gebracht werden.

2. Demografische Faktoren

Die Bevölkerung wird aufgrund der guten medizinischen Versorgung immer älter. Gerade die Bevölkerungsgruppe der über 65-jährigen verursacht sehr hohe Kosten. Der gleichzeitige Rückgang der Geburtenrate ist eine große gesellschaftliche und politische Herausforderung, die einen Umbau der Pflege- und Gesundheitsstrukturen erforderlich macht, wenn die Systeme nachhaltig finanzierbar bleiben sollen. Diese

Entwicklung wird früher oder später Auswirkungen auf die Gesetzgebung und die Strukturen des Gesundheitswesens haben, was für das Krankenhaus sehr relevant ist.

3. Moral Hazard

Die Gesundheitssysteme sind dem Risiko des „Moral Hazard“ ausgesetzt. Das bedeutet, dass ein sozialversicherter Bürger ein größeres gesundheitliches Risiko eingeht, als wenn er die Risiken selbst tragen müsste. Das äußert sich zum einen durch:

- den nicht sparsamen Umgang mit den Angeboten (vermeidbare Arztbesuche, längere Krankenhausaufenthalte, unnötiger Medikamentenkonsum)

- durch risikoreiche Lebensformen (Übergewicht, Sucht, Tabak- oder Alkoholkonsum). Hier spiegelt sich die Wertevorstellung wider. Die Einstellung der Gesellschaft gegenüber einem gesunden Lebensstil ist langfristig gesehen entscheidend für die Kostenentwicklung im Krankenhaus. Je schlechter und unbewusster die Menschen mit ihrer Gesundheit umgehen – schlechte Ernährung, wenig Bewegung, viel Stress – desto mehr werden sie im Laufe ihres Lebens mit körperlichen Beschwerden oder Erkrankungen konfrontiert werden.
  Zum Beispiel ist der derzeitige Gesundheitszustand der heutigen Jugend alarmierend – zu viel Alkohol und Zigaretten, wenig Sport, schlechte Körperhaltung. Es kann angenommen werden, dass die Ausgaben enorm ansteigen werden, wenn diese Generation ein entsprechendes Alter erreicht.

4. Kostenintensive Krankheitsbilder

Je fortschrittlicher die medizinische Versorgung wird, desto eher können schwere Krankheiten behandelt werden. Aber auch mit der Alterung der Gesellschaft treten neue Krankheiten auf. Diese sind oft sehr kostenintensiv, wie z. B. Osteoporose – häufige Alterserkrankung, welche die Knochen brüchig macht. Deshalb sollte die Häufigkeit der

Krankheitsfälle beobachtet werden, bzw. wie deren Entwicklung auf lange Sicht verläuft.

Literaturhinweise

Brun, M. E.; Cockpit für die Gemeindeführung; IDT-HSG; IDT Blickpunkte Nr. 2; März 2000.
Brun zeigt mit dem Beispiel der Gemeindeführung, wie eine öffentliche Verwaltung ein Kennzahlensystem in das Cockpit System integriert und dadurch frühzeitig bei Hinweisen auf eine Verschlechterung der jeweiligen Zahlen reagieren kann.

Burger, Tobias; Management Cockpit – Unterstützung von Kennzahlen durch eine effiziente Visualisierung; München: Ludwig-Fröhler-Institut, 2006.
Ein hoher Anteil an Informationen wird visuell aufgenommen. Burger zeigt Möglichkeiten auf, wie Kennzahlen optisch dargestellt werden können.

Caslione, John A. und Kotler, Philip; Chaotics Management und Marketing für turbulente Zeiten; München: Finanzbuch Verlag GmbH 2009.
In turbulenten Zeiten reicht es nicht mehr nur Kennzahlen zu ermitteln. Caslione und Kotler machen mehr aus Kennzahlen – sie verknüpfen diese mit Elemente aus der Chaostheorie. Die Autoren warnen vor häufig gemachten Fehlern, installieren ein Frühwarnsystem für ungeplante Veränderungen entwickeln daraus Szenarien und reduzieren dadurch strategische Gefahren und erhöhen gleichzeitig die Chancen, die daraus entstehen. Damit erreichen sie, dass für eine Vielzahl von Ereignissen eine entsprechende Strategie abgeleitet werden kann und dass im „Ernstfall“ nicht erst eine Strategie vollkommen neu entwickelt werden muss.

Daum, Jürgen H.; Management Cockpit War Room in: Controlling, Heft 6, Juni 2006.
Die Wirtschaft ist zwar kein Kriegsschauplatz, aber Strategien werden trotzdem angewandt. Daum zeigt, wie mit einer übersichtlichen An-

zahl von Kennzahlen ein Frühwarnsystem eingerichtet werden kann. Der War room ist die visuelle Ergänzung zu einem Cockpitsystem.

Kaplan, R. S. und Norton D. P.; Balanced Scorecard. Strategien erfolgreich umsetzen; Stuttgart, 1997.
Basisbuch von den beiden „Erfindern" der Balanced Scorecard.

Luttenfeldner, Martina; Performance Measurement, in: Governance und Wissensmanagement als wirtschaftliche Produktivitätsreserven; Wien: Peter Lang Verlag; 2007.
Luttenfeldner zeigt die komplexen Zusammenhänge in der Wirtschaft übersichtlich auf und bietet einen ganzheitlichen Ansatz an, wie auf Krisen reagiert werden kann. Sie bietet dazu einige praxiserprobte Instrumente an.

Schauer, Reinbert; Balanced Scorecard – Cockpit-Systeme; SMBS: MBA Public Management, Modul 4; Linz.
Dieses Skriptum gibt einen guten Überblick über die Entwicklung der Balanced Scorecard und der Cockpitsysteme. Es geht auf die wesentlichen Elemente der Systeme ein und entwickelt die BSC in Richtung Cockpitsystem.

Wiesinger, Markus Siegfried; Cockpitsysteme, Referat gehalten im Transdisziplinären Seminar (Schwerpunkt Wirtschaftsmanager) im Sommersemester 2010 an der Paris Lodron Universität Salzburg, Salzburg 2010.

Fritz Lechleuthner: Systemisches Consulting

Ist die Lampe erst zerbrochen,
liegt im Staube tot das Licht.
P. B. Shelley[1]

Vorbemerkung

„Zweck diese Memorandums ist es, ..." und schon ist der Schreiber mitten drin in der Materie. Die Rede ist vom hochqualifizierten Unternehmensberater in „seiner" hochgeschätzten Firma. Wir beobachten ihn bei der ersten Gelegenheit, selbst einen LOP, einen Projektvorschlag (einen „letter of proposal") für ein umfangreiches „new engagement" bei „seinem" hochgeschätzten Klienten zu verfassen. Wie fast ununterbrochen bisher in seiner bislang ebenso kurzen wie spannenden Karriere steht er vor einer neuen Chance, sich für größere Aufgaben zu qualifizieren. Trotzdem, diese Aufgabe ist etwas Besonderes. Unser Berater wird damit selbst zum unternehmerischen Akteur, zum verantwortlichen Problemlöser für seinen Klienten, zum Fach- und Machtpromotor für seine Firma und zum Profilbildner für seine Person. Mit allen Folgen für den Klienten, die Firma und ihn selbst – „in that order", natürlich! Bald wird diese Aufgabe zur Routine werden, denn andere kommen hinzu. Aber die Entwicklung und Leitung der **Projektarbeit „for core clients on core problems with core people"** – das ist der Brennpunkt an dem sich das komplexe Gefüge der **systembildenden Elemente im Consulting** manifestiert und immer wieder auf die Probe stellt.

Zweck dieses Beitrages ist es nun, diesen Zusammenhängen unter dem aktuellen Paradigma des Wissensmanagements aus der Sicht eines Insiders nachzuspüren und einer Bewertung durch Wissensarbeiter und Kollegen zugänglich zu machen. Dabei sollen sowohl die eigenen

1 Percy Bysshe Shelley (1792 – 1822), britischer Schriftsteller der Romantik, Atheist

Anschauungen als langjähriger Mitarbeiter (14 Jahre) eines großen Beratungsunternehmens und die (mehr als gleich lange) Tätigkeit als selbständiger (Solo-)Berater ebenso wie die inzwischen verfügbare Literatur zum Thema herangezogen werden. Durch die in der Beratungsbranche wesentlich größer gewordene Bereitschaft und Notwendigkeit, sich in die Karten schauen zu lassen oder sich selbst über Interna zu äußern, bietet sich dem Autor Stoff genug ohne Vertraulichkeiten zu verletzen[2]. Allenfalls ist es die Wortwahl für die Benennung der Instrumente, Ideen und Illustrationen des Wissensmanagements im Consulting, die zum „immateriellen Eigentum" der einen oder anderen Firma gehören können. Das sollen sie auch bleiben und, wo immer angebracht, als Synonyme für ähnliche Gedanken bei den Mitbewerbern und Epigonen angesehen werden. Dabei ist die Bedeutung einer echten „Eigentümlichkeit" und Schlüssigkeit des Vokabulars in der internen Kommunikation eines Unternehmens sogar hervorzuheben, sind doch **wissensbasierte Beratungsunternehmen geradezu Musterbeispiele für die Mannigfaltigkeit der Anforderungen an ein wirksames Wissensmanagement**[3].

1. The human condition

Zurück zu unserem hoffnungsvollen **Berater** an dieser markanten **Stelle** seines **Weges** zur angestrebten Partnerschaft bei seiner prestigeträchtigen **Firma.** Er fühlt sich wohl mit dieser Aufgabe, eingebunden in eine konstruktive Umgebung, ausgestattet mit relevanten Erfahrungen und bereit für täglich neue Herausforderungen. Mit solchen **Situationen** ist er vertraut, seit seinem Abschluss an einer US Graduate Business School: von der Vorauswahl am Campus über den Test beim Berufspsychologen und der Serie von Interviews durch erfahrene Berater bis zum Eintritt in **„The Firm".** Dann von der ersten **Profilierung** am „introductory training program" über die Gesprächsrunde mit den lokalen „practice leaders" und der Vorbereitung auf den „running start" als Mitarbeiter an einem bereits laufenden Projekt. Und weiter

2 Vgl. diverse Websites der Beratungsfirmen, empirische Studien, Fallbeispiele sowie populäre „Sekundärliteratur".

3 Vgl. Helmut Willke, „Systemisches Wissensmanagement", UTB Stuttgart 2001, ISBN 3-8252-2047-8, S. 20 und S. 125 ff.

von den ersten Solo-Interviews beim Klienten über die harten Dauertests der selbständigen **Diagnose- und Analysearbeit**, die Entwicklung gut fundierter Empfehlungen bis zu den „visual presentations" vor den „client executives" und der Gestaltung eines für die Umsetzung förderlichen „final document". Und dazu die **vielen Gespräche** im Team, im Hotel, auf Reisen, beim monatlichen „saturday training meeting" und im Office. Nach jedem Projekt gab es schriftliche und mündliche „perfomance evaluations" durch den „engagement manager" und später durch den „engagement director", dazu die „personal progress reviews" mit dem persönlichen Karrierebetreuer und **jede Menge „feedback"** von allen Seiten, gefragt und ungefragt aber immer willkommen, einschließlich der halbjährlichen „compensation decisions" und dem attraktiven „annual bonus". In knapp zwei, drei Jahren war er so zum anerkannten Projektleiter bei wichtigen Klienten und zu einem durchaus exponierten **Leistungsträger seiner Firma** geworden. Er weiß wohin er will, wo er steht und was er kann und benützt bewusst alle intern und extern verfügbaren Quellen zur Förderung der eigenen Kompetenz[4]. Und ganz nebenbei ist er selbst zum Entwicklungshelfer seiner eigenen Kollegen geworden, den „newcomers" auf seinen Teams und den „peers" in seiner Umgebung. Er wurde Teil eines größeren Ganzen, **ein Knoten im Netz der Beziehungen** zu den Mitgliedern seiner Teams, zu den Mitarbeitern im „professional support staff" und zu den Partnern im „local office management" ebenso wie zum Führungspersonal seiner Klienten. Und das Netz wird wachsen und dichter werden: mehr Projekte, Klienten und Kollegen, andere Büros, fach- und/oder branchenbezogne Vertiefungen, mehr Verantwortung und **mehr Breitenwirkung**. Und alles in professionell neutraler Atmosphäre – mit echter Gleichberechtigung im Wettbewerb von Mann und Frau. What a place to work!

2. Good corporate governance

Nun, wo wirkt hier Wissensmanagement? Und was wäre daran systemisch? Zunächst dient unser Szenario ja nur als empirische Beschreibung der Realität, so oder so ähnlich wie sie bei den Spitzenunterneh-

---

4 Vgl. Matthias Horx, „Die acht Sphären der Zukunft", Signum Verlag Wien Hamburg 1999, ISBN 3-85436-299-4, S. 161 ff.

men zu erleben ist – und wie man sie sich plastisch vor Augen halten muss, um nützliche Erkenntnisse zu generieren: Wissensmanagement ist **ein humanbezogenes und situatives Phänomen**; alles andere ist methodisches oder technisches Beiwerk, allenfalls notwendig aber nicht hinreichend[5].

Eine **historische Betrachtung** verweist auf eine aus den verfügbaren Marktchancen und den damit verbundenen betrieblichen Notwendigkeiten geborene Tugend einer „good practice“: Wissensmanagement wurde „betrieben“ bevor es als integrierter Problemlösungsansatz „entdeckt“ wurde. Wissensmanagement wurde zur Problemlösung für einen als unternehmenskritisch erkannten Erfolgsfaktor wissensbasierter Unternehmen im Zeitalter der Globalisierung und grenzenlosen Kommunikation.

Wissensmanagement „geschah“ – zumindest aus der Sicht des Autors – zunächst an einer „schmalen“ Front der Entwicklung: bei den führenden amerikanischen Beratungsfirmen (mit ihrem, spätestens seit den Erfahrungen der Wirtschaftskrise akkumulierten Management-Knowhow, angereichert durch die Zusammenarbeit mit den wirtschaftsnahen postgradualen MBA-Programmen) zur Wahrnehmung attraktiver Marktchancen im „amerikanischen Jahrhundert“ der wirtschaftlichen Dynamik nach dem Kriege. Es war die Zeit der Expansion der US-amerikanischen Beratungsfirmen (mit hohen Qualitätsansprüchen) durch Marktpenetration daheim und geographisches Wachstum in Übersee – zunächst mit den US-Multinationals und dann bei deren anfangs noch „lokalen“ aber ebenfalls wachsenden Wettbewerbern. Und heute geht es, sozusagen „auf breiter Front“ ums Wissensmanagement bei allen Unternehmen im lokalen, regionalen oder globalen Wettbewerb unter den Bedingungen moderner Kommunikation und Logistik.

Seit **„Wissen“ als Produkt und Produktionsfaktor** zum Unternehmenswert an sich geworden ist, gehört gutes Wissensmanagement

5 Über das Grundverständnis von Wissensmanagement vgl. Ursula Schneider „Die 7 Todsünden im Wissensmanagement“, Frankfurter Allgemeine Buch, 2001; ISBN 3-89843-043-X, S. 31 ff.

folgerichtig zum zeitgemäßen Instrumentarium für Wertschöpfung und Nachhaltigkeit. Damit wurde Wissensmanagement zu einer – vielleicht der letzten, eben der „ultimativen" – Produktivitätsreserve und die Hebung dieses Schatzes somit zum integralen Bestandteil von „good (corporate) governance" – nicht nur im Consulting.[6]

3. Die systemische Perspektive

Wissensmanagement bezeichnet – einer eher operativen und zugleich originellen **Definition** folgend – die „Applikation, Distribution und Kultivation von Wissen"[7]. Und Wissen wiederum wird als „selbst" (d. h. in einer Person, einer Gruppe oder einer Organisationen) erlebte, erfahrene, also „gelernte" Information (d. s. Daten und Zeichen mit Bedeutung) verstanden. Und für den **systemischen** Blickwinkel – als entscheidende **Perspektive** für die Sichtbarkeit der Zusammenhänge und Wechselwirkungen um die es in diesem Beitrag geht – sei das nun schon klassische **7-S Modell der Unternehmensführung** nach Peters und Waterman[8] herangezogen.

Das Neue am 7-S Modell war die erstmalige Einbeziehung der bis dahin weitgehend ignorierten „weichen" Dimensionen der Unternehmensführung. Neben die bekannten Dimensionen **Strategie-Struktur-Systeme** traten die für eine ganzheitliche Erfassung der systembildenden Zusammenhänge unerlässlichen Dimensionen des **Style** (gemeint sind das Verhalten der Führungskräfte ebenso wie die Verhaltensmuster der Belegschaft), der **Skills** (gemeint ist der Spezial-Know-how, also die besonderen Fähigkeiten der „Organisation" als Ganzes) und des **Staff** (gemeint sind die dominanten Charakteristika und Strukturmerkmale des Stammpersonals der Firma). Als verbindende Dimension kommen die **Shared Values** hinzu, die sich auf die für ein Unternehmen

6 Vgl. Herbert Matis, Dieter Stiefel; „Unternehmenskultur in Österreich", Service-Fachverlag, Wien 1987, ISBN 3-85428-097-1.

7 Jürgen Kluge, Wolfram Stein, Thomas Licht; „Knowledge Unplugged. The McKinsey & Company global survey on knowledge management", Palgrave New York, 2001, ISBN 0-333-96376-8.

8 Das „McKinsey 7-S Framework" in Thomas J. Peters and Robert H. Waterman Jr.; „In Search of Excellence" Harper & Row, New York, 1982, ISBN 0-06-015042-4.

charakteristischen Wertvorstellungen und sein Selbstverständnis beziehen (einschließlich der unternehmensspezifischen Ziele der Nachhaltigkeit durch kontinuierliche Innovation und Produktivität).

McKINSEY 7-S FRAMEWORK ©

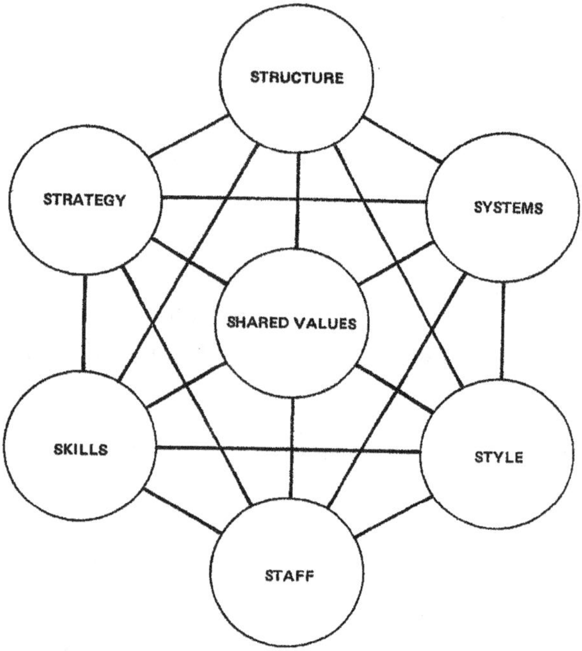

Systemisches Wissensmanagement im Consulting ist also demnach die in einem Beratungsunternehmen bewusst gestaltete Applikation, Distribution und Kultivation von Wissen entlang der im 7-S Modell genannten, zueinander in Wechselbeziehungen stehenden Dimensionen. Die Reihenfolge kommt nicht von ungefähr. Schon aus der oben angestellten historischen Betrachtung wurde deutlich: wissensbasierte Branchen wie das Consulting – aber auch ein einzelner Berater als solcher – leben von der erfolgreichen **Applikation** (also der Auswahl, Bearbeitung und Anwendung) ihres (akkumulierten) Wissens. Erst das Wachstum und der Rahmen eines Unternehmens (also der Übergang zu einer Vielzahl von Personen und Orten) erzwingen weitergehende Gedanken über eine effektive und effiziente Gestaltung der **Distribution** (also der Sammlung, Speicherung und Verteilung) und über die Gestaltung effektiver Bedingungen zur **Kultivation** (als Synonym für das Aufspüren, Schaffen und Entwickeln) von Wissen. Unser Berater aus der Einleitung zu diesem Beitrag hat diese drei (überaus vielschichtigen) Aufgaben gleichsam osmotisch im Laufe seiner Entwicklung und zunehmenden Kompetenz in ihrer Gleichzeitigkeit erlebt, sie bewusst oder unbewusst erlernt und je nach Rolle und Situation ebenso bewusst oder unbewusst im Rahmen seiner Firma mitgestaltet.

4. Instrumente, Ideen und Illustrationen

Aus dem Blickwinkel eines Beraters für Berater sollen daher nun einige Instrumente und Ideen für das Wissensmanagements im Consulting illustrativ vorgestellt werden. Durch die Kategorisierung im Sinne der Dimensionen des 7-S Modells werden die meist im Vordergrund stehenden Einsatzbereich, Hauptziele und Ergebnisse der einzelnen Instrumente aufgezeigt, doch sollte man dabei die (meist erwünschten) „Nebenwirkungen" desselben auf die anderen Dimensionen und Aufgaben des Wissensmanagements nicht aus den Augen verlieren. Diese Zusammenhänge (horizontal und vertikal) veranschaulicht die folgende Matrix.

Instrumente für die drei Aufgaben des Wissensmanagements

7-S Dimension	**Applikation, d. h.**	**Distribution, d. h.**	**Kultivation, d. h.**
Wichtige Instrumente (zur Illustration)	Auswählen Bearbeiten Anwenden	Sammeln Speichern Verteilen	Aufspüren Schaffen Entwickeln
1. Strategy: Core Concept, Center of Competence			*Hauptziel/Ergebnis:* Fortschritt im „state of the art", neues (eigenes) Wissen
2. Structure: Engagement Teams, Practice Groups		*Hauptziel/Ergebnis:* Steigerung der Qualität durch Interaktion	

7-S Dimension	Applikation, d. h.	Distribution, d. h.	Kultivation, d. h.
3. Systems: Engagement Performance Review	*Hauptziel/Ergebnis:* Bereitstellung von Feedback zur Motivation		
4. Style: Firm Format, Writing und Visual Aids		*Hauptziel/Ergebnis:* Sicherung einer effektiven/ effizienten Kommunikation	
5. Skills: Problem Solving, Staff Development	*Hauptziel/Ergebnis:* Steigerung der Qualitätsarbeit für Klienten		
6. Staff: Staff Recruiting, Personal Development			*Hauptziel/Ergebnis:* Steigerung der Qualität der Mitarbeiter
7. Shared Values: Superordinate Goals, Visions		*Hauptziel/Ergebnis:* Kohäsion und Konsistenz, Quelle für treibende Kräfte	

4.1. Core Concept und Center of Competence

Gemeint sind zwei korrespondierende **Strategieelemente**, beides Schlüsselbegriffe für den Aufbau und die Verteidigung einer starken Position eines (bekanntlich wissensbasierten) Beratungsunternehmens. Es geht vor allem um die Kultivation, d. h. das Aufspüren, Schaffen und Entwickeln von „neuem Wissen“ – mindestens für das eigene Unternehmen in seinem Umfeld, besser aber noch für den „state of the art“ an sich. Denn angesichts der technischen Möglichkeiten verlagern sich – bzw. verschwinden – die Grenzen der Verfügbarkeit des Beratungswissens – für die Kunden ebenso wie für die Wettbewerber. Mehr denn je geht es also darum, die Kräfte zu bündeln und wirkungsvoll einzusetzen[9]. Im „Core Concept" heißt das, die **„Kern-Probleme"** bestimmter Branchen oder betrieblicher Funktionsbereiche zu erkennen (d. h. zu finden bzw. zu erahnen), Lösungen für diese Probleme anzudenken und bei den innovationsbereiten, erfolgreichen und (für das jeweilige Beratungsunternehmen) prestigeträchtigen **„Kern-Zielkunden"** (im Normalfall mit deren Einverständnis) „auszuprobieren", also gemeinsam zu entwickeln. Zur optimalen Nutzung solcher selbst geschaffener „strategic opportunities" gehört aber als entscheidendes Element der Einsatz des für eine solche Aufgabe bestqualifizierten **„Kern-Beraterteams"**. Das strategische Kalkül dieser Bündelung ist natürlich, durch optimale Bedingungen die Entwicklung und Akkumulation von neuem Wissen zu erleichtern. Um daraus eine nachhaltige Problemlösungskompetenz des Beratungsunternehmens mit Wirkung nach innen und außen zu entwickeln, empfiehlt sich – bei entsprechendem „Marktpotenzial" – die Einrichtung eines **„Kompetenz-Zentrums"**, durch das ein zukunftsträchtiges, vielleicht an mehreren Orten entstehendes Problemlösungswissen personell und materiell institutionalisiert und im Sinne des Core Concepts überregional koordiniert werden kann[10]. (Um übrigens solche, wirtschaftlich oft schmerzhafte Prioritätensetzungen in einem dynamisch und partizipativ geführten Beratungsunternehmen durchzusetzen, bedarf es einer entsprechenden „corporate culture" und „governance".)

4.2. Engagement Teams und Practice Groups

(Aufgaben- und somit zeitgebundene) Projektteams und (auf längere Dauer angelegte) Fach- oder Praxisgruppen müssen als zwei weitere wichtige „Instrumente" der – in diesem Fall **strukturorganisatorischen** – Dimension des Wissensmanagements in einem Beratungsunternehmen angeführt werden. Die Vorteile der **Teamarbeit** dürfen dabei als

---

9 Vgl. Angelika Dietrich, Wolfgang H. Güttl; in: Rupert Hasenzagl, Ferry Stocker, „Management abseits von Modetrends", NWV Neuer Wiss. Verl., Wien 2002, ISBN 3-7083-0051-3.

10 Vgl. Probst, Raub, Romhardt; „Wissen Managen", Verlag NZZ Zürich 1997, ISBN 3-85823-694-2, S. 207 ff.

bekannt vorausgesetzt werden[11]. Im Beratungsgeschäft sind diese Vorteile natürlich wegen des zunächst immer an Personen gebundenen Wissens besonders wichtig. Alle für erfolgreiche Teamarbeit wichtigen Faktoren wie Personenmix, Interfunktionalität, Interaktivität und Hierarchievermeidung sind wichtige Voraussetzungen für eine effektive und effiziente **Distribution**, d. h. Verteilung vorhandenen, Sammlung neuen und Speicherung entstehenden Wissens in jedem Beratungsprojekt. Und damit daraus institutionell verankertes Wissen für die Firma entsteht, braucht es **interne Fachgruppen**, die durch entsprechende methodische und technische Hilfsmittel unterstützt werden müssen. Auf diese Weise kann die Wissensarbeit personell (zumindest virtuell) auf Dauer gebündelt und gespeichert werden.

4.3. Engagement Performance Review

Dieses „prozessorientierte“, also dem **Systembereich** eines Beratungsunternehmens zuzurechnende Instrument ist in mehrfacher Hinsicht wichtig. Natürlich geht es zunächst um eine schriftliche, an differenzierte und aufgabenkonforme Kriterien gebundene **Leistungsbeurteilung** eines Mitarbeiters als Grundlage für das am Ende jedes Projektes, mindestens aber nach einigen Monaten fällige formale **Mitarbeitergespräch** mit dem Projektleiter und/oder dem für ein Projekt bzw. einen Klienten verantwortlichen Partner. Hinzu kommen die Bewertungen der außerhalb der Projektarbeit gelieferten Beiträge (wie z. B. Publikationen, Trainingsbeiträge, Praxisentwicklung), deren Sammlung meist einem permanent zugeordneten **Karrierebetreuer** obliegt. Die neutrale Auswertung durch die Firmen- bzw. Standortleitung solcher, im Laufe eines Jahres von mehreren temporären „Leistungsempfängern“ zustande gekommenen Leistungsbeurteilungen eines Mitarbeiters gegenüber den für seine Karrierestufe gültigen und bekannt gemachten Standards bilden eine unerlässliche Grundlage für optimale **Vergütungsentscheidungen** einschließlich der als **Leistungsanreiz** überaus wichtigen Bonus-Komponente. Mit diesem Instrument lassen sich – zumindest von den Systemvoraussetzungen her – wichtige Ziele des Wissensmanagements verbinden: durch Aufnahme entsprechender

---

11 Vgl. Jon R. Katzenbach, Douglas K. Smith; „The Wisdom of Teams“ Harvard Business School Press, Boston 1993, ISBN 0-87584-367-0.

Parameter in den Kriterienkatalog und konsequente **Wertschätzung für wissensbildende Leistungen** im betrieblichen Alltag und bei internen Veranstaltungen lässt sich eine günstige Atmosphäre für die Applikation von Wissen bei den Klienten und für die Kultivation von Wissen zum Wohle der Firma schaffen.

4.4. Firm Format, Writing und Visual Aids

Diese – am ehesten dem **Stilbereich** der Unternehmensführung zuzurechnende – Dimension wird in ihrer Bedeutung für das Wissensmanagement oft unterschätzt und als vordergründig abgetan. Dahinter verbergen sich aber bei den erfolgreichen Beratungsfirmen anspruchsvolle Ideale der intellektuellen **Qualität des Denkens** und der professionellen **Qualität der Kommunikation**, beides notwendige Voraussetzungen für gute Problemlösungen und deren erfolgreiche Umsetzung. Für das **Wissensmanagement** im international tätigen Beratungsunternehmen ergibt die Entwicklung und Pflege firmenweit einheitlicher Sprach-, Argumentations-, Schreib- und Visualisierungsmethoden – einschließlich entsprechender technischer Mittel – jedoch zusätzlich einen unschätzbaren **Produktivitätsgewinn**[12]. Jede in diesem Sinne durchdachte firmenweite Vereinheitlichung hilft nämlich, darin geübte Personen (über Länder und Erdteile hinweg) flexibel einzusetzen, in Teams zu integrieren und dabei sofort selbständig – d. h. ohne viel „support" – tätig werden zu lassen. Wenn nun das in einer solchen Beratungssituation eingebrachte und neu entstandene Wissen denselben Formalforderungen entspricht, ergibt sich nicht nur eine für den Klienten nützliche Effizienzverbesserung der Teamarbeit sondern auch ein wertvoller Beitrag für die firmeninterne **Distribution,** also die Sammlung, Speicherung und Verteilung des Beratungswissens. Solche firmenweiten „Formalitäten" können von einheitlichen Schriftarten für bestimmte Medien über die grafische Gestaltung von Schaubildern und das Querformat von Präsentationen bis zur Organisation und Do-

12 Vgl. John Page, Fritz Lechleuthner, Loretta Hervey, „Socio-Economic Implications of New Information Technology" WP-84-44, IIASA-Publications, Laxenburg, June 1984, S.32 ff.

kumentation der Arbeit lokaler Researchabteilungen und international tätiger Praxisgruppen reichen.[13]

4.5. Problem Solving und Staff Development

Hier geht es um die Dimension der **Skills**, der für das Unternehmen als Ganzes charakteristischen Fähigkeiten. Das unter dieser Rubrik wichtigste Kapital eines Beratungsunternehmens ist seine **Problemlösungskompetenz**, die letztlich nur durch entsprechend qualifizierte Beratungsteams zum Einsatz kommen kann. Folgerichtig bildet die Personalentwicklung in Form einer kontinuierlichen, alle Karrierestufen umfassenden, jeweils aufgaben- und rollenspezifischen **Aus- und Weiterbildung** ein wichtiges Instrument des **kollektiven Wissensmanagements** eines Beratungsunternehmens. Hier geht es um das verfügbare Fachwissen zu den Problemstellungen ebenso wie um das firmenweite Methodenwissen zu den Problemlösungen, um das einheitliche Wissen über die eigene Firma ebenso wie um das entsprechende Verständnis der eigenen Funktionen darin.

4.6. Staff Recruiting und Personal Development

Diese Dimension betrifft den **Staff,** also das (vor allem) professionelle Personal, die Mitarbeiter im Beraterstab einer Firma im Einzelnen. Hier sind es die Instrumente der **Personalbeschaffung** und der **individuellen Personalentwicklung**, die einen signifikanten Beitrag zum institutionellen Wissensmanagement leisten können. In ihrer Durchführung überaus aufwändige, strategiekonforme Beschaffungsprogramme sollen helfen, die **„high potentials"** aufzuspüren und die besten – möglichst nur diese – für eine Karriere in der eignen Firma zu selektieren. Dafür eignen sich Spezialveranstaltungen, Internetauftritte, Schnupperwochen, Serieninterviews, Qualifikationstests und Evaluationsverfahren, die auf langjährigen Erfahrungen – Teil des im Unternehmen akkumulierten Wissens – beruhen aber immer wieder an neue Gegebenheiten und Erfordernisse angepasst werden müssen. Und wenn die

---

13 Über andere Aspekte des (Führungs-)Stils vgl. von Rosenstiehl, Lutz; in: Heinz Mandl, Gabi Reinmann-Rothmeier, „Wissensmanagement", Oldenbourg München 2000, S. 147 ff.

gesuchten an Bord sind, soll ihnen jede Möglichkeit zum **persönlichen Wachstum** und zur **professionellen Entfaltung** geboten werden – zum eigenen Nutzen und dem der Firma. Dafür gibt es Instrumente zur karrierekonformen Planung der eigenen Entwicklung mit Feedback, Angebote zur persönlichen Weiterbildung und zur beruflichen Profilierung.

4.7. Superordinate Goals

So nannten Peters und Waterman 1979 in einem internen Staff-Paper das was sie später in „Search of Excellence" als Shared Values bezeichneten[14]. Für unsere Betrachtung der Beratungsbranche sind aber **„gemeinsame Werte"** als einigendes Band für die in einem erfolgreichen Beratungsunternehmen versammelten Kräfte nicht zu weit hergeholt. True Partnership, Professional Approach und One Firm sind illustre Beispiele solch einigender Wertvorstellungen. Aus ihnen können alle Beteiligten die Inspiration für zukunftsichernde **Innovationen** ebenso schöpfen wie die Kriterien, um gefährliche **Risiken** existenzgefährdender Entwicklungen zu erkennen. Auch eine solche, unternehmssichernde Aufgabe kann als Bestandteil erfolgreichen **institutionellen Wissensmanagements** angesehen werden.

5. Zusammenfassung

1. Zunächst war es dem Autor ein Anliegen, die umfassende Natur und Vielfalt der Ansatzpunkte für das Wissensmanagement im Consulting deutlich zu machen. Zu diesem Zweck wurden zuerst die Situation, der Weg und das Umfeld eines aufstrebenden Beraters möglichst wirklichkeitsnah beschrieben.

2. Es folgte die Darstellung der systemischen Perspektive (7-S Modell) und der (drei) operativen Aufgaben im Wissensmanagement.

14 „In Search of excellence", a. a. O.

3. Vor dem Hintergrund dieser Konstellation wurden einige wichtige Instrumente und ihr Einsatz für die Gestaltung des Wissensmanagements im Consultingbetrieb beschrieben.

6. Literatur

Hasenzagl, Rupert; Stocker, Ferry; „Management abseits von Modetrends“, NWV Neuer Wiss. Verl., Wien 2002, ISBN 3-7083-0051-3

Horx, Matthias; „Die acht Sphären der Zukunft“, Signum Verlag Wien Hamburg 1999, ISBN 3-85436-299-4, S. 161 ff.

Katzenbach, Jon R.; Smith, Douglas K.; „The Wisdom of Teams“, Harvard Business School Press, Boston 1993, ISBN 0-87584-367-0

Kluge, Jürgen; Stein, Wolfram; Licht, Thomas; „Knowledge Unplugged. The McKinsey & Company global survey on knowledge management“. Palgrave New York, 2001, ISBN 0-333-96376-8

Kyrer, Alfred; „Neue Politische Ökonomie 2005“, Oldenbourg München Wien 2001, ISBN 3-486-25568-1

Mandl, Heinz; Reinmann-Rothmeier, Gabi; „Wissensmanagement“, Oldenbourg München 2000, ISBN 3-486-25386-7

Matis, Herbert; Stiefel, Dieter; „Unternehmenskultur in Österreich“, Service-Fachverlag, Wien 1987, ISBN 3-85428-097-1

Page, John; Lechleuthner, Fritz; Hervey, Loretta; „Socio-Economic Implications of New Information Technology“, WP-84-44, IIASA-Publications, Laxenburg, June 1984

Peters, Tom; Waterman, Robert H.; „In Search of Excellence“, Harper & Row New York 1982, ISBN 0-06-015042-4

Probst, Gilbert; Raub, Stefan; Romhardt, Kai; „Wissen Managen“, Verlag NZZ Zürich 1997, ISBN 3-85823-694-2

Schneider, Ursula; „Die 7 Todsünden im Wissensmanagement“, Frankfurter Allgemeine Buch, 2001; ISBN 3-89843-043-X

Willke, Helmut; „Systemisches Wissensmanagement“ UTB Stuttgart 2001, ISBN 3-8252-2047-8

Heinz Locher: Reformanalyse der Schweiz – Vom Improvisieren zur Governance eines kohärenten Gesundheitssystems

1. Vorbemerkung

Das schweizerische Gesundheitssystem ist leistungsfähig. Es ermöglicht allen Einwohnerinnen und Einwohnern – unabhängig von ihrer wirtschaftlichen Leistungsfähigkeit – den Zugang zu einer ausreichenden Gesundheitsversorgung. Dies nicht nur auf dem Papier, sondern auch faktisch (z. B. gemessen am sehr raschen Zugang für alle). Doch sind einige Schwächen nicht zu übersehen.

Hauptprobleme:

- Verbesserungsbedürftiges Kosten/Nutzen-Verhältnis

- Ordnungspolitisches Mischsystem – das Ideal von „Good governance“ wird bei weitem nicht erreicht. Dabei soll unter „Governance“ die ordnungspolitische Kohärenz sowie ausgewogene, sachbezogene Zuteilung von Aufgaben, Kompetenzen und Verantwortung an die einzelnen, sachlich und personell getrennten Organe verstanden werden.

- weitgehendes Fehlen einer innovativen Evaluationskultur

2. Die Schweiz als hybrides System

2.1 Die Vermischung von markt- und planwirtschaftlichen Elementen

Beispiele plan- und marktwirtschaftlicher Elemente des KVG-Systems der Schweiz (eigene Darstellung)

Staats-/Planwirtschaftlich	Marktwirtschaftlich
Spitalplanung	Vielzahl zugelassener Leistungserbringer mit unterschiedlichen Rechtsformen
Kontrahierungszwang Weitgehende Nichtanwendung des Kartellgesetzes im KVG-Bereich *	Vielzahl zugelassener Krankenversicherer Sind Krankenversicherer ausgelagerte Verwaltungseinheiten oder Unternehmen?
Vorgaben zur Leistungsfinanzierung Prämien- und Tarifgenehmigung	Freie Wahl der Leistungserbringer (mit Ausnahmen)
Verbot der Publikumswerbung für verschreibungspflichtige Medikamente	
Umverteilung jung-alt durch Einheitsprämie für Erwachsene ab 26 Jahren	Sozialpolitisch nicht vertretbarer Fremdkörper in einem Krankenversicherungsgesetz

* *KVG=Krankenversicherungsgesetz*

2.2 Zuständigkeiten der Kantone und des Bundes im Gesundheitsbereich

Zuständigkeiten der Kantone und des Bundes im Gesundheitsbereich (eigene Darstellung)

Kantone	Bund
Versorgungsverantwortung im ambulanten und stationären Bereich	Regelung der Krankenversicherung und der Unfallversicherung
Mitwirkung bei der Leistungsfinanzierung im stationären KVG-Bereich	Schutz der Gesundheit: Heilmittel, Betäubungsmittel, Lebensmittel, Epidemien usw.
Träger der Universitäten/ medizinischen Fakultäten	Strahlenschutz, Transplantationen
Träger der Universitätskrankenhäuser (mehrheitlich)	

2.3 Die Mehrfachrollen der Kantone

Die Mehrfachrollen der Kantone (eigene Darstellung)

Instrument	Grundlage	hoheitlich	Eigentümer	Finanzierer	Bemerkungen
Versorgungsplanung	KVG 39	x			
Leistungsauftrag („Einkauf")	KVG 39	x			
Genehmigung von Tarifverträgen	KVG 46	x			
Einwirken auf Konkurrenten	KVG 39	x			Leistungsaufträge

Instrument	Grundlage	hoheitlich	Eigentümer	Finanzierer	Bemer-kungen
Trägerschaft			x		je nach Rechtsform
Wahl Führungs-organe			x		je nach Rechtsform
Vorbehalt strategischer Entscheide			x		z. B. Standorte, Allianzen
Baurechtsge-ber/Vermieter			x		je nach Lösung
Co-Finanzierer stationär	KVG 49a			x	
Finanzierer gemeinwirt-schaftlicher Leistungen	KVG 49			x	Lehre+ Forschung

3. Probleme

3.1 Unerwartete Effekte – das System überlistet sich selbst

- Die gegebene Komplexität erschwert oder verunmöglicht die ex ante Beurteilung der Wirkung von Regelungen

- **Beispiel:**

  Ungeplante Re-Kantonalisierung im Spitalbereich
  - *Absicht*: „Binnenmarkt Schweiz“ – freie Wahl des Leistungserbringers stationär über die Kantonsgrenzen hinaus im Rahmen der Neuregelung der Spitalfinanzierung
  - *Selbstüberlistung*: die Kantone müssen für ihre Einwohnerinnen und Einwohner ihren Anteil an den Hospitalisierungskosten unabhängig vom Standort des von diesen gewählten Leistungserbringer entrichten

- *Ungeplanter Effekt*: Möglichst großes Leistungsangebot im *eigenen* Kanton verspricht größten volkswirtschaftlichen Nutzen – Aspekte wie Leistungsqualität treten in den Hintergrund → *Möglichst* wenig *interkantonale Zusammenarbeit angestrebt*

3.2 Fehlende Kohärenz bei der Leistungsfinanzierung

- Die fehlende Kohärenz bei der Leistungsfinanzierung erschwert oder verunmöglicht die optimale Ressourcenallokation
- **Regelung:**
  Die Kantone haben sich an der Leistungsfinanzierung *stationär* (Betriebs- und Anlagenutzungskosten) zu beteiligen (ab 2012 zu mindestens 55 %), nicht aber an den ambulanten Leistungen (Spital oder niedergelassene Ärzte)
- **Nicht beabsichtigte Folge:**
  Die an und für sich erwünschte Verlagerung stationär → ambulant wird von den Krankenversicherern nicht besonders gefordert und gefördert, weil dies trotz niedrigeren Gesamtkosten für sie zu Mehrkosten führt (sie müssen 100 % tragen)

3.3 Fehlende innovative Evaluationskultur – gefährdete Lernfähigkeit

Trotz verbreitetem Malaise über die Kostensteigerung

- Fehlendes Interesse an der Versorgungsforschung, fehlende Finanzierung
- Zu spätes Einsetzen der Begleitforschung zu SwissDRG (wenn überhaupt)

→ „logische" Folge des Prinzips der angewandten Eklektik und der Kultur des „courant normal"

4. Lösungen I: Punktuelle Verbesserungen im heutigen System

Beispiel: Monistische Finanzierung

SwissDRG (ab 2012): Kantone mindestens 55 %, Krankenversicherer höchstens 45 % der Betriebs- und Anlagenutzungskosten von Spitälern (nur im stationären Bereich)
→ ge-/vermischte Verantwortung

gute Lösung: Realteilung
Kantone: finanzieren „hoheitliche" Aufgaben: Prämienverbilligungsbeiträge, Lehre und Forschung, gemeinwirtschaftliche Leistungen (Übersetzer, regionalpolitische Anliegen)

Krankenversicherer: finanzieren 100 % der Betriebs- und Anlagenutzungskosten

schlechte Lösung: *Ausdehnung des Mischsystems („Verschlimmbesserung")* Aufteilung 55 % : 45 % auch für den ambulanten Spitalbereich

5. Lösungen II: Grundlegende Neuordnung (1)

Bundeskompetenz auch für die Gesundheitsversorgung
Vorschläge von Prof. Dr. Tomas Poledna, Zürich

Bundesverfassung der Schweizerischen Eidgenossenschaft
Art. 118 Gesundheitswesen

1. Der Bund regelt das Gesundheitswesen.
   Er gewährleistet die genügende, rechtsgleiche, qualitativ gesicherte und allen zugängliche Grundversorgung von Kranken, Verunfallten und Invaliden.
   Er berücksichtigt dabei den Gesundheitsschutz und die Gesundheitsvorsorge.
   Er sorgt für eine international hochstehende Gesundheitsversorgung.

2. Er sorgt insbesondere für:
   a) eine Aufgabenteilung zwischen Bund und Kantonen (...)
   b) die Sicherstellung der Grundversorgung, soweit diese nicht im Rahmen der wettbewerblichen Ordnung bereitgestellt wird (...)
3. Er setzt eine unabhängige Regulierungsinstanz ein.

6. Exkurs: Regulierung und Regulatoren (1)

6.1 Die einzelnen Aufgabentypen des Bundes

Quelle: Eidgenössisches Finanzdepartement, Bern

a) **Ministerialaufgaben**
   Politikvorbereitung
b) **Wirtschafts- und Sicherheitsaufsicht**
   Wirtschaftsaufsicht: Aufsicht über das Funktionieren von Märkten: z. B. Wettbewerbskommission Postregulierer
   Sicherheitsaufsicht: Schutz der Öffentlichkeit vor Gefahren, z. B. Swissmedic (Heilmittelkontrolle)
c) **Dienstleistungen mit Monopolcharakter**
   z. B. Skyguide (Luftraumüberwachung/Luftverkehrskontrolle)
d) **Dienstleistungen am Markt**
   Dienstleistungen im (teilweise regulierten) Wettbewerb

Anmerkung: Die Beachtung dieser Grundsätze bei der Aufgabenzuteilung an die verschiedenen Organe ist ein wichtiger Aspekt von „Good governance".

6.2 Probleme im heutigen System

- Fehlende Trennung zwischen der organisatorischen Eingliederung der Ministerialaufgaben und der Aufgaben der Wirtschaftsaufsicht
- Das Bundesamt für Gesundheitswesen als „geometrischer Ort" aller (sich widersprechenden) Aufgaben und Rollen

6.3 Schaffung einer autonomen Regulierungsbehörde (1)

- **Eidgenössische Krankenversicherungskommission (KVCOM),** gebildet nach dem Muster der Finanzmarktaufsichtsbehörde FINMAG oder dem Bundesamt für Zivilluftfahrt BAZL
- **Stellung der KVCOM:**
  - Unabhängige Konzessions- und Regulierungsbehörde mit sieben vom Bundesrat gewählten Mitgliedern, die unabhängige Sachverständige sein müssen
  - Die Kommission unterliegt in ihren Entscheiden keinen Weisungen von Bundesrat oder Departementen.

Parlamentarische Oberaufsicht – weitgehende Organisationsfreiheit – strenge Unvereinbarkeitsregeln – keine abhängigen Interessenvertreter – ausgewogene Aufgabenteilung zwischen verfügender/entscheidender Kommission und antragsstellendem/ausführendem Sekretariat

6.3 Spezialorgane einer autonomen Regulierungsbehörde

- Nationale Organisation für Qualitätssicherung
- Schaffung oder Einsetzung einer unabhängigen Technology-Assessment-Agentur“
  z. B. Outsourcing an ein unabhängiges Institut nach dem Vorbild Österreichs (Beauftragung des Ludwig Boltzmann Instituts)

7. Das Gesundheitswesen als „Normalfall“ – ein ordnungspolitischer Befreiungsschlag

7.1 Fehlleistungen aufgrund des behaupteten „Sonderfalls Gesundheitswesen“

Die Entmündigung der Bürgerinnen und Bürger (1)

- Außerkraftsetzung der in allen anderen Lebensbereichen geltenden Prinzipien
- Die Fähigkeit zum selbstbestimmten Handeln wird dem einzelnen Menschen abgesprochen

→ autoritäre Terminologie: Patienten werden eingewiesen, geführt, verlegt, entlassen

- Die Menschen (beschimpft als „Laien“) seien nicht fähig, ihre Präferenzen selber zum Ausdruck zu bringen. Das sei Aufgabe „sachverständiger Dritter“ (= Medizinalpersonen)
- Aber auch anderswo: *„Ich würde mich dagegen wehren, einem Krebskranken ein schlechtes Gewissen zu machen, weil er für 10 000 Euro Arzneimittel im Quartal benötigt.“* Zitat Dr. Wolfgang-Axel Dryden, Kassenärztliche Vereinigung Westfalen-Lippe/Ärzte Zeitung Online, 10.8. 2010

Die Entmündigung der Bürgerinnen und Bürger (2)

Ergebnis:

Flächendeckende Kombination zwischen einem vorsorglichen fürsorgerischen Freiheitsentzug mit einer generellen Geschäftsführung ohne Auftrag durch Staat und Spezialisten – dem politisch-medizinisch-industriellen Komplex

„Der Begriff ‚Eigenverantwortung‘ ist daher in einem Gesundheitswesen, das sozial und diskriminierungsfrei sein will, fehl am Platz.“ Zitat Dr. med. Jacques de Haller, Präsident der FMH (Verbindung Schweizer Ärztinnen und Ärzte), kürzlich als Mitglied der Sozialdemokratischen Partei der Schweiz beigetreten

Die Entmündigung der Bürgerinnen und Bürger (3)

Folgen:

Massive Verzerrungen der Leistungsnachfrage („Pauschalreisen/ Buffetmentalität“) infolge extrem niedriger individueller Grenzkosten

Verhinderung von Transparenz, Verweigerung des Zugangs zu Informationen

- Bis und mit 2008 kein Zugang zu Leistungs- und Qualitätsdaten von Leistungserbringern
  → das Gesundheitssystem als „Dunkelkammer der Nation"
- Das Heilmittelgesetz traut dem Patienten den verantwortungsbewussten Umgang mit Medikamenten nicht zu
  → „Schutz" vor zu viel Information
  → keine direkte Patienteninformation bei verschreibungspflichtigen Heilmitteln, nicht einmal über die Preise der Abgabestellen

7.2 Freiheit wagen – Maßnahmenplan 1

- Ersatz der kantonalen Spitalplanungen durch Marktbeobachtung (frühzeitige Erkennung allfälliger Versorgungslücken)
- Stellung der Krankenversicherer neu als nach Solvenzprüfung zuzulassende Unternehmen
- Abschaffung der Prämien- und Tarifgenehmigung
- Aufhebung des Kontrahierungszwangs für Krankenversicherer gegenüber Leistungserbringern
- Steuerbegünstigte Health Saving Accounts für Versicherte
- Aufhebung des Territorialitätsprinzips (Zulassung ausländischer Leistungserbringer)

7.3 Freiheit wagen – Maßnahmenplan 2

Die dazu passende Formulierung von Art. 118 der Bundesverfassung könnte wie folgt lauten:

Art. 118 Gesundheitswesen

Der Bund trifft Maßnahmen zum Schutz der Gesundheit.
Allenfalls könnten „Anleihen" bei den Bestimmungen zur Sicherung der Landesversorgung gemacht werden (klare Subsidiarität):

Art. 102 Landesversorgung

1. Der Bund stellt die Versorgung des Landes mit lebenswichtigen Gütern und Dienstleistungen sicher für den Fall machtpolitischer

oder kriegerischer Bedrohungen sowie in schweren Mangellagen, denen die Wirtschaft nicht selbst zu begegnen vermag. Er trifft vorsorgliche Maßnahmen.

2. Er kann nötigenfalls vom Grundsatz der Wirtschaftsfreiheit abweichen.

8. To do Liste Schweiz – Was zu tun wäre

1. **Den politischen Reformprozess wieder in Gang bringen**
   → Managed Care Vorlage im Parlament nun zügig verabschieden

2. **Wettbewerbsfördernde Umsetzung der neuen Spitalfinanzierung**
   → Ent-Kantonalisierung, auch faktische Gleichstellung von öffentlichen und Privatspitälern, keine Höchstmengenvorgaben bei Leistungsaufträgen

3. **Freiräume für eine bessere Produktionsstruktur schaffen**
   → Aufhebung des Kontrahierungszwangs für Versicherer mit Leistungserbringern, Zulassung neuer Tarifformen zur Förderung der integrierten Versorgung (z. B. Komplexpauschalen), Zulassung neuer Geschäftsmodelle für Leistungserbringer, Liberalisierung des Berufsrechts (nurse practitioner)

4. **Instrumente der Systemregulierung schaffen bzw. weiterentwickeln**
   → Transparenz über Leistungsqualität, Begleitforschung zu SwissDRG, Versorgungsforschung

5. **Organe zur Systemregulierung stärken/z.T. neu schaffen**
   → Prioritäten: Aufsicht über Krankenversicherer, HTA- und Qualitätsinstitut

6. **Monistische Finanzierung der Leistungserbringung**
   Trennung zwischen Finanzierung der Leistungserbringung

(durch Krankenversicherer) und den hoheitlich veranlassten Leistungen (Prämienverbilligung, gemeinwirtschaftliche Leistungen)

7. Das mehrfach **„austarierte“ politische System und die gegenwärtige (Un-)Kultur des politischen Diskurses** bilden schlechte Voraussetzungen für grundlegende Reformen.

8. Dies erhöht die Eintretensgefahr **radikaler, undifferenzierter Entscheide** (z. B. Einheitskrankenkasse).

9. Ein **ordnungspolitisch kohärentes Gesundheitssystem**, das den Grundsätzen von „Good Governance“ entspricht, ist/wäre auch in der Schweiz grundsätzlich machbar. Der Ausgang der gegenwärtigen Richtungskämpfe ist noch offen.

Literaturhinweis

Brunner, Hans Heinrich/Locher, Heinz; Die Schweiz hat das beste Gesundheitssystem – hat sie das wirklich? EMH Schweiz. Ärzteverlag.

Kurt Luger: Gesundheitskommunikation – Von der Anamnese zum integrierten Konzept

Juli 2007: Nach einem Bandscheibenvorfall rief ich um 3 Uhr früh den diensthabenden Notarzt in seiner Praxis in Sierning an. Ich schilderte ihm meine unerträglichen Rückenschmerzen und ersuchte ihn, nach Aschach an der Steyr zu kommen, um mir eine schmerzlindernde Injektion zu verabreichen.
„Weu Sie Ruggnwe haum, foa i net duach de Nocht!
Nemans hoit a Aspirin.“
Mit Dank für diese mediverbale Hilfeleistung legte ich auf.
Sierning liegt drei Kilometer von Aschach entfernt.

Kommunikation spielt im Governance-Ansatz bzw. im Nachdenken darüber, wie Komplexität bewältigt und Probleme gelöst werden können, eine wichtige Rolle – kein Wunder, handelt es sich dabei doch um eine anthropologische Konstante menschlichen Verhaltens. Wie differenziert die Begrifflichkeit und die theoretischen Grundlagen von Kommunikation allerdings sind, wird meist außer Acht gelassen. Vielfach herrscht eine umgangssprachliche Begrifflichkeit vor, die jegliches Verhalten als Kommunikation bezeichnet, weil dieser Begriff einfach „chic“ ist. Um missverständlichen Interpretationen vorzubeugen, wird in diesem Beitrag auf der Grundlage eines breiten Fachverständnisses versucht, Kommunikation als Kriterium von Governance festzumachen und die unterschiedlichen Ebenen von Kommunikation in ihrer Relevanz für den Gesundheitssektor darzustellen.

1. Was ist Kommunikation?

Kommunikationswissenschafter unterscheiden grundlegend zwischen Information und Kommunikation. *Information* führt zur Verringerung von Unwissen oder Reduktion von Ungewissheit beim Empfänger, spielt sich also beim Empfänger ab oder wird durch ihn erst konstruiert. *Kommunikation* hingegen ist ein beabsichtigtes Miteinander-in-Beziehung treten, mit dem zwei Ziele verfolgt werden: die Verständigung und die Durchsetzung von Interessen, die von allgemeiner und von spezieller Natur sein können. Menschliche Kommunikation liegt dann vor, wenn Individuen ihre kommunikativen Handlungen nicht nur wechselseitig aufeinander richten, sondern darüber hinaus auch die *allgemeine Absicht ihrer Handlungen* (= Bedeutungsinhalte miteinander teilen wollen) verwirklichen können und das *konstante Ziel (= Verständigung)* jeder kommunikativen Aktivität erreichen. Erst dieser wechselseitig stattfindende Prozess der *Bedeutungsvermittlung* kann Kommunikation genannt werden. Kommunikation spielt sich auf zwei Seiten ab und es bedarf der Anstrengung, wenn sie gelingen soll.

Kommunikation verlangt daher eine intentionale Sendung einer Botschaft, d. h. ein Symbol oder Zeichen muss zum Zwecke der Mitteilung bzw. Verständigung absichtlich produziert und gesendet werden. Es erfolgt eine inhaltliche Bedeutungsproduktion, die soziale Beziehungen, eine *Interaktion vermittels Zeichen und Symbolen*, herstellt.

Somit besteht Kommunikation aus folgenden Komponenten:

- es sind mindestens zwei Akteure notwendig – Sender und Empfänger
- zwischen diesen steht ein Kanal bzw. technisches Medium
- über dieses wird ein Signal (die Botschaft) transportiert
- die zugewiesenen Rollen können wechseln – im Gespräch etwa durch Rückkoppelung
- ein gemeinsamer Zeichenvorrat ist erforderlich
- von beiden Seiten sind Erwartungen an die Kommunikation gerichtet
- es wird Sinn konstruiert, Information generiert und ausgetauscht
- auf beiden Seiten stehen subjektive Auswahl- und Selektionsprozesse.

Das Watzlawick'sche Axiom „Man kann nicht *nicht* kommunizieren" wäre also kritisch zu hinterfragen. Denn: Kommunikation ist soziales Handeln, was eine Unterscheidung in Verhalten und Handeln nahe legt, denn Handeln ist intentionales, zielgerichtetes Verhalten. Man kann durchaus nicht handeln, aber es ist nicht möglich, sich nicht zu verhalten. Das Axiom verwischt somit die Unterscheidung zwischen Verhalten und Kommunikation.

Andererseits hat Verhalten immer eine informative Komponente – etwa im Sinne von vestimentärer Kommunikation, also Kleidung, Haartracht, im nonverbalen Ausdruck wie in der Körperhaltung oder auch durch die Sprache etc. Wichtigstes Merkmal von Kommunikation ist ihre *Rückbezüglichkeit*, die Reflexion von Prozessen in der Kommunikation, das Eingehen auf den Partner.

Kommunikation erfolgt über ein Medium, d. h. durch Verwendung von Sprache, von nonverbalen Zeichen, durch Gesten etc. Menschliche Kommunikation wird daher auch als *symbolisch vermittelte Interaktion* bezeichnet. Je unterschiedlicher der individuelle oder kulturelle Hintergrund, desto schwieriger gestaltet sich Kommunikation, umso größer wird die Chance des Missverständnisses. Zeichen und Symbole, die Grundlagen von Bedeutungssystemen und Mittel der Kommunikation darstellen, sind zutiefst kulturell verankert. Je fremder eine Kultur der anderen, desto mehr Aufwand ist erforderlich, um Kommunikation zu realisieren, weil sich etwa Normen und Werte, Glaube und Mythen, die Modelle für „richtiges" Verhalten, stark unterscheiden. Erfolgreich wird Kommunikation dann, wenn die Teilnehmer an der Interaktion die Symbole des Gesprächspartners richtig deuten können. Bedeutungen werden daher in der Kommunikation „ausgehandelt", in sie fließen auch subjektive Erfahrungen und kulturelle Bezüge ein. In der Theorie des symbolischen Interaktionismus wird dieser Zusammenhang erklärt und beschrieben.

Jürgen Habermas hat mit seiner Theorie des kommunikativen Handelns die Grundlagen einer „idealen" Kommunikationssituation ausgearbeitet und er spricht von drei Formen des Diskurses: vom „explikativen" Diskurs, in dem wir die Verständlichkeit einer Äußerung problematisieren (typische Frage „Was meinst Du?" – Antworten heißen Deutungen), den „theoretischen" Diskurs, in dem wir die Wahrheit einer Aussage zum Thema machen („Warum so und nicht anders?" – Antworten sind Behauptungen und Erklärungen) und den „praktischen" Diskurs, in dem wir die normative Richtigkeit und Legitimität einer Sprechhandlung in Zweifel ziehen („Warum hast du das getan?"

– Antworten sind Rechtfertigungen). Geltungsansprüche nach Habermas heißen demnach Verständlichkeit, Wahrheit, Wahrhaftigkeit und Legitimität.

2. Dimensionen der Kommunikation

Die Kommunikationswissenschaft befasst sich mit

- Interpersonaler Kommunikation (typischerweise als face to face-Kommunikation verstanden)
- Technisch vermittelter Kommunikation (Telefon, SMS, Telekommunikation)
- Massenkommunikation (Print, Radio, TV, Film & Kino, Nachrichtendienste)
- Computervermittelte Kommunikation (on- und offline-Kommunikation)

Eine grundsätzliche Unterscheidung erfolgt in *sprachliche und nicht-sprachliche*, also non-verbale *Kommunikation*. Die gesprochene Sprache besteht aus Zeichen und Symbolen, paraverbalen Merkmalen wie Stimmqualität, Tonfall, Lautstärke, Stimmmelodie, Sprechpausen, dialektische Färbung etc. Die geschriebene Sprache hat auch formale Merkmale wie Schriftcharakter, Schriftbild, Grammatik etc.

Die nicht-sprachliche Kommunikation basiert auf dem Austausch über einen optischen bzw. visuellen Kanal, einen taktilen, thermalen, olfaktorischen sowie gustatorischen Kanal. Dieses System ist von Kultur zu Kultur höchst unterschiedlich ausgebildet und stark kontextabhängig.

Verbale Kommunikation eignet sich bestens für die Vermittlung von Tatsachen, Meinungen, Problemen und Sachverhalte – also primär um Prozesse kognitiver Erfassung. Die non-verbale Kommunikation ist vorzugsweise das Vermittlungssystem emotionaler Beziehungen und gefühlsbezogener Wahrnehmungen, sie weckt Sympathie oder Antipathie, bereitet den Zuhörer auf kommende verbale Information vor und hält das Interesse des Zuhörers wach. Die nonverbale Ebene wirkt als glaubwürdigere Instanz bei auftretenden Diskrepanzen zwischen verbaler und nonverbaler Information, sie unterstützt, ergänzt und ersetzt die verbale Ebene. Dies gilt insbesondere für den Kuss, der in höchstem Maße sämtliche Kommunikationskanäle anspricht.

Die Sprache gilt als auf kognitiven Prozessen basierendes, gesellschaftlich bedingtes und der historischen Entwicklung unterworfenes Mittel zum Ausdruck bzw. Austausch von Gedanken, Vorstellungen, Erkenntnissen und Informationen. Sie basiert auf Konventionen, auf Übereinkünften im Sinne eines Regelsystems. Die Schrift ermöglicht die optische Fixierung sprachlicher Laute zu einem Zeichensystem, wodurch die Möglichkeit entsteht, Kommunikationsinhalte zu speichern bzw. persönlich Abwesenden etwas mitzuteilen. Die Dokumentation erlaubt die sozial bedeutsame Fixierung von Kulturtraditionen (Erfahrung und Wissen wird aufgeschrieben – Ausdrucksformen, Bilder, Töne). Schichtspezifische Unterschiede in Spracherwerb, -entwicklung und -gebrauch führen zu spezifischen Soziolekten, drücken sich in kargem oder reichhaltigem Vokabular aus bzw. in einem restringierten oder in einem elaborierten Sprachcode.

Unter Semiotik wird die Lehre von den sprachlichen Zeichen verstanden. Drei Dimensionen sind zu unterscheiden:

- Semantische Dimension – Beziehung zwischen Zeichen und Gegenständen, auf die sie verweisen bzw. die sie bezeichnen, Bedeutungen
- Syntaktische Dimension – Beziehung der Zeichen untereinander, Sprachregeln, Satzbau
- Pragmatische Dimension – Beziehung zwischen den Zeichen und ihren Benutzern, wie Zeichen benützt werden, was mit den Zeichen gemacht wird, Art und Weise des Gebrauchs (Lexikon des Anwenders, Wortschatz, der sich auch verändert)

Die Sprache ist ein raffiniertes Werkzeug, das offene aber auch versteckte Dimensionen der Botschaft transportiert. Man nennt diese auch:

- Darstellungsfunktion – beschreibt Sachverhalte, Dinge
- Ausdrucksfunktion – Zeichen sind Symptom eines inneren Zustandes des Senders
- Appellfunktion – Signal für den Empfänger, um Verhalten des Partners zu beeinflussen

Was ist ein Medium? Über die persönliche Ebene der Sprache oder der Gesten hinaus sind in der Massengesellschaft technische Vermittler eingeschaltet, die breite Gesellschaftsschichten erreichen und eine medial vermittelte Öffentlichkeit herstellen. Zu unterscheiden ist daher in:

- Primäre Medien – Mimik, Gestik, Sprache: auf beiden Seiten ist kein technisches Gerät notwendig, die Sinne des Menschen reichen aus
- Sekundäre Medien – auf der Produktionsseite ist ein technisches Gerät notwendig (Rauchzeichen, Flaggensignale, Inschriften, Brief, Zeitung, Buch, Plakat)
- Tertiäre Medien – auf beiden Seiten sind technische Mittel notwendig (Fernseher, Radio, Telefon, Film, Laptop)

Eine Entsprechung findet sich in den Arten der Kommunikation:

- Zwei Personen – face-to-face, Dialogstruktur, direkt (Telefon) oder zeitversetzt möglich (E-Mail, Brief)
- Gruppe – Zahl und Rollen der Mitglieder entscheidet über die Form der Kommunikation, Konventionen, Handlungsweisen sind bestimmbar
- Räumlich getrennte Kommunikation – der non-verbale Kanal wird unbedeutend, ebenso visuelle Komponenten
- Telefon – nur auditiv-vokal, direkte Rückkoppelung ermöglicht
- Vortrag – direkt, einseitig, technisch vermittelt, eingeschränkte Öffentlichkeit (Präsenzpublikum) oder über ein Medium weitervermittelt (etwa Hörbuch)
- Massenkommunikation – öffentlich, indirekt, einseitig, technisch, disperses Publikum – d. h. räumlich und zeitlich verstreut, Zielgruppen (Publikumssegmente); Rückkoppelung nicht direkt möglich (allenfalls durch phone ins, Leserbriefe)

- Online-Kommunikation – technisch, indirekt, einseitig und wechselseitig (E-Mail oder chat/blogs, Web 2.0)

Ein *Präsenzpublikum* ist im Idealfall räumlich versammelt, die Interessen der Personen sind ähnlich, die Erwartungen gleichgerichtet, die Menschen sind unter identischen technischen und räumlichen situativen Bedingungen versammelt (typischerweise etwa im Kino).

Ein *disperses, verstreutes Publikum* (Thomas Gottschalk: „Guten Abend bei *Wetten, dass* in den Wohnzimmern Deutschlands, der Schweiz und Österreichs ...") kennzeichnet die meisten Fälle von Massenkommunikation. Diese richtet sich an eine bzw. viele Zielgruppen und ist grundsätzlich immer öffentlich. Fast immer bedarf es einer technischen Übertragung von Inhalten/Botschaften, selten geht es um den Austausch von Mitteilungen. Der Kommunikationsprozess läuft weitestgehend einseitig und damit asymmetrisch ab. Massenkommunikation ist daher öffentlich, einseitig, technisch vermittelt und will ein disperses Publikum mit großen Mengen von Botschaften/Inhalten ansprechen.

Wer tritt mit wem in Verbindung? Die Sender der Botschaften werden *Kommunikatoren* genannt. Diese sind meist in komplex aufgebauten Organisationen, den Massenmedien, tätig, verfügen über eine spezifische fachliche Kompetenz und sind je nach Medium in mehr oder weniger arbeitsteilige technische Produktionsprozesse eingebunden.
Rezipienten sind die Empfänger und unterscheiden sich von den Sendern durch ihren viel niedrigeren Organisationsgrad. Auch wenn sie soziologisch höchst differenzierte Stile und Gruppen bilden, treten sie meist als Masse in Erscheinung. Zur Rezeption ist im Normalfall keine herausragende Kompetenz erforderlich. Medienpädagogen sehen dies etwas anders und sprechen von einer spezifischen Medienkompetenz oder noch höherwertig von einer Kommunikationskompetenz, die wie andere Kulturtechniken erlernt und erarbeitet werden muss.
In der Massenkommunikation besteht somit ein grundsätzliches Machtgefälle zwischen Sender und Empfänger. Die Agenda Setting-Theorie geht daher davon aus, dass die Medien eine Themensetzungsmacht bzw. -funktion haben, damit über Begriffe und Bedeutungen bestimmen können und der Öffentlichkeit quasi vorgeben, was

zum Tagesgespräch wird. Das Publikum kann sich allenfalls den Botschaften entziehen oder sie gänzlich anders interpretieren, als die Sender beabsichtigten. In der konstruktivistischen Medientheorie sowie in den Cultural Studies rücken die individuelle Aneignung und der politische Kontext von Botschaften, der gesellschaftliche Diskurs, ins Zentrum der Analyse.

Wirtschaftliche Gegebenheiten – auf die hier nicht näher eingegangen werden kann (wie auf viele andere hier nicht ausgeführte Dimensionen) und Gegenstand eines eigenen, ausdifferenzierten Forschungsbereichs, der Medienökonomie, sind – prägen auch jene Märkte, auf denen die Medien agieren und konkurrieren. Der öffentlich-rechtliche Status des Rundfunks, wirtschaftliche Konzentration und Verflechtungen sowie die politische Indienststellungen der Medien sind die Themen, die am meisten Aufmerksamkeit verdienen. Außer Streit steht, dass die Ware Information auf zwei Märkten gehandelt wird – auf dem Werbemarkt und auf dem Publikumsmarkt. Einmal wird Anzeigenraum verkauft, das andere Mal Botschaften, Nachrichten, Unterhaltung, Ideologien – und diese beiden Märkte bedingen einander. Zeitungen wie Rundfunk operieren in Abhängigkeit von Werbeerlösen, die je nach Medium bis zu zwei Drittel der Einnahmen ausmachen, sofern es sich nicht ohnedies um ein ausschließlich werbefinanziertes Medium handelt. Als ökonomisch vernünftiges Verhalten gilt daher die *cross media ownership* bzw. die horizontale wie vertikale Konzentration. Was ökonomisch Sinn gibt, muss nicht notwendigerweise gesellschaftspolitisch vernünftig sein und daher sind Mediengesetze erforderlich, die Meinungsmonopole aus demokratiepolitischen Gründen verhindern bzw. durch Kartellrichtlinien ein gewisses Maß an Konkurrenz erzwingen und inhaltliche Vielfalt ermöglichen.

Wie wirken Massenmedien? Auf diese Frage lässt sich nur antworten, dass die direkte Ursachen-Wirkung Kausalität kaum nachweisbar ist, ein Medieneinfluss meist nur indirekt erfahrbar ist und dass die Medienwirkung im Allgemeinen oft überschätzt wird. Am ehesten empirisch nachprüfbar sind die bestärkende oder verfestigende Wirkung, weniger die Abschwächung oder gar die substanzielle Veränderung vorhandener Kenntnisse oder Einstellungen. Gefühle und Verhaltensweisen werden von so vielen anderen Einflüssen geprägt, dass die

Wirksamkeit von Meinungsführern oder mediale Einflussfaktoren höchstens im Kontext interpretierbar sind. Unter vielen Faktoren sind die Medien nur einer, wenngleich ein bedeutsamer.

3. Anwendungsfeld Gesundheit – Health Communication

Der Gesundheitsbereich – von der menschlichen Interaktion einer Arzt-Patienten-Beziehung bis zur strategischen Kommunikation eines großen Krankenhauses reichend – gehört zu den großen und wachsenden Anwendungsfeldern kommunikativer Bemühungen bzw. Unterlassungen.

Seit den 1970er Jahren wurde das Thema im Kontext vermehrter Freizeit aktuell. Seit damals gibt es eine Konvergenz zwischen Humanwissenschaft und Strömungen in der Populärkultur, machte der junge bzw. gesunde Körper in den Medien Karriere. Im Laufe der Jahre rückte der langlebige und leistungsfähige Körper immer stärker ins Zentrum öffentlicher Diskussion. Mit der Einführung von Health Clubs und Fitnesszentren wurden Lebensstilkomponenten rund um den Körper vermarktet. Die Hollywood-Schauspielerin Jane Fonda war eine der ersten Prominenten, die als Massenberaterin für körperliche Fitness mit Bilderbüchern, Fernsehsendungen und Videos ein großes Geschäft machte.
Diese mediale Vermarktung – die Buchhandlungen sind heute noch voll mit Ratgeberliteratur verschiedenster Art – kann als Versuch gesehen werden, dieses Territorium (den eigenen Körper) unter eigene Kontrolle zu bringen und ihn zumindest tendenziell aus der Handhabe der professionalisierten Medizin bzw. ihrer Anstalten zurückzugewinnen und damit ihres Gestaltungsmonopols zu entreißen.
Heute stehen sich zwei Extrempositionen gegenüber: Die eine lautet „Ich geh nicht zum Arzt, denn ich will authentisch altern", die andere sieht ein permanentes Anti-Aging vor, um die ewige Jugend zu erhalten. Experten sprechen davon, dass der Mensch – bei „vernünftiger" Lebensführung etc. – ein Potenzial für 120 Lebensjahre hätte (auch wenn manche Organe nur auf 50 Jahre ausgelegt sind und frühzeitig ersetzt werden müssen).

Gegenstand des Interesses bzw. des Kommunikationseinsatzes sind:

- Das Kommunikationsverhalten von Ärzten, Dentisten, Apothekern, Pflegepersonal, Gesundheitsbürokratien, Krankenhausadministratoren, wobei eine Inhalts- wie eine Beziehungsebene zu berücksichtigen sind
- Patienten und die Angehörigen der Patienten als Kommunikationspartner
- Gesundheitsorganisationen wie Krankenhäuser, Gesundheitsämter und -ministerien, die Sozialversicherten aber auch die Versicherungen

Gesundheitskommunikation wird auf verschiedenen Ebenen praktiziert und analysiert:

- Intrapersonale Ebene (Individuum macht sich Gedanken über Gesundheitszustand)
- Interpersonale Ebene (Arzt-Patient, Arzt-Arzt)
- Organisationsebene (Kommunikation im Krankenhaus zwischen Pflegepersonal und Ärzten, zwischen Personal und Patienten, zwischen Krankenhausverwaltung und Mitarbeitern, zwischen Abteilungen, Kommunikation der Verwaltung mit den Abteilungen sowie mit Nachbarn und Anrainern des Krankenhauses etc.)
- Gesellschaftliche Ebene (Gesundheitskampagnen, Aids-Berichterstattung in den Medien, Aufklärungsfilme, Marketing des Wellness-Tourismus)

Therapeutische Intervention benötigt kommunikative Unterstützung, die auf der *interpersonellen Ebene als einem zentralen Feld der Gesundheitskommunikation* erfolgt. Sie muss Bezug herstellen zur emotionalen und sozialen Einbettung des Patienten in seinem Umfeld. Ebenfalls auf der interpersonellen Ebene ist die Kommunikation innerhalb der Berufsgruppe angesiedelt, betrifft Rollenaufteilung und Rollenverhalten – wer darf was kommunizieren? Die größten Probleme liegen wohl darin, dass es leicht scheint zu kommunizieren, aber sehr schwierig ist, gut zu kommunizieren. Ärzte und Pflegepersonal leben in anderen Wirklichkeiten als Kranke, es stellt sich also die Schwierigkeit, einen *gemeinsamen Code zur Verständigung* zu finden (in der Anamnese oder im Beratungsgespräch). Erst recht stellt sich das Problem, wenn eine schwere Krankheit diagnostiziert wurde und dieses Ergebnis der kranken Person vermittelt werden muss. „Beim Zustand ihrer Leber lohnt sich der Kauf einer Langspielplatte nicht mehr“ – der taktvolle aber auch motivierende Umgang mit dem Kranken erfordert eine spezielle Ausbildung.

Als Merkmal gesunder Medizinkommunikation gilt eine partnerschaftliche Arzt-Patienten-Beziehung, die in der angloamerikanischen Literatur mit *„compliance“* übersetzt wird. Wie viel von dem, was Ärzte ihren Patienten raten, tun diese wirklich? *Compliance* herzustellen, also die Bereitschaft, eine *medizinische Empfehlung zu befolgen*, gehört zu den Kernaufgaben der Medizinkommunikation. Dem steht das paternalistische Prinzip des autoritären Arztes gegenüber, der sich über den Patienten erhebt und weiß, was diesem gut tut. Autonomie und Selbstverantwortung des Patienten sind im Laufe der letzten 30 Jahre aber deutlich gewachsen, der Patient ist heute kooperativ aber nicht mehr Untertan. Vielmehr benutzen sich die beiden wechselseitig als Experten – der Patient ist Experte seiner Leidensgeschichte, der Arzt ist Experte der Heilkunst. Am Ende steht nicht der überredete und gehorsame Patient, sondern der überzeugte.

Als wesentlicher Grund für *non-compliance* gilt Studien zufolge der Vertrauensschwund oder -mangel in Arzt oder Medizin, sowie Informationsdefizite bei den Patienten. Einer deutschen Studie zufolge wird nur ein Drittel der Ärzte den Informationsbedürfnissen gerecht, mehr als die Hälfte informiert nicht ausreichend etwa über Nebenwirkungen von Medikamenten etc. Im Schlagwort der *Drei Minuten-Medizin* wird wieder die mangelnde Kommunikation angesprochen. Vertrauensbildende Maßnahmen, die kommunikative Kompetenz des Arztes, das Eingehen des Arztes auf die individuelle Situation des Patienten (Empathie gilt als Brücke zur erfolgreichen Kommunikation, die Suche nach einer „gemeinsamen Wirklichkeit“, d. h. es geht auch darum, die Wahrnehmungswelt des Patienten zu ergründen; sie gilt als Schlüssel zum Erleben und Verarbeiten der Krankheit eines Patienten) wirken non-compliance entgegen. Ärzte agieren in vielen Fällen aber nur auf der Inhaltsebene, ein unsensibler Umgang mit Information ist die Folge, eine sinnvolle Beziehungsinformation wäre aber nötig. Dies gilt in noch größerem Ausmaß für chronisch Kranke – sie benötigen insbesondere eine Unterstützung zum Selbstmanagement, zur Stärkung der eigenen Bewältigungsfähigkeiten durch partnerschaftliche Verhältnisse. So zeigt eine Studie über Krebspatienten einen interessanten Zusammenhang auf: nicht der Grad der Informiertheit gilt als die relevante Einflussgröße für das subjektive Wohlbefinden der Patienten, sondern das Gefühl, alle notwendigen Informationen zur Verfügung gestellt bekommen zu haben.

Gesundheitskommunikation auf der gruppenspezifischen Ebene bedeutet vor allem den Einbezug von Teamarbeit, von *Weight Watchers* und andere Selbsthilfegruppen, von Internet Foren zu Hepa C positiv und vielen anderen mehr. Damit sind auch gruppendynamische Prozesse zu berücksichtigen bzw. in die Arbeit zu integrieren.

Gesundheitskommunikation auf der Organisationsebene erfolgt aufgrund der Einsicht, dass die zunehmende Bürokratie, Technisierung und Spezialisierung ein professionelles Kommunikations-Management erfordert. Die Organisation muss die Stellung eines Informationszentrums im Gesundheitssystem übernehmen, wie eine *Knowledge bank* agieren, als Wissensbroker, aber auch als Dienstleister, der Steuerungsverantwortung übernimmt. Das Wissen um die verschiedenen Akteure und Institutionen im Gesundheitswesen, deren Funktionen, wie sie zugänglich sind etc., muss im Sinne einer Vermittlungskompetenz in den Prozess eingebracht werden, ganz im Sinne von Good governance die auf Kooperation und Kommunikation setzt. Diese Organisation ist demnach als soziales System zu begreifen, das nach bestimmten Mustern und Regeln und mit spezifischen Kommunikationstechniken bzw. Medien operiert.

Zur Erfüllung dieser Aufgabe sind externe und interne Kommunikationsleistungen zu erbringen. *Externe Kommunikation* heißt Repräsentation nach außen, Bezug zu Partnern innerhalb des Gesundheitssystems, Zusammenarbeit mit anderen Akteuren, Vernetzung, Pflege guter Beziehungen etc. *Interne Kommunikation* bemüht sich die Administration zu optimieren, den internen Kommunikationsfluss möglichst effektiv zu gestalten. Beide integrierend gehört dazu auch das Schnittstellenmanagement zwischen Krankenhaus, ambulanten Vereinen und Seniorenheim.

Gesundheitskommunikation auf gesellschaftlicher Ebene umfasst Aktivitäten wie etwa den Aufbau einer Lobby für bestimmte Gesundheitsthemen, da Public-Health-Initiativen ohne entsprechendes Lobbying kaum zu verankern sind. Öffentliche Information in Form von Kampagnen sind ein typisches Beispiel für Maßnahmen auf dieser Ebene, etwa Anti-Raucher Kampagnen, wobei Werbeverbote, Steuererhöhung, Einführung von Nichtraucherzonen, etc. zumeist effektvoller sind als Appelle an die Gesundheit des einzelnen Rauchers.

Ein solches Beispiel war auch die Infektion der kollektiven Phantasie mit AIDS. HIV war der dominierende Themenschwerpunkt in den 1980er Jahren, stark appellativ mit Infektionszahlen argumentierend und als Homosexuellenseuche tituliert. 1982 berichtete die Los Angeles Times vom Übergreifen der Homosexuellenseuche auf die Heterosexuellen, 1985 wurde die Allgemeinheit darüber informiert, dass die Krankheit v. a. durch sexuellen Kontakt übertragen wird. HIV/Aids wurde zur globalen Medienkrankheit. 1987 sprach man und las man ständig vom Todesvirus. In den Folgejahren ging der Schrecken der Krankheit allmählich in kollektives Bewusstsein über und ist aus den Schlagzeilen verschwunden. Diese kurze Chronologie der Medienkarriere dieses Themas verweist auf die Nachrichtenfaktoren und auf die Grammatik der Sensation sowie auf die Aufmerksamkeitsregeln, die das journalistische Tagesgeschäft und das *gate keeping* bestimmen.

4. Unternehmens- und Marktkommunikation

Gesundheitsbetriebe unterscheiden sich von vielen anderen Branchen auf vielfache Weise, in einem jedoch nicht oder kaum: sie haben kommerzielle wie soziale Absichten. Als Kommunikatoren verfolgen sie wie andere Betriebe Unternehmensziele, zu deren Umsetzung Kommunikation als zentrale Ressource benötigt wird. Sie übermitteln Informationen und Bedeutungsinhalte zum Zweck der Steuerung von Meinungen, Einstellungen, Erwartungen und Verhaltensweisen bestimmter Adressaten gemäß spezifischer Zielsetzungen. Der Fokus liegt auf strategischer Kommunikation eines Gesundheitsbetriebes mit seinem Umfeld (Politik, Personal, Medien – breite Öffentlichkeit, Klientel – Patienten, Wissenschaft). Auch im Kontext von Governance ist meist von *strategischer Kommunikation* die Rede, also von sozialem bzw. kommunikativem Handeln, das auf andere Individuen bzw. Gruppen im Kontext von Planung und spezifischen Überlegungen ausgerichtet ist. Strategisches Handeln verfolgt Ziele und will diese erreichen.

Als Unternehmens- und Marktkommunikation bezeichnet man die Gesamtheit sämtlicher Kommunikationsinstrumente und -maßnahmen eines Unternehmens, die eingesetzt werden, um das Unternehmen, Produkte und seine Leistungen den relevanten internen und externen Zielgruppen darzustellen. Es handelt sich um Maßnahmen, die bewusst zur Erreichung kommunikativer Zielsetzungen eingesetzt werden, wobei die externe Kommunikation auf den Markt ausgerichtet ist und die interne Kommunikation auf die Mitarbeiter.

Der Kommunikationserfolg zeigt den Grad der Erreichung von Zielen bei den anvisierten Zielgruppen. Ergebnisse sind messbar in Form von Verhaltensreaktionen, ausgelösten Emotionen, der Höhe der Motivation, der Ausprägung von Einstellungen in geschaffenen Präferenzen (etwa Gesundheitsbewusstsein), im bewirkten Kaufverhalten bzw. Verwendungsverhalten (Lebensstil, Ernährungsweisen).

Die Schritte eines integrativ ausgerichteten Planungsprozesses sind folgende:

- Umfassende Situationsanalyse
- Definition der Kommunikationsziele
- Identifikation der Zielgruppen und ihrer Erreichbarkeit
- Festlegung der Kommunikationsstrategie
- Festlegung des Kommunikations-Budgets, der Instrumente – Maßnahmenplanung
- Erfolgskontrolle – allenfalls Korrektur und Verbesserung des Prozesses

Hier kann nicht im Detail auf die einzelnen Aspekte marktorientierter Kommunikation eingegangen werden. Es versteht sich aber von selbst, dass Gesundheitskommunikation eines Unternehmens im Kontext von Wertewandel und gesellschaftlicher Dynamik erfolgen muss, somit einen professionellen Umgang mit Kommunikation verlangt. Kommunikation wird als strategischer Wettbewerbsfaktor gesehen. Strategie bedeutet eine verbindliche, mittel- bis langfristige Schwerpunktlegung für die Gesamtkommunikation des Unternehmens sowie für den Einsatz der einzelnen Instrumente. Mit Taktik wird die kurzfristige Planung und Durchsetzung von Kommunikations-Maßnahmen bezeichnet, um ein Ziel effizient und effektiv zu erreichen.

Voraussetzung für einen derart geplanten Prozess ist ein kommunikatives Gesamtkonzept, wobei man heutzutage von einem Konzept Integrierter Kommunikation ausgehen sollte. Dieses besteht aus einer Reihe von Komponenten wie:

- strategisches Leitbild
- Ansatz einheitlicher Kommunikation für die gesamte Unternehmens- und Marketingkommunikation, wobei die Einheitlichkeit der Kommunikation im Sinne der Polyphonie eines Orchesters zu verstehen ist
- Integration aller betroffenen Abteilungen im Planungsprozess
- Zusammenarbeit und Abstimmung der einzelnen Schritte garantieren, d. h. Integration muss als Führungsaufgabe verstanden werden

Von *integrierter Kommunikation* kann man dann sprechen, wenn der Prozess der Analyse, Planung, Durchführung und Kontrolle aufeinander bezogen erfolgt, wenn es gelingt, *aus den verschiedenen Quellen der internen und externen Kommunikation von Unternehmen eine Einheit herzustellen*. Damit verbunden ist die Vermittlung eines konsistenten Erscheinungsbildes an die Zielgruppen. Dies geschieht inhaltlich durch die langfristig thematische Abstimmung, durch Verbindungslinien, den einheitlichen Auftritt, die Klarheit und Einheit der Botschaften. Formal erfolgt dies durch gleich bleibende Gestaltungsprinzipien, durch Klarheit und Prägnanz, einheitliche Logos und Slogans, Farbe, Schrift und „key visuals" zumindest mittel- bis langfristig. Kurz- bis mittelfristig gelten zeitliche Abstimmungen hinsichtlich Planungsperioden und allfälliger Ereignisplanung.

Als Barrieren bzw. Störfelder treten in der Praxis in Erscheinung:

- Das Konzept der Integrierten Kommunikation ist nicht ausgereift
- Fehlen oder mangelhafte Definition von Kommunikations-Zielen, lückenhafte Erfassung
- Zielkonflikte (lang-, kurz-, mittelfristig)
- Scheitern an der inhaltlichen Integration der Kommunikationspraxis
- Externe und interne Kommunikation nicht ausreichend aufeinander abgestimmt (Mitarbeiter sind auch potenzielle Kommunikatoren in der Öffentlichkeit und stehen für das Unternehmen; treten in Interaktion mit den Kunden)

Situationsanalyse nach Stärken und Schwächen

Identifiziert man Kommunikation als wesentliche Ressource erfolgreichen unternehmerischen Handelns im Gesundheitssektor, so stellt sich als erstes die Aufgabe, ein *Inventar kommunikationsrelevanter Sachverhalte* zu erstellen. Man muss die kommunikationspolitischen Chancen und Risiken, Stärken und Schwächen identifizieren, die kommunikativen Problemstellungen ausarbeiten und eine Analyse der Positionierung des Unternehmens oder der Marken im Kontext (Wettbewerb) erstellen.

Diese Zustandsanalyse bezieht sich auf folgende Themenfelder:

- Analyse des eigenen Kommunikationsverhaltens bzw. -problems
- Erkennen des Kommunikationsverhaltens der wichtigsten Konkurrenten im Wettbewerb
- Bewusstmachung der Effizienz des eigenen Kommunikationsverhaltens
- Erkennen von Tendenzen (etwa Kaufverhalten der Kunden, Lebensstile)
- Antizipierung von Trends (langfristige Entwicklung, Gesundheit als möglicher sechster Kondratjew-Zyklus)
- Lokalisierung neuer kommunikativer Möglichkeiten (bessere Ausbildung, neue Techniken wie Web 2.0)

- Ermittlung von potenziellen kommunikativen Wettbewerbsvorteilen
- Erkennen nicht genutzter eigener Ressourcen
- Ermittlung innerbetrieblicher Barrieren
- Aufdeckung von Defiziten im Leistungsangebot (Qualitätskontrollen)

Abschließend soll hier in Anlehnung an Bruhn beispielhaft aufgezeigt werden, wie die Integration der Planungselemente in ein *strategisches Konzept integrierter Kommunikation* erfolgen kann.

1. Strategische Positionierung des Unternehmens
   (Soll-Bild, was ein Unternehmen von sich vermitteln will; enthält die Hauptziele der Unternehmens- und Marktkommunikation auf einen gemeinsamen Nenner gebracht; zukunftsorientiert – so möchte man gesehen werden: Beispiel Qualitätsführer, international erfolgreicher Pharmakonzern, Nischenanbieter Homöopathie, niedrigste Prämie für viel Sicherheit etc.)
   Formulierung der strategischen Positionierung, der kommunikativen Leitidee und der Leitinstrumente für die Gesamtkommunikation (Medieneinsatz, PR-Initiativen etc.)

2. Hierarchisierung von Kommunikationszielen – Positionierungspapier
   Oberziel der strategischen Positionierung auf der Ebene der Instrumente in Zwischen- und Einzelziele umgesetzt (mittel- und kurzfristig nach Zielgruppen differenziert, etwa Markenbekanntheit, Einstellung bei Großhändlern, Positionierung als Spezialklinik)

3. Definition der kommunikativen Leitidee – Kommunikationsplattform
   Formulierung der kommunikativen Leitidee, Kern- und Einzelaussagen (Aussagen- und Argumentationssystem)
   Grundaussage über Unternehmen oder Marke, in der die wesentlichen Merkmale der Positionierung enthalten sind, d. h. strategische Positionierung schlägt sich in den Inhalten der Botschaften nieder, inhaltliche Konkretisierung in Slogans: Man

spricht von der *Unique Communication Proposition – UCP*, dem langfristig visuellen und akustischen Schlüsselbild, das den Erlebniskern des Unternehmens darstellt.
Beispiele: Keine Sorge Volksfürsorge. Connecting People (Nokia). Créateur d'Automobiles (Renault). Vorsprung durch Technik (Audi). Wohnst du noch oder lebst du schon? (IKEA) Gesundheit im Zentrum (Parkhotel Igls).

4. Kern- und Einzelaussagen
   Kernaussagen konkretisieren die zentralen Botschaften nach Zielgruppen, konkrete Leistungsversprechen wie „Wir bieten grundsätzlich nur umweltfreundliche Produkte an", „Wir garantieren kostenlosen Transport und lückenlosen Service in ganz Europa"
   Einzelaussagen sind Belege für die Kernaussagen und beinhalten die zentralen Argumentationsmuster: Wir haben einen 24-Stunden Gesundheitsdienst in ganz Bayern eingerichtet. Aussagen haben Beweischarakter.

5. Spezifizierung der Leitinstrumente – Regeln zum Instrumenteneinsatz
   Klare Zuordnung von Funktion und Aufgabe der einzelnen Instrumente; wer übernimmt Führungsfunktion über die anderen Instrumente? Leitinstrumente müssen großes Beeinflussungspotenzial haben. In vielen Branchen ist es die Mediawerbung.
   Bestimmung der Kristallisations- und Folgeinstrumente, nachrangig bzw. höchst sensibel: Kristallisationsinstrumente sprechen Zielgruppe spezifisch an, Integrationsinstrumente viele, weil schwache Einflussnahme.
   Regeln werden in einem Konzeptpapier festgehalten, die den Zusammenhang zwischen strategischen Zielen, Kernbotschaften und Leitinstrumenten konkretisieren und Einzelziele der Kommunikation in Verbindung mit Einzel- und Oberzielen formulieren.
   Studien zeigen: Mediawerbung, Public Relations und Verkaufsförderung haben höchste Bedeutung. Dann Mitarbeiterkommunikation, Messen und Ausstellungen, Direkt Marketing. Geringer

Stellenwert Sponsoring, Event Marketing, Multimediakommunikation (betrifft Unternehmen allgemein).
Umsetzung erfolgt nach Organisationsregeln, welche die Prozesse des Ablaufes formulieren und die Zusammenarbeit festlegen.

5. Resümee

Ob Vogelgrippe oder Rinderwahn, ob SARS oder HIV – große pandemisch anmutende Krankheiten stehen im Rampenlicht der globalen Medienöffentlichkeit. Verantwortungsvoller journalistischer Umgang mit derlei Information ist geboten und je nach Ausmaß der gesundheitlichen Bedrohung wird sich die Berichterstattung in Verhaltensvorschriften oder Empfehlungen niederschlagen. Die Massenmedien spielen in diesem Kontext eine entscheidende Rolle, denn in unserer globalisierten Zeit haben sich auch die Viren mondialisiert und lassen sich von keinem Grenzbalken oder Schengenvisa abschrecken. Auf der anderen Seite des Spektrums der Gesundheitskommunikation steht die Gesundungsfabrik Krankenhaus, die ihrerseits nach außen wirkt oder wirken will, Einfluss nehmen möchte auf Lebens- und Freizeitstile oder Ernährungsgewohnheiten, als modernes Unternehmen seine Themen in die Öffentlichkeit bringen möchte. Dazwischen stehen der Patient und der Arzt bzw. die Patientin und die Ärztin, die sich mit ihren kommunikativen Talenten bzw. ihrer diesbezüglichen Begrenztheit bemühen, die ärztliche Intervention über den wissenschaftlichen Teil hinaus zu einem interpersonellen Erlebnis und in Summe zu einem Erfolg zu machen. In jedem Fall lässt sich eine zunehmende Professionalisierung der Gesundheitskommunikation feststellen. Die Bedeutung ihrer Leistung hat mittlerweile eine breite Anerkennung gefunden.

Dieser Beitrag hat versucht, einen groben Überblick über dieses dynamisch wachsende Arbeitsfeld zu geben und auch der Weitläufigkeit des Begriffes Kommunikation Rechnung zu tragen. Damit war die Absicht verbunden, Experten anderer Disziplinen die Tür zur transdisziplinären Interaktion zu öffnen.

Literaturverzeichnis

Backer, Thomas/Rogers, Everett (Eds.): Organizational Aspects of Health Communication Campaigns: What works? Sage, Newbury Park – London 1993.

Becker, Jörg: Information und Gesellschaft. Wien – New York 2002.

Bentele, Günter/Fröhlich, Romy/Szyska, Peter (Hg.): Handbuch Public Relations. Wiesbaden 2005.

Bonfadelli, Heinz/Jarren, Otfried/Siegert, Gabriele (Hg.): Einführung in die Publizistikwissenschaft. Bern – Stuttgart – Wien 2005.

Bruhn, Manfred: Kommunikationspolitik. München 2005.

Eichhorn, Wolfgang: Agenda-Setting. Eine theoretische Analyse individueller und gesellschaftlicher Themenstrukturierung. München 1996.

Burkart, Roland: Kommunikationswissenschaft. Wien – Köln – Weimar 1995.

Dimmel, Nikolaus/Pichler, Wolfgang (Hg.): Governance – Bewältigung von Komplexität in Wirtschaft, Gesellschaft und Politik. Frankfurt 2009.

Hamberger, Erich/Luger, Kurt (Hg.): Transdisziplinäre Kommunikation. Wien 2008.

Hörschinger, Peter/Benno Signitzer (Hg.): Erfolgsfaktor Public Relations. Frankfurt 2004.

Hurrelmann, Klaus/Leppin, Anja (Hg.): Moderne Gesundheitskommunikation. Vom Aufklärungsgespräch bis zur E-Health. Bern 2001.

Medien Journal 1989, Schwerpunktheft Gesundheitskommunikation

Menz, Florian/Stahl, Heinz: Handbuch Stakeholderkommunikation. Berlin 2008.

Merten, Klaus: Einführung in die Kommunikationswissenschaft. Band 1. Münster 1999.

Piwinger, Manfred/Zerfass, Ansgar (Hg.): Handbuch Unternehmenskommunikation. Wiesbaden 2007.

Schmidt, Siegfried J. (Hg.): Kognition und Gesellschaft. Der Diskurs des Radikalen Konstruktivismus II. Frankfurt 1992.

Shorter, Edward: Das Arzt-Patient-Verhältnis in der Geschichte und heute. Wien 1991.

Siegert, Gabriele (Hg.): Medienökonomie in der Kommunikationswissenschaft. Münster 2002.

Thompson, Teresa/Dorsey, Alicia/Miller, Katherine/Parrott, Roxanne (Eds.): Handbook of Health Communication. Lawrence Earlbaum, New Jersey 2003.

Günter Neubauer: Finanzierungsreform der gesetzlichen Krankenversicherung in Deutschland 2011 – Modellvorstellungen und Realität

1. Das gesundheitsökonomische Fundamentalproblem

Alle Industriestaaten haben das Problem, dass der Behandlungsbedarf der Bevölkerung schneller wächst als die finanziellen Ressourcen. Dies führt dazu, dass sich zwischen den Möglichkeiten von Diagnostik und Therapie für die Kranken einerseits und der Finanzierung durch die Versicherten andererseits eine Lücke auftut. Diese Lücke gilt es zu schließen. Hier experimentieren alle Industriestaaten mit recht unterschiedlichen Ansätzen und unterschiedlichem Erfolg. Gleichwohl ist es bislang noch in keinem Land gelungen, finanzielle Ressourcen und den Bedarf der Bevölkerung quasi gleichgewichtig wachsen zu lassen.

Die Faktoren, welche die Behandlungsmöglichkeiten für Kranke antreiben, sind hinlänglich bekannt. Es sind dies die medizinischen Innovationen, die quasi täglich den Menschen neue Möglichkeiten versprechen, und eine älter werdende Bevölkerung, die gerne auf die Möglichkeiten der Medizin zurückgreift. Aber gerade die Demographie, die einerseits den Behandlungsbedarf rasch wachsen lässt, dämpft andererseits die Finanzierungsmöglichkeiten. Denn die nicht mehr erwerbstätige Bevölkerung trägt nur noch wenig zum Wachstum der finanziellen Ressourcen bei.

Nachdem die einzelnen Regierungen weder die Demographie abändern, noch Innovationen grundsätzlich stoppen wollen, konzentrieren sich in jüngster Zeit die Reformbemühungen vor allem auf die Stärkung der finanziellen Ressourcen. Die USA haben gerade (2010) ein Gesetz beschlossen, in dem der Behandlungsbedarf von rund 35 Mio. Menschen zukünftig zusätzlich finanziert werden soll. Man schätzt, dass dies jährlich einen zusätzlichen Mittelaufwand von etwa 100 Mrd. Dollar bedeuten wird.

Für Deutschland zeichnete sich im Jahr 2010 für das Folgejahr 2011 eine Finanzierungslücke von rund zehn Mrd. Euro ab. Vor diesem Hintergrund hat die neue Bundesregierung schon in ihrem Wahlprogramm beschlossen, die Finanzierung der GKV neu auszurichten. Wenn es zu diesem Zeitpunkt auch noch keine Modellvorstellung von Seiten der Regierung gab, so konnte man bereits aus den Eckpunkten des Koalitionsvertrages einem Grundriss für die angestrebte Finanzierungsreform ableiten.

2. Grundriss der Koalitionsvereinbarung: Ein regionalisierter Gesundheitskombi (RGK)

Die Bundesregierung hat diesbezüglich in der Koalitionsvereinbarung die folgenden fünf Punkte festgehalten:

(1) Mehr Beitragsautonomie für die Krankenkassen
(2) Regionale Differenzierungsmöglichkeiten für die Versorgung
(3) Einkommensunabhängige Arbeitnehmerbeiträge, die sozial ausgeglichen werden
(4) Entkoppelung der Gesundheitskosten von den Lohnzusatzkosten
(5) Der Arbeitgeberanteil bleibt fest

Nimmt man diese fünf Eckpunkte der Koalitionsvereinbarung zusammen, so lässt sich daraus ein Finanzierungsmodell konstruieren, wie in der nachfolgenden Abbildung dargestellt.

Das obige Bild weist aus, dass die Finanzierungsreform auf zwei wesentlichen Säulen beruht: Einem reduzierten Gesundheitsfonds und pauschalierten Versichertenbeiträgen, die den Kassen direkt zufließen und bei diesen verbleiben.

In den Gesundheitsfonds fließen lediglich die Arbeitgeberbeiträge, die auf 7 % eingefroren werden, sowie die Steuermittel, die vor allem für die Kinder vorgesehen sind. Letztere addierten sich im Jahr 2010 auf rund 15 Mrd. Euro, womit nahezu 10 % des gesamten Mittelaufkommens direkt aus Steuern finanziert wird. Indirekt kommen noch weitere Finanzmittel hinzu, die hier zunächst keine Rolle spielen. Die viel diskutierte Neuerung dabei ist, dass ein zweiter Teil der Finanzierungsreform sich aus pauschalierten Versicherungsbeiträgen zusammensetzt.

Abb. 1: Modell einer Reform:
Ein regionalisierter Gesundheitskombi (RGK)

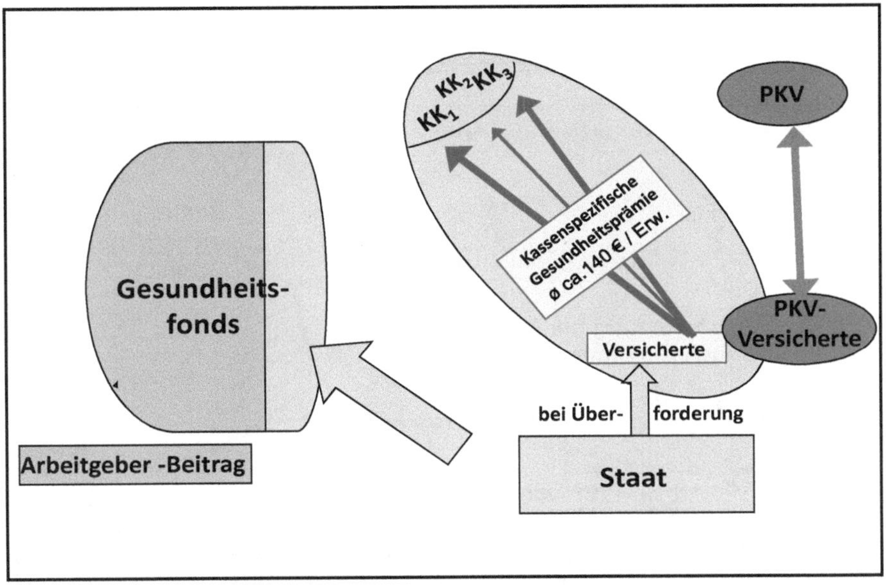

Quelle: Eigene Darstellung

Diese Pauschalen, oft auch als Gesundheitsprämie bezeichnet, sollen den durchschnittlichen Beitragsbedarf der Versicherten einer Krankenkasse abbilden. Der Beitrag soll also für alle Versicherten einer Kasse gleich hoch sein. Zwischen den Krankenkassen freilich können sich Unterschiede ergeben. Wie eben angesprochen erhalten die Krankenkassen für die Kinder aus dem Fonds entsprechende Zuweisungen, die deren Ausgaben für Kinder abdecken sollen.

Die Kritik und die Diskussion erhitzen sich dabei an der Pauschalierung der Beiträge. Diese wird einerseits als ungerecht bezeichnet, weil sie von allen Versicherten verlangt wird, unabhängig von der jeweiligen Einkommensfrage, aber auch als schwer technisch handhabbar, was das Einzugsverhalten betrifft, und schließlich auch als sozial diskriminierend, weil Bürger, die mit der Pauschale überfordert sind, über einen Antrag einen entsprechenden Sozialausgleich über Steuern erhalten.

Aber betrachten wir uns zunächst einmal, wie eine einheitliche Pauschale einzuschätzen ist.

Abb. 2: Kassenspezifische, pauschalierte Prämien als Modell

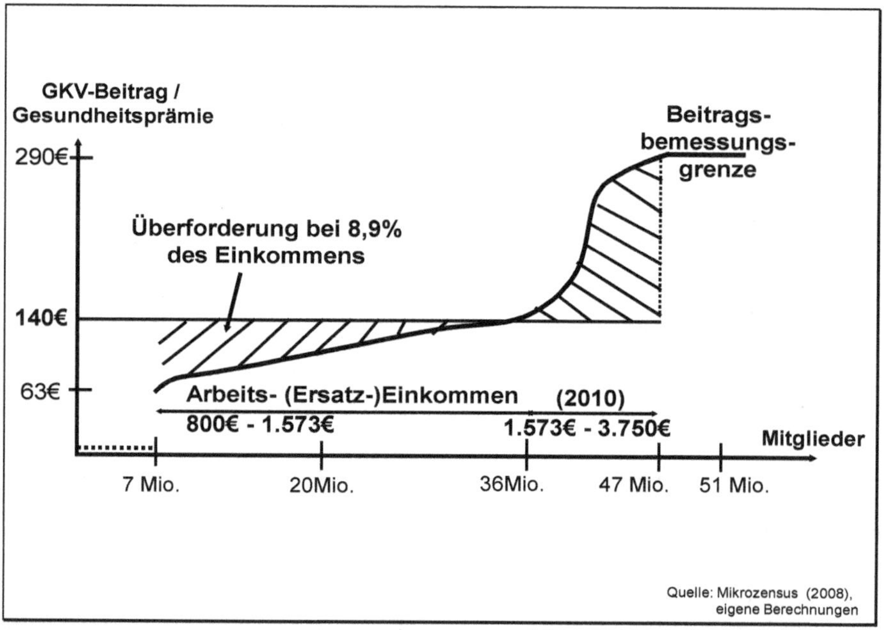

Die Abbildung verdeutlicht, dass es bei einem durchschnittlichen Beitrag in der Summe genau soviel Entlastungen geben muss, wie auch an Belastung entsteht. Denn das Kennzeichen des derzeitigen Solidarausgleichs ist es ja gerade, dass die in unserem Bild links unterhalb der

Durchschnittspauschale schraffierten Entlasteten zur solidarischen Unterstützung der rechts oberhalb der Durchschnittspauschale schraffierten Belasteten herangezogen werden. Allerdings ist der Solidarausgleich bisher für die meisten Menschen völlig intransparent und von daher auch kaum verständlich.

Nach unseren Schätzungen müsste eine durchschnittliche Gesundheitsprämie etwa bei 140 Euro monatlich liegen, im Durchschnitt aller Kassen. Bei dieser Pauschale wären etwa 11 Mio. Menschen entlastet, weil sie bisher höhere Beiträge zahlen, und rund 25 Mio. belastet, weil sie derzeit niedrigere Beiträge entrichten.

Der derzeitige intransparente Solidarausgleich wird also mit einem Pauschalbeitrag transparent gemacht, ohne dass sich das Volumen der Beiträge insgesamt verändert. Wichtig ist aber zu verstehen, dass auch ein Pauschalbeitrag nach wie vor einen Solidarausgleich dahin gehend bringt, dass Gesunde mehr als Kranke, Junge stärker als Ältere und Singles mehr als Familien belastet sind. Insofern sind wichtige Komponenten des bisherigen Solidarausgleichs weiterhin enthalten. Auch der Einkommensausgleich zwischen gut Verdienenden und weniger gut Verdienenden bleibt erhalten, er wird lediglich auf das Steuersystem verlagert. Nun ist es aber unter Ökonomen kaum bestritten, dass ein Einkommensausgleich in einem Steuersystem sehr viel genauer geleistet werden kann, als über einen proportionalen Beitrag.

3. Bedarf an Steuerfinanzierung und ordnungspolitische Bewertung

Einer der wichtigsten Vorwürfe an den Pauschalbeitrag besteht darin, dass der Finanzminister mit der Summe des steuerlichen Ausgleichs überfordert sein wird. Diese Betrachtung ist zunächst dahingehend zu relativieren, dass der Finanzminister nur in dem Umfange belastet wird, wie die Beitragszahler entlastet werden, so dass volkswirtschaftlich lediglich eine Umstrukturierung, aber keine zusätzliche Belastung erfolgt. Des Weiteren wird in den Überlegungen nur sehr selten berücksichtigt, dass die Summe der Entlastungen steuerpflichtig wird und selbst bei einem durchschnittlichen Grenzsteuersatz von nur

30 Prozent ein Drittel der jeweiligen Summe an den Finanzminister wieder zurück fließt.

Angenommen, der Sozialausgleich hat ein Volumen von rund 12 Mrd. Euro, so würde etwa ein Drittel davon bereits durch die zusätzlichen Steuereinnahmen finanziert. So dürfte sich der zusätzliche Finanzbedarf für den Sozialausgleich auf eine Summe von etwa 8 Mrd. Euro reduzieren, was insgesamt sicherlich bei dem Haushaltsvolumen des Finanzministers gestaltbar sein dürfte. Letztlich wird es auf die politische Prioritätensetzung ankommen, ob man den Sozialausgleich für finanzierbar hält oder nicht.

Abb. 3: Einsatz der Steuermittel

Einsatz von Steuermitteln über den Gesundheitsfonds oder über einen Sozialausgleich für Versicherte:

Über Gesundheitsfonds, führt

- zur Preis- und Mengenregulierung
- zur Vergütungsregulierung
- tendenziell zur Verstaatlichung

Über Sozialausgleich für Versicherte, zwingt Staat

- zur Leistungsdefinition (Priorisierung)
- zur Definition der Überforderung
- zur Rechenschaft gegenüber Wählern

Quelle: Eigene Darstellung

Geht man davon aus, dass auf mittlere Sicht die gesetzliche Krankenversicherung sowieso vermehrt auf Steuermittel angewiesen sein wird, ist die entscheidende Frage, wie diese Steuermittel in das System einfließen sollen. Und hier halten wir es ordnungspolitisch für außerordentlich wichtig darauf hinzuweisen, dass Steuermittel, die etwa über den Gesundheitsfonds in das System einfließen, ein Schritt zur stillen Verstaatlichung der GKV darstellen. Aufgrund der Unmerklichkeit ist es dabei für den Staat leicht, diese Mittel zu erhöhen oder wieder abzusenken.

Werden Steuermittel hingegen über den Sozialausgleich an die Versicherten weitergegeben, damit diese sich einen entsprechenden Versicherungsschutz auch kaufen können, so wird ein Wettbewerb in der GKV angetrieben. Schließlich sehen wir auch im Augenblick, dass ein absoluter Betrag für die Versicherten sehr viel mehr Steuerungs- und Anreizwirkung ausübt, als der prozentuale Abzug vom Einkommen. Aber auch die Politik tut sich sehr viel schwerer, direkte Zuweisungen an Versicherte zu reduzieren, weil die oben dargestellte Zahl der dahinter stehenden Beitragszahler auch Wähler sind.

Ein weiterer Vorteil eines Sozialausgleichs an die Versicherten ist, dass dieser das Parlament zwingt zu definieren, zu welchem Leistungsanspruch ein Sozialausgleich geleistet werden soll. Es muss also eine Priorisierung bzw. eine Festlegung der Leistungen der GKV erfolgen. Auch die dazugehörige Frage der Belastung bzw. Überforderung von Versicherten ist parlamentarisch abzuklären und bleibt eine politische Aufgabe. Dass sich dies – je nach Regierungszusammensetzung – verändern kann, ist einerseits richtig andererseits aber auch Teil in einem Parteienwettbewerb.

4. Die Realität: Das GKV-Finanzierungsgesetz ab 2011

Nach langen Geburtswehen hat der deutsche Bundestag nun Ende 2010 das GKV-Finanzierungsgesetz (GKV-FinG) verabschiedet, das zum 01.01.2011 in Kraft trat. Das Ziel des Gesetzes besteht darin, die eingangs erwähnte, für 2011 prognostizierte Öffnung der Einnahmen-/ Ausgabenschere um rund zehn Mrd. Euro zu schließen. In der Tradition früherer Reformgesetze wurden auch diesmal einerseits die Ausgaben der Krankenkassen – und damit die Erlöse der Leistungserbringer –

gekürzt und andererseits die Einnahmen der Krankenkassen durch Anhebung des GKV-Beitragssatzes erhöht.

In einem ersten Entwurf zur Reform der GKV-Finanzierung legte das Bundesministerium für Gesundheit (BMG) einen Vorschlag vor, der noch eine kassenspezifische Gesundheitsprämie – ähnlich unserer Abbildung 2 – ins Zentrum stellte. Eine solche Gesundheitsprämie, die für jeden Versicherten einer Kasse gleich hoch sein sollte, hätte die GKV-Einnahmen von der jeweiligen Entwicklung der Arbeitseinkommen der Beitragspflichtigen teilweise abgelöst. Dadurch wäre z. B. der Eintritt eines Erwerbstätigen in den Ruhestand mit einem deutlich geringeren Rückgang des Beitrags verbunden gewesen, was für die nahe Zukunft eine immer größere Bedeutung haben wird. Schon 2011 sank die Beitragsbemessungsgrenze, bis zu der Versicherte Beiträge zu leisten haben, von 3.750 Euro auf 3.712,50 Euro, obwohl der Mittelbedarf der Krankenkassen ansteigt. Diese kontroversen Effekte rühren daher, dass die Finanzierung der GKV an die beitragspflichtigen Arbeitseinkommen gekoppelt ist, die Ausgaben dagegen unabhängig davon durch die Morbidität der Bevölkerung und deren Behandlungsmöglichkeiten bestimmt werden.

Eine Gesundheitsprämie für Versicherte, die in weiten Kreisen der Öffentlichkeit nicht verstanden und daher als unsolidarisch und wahlpolitisch nachteilig eingeschätzt wurde, konnte aber selbst in der Koalitionsregierung keine Mehrheit finden. Der gefundene politische Kompromiss eines Zusatzbeitrags kann zwar als Gesichtswahrung von Gegnern und Befürwortern der Gesundheitsprämie bewertet werden, doch kann dies nicht als nachhaltige Lösung verstanden werden. Der Zusatzbeitrag, den nun jede Kasse nach Haushaltslage erheben muss, soll quasi ein automatisches Schließen der Einnahmen-/Ausgabenschere kassenindividuell ermöglichen. Im laufenden Jahr werden nur wenige Krankenkassen einen solchen Zusatzbeitrag erheben müssen. Für 2012 ist hingegen für alle Beitragspflichtigen ein durchschnittlicher Zusatzbeitrag von rund zehn Euro pro Monat zu erwarten, der im Bundestagswahljahr 2013 dann auf etwa 20 Euro steigen wird. Ob dies die Koalition politisch durchstehen wird, bleibt abzuwarten.

Ein verfassungsrechtliches Hindernis könnte auch in der Regelung der finanziellen Überforderung von Beitragspflichtigen liegen. Zur Ermittlung der Überforderung wird lediglich das beitragspflichtige Einkommen im Verhältnis zum Beitrag gesetzt, und nicht, wie sozial und rechtlich geboten, das gesamte Einkommen berücksichtigt. So kann sein, dass Zweitverdiener mit geringem Erwerbseinkommen als überfordert einzustufen sind, obwohl das gesamte Familieneinkommen deutlich über der Überforderungsgrenze liegt. Hier haben selbst Abgeordnete der Regierungskoalition bereits Bedenken angemeldet und die Opposition verfassungsrechtliche Gutachten eingeholt.

5. Ausblick

Insgesamt kann das GKV-FinG aus inhaltlicher Sicht und angesichts der gegebenen Problemlage nicht zufrieden stellen. Ob dies für die Gesundheitspolitik der schwarz-gelben Koalition insgesamt auch zutrifft, hängt sehr davon ab inwieweit die für 2011 angekündigten weiteren Reformvorhaben in den Leistungsbereichen gelingen.

Hier dürfte vor allem die beabsichtigte Einführung des Kostenerstattungsprinzips für die ambulant-ärztliche Versorgung zu einem heftigen Streitpunkt werden. Ähnlich wie die Gesundheitsprämie ist auch das Kostenerstattungsprinzip bei der versicherungspflichtigen Bevölkerung denkbar unbeliebt. Wird die Kostenerstattung auch noch mit Formen der Kostenbeteiligung verbunden – was gesundheitsökonomisch sinnvoll wäre –, dürfte sich die Ablehnung durch die Bevölkerung in Widerstand umwandeln. Dieser Widerstand wird selbstverständlich von den Oppositionsparteien wahlpolitisch genutzt. Schon heute kündigen sie an, bei einem Wahlsieg die Reformschritte des GKV-FinG wieder rückgängig zu machen. Doch auch eine andere Regierung kommt nicht umhin, die Finanzierung von den Arbeitskosten abzulösen und auf der Leistungsseite zu definieren, was eine ausreichende, zweckmäßige und wirtschaftliche Versorgung ist.

Ernest G. Pichlbauer: Veränderungen der Krankenhausverrechnungssysteme und der Krankenhaushäufigkeit oder: Der Versuch, ein Surrogat für die Qualität der Gesundheitspolitik zu finden

1. Einleitung

Die WHO und die OECD haben seit langem Datenbanken eingerichtet, in der ihre Mitglieder Zahlen, Daten und Fakten aus den jeweiligen Gesundheitssystemen einspeisen sollten. Die Idee war, eine Art Benchmarkingsystem zu errichten, mit dessen Hilfe nationale politische Entscheidungsträger voneinander lernen können und so das gemeinsam ausgerufene Ziel „Gesundheit für alle" Realität wird.

Es hat Jahre gebraucht, bis die europäischen Daten einigermaßen vergleichbar wurden. Aber, weil viele, vor allem die für ihre Transparenz bekannten nordeuropäischen Länder, Interesse daran hatten, wurden die Daten immer besser und die Datenbanken ein weit verbreitetes Mittel, um Vergleiche anzustellen. Es ist daher nicht verwunderlich, dass sie von vielen verwendet werden. Kaum ein gesundheitspolitischer Bericht – national oder international – kommt ohne diese Daten aus.

Allerdings sollte man diese auch immer kritisch sehen. Es besteht ein Anreiz die Daten, die ja von den einzelnen Staaten gemeldet und nicht zentral erhoben werden, zu „verdrehen", um statistisch international „gut" dazustehen.

Gar nicht selten passen die in den Datenbanken gefundenen Werte untereinander und mit den nationalen Zahlen (so man sie findet – da gibt es sehr viel Geheimniskrämerei) gar nicht zusammen.

Einige der Statistiken sind für Österreich durchaus nachvollziehbar. Dass unser System nicht gerade viel für Gesundheitsförderung übrig hat, und wir daher um ein Drittel weniger dafür ausgeben als die anderen, ist bemerkenswert. Auch, dass wir sehr teuer sind, ist nicht unbekannt. Interessant ist jedoch, dass in den für 2007 ausgewiesenen 2.710 Euro Jahresausgaben pro Kopf (2.140 Euro im OECD-Schnitt) noch nicht einmal all die Gelder enthalten sind, die bei Pflege oder Wahlärzten (das sind Privatärzte, die man selbst bezahlen muss, deren Rechnungen jedoch bei den Krankenkassen von den Patienten eingereicht werden können. Real erhält man weniger als 50 Prozent erstattet, wobei nicht einmal geschätzte 30 Prozent der Rechnungen überhaupt eingereicht werden) direkt und privat bezahlt wurden. Für diese Geldflüsse gibt es nämlich weder Aufzeichnungen noch offizielle Schätzungen. Da es aber etwa 10.000 Wahlärzte und etwa 40.000 „illegale" Pflegekräfte gibt, ist hier ein Volumen von mehr als einer Milliarde Euro anzunehmen, das den offiziell ausgewiesenen 6,6 Milliarden Euro privaten Ausgaben zugerechnet werden müsste. Damit würden nicht nur unsere Gesamtausgaben steigen und uns in der „Teuersten-Rangliste" weiter nach oben schieben, sondern auch die Selbstbehaltsquote anschwellen lassen.

Auch in den Spitälern gibt es einige österreichische Besonderheiten. So hatten wir der WHO für 2007 etwa 2,2 Mio. Spitalsaufnahmen gemeldet. Doch statt, wie üblich, die einzelnen Aufnahmen zu zählen, rechnen wir wohl mit Patienten. Damit würden alle, die mehr als ein Mal pro Jahr aufgenommen werden nur einmal gezählt. Es kann aber auch sein, dass wir bestimmte Aufnahmen – mehr oder weniger gerechtfertigt – einfach nicht mit zählen, z. B. jene auf Intensivabteilungen (Ein Patient, der auf einer normalen Abteilung aufgenommen wird, aber im Laufe des Aufenthalts auf eine Intensivabteilung kommt und danach wieder auf die Normalabteilung zurückverlegt wird, könnte statistisch möglicherweise zu drei Aufnahmen führen!). Aber vielleicht wird auch noch ganz anders gerechnet; wie kann man nicht sagen, weil es darüber keine ausreichende Auskunft gibt. Wichtig scheint den Rechnern nur zu sein, dass die Zahl der Aufnahmen „virtuell" niedrig bleibt.

In der Zahl der Aufnahmen keinesfalls enthalten sind 517 Tsd., sogenannte „Null-Tages-Aufnahmen", die als tagesklinisch bezeichnet und virtuell dem „ambulanten“ und nicht dem stationären Bereich zugerechnet werden. Begründet wird das damit, dass diese Fälle nur verrechnungstechnisch zum stationären Bereich gehören, und in anderen Ländern eben dort nicht mitgezählt würden. Und das ist auch irgendwie gar nicht unrichtig, wichtiger ist aber auch hier nur der Nebeneffekt, dass so die Zahl der Aufnahmen weiter sinkt

Mit diesen Tricks beträgt unser Vorsprung auf den Zweitplazierten in der EU (Deutschland) „nur mehr“ 20 Prozent.

Wenn es um die Liegedauer geht, dann wollen wir, dass unser Wert auch niedrig ist. Und wie geht das? Man zählt die eben erst im ambulanten Bereich „verschwundenen“ tagesklinischen Patienten wieder dazu. Das erhöht die Zahl der „Patienten“, auf die wir die Spitalstage verteilen können und lässt die Liegedauer sinken. So berechnet liegen wir weniger als sechs Tage im Spital. Das ist dann ein vergleichsweise guter Wert.

Betrachtet man die beiden Zahlen zusammen, dann wird auch schnell klar, warum wir diese „Tricks“ machen. Wenn wir (wie in der WHO-Datenbank zu finden) 26,6 Aufnahmen pro 100 Einwohner mit einer Verweildauer von 5,8 Tagen haben, ergibt das 154 Spitalstage pro 100 Einwohner. Bei den Deutschen mit 20,2 und 7,8 jedoch 158! Damit liegen wir gar nicht so lange im Spital und sind im internationalen Vergleich also gar nicht Weltmeister. Rechnete man jedoch „richtig“, fielen bei uns wohl 180 bis 200 Spitalstage pro 100 Einwohner an. Aber um diese Rechnung zu machen, bräuchte man nationale Daten, die für internationale Beobachter nicht oder nur schwer einsehbar sind.

Hochinteressant auch die Zahlen rund um die Ärzteschaft. Laut der OECD Datenbank gab es bei uns 2007 rund 31.000 Ärzte (ohne Zahnärzte). Damit liegen wir auf dem sechsten von 31 OECD-Plätzen. Um jedoch mit den vor uns liegenden Ländern vergleichbar zu sein, müssten wir auch die Ärzte in Ausbildung dazuzählen und kämen so auf 37.500 (wie übrigens der WHO gemeldet) – was uns auf den zweiten Platz vorrücken ließe. Den ersten Platz nimmt Griechenland ein. Belgien, Norwegen, Niederlande und Schweiz, hätten zehn bis 20 Prozent, die Deutschen, wie die meisten Länder Westeuropas zwischen 20 und

30 Prozent weniger Ärzte pro Einwohner als wir. Stellt sich die Frage, warum auch wir von einem Ärztemangel sprechen? Oder ist die Arbeit unsere 6.500 Turnusärzte wirklich so schlecht, dass sie nicht als Ärzte gezählt werden dürfen?

Ebenfalls eigenartig sind die Zahlen der Arztkontakte im ambulanten Bereich. So sah jeder Österreicher angeblich 6,7mal einen Arzt, macht etwa 55 Millionen Arztkontakte. Nun, laut Statistik der Sozialversicherungen sind es aber alleine bei den Kassenärzten über 100 Millionen. Dazu kämen noch rund 15 Millionen (grob geschätzt) bei den 10.000 Wahlärzten und mindestens zehn Millionen in den Spitalsambulanzen; macht zusammen etwa 125 und damit 60 Millionen ambulante Kontakte mehr als die Datenbank zählt.

Mit 1787 Patientenkontakten liegen unsere Ärzte, was die Arbeitsbelastung betrifft, auf den letzten Plätzen. Interessant ist, dass für diese Rechnung wohl einfach die 55 Millionen Arztkontakte durch die Gesamtzahl der Ärzte dividiert wurde, obwohl diese Kontakte doch nur im ambulanten Bereich gezählt wurden. Dass 20.000 und damit mehr als die Hälfte aller Ärzte im Spital arbeitet, wird genauso wenig berücksichtigt, wie die Tatsache, dass nur die Hälfte der rund 18.000 niedergelassenen Ärzte einen Kassenvertrag hat. Würde man diese Faktoren berücksichtigen, dann hat ein „normaler Kassen-Arzt" drei bis vier mal mehr Patientenkontakte als die Statistik ausweist – damit lägen wir an der Spitze der OECD.

Laut Datenbank gibt es bei uns fast 13.000 Hausärzte, gleich drei Mal so viele wie in der Schweiz oder Holland. Nun, bei genauerer Betrachtung ist 13.000 irreführend, denn nur 4.000 dieser Ärzte haben einen Kassenvertrag; die anderen sind Wahlärzte, arbeitslos oder sonst irgendwie beschäftigt. Ob sie daher in der Hausarzt-Statistik auftauchen sollten, ist fraglich.

Am Ende sind möglicherweise viele der Daten, die in den für internationale Beobachter zugänglichen Datenbanken zu finden sind, dazu da, einen guten Eindruck zu erwecken. Stringente Definitionen, die darauf ausgerichtet sind, ein vergleichbares und „realitätsnahes" Bild zu zeichnen, sind wenigstens teilweise nicht vorhanden. Und damit kann man dem Spruch, von wegen, man soll keiner Statistik glauben, außer man hat sie selbst gefälscht, was abgewinnen.

Nun, wenn Österreich so flunkert, dann stellt sich die Frage, wie das in anderen Ländern aussieht. Rein arbiträr würde ich sagen, sind die Deutschen wohl noch verhältnismäßig ehrlich. All die Daten, die den internationalen Datenbanken gemeldet werden, sind in nachvollziehbarer Weise im Internet veröffentlicht (z. B.: http://www.gbe-bund.de/). Mit dieser Transparenz, die man in Österreich vergeblich sucht (die Datenhoheit obliegt dem Gesundheitsministerium, dass die Daten im Hauseigenen „Forschungsinstitut" verwalten lässt) wird eine breite Kontrollmöglichkeit gegeben, die bis zu einem gewissen Grad sicherlich auch positiv auf die Datenqualität Einfluss nimmt. Was die Schweiz betrifft, da kann man allerdings nichts Genaues sagen. Zwar findet man viele Statistiken, was fehlt, ist eine einheitliche Linie. Kein Wunder, sind doch die 26 Kantone der Schweiz sehr selbständig und zudem ist das Gesundheitswesen verhältnismäßig stark (schein-)liberalisiert (die Liberalisierung betrifft die Kassen und ambulanten Ärzte, bei den Spitälern herrscht hier definitiv kein liberaler Geist), sodass eine einheitliche Führung, wenigstens bis jetzt kein echtes Anliegen war, selbst dann nicht, wenn klar ist, dass ein öffentliches, gut geführtes Gesundheitssystem die besten Gesundheitswerte erzielen kann. Der Einsatz von marktwirtschaftlichen Instrumenten ist hier ebenso vorsichtig und gewissenhaft (mit einer großen Portion Selbstreflexion und Selbstkritik – zwei nicht gerade politische Kategorien, gerade in paternalistischen Systemen[1] wie sie in Deutschland, Österreich und der Schweiz zu hoher Blüte erwachsene sind) vorzunehmen, wie der Einsatz planwirtschaftlicher Instrumente. Das wird die Schweiz (aber nicht nur sie) erst lernen müssen. Wenn es denn so weit ist, dann könnte es sein, dass auch die Daten, die der WHO oder der OECD gemeldet werden, international einigermaßen vergleichbar werden.

Was also sollte man tun, wenn man versuchen will, die Gesundheitspolitik der einzelnen Länder anhand von Daten zu vergleichen, wenn die Daten alle „falsch" sind. Eine Möglichkeit bestünde sicher darin, ein-

1 Systeme, die charakterisiert sind durch Autorität und alleinige Entscheidungssouveränität des Arztes (Anm. d. Hrsg.)

fach die Zeitungen aufzuschlagen und nachzulesen, wer denn „das beste Gesundheitssystem" hat. Leider wird man schnell feststellen, dass jedes Land hier Studien und Rankings vorlegt und in großen Lettern der Welt und der eigenen Bevölkerung mitteilt – „Wir haben das beste Gesundheitssystem". Dieser eigensinnige Stolz ist geradezu ein Paradeausdruck für paternalistische Systeme. So kommt man nicht weiter, umso mehr, als die Frage nach dem System eine andere ist, als die nach der Versorgung oder gar der Behandlung. Diese drei Ebenen werden nur allzu gerne durch die Politik vermischt. Real ist es aber nur das System, dass sie verändern kann. Welche Auswirkungen diese Änderungen auf die Versorgung oder gar die Behandlung haben, lässt sich nicht so linear sagen. Und trotzdem werden wir weltweit ständig Politiker finden, die ob positiver Behandlungserfolge (z. B.: Überlebensraten oder Komplikationsraten) jubeln und sich diese Erfolge immer auf die eigenen Fahnen heften. Realiter, und das kann ich insbesondere für Österreich sagen, sind viele mittel- und südeuropäischen Systeme aber längst so abgehoben, dass die, die die Versorgung organisieren und Behandlungen durchführen, das System „missachten" müssen, um patientenorientiert vorgehen zu können. Das System vieler Länder wurde durch populistische Politiker entscheidungsunfähig und beliebig – wenn das jedoch passiert, dann ist ein gut geführtes System verloren und wird auf Zeit tiefer abschlittern, als jedes liberalisiertes System abschlittern kann (meine Meinung!). Und mit Abschlittern ist gemeint, dass die Kosten zum Nutzen immer ungünstiger werden und die Versorgung der Bevölkerung zunehmend eine „Geldfrage" für das Individuum wird.

Wenn wir aber trotzdem Vergleiche zwischen Deutschland, Schweiz und Österreich versuchen wollen, wird uns nichts anderes übrig bleiben, als den eigenen Kopf zu verwenden und die verfügbaren Zahlen so zu gebrauchen, dass wir es selbst sind, die sie „verfälschen".

2. Hintergrund

Seit Jahrzehnten ist es ein Grundsatz, dass medizinische Leistungen besser ambulant als stationär erbracht werden sollten. Das hat nicht nur ökonomische Gründe. Es geht dabei auch um Patientensicherheit.

Ein Spital ist und bleibt ein Ort, der von Ansteckungsgefahr nur so strotz. Es ist daher nicht verwunderlich, dass seit vielen Jahren Versorgungskonzepte entworfen werden, um Krankenhausaufenthalte zu vermeiden, wenn es geht. Das berühmteste und wohl auch erfolgreichste Modell dazu ist das Primary Health Care (PHC). Die Erfolge dieses Konzepts sind schon beeindruckend. Nicht nur, dass über reduzierte Behandlungskosten die Gesamtkosten niedriger ausfallen, zeigen sich Patienten adhärenter[2], leben mit chronischen Erkrankungen bei höherer Lebensqualität länger und sogar die Mortalität bei frühtherapierbaren Krebserkrankungen (z. B. Brustkrebs, Dickdarmkrebs) sinkt. Und das alles erreicht man bei reduzierter Zahl an Überweisungen zu einem Facharzt und mit weniger Spitalsaufnahmen.

Rund um die Vermeidung von unnötigen Spitalsaufenthalten hat sich ein ganzer Forschungszweig entwickelt. Alleine im Jahr 2010 wurden etwa 6.000 Publikationen zu diesem Thema, dass sich mit „Ambulatory Care Sensitive Conditions“ beschäftigt, veröffentlicht. Aber nicht nur patientenseitig wird versucht, diese Aufnahmen zu vermeiden, auch seitens der Finanzierungssysteme wurden in den letzten Jahren Versuche unternommen, Anreize zu setzen, den Spitalssektor effektiver zu gestallten. Dabei ging es neben den üblichen ökonomischen Kriterien der makro- und mikroökonomischen Effizienz auch immer um die Reduktion der Krankenhaushäufigkeit (KHH) – also um die Senkung der Spitalsaufnahmen bezogen auf Einwohner.

Ein schwieriges Unterfangen – einerseits sollte ein Anreiz bestehen, Patienten nicht stationär aufzunehmen, andererseits allerdings darf dadurch nicht eine Verschlechterung der Versorgung eintreten. Patienten, die ein Spital brauchen, soll es nicht wegen ökonomischer Gründe verweigert werden, andererseits sollen Patienten aber auch nicht aus ökonomischen Gründen aufgenommen werden. Das Zauberwort hieße DRG. Diese „Diagnosis Related Groups“ sind ein theoretisches Konstrukt, das helfen soll, Patienten nach unterschiedlichen Kriterien zu gruppieren. Meist werden diese Gruppen primär nach den Diagnosen gebildet. Jeder Diagnose sind unterschiedliche „Leistungen“, die nötig

2 Adhärenz: Das Ausmaß der Befolgung therapeutischer Vorgaben durch den Patienten (Anm. d. Hrsg.)

sind, um Patienten zu behandeln, zugeordnet. Dieser Weg wird im „klassischen" DRG verfolgt. Aber wie wir anhand des österreichschen LKF (Leistungsorientierte Krankenhaus Finanzierung) feststellen können, kann diese Gruppierung auch primär (oder wenigstens verstärkt) nach Leistungen erfolgen, der dann Diagnosen untergeordnet sind. Der Nachteil des österreichischen Weges ist, dass dieser keine epidemiologischen Kontrollen erlaubt und zudem bei Einführung von Innovationen sehr rigide ist, rigider als das deutsche System. Es ist aber hier nicht der Ort, die Unterschiede aufzulisten oder deren Sinnhaftigkeit zu untersuchen.

Jedes DRG-artige System kann und wird in weiterer Folge eingesetzt, um eine leistungsgerechte Finanzierung der Spitäler vornehmen zu können. In unseren drei zu untersuchenden Ländern (D, CH, Ö) wurden diese Systeme zu unterschiedlichen Zeiten mit unterschiedlichen Ausformungen umgesetzt. Die Basis der folgenden Untersuchung ist daher nur der Zeitpunkt der Einführung und die rund um die Einführung veränderte KHH. Wir wollen feststellen, inwieweit die Einführung dazu führt, das Ziel, die KHH zu reduzieren, zu erreichen.

Nicht untersucht werden soll, ob die absolute KHH gerechtfertigt ist oder nicht. Wie weit die absolute KHH in den Ländern streut, zeigt folgende Grafik:

Abb.1 Krankenhaushäufigkeit pro 100 Einwohner in Ö,D,CH (2008)

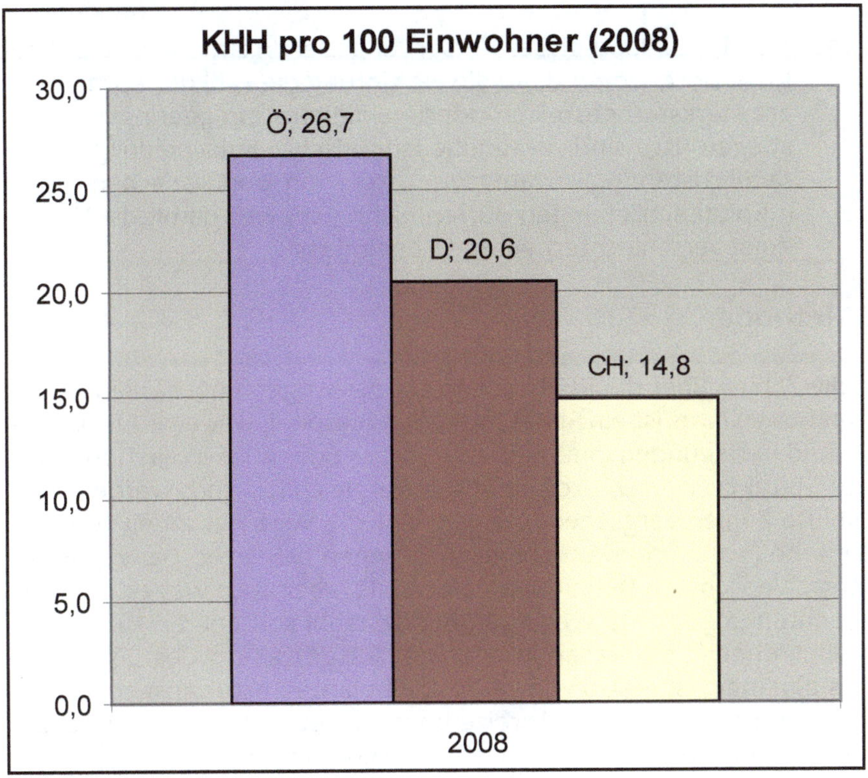

Quelle: s. Länderbeschreibung in „5 . Ergebnisse"

3. Hypothesen

(1) Die Einführung von leistungsorientierten Finanzierungssystemen im Spitalswesen ist eine Aufgabe der Entscheidungsträger im Gesundheitssystem – Es ist also eine Systemaufgabe.

(2) Mit der Einführung sollen Anreize geschaffen werden, die Versorgung ambulant vor stationär zu organisieren. Das Ziel ist also, über das System die Versorgungsebene so zu beeinflussen,

dass das sachlich fundierte Ziel, die Versorgung wenn möglich ambulant und nicht stationär durchzuführen, erreicht wird.

(3) Als Maßzahl, ob dieses Versorgungsziel erreicht wird, dient die KHH. Dort, wo rund um die Einführung die Zahl der Aufnahmen am stärksten gesunken oder wenigstens am „geringsten" gestiegen ist, sind gesundheitspolitische Entscheidungen am sachlichsten – also am geringsten von populistischen Zielen („Spitalsschließungen dürfen nicht sein, weil damit die Versorgung verschlechtert würde") beeinflusst.

4. Methode

Da die Zahlen über die KHH in allen Länder wegen unterschiedlichster Definitionen (was ist ein Spital, was ein Akutspital, was eine Aufnahme, wie sind Verlegungen innerhalb des Spitals oder auch in ein höherwertiges Spital zu werten etc.) relativ unvergleichlich sind, werden nicht absolute Zahlen verglichen, sondern nur die Veränderungen rund um politische (systemrelevante) Entscheidungen bewertet. Da wegen der unterschiedlichsten Definitionen einerseits, aber auch wegen der nicht bekannten „bedarfsnotwendigen Mindestzahl stationärer Aufnahmen pro Einwohner", die wesentlich von der Ausgestaltung des Gesamtsystems abhängig ist – also wie ist der ambulante Sektor ausgebaut, wie der Pflegebereich, welche Anreize bestehen etc. – werden Tendenzen (steigende/fallende Aufnahmezahlen) rund um politische Entscheidungen bei Einführung eines leistungsorientierten Finanzierungssystems, qualitativ bewertet. Als Zeitpunkt der politischen Entscheidung gelten (1) Start der Diskussion über die Einführung eines leistungsorientierten Finanzierungssystems, und (2) Einführung. Eine quantitative Analyse unterbleibt.

Um die Verhältnisse besser zu erkennen, werden alle Abbildungen „gleich groß" dargestellt. Dadurch sind jene Abbildungen, die über einen längeren Zeitraum gehen und größere Schwankungen aufweisen, größer.

5. Ergebnisse

I. Österreich

Abb.2 KHH pro 100 Einwohner Österreich (Zeitreihe)

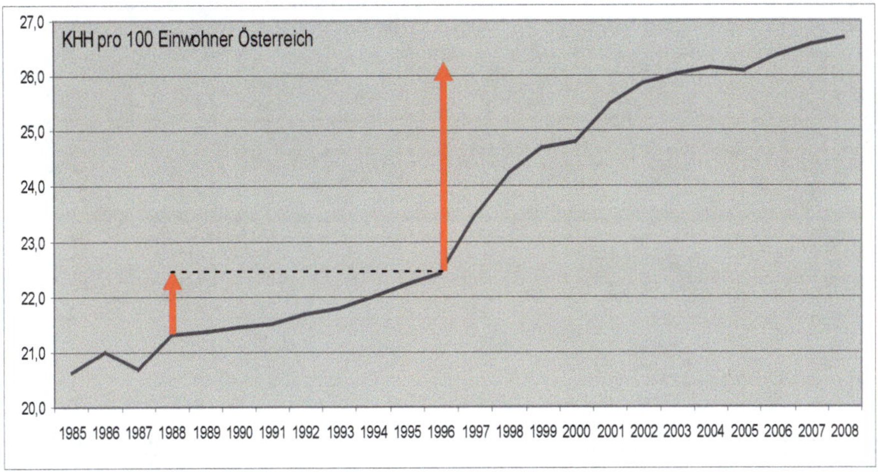

Quelle: WHO-Datenbank „Health für all“, abgerufen am 2010-10-10

1988 begann man darüber zu diskutieren, in den Spitälern eine leistungsorientierte Finanzierung vorzunehmen. Nach vielen politischen Runden wurde 1997 das LKF-System eingeführt.

Sowohl in der Diskussionszeit, besonders jedoch nach der Einführung stieg die KHH. Die Eindämmung der Wachstumsquoten 1999 auf 2000 und 2004 auf 2005 fällt mit anderen politischen Ereignissen (Finanzausgleichsverhandlungen und Landtagswahlen) zusammen.

II. Deutschland

Abb.3 KHH pro 100 Einwohner Deutschland (Zeitreihe)

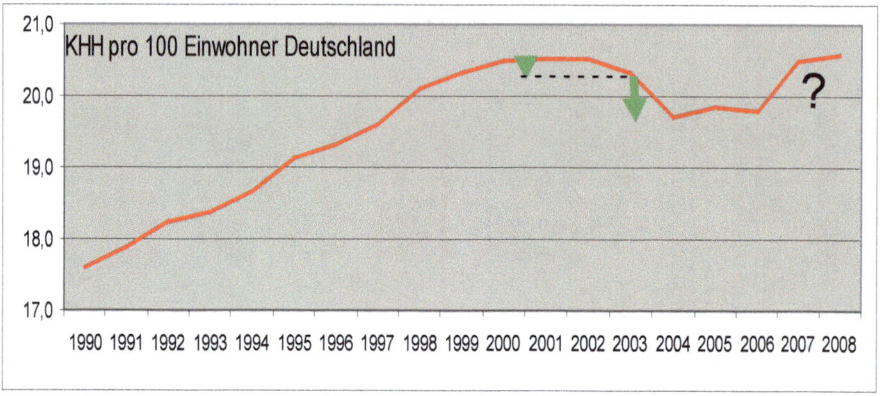

Quelle: WHO-Datenbank „Health für all", abgerufen Oktober 2010-10-10

2000 begann man darüber zu diskutieren, in den Spitälern eine leistungsorientierte Finanzierung vorzunehmen. Das G-DRG wurde 2003 und 2004 budgetneutral eingeführt und ist seit 2005 voll wirksam.

Sowohl in der Diskussionszeit, besonders jedoch nach der Einführung sank die KHH.

Der Anstieg 2007 fällt mit der Kassenreform 2006 zusammen, in der beschlossen wurde, dass die Kassen sowohl ihre Beiträge erhöhen dürfen, als auch der Bundeszuschuss aus Steuermitteln nicht gesenkt wird. Ob diese Maßnahmen den „Druck" sinken haben lassen, den eingeschlagenen Weg fortzuschreiten, kann von hier aus nicht gesagt werden.

III. Schweiz

Abb.3 KHH pro 100 Einwohner Schweiz (Zeitreihe)

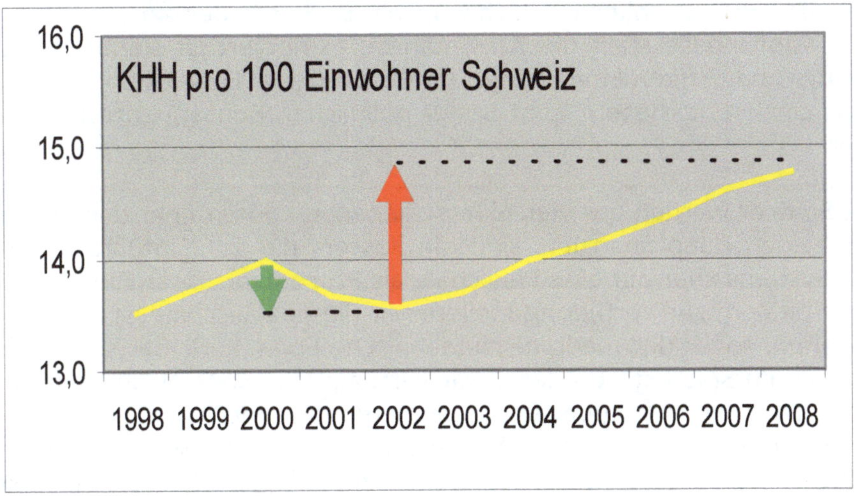

Quelle: Bundesamt für Statistik; Statistik Schweiz; Krankenhausstatistik; Tabelle F2 Hospitalisationsrate pro 1000 Einwohner/-innen; eigene Berechungen, inkludiert alle Krankenhäuser exklusive Rehabilitationskliniken und nur stationäre Aufnahmen

Wegen der kantonalen Gliederung ist eine eindeutige Zeitzuordnung nur begrenzt möglich. Zwischen 2000 und 2002 begann man in einzelnen Kantonen darüber zu diskutieren, in den Spitälern eine leistungsorientierte Finanzierung vorzunehmen. Das AP-DRG wurde ab 2003 in einigen Kantonen angewendet, das jedoch nicht den Erfolg gebracht hat, der erwartet wurde. Seither wurde darüber diskutiert, ob schweizweit ein DRG-System in Anlehnung an das G-DRG eingeführt werden soll. Mit 2012 wird das Suisse-DRG verpflichtend eingeführt.

In der ersten Diskussionsphase wurde offenbar eine Reduktion erreicht, die jedoch mit der „erfolglosen" Einführung des AP-DRG und der darauf folgenden Diskussion verloren gegangen ist.

6. Diskussion

Österreich war in Europa eines der ersten Länder, das ein leistungsorientiertes Finanzierungssystem eingeführt hat. Allerdings wurde das Ziel, die KHH zu senken deutlich verfehlt. Bereits in der extrem langen Diskussionsphase stieg die KHH, nahezu explodiert ist sie allerdings mit der endgültigen Einführung. Der Grund dieser Entwicklung ist klar im Finanzierungssystem samt seiner politischen Konsequenzen zu suchen.

Die Spitäler werden aus vielen verschiedenen Töpfen finanziert. Einer der beiden Hauptfinanziers sind die Kassen, die seit Einführung des LKF-Systems aber nur eine Pauschale als Prozentsatz ihrer Einnahmen den Spitälern zur Verfügung stellen. Mit dieser Pauschale ist alles abgegolten, sogar der medizinisch-technische Fortschritt, der so hauptsächlich im Spital stattfindet. Zwar verfügen alle Spitäler über Ambulanzen, die seit 1997 geradezu explodieren, aber der Großteil der ambulanten Versorgung findet im kassenregulierten Bereich der niedergelassenen Ärzte statt. Da die Kassen unabhängig von der Zahl der Patienten im Spital oder der Spitalsambulanz pauschaliert einzahlen, besteht kein Anreiz, die Zahl der „zugewiesenen" Patienten zu beschränken. Und so sieht auch die Landschaft im Kassenbereich aus. Seit 1995 ist die Zahl der Kassenärzte nicht gestiegen und die Honorare der Hausärzte, sind kaufkraftbereinigt gesunken. Ein funktionierendes PHC wurde also nie errichtet. Damit ist eine Verdrängung ins Spital logisch.

Im Spital gibt es zudem keine ausreichende Finanzierungstangente der Spitalsambulanzen. Die Einnahmen aus verschiedenen Töpfen für die Ambulanzen reichen nur mehr für etwa 10 Prozent der dort anfallenden Kosten aus. Damit ist eine Verlagerung der Patienten in den stationären Bereich logisch.

Der zweitgrößter Finanzier der Spitäler sind die Länder, die, im Gegensatz zu den meisten Sozialversicherungsländern, nicht nur für Investitionskosten, sondern auch für Betriebskosten gerade stehen. Wollte man wirklich „ambulant vor stationär" umsetzen, müssten die Länder ein ambulantes Versorgungssystem parallel zum Kassenbereich einrichten. Selbst wenn das möglich wäre, würde es bedeuten, stationäre Kapazitäten zu reduzieren; und um es einfacher auszudrücken, Spitäler zu schließen. So etwas ist der Landespolitik noch nie gelungen. Ein unrühmliches Beispiel konnte erst vor kurzem beobachtet werden. Im kleinen Dorf Bad Aussee steht ein Spital, dessen Einzugsbereich 15.000 Einwohner zählt. Seit vielen Jahren wird über die Schließung dieses Spitals diskutiert, aber nie hat ein Politiker diesen Entschluss fassen können. Mehr noch, auf Grund regionalen Drucks wird das Spital nun für etwa 30 Millionen Euro komplett neu gebaut – samt einer voll ausgestatteten Chirurgie mit 25 Betten.

Die Landespolitik steckt mangels der Entscheidungsfähigkeit, die Kapazitäten bedarfsgerecht auszurichten (also abzubauen), daher sehr viel Geld in die Spitäler. Seit Jahrzehnten werden die dort anlaufenden Defizite über eine globale Abgangsdeckung aus Steuermitteln, die das Land nicht einheben muss, sondern vom Bund zur Verfügung gestellt bekommt, gedeckt. Die Länder stellen also einen immer vollen Finanzierungstopf dar, der in den Spitälern sein Gegenstück – das Fass ohne Boden – findet.

Betrachtet man die Idee eines DRG-Systems, ambulante Versorgung zu forcieren, ist klar, dass ein Allokationsproblem gelöst werden soll: Ressourcen sollen vom stationären zum ambulanten Bereich umgeschichtet werden– nach dem Prinzip: Geld folgt Leistung. Da aber die Kassen eine Pauschale zahlen und die Länder es nicht schaffen, Spitalsschließungen (oder auch nur Abteilungsschließungen) umzusetzen, und zudem seit Jahrzehnten jegliches Defizit im Spitalsbereich decken, war das LKF-System ein Anreiz zur Leistungssteigerung im stationären Bereich – zu Lasten des ambulanten.

Wenn es gelungen wäre, wenigstens die KHH von 1997 zu halten (damit würden wir noch immer 20 % über den Deutschen und 60 % über der Schweiz liegen), würden heute die Spitäler rund 850 Mio. (ca. 8 %) weniger kosten (bei 3.000 Euro Fallkosten und, unter Einrechnung von Kostenremanenzphänomenen, einem Umsetzungsgrad von 80 %) und dieses Geld dem PHC oder dem Pflegebereich zur Verfügung stehen.

In **Deutschland** zeigte sowohl die Diskussionsphase vor der Einführung, als auch die Zeit nach der Einführung eine Senkung der KHH, die zwar nicht als berauschend klassifiziert werden kann, aber immerhin. Damit ist das Ziel vorerst erreicht worden. Allerdings kommt es ab 2007 wieder zu einem Anstieg auf das „alte" Niveau.

Auch hier dürfte das Finanzierungssystem begründend sein. In Deutschland sind zwar die Länder ganz oder hauptsächlich für Investitionskosten zuständig gewesen (durch das DRG-System hat sich da einiges geändert), aber die Kassen waren alleine für die Betriebskosten verantwortlich. Damit war es bei Einführung des G-DRG wenigstens theoretisch denkbar, dass Geld der Leistung folgt. Allerdings ist zu vermuten, dass die Konsequenzen dieses Umschichtens wenigstens teilweise nicht nachvollzogen werden konnte. Schließlich müssen, um aus dem Spital ausgelagerte Leistungen im ambulanten Bereich erbringen zu können, dort zuerst Investitionen erfolgen. Der Ausbau ambulanter Strukturen ist jedoch nicht etwas, das von heute auf morgen passiert. Um ein funktionierendes PHC zu errichten, braucht es Zeit und Geld. Zwar wurde mit der Einführung von medizinischen Versorgungszentren richtig, aber zu spät (2004) reagiert. Es ist daher zu vermuten, dass es zu einer Lücke kam; die Spitäler haben sich schneller eingestellt als der ambulante Bereich und als es zur Verlagerung kommen sollte, war der ambulante Bereich noch nicht bereit diese Patienten zu übernehmen. Die Folge dieses „unkoordinierten" Vorgehens waren dann Versorgungsengpässe, die sich nachteilig auf den Effekt der Einführung des G-DRG auswirken. Anders ausgedrückt: Patienten „mussten" im Spital behandelt werden, weil es ambulant nicht ging.

Zudem dürften sich, gestärkt durch die Versorgungsengpässe, politisch nicht unwichtige Lobbying-Gruppen gebildet haben, die für den Erhalt der Spitäler eingetreten sind. Denken wir dabei nur an den Volksentscheid in Bayern bezüglich der kreiseigenen Spitäler in Pfarrkirchen, Eggenfelden und Simbach. Es wurde also nach anfänglichen Erfolgen schwieriger, Kapazitäten zu reduzieren und Spitäler zu schließen. Wenn jedoch Kapazitäten bestehen bleiben, ist es, Dank der angebotsinduzierten Nachfrage, schwierig, die KHH zu reduzieren. Es wird abzuwarten sein, ob es zukünftig doch wieder zu einer Reduktion kommt, und die Gesundheitsreform 2006 nur eine Art Nachjustierung war, um sich Luft für die Veränderung zu verschaffen, oder aber eine Trendumkehr stattgefunden hat. Die jetzige Reform lässt allerdings befürchten, dass es eine Trendumkehr war.

Nichts desto trotz wurde die Hypothese bestätigt und wenigstens im Zeitraum 2000 bis 2007 hat die Gesundheitspolitik sachlich und nicht populistisch agiert.

In der **Schweiz** finden wir keine schlüssigen Trends. Zwar sank die KHH während der Diskussionsphase, als allerdings das AP-DRG eingeführt wurde, stieg die KHH wieder an. Allerdings darf im Fall der Schweiz nicht vergessen werden, dass dort im Verhältnis zu Deutschland und Österreich eine sehr niedrige KHH besteht. Der Anstieg könnte also durchaus auch epidemiologisch gerechtfertigt sein.

Anders als in Deutschland und Österreich dürfte hier das Finanzierungssystem nur bedingt verantwortlich sein. Die Schweiz, und das hat sie wohl mit Österreich gemein, lebt von seiner föderalen Struktur. Der vielbeklagte aber auch beschworene *Kantönligeist* hat ein schweizweites und strukturiertes Vorgehen bisher verhindert. Daher war auch die Einführung des AP-DRG wohl als Kompromiss zu werten. Auch, dass selbst dieser Kompromiss nicht überall eingeführt wurde und so ein bunter Mix unterschiedlichster Finanzierungssysteme besteht, ist wahrscheinlich Ausdruck dieses zentralisierungsskeptischen Kantönligeists.

Allerdings geben zwei Fakten Anlass zur Hoffnung: (1) Die Investitionen in PHC sind überall zu beobachten. Mittlerweile pilgern sogar österreichische Politiker und Journalisten in die Schweiz, um sich die überall entstehenden Gruppenpraxen und Hausarztmodelle anzusehen. (2) Es gibt den Beschluss, dass, nach der Erkenntnis, dass das AP-DRG erfolglos war (ein extrem hoher Grad an Selbstreflexion und Selbstkritik, der in Österreich undenkbar ist), ab 2012 schweizweit ein helvetisiertes G-DRG (Suisse-DRG) verpflichtend eingeführt wird. Gedämpft wird diese Hoffnung jedoch dadurch, dass die Finanzierungsstrukturen, die zwar nicht ganz so unübersichtlich wie in Österreich, aber für ein funktionierendes Gesundheitssystem trotzdem zu fragmentiert sind, bestehen bleiben soll.

Um die Hypothese in der Schweiz zu überprüfen, ist es noch zu früh, daher kann sie hier weder bestätigt noch widerlegt werden.

7. Conclusio

Gemessen am Surrogatparameter Krankenhausfinanzierungssystemveränderungen zu KHH muss festgehalten werden, dass die Gesundheitspolitik in Österreich wohl eher populistisch als sachlich orientiert ist. In Deutschland, soviel Kritik auch immer wieder zu hören ist, konnte wenigstens in der Zeit zwischen 2000 und 2007 die Sachlichkeit gegenüber dem Populismus siegen. Seit dem allerdings dürfte sich das Blatt gewendet haben. Für die Schweiz ist es noch zu früh, den Surrogatparameter anzulegen. Es besteht berechtigte Hoffnung, allerdings muss dazu wohl die Spitalsfinanzierung aus einer Hand beschlossen werden, dass die Sachlichkeit siegen wird.

Allen Länder gemein ist, dass ihre Politiker – bewusst oder unbewusst – Erkenntnisse der Versorgungsforschung außer Acht lassen und das Volk für die damit verbundenen, aber vermeidbaren Fehler zahlen lassen.

Ernest G. Pichlbauer: Evidenzbasierte versus eminenzbasierte Gesundheitspolitik

Hintergrund

Die moderne Definition der Gesundheitsversorgung umfasst alle Dienstleistungen, Aktivitäten oder Beratungen, seien sie gesundheitserhaltender, präventiver, diagnostischer, therapeutischer, rehabilitativer, pflegender oder palliativer Natur. Wesentlich ist nur, dass sie sich mit Krankheiten oder Symptomen, die ein Individuum aufweist, beschäftigen, unabhängig ob sie körperlich, seelisch oder verhaltensmäßig sind, einzelne Zellen oder Gene, Strukturen oder Funktionen des Körpers oder eines Teils des Körpers betreffen. Gesundheitsversorgung ist also geprägt von einer Unmenge an Einzelmaßnahmen (als Beispiel sei nur angemerkt, dass es alleine in Österreich ca. 120 bis 150 Millionen Arzt-Patienten-Kontakte gibt, die in Summe das Ziel haben sollten, die Gesundheit des Einzelnen und der Bevölkerung insgesamt zu verbessern oder zu erhalten.)

Die Definition von Gesundheit ist sehr schwierig, daher hat sich rund um die Maßnahmen der Gesundheitsversorgung ein dichtes Netz an Wissenschaften entwickelt. Das Gut Gesundheit ist zu wertvoll, als dass man auf Maßnahmen setzte, die der Quacksalberei gleichzusetzen wären. Daher ist auch die Ausbildung in Gesundheitsberufen überall streng geregelt, Kurpfuscherei wird sogar strafrechtlich verfolgt. Diese Wissenschaften, von der Medizin bis zur Pflegewissenschaft, haben eine Fülle an Erkenntnissen geliefert, welche Maßnahmen zielführend sind, welche nicht, welche besser sind als andere, welche mehr Nebenwirkungen haben, welche weniger. Das Wissen um Maßnahmen in der Gesundheitsversorgung wird immer größer.

Ein Effekt des stetig steigenden Wissens ist eine immer weitergehende Spezialisierung. Gab es vor hundert Jahren noch so etwas wie den allgemeinen Internisten, den allgemeinen Chirurgen und den fast alles machenden Hausarzt, ist die Innere Medizin heute in zahlreiche Subdisziplinen zerfallen, die sich entweder nur mit der Niere oder der Lunge oder dem Stoffwechsel beschäftigen. Die Chirurgen haben sich in Kinderchirurgie, Unfallchirurgie, Orthopädie, Bauchchirurgie, Herzchirurgie, Gefäßchirurgie, Lungenchirurgie etc. spezialisiert. Auch im nichtärztlichen Bereich lässt sich Ähnliches feststellen, wie man an Hand der Fülle der Gesundheitsberufe sieht: Angehörige der Gesundheits- und Krankenpflege, Hebammen, Gesundheitspsychologe(in), Kardiotechniker(in), klinische(r) Psychologe(in), Pharmareferent(in), Psychotherapeut(in), Angehörige der gehobenen medizinisch-technischen Dienste, die in Dipl. Physiotherapeut(in), Dipl. biomedizinische Analytiker(in), Dipl. radiologisch-technische(r) Assistent(in), Dipl. Diätassistent(in) und ernährungs-medizinische(r) Berater(in), Dipl. Ergotherapeut(in), Dipl. Logopäde(in), Dipl. Orthoptist(in) eingeteilt werden können, Dipl. medizinisch-technische Fachkraft, Sanitäter(in), Medizinischer Masseur(in) und Heilmasseur(in) und schließlich die Sanitätshilfsdienste bestehend aus Operationsgehilfe(in), Laborgehilfe(in), Prosekturgehilfe(in), Ordinationsgehilfe(in), [Heilbademeister(in) und Heilmasseur(in)], Heilbadegehilfe(in), Ergotherapiegehilfe(in), Desinfektionsgehilfe(in).

Diese Entwicklung zeigt eine Spirale der aufgeklärten Wissensgesellschaft auf. Das ständig wachsende Wissen führt dazu, dass es immer weniger Menschen gibt, die alles Wissen, ja nicht einmal ein einzelnes Wissensgebiet ausreichend beherrschen, um es anzuwenden, aber auch zu lehren. Daher konzentriert man sich auf ein Teilgebiet. Durch diese Konzentration auf ein Teilgebiet kommt es jedoch wieder zu vermehrtem Wissenszuwachs, der schließlich wieder in einer weiteren Subspezialisierung münden muss. Diese Entwicklung existiert seit der Aufklärung, hat sich jedoch seit der Einführung der elektronischen Datenverarbeitungsmöglichkeiten dramatisch beschleunigt.

Eminenzbasierte Gesundheitspolitik

In der Medizin muss man davon ausgehen, dass sich der Wissensstand alle fünf bis sieben Jahre verdoppelt. Ein Medizinstudent, der für seine Ausbildung sechs Jahre braucht, hat daher am Ende seines Studiums gerade einmal genug Rüstzeug, die ersten paar Jahre damit auszukommen. Sollte er sich nicht ausreichend fortbilden oder fortgebildet werden, was man beispielsweise im Bereich der Jungärzte-Ausbildung in Österreich ständig bemängelt, dann ist sein Wissen in kürzester Zeit veraltet. Die einzige Chance am aktuellen Stand des Wissens zu bleiben, ist das lebenslange Lernen. Im Bereich der Gesundheitswissenschaften und hier im Besonderen in der Medizin fordert es jedoch einen so hohen Zeiteinsatz, dass man leider davon ausgehen muss, dass dieser Aufwand durch den einzelnen nicht erbracht wird. Leider ist es Realität, dass das Wissen in der ersten Hälfte der Karriere eines Arztes am höchsten ist, sein Einfluss aber erst in der zweiten Hälfte wächst. Damit kommt es zum Phänomen, dass häufig die leitenden Ärzte in der Praxis weniger wissen als ihre nachgeordneten Ärzte. Solange das Wissensdefizit durch größere Erfahrung gefüllt werden kann, wird es zu keinen Problemen führen. Das wird solange möglich sein, wie der erfahrene Arzt bereit ist, stets Neues zu lernen. Wenn das allerdings nicht oder nicht mehr gelingt, dann sind Konflikte vorprogrammiert. Konflikte, die nicht aus persönlichen Charakterzügen resultieren, sondern aus dem Wunsch der jungen Ärzte, entsprechend den wissenschaftlichen Ergebnissen zu handeln und der disziplinarischen Macht der „alten Ärzte", Behandlungsmethoden entsprechend der eigenen Erfahrung vorzuschreiben. In der Welt der Ärzte ist also ein Generationenkonflikt systemimmanent.

Ein zweites Phänomen setzt an diesem Punkt an. Krankenhäuser sind in der Regel für die Ausbildung der Ärzte wesentlich. Wenn zwischen den jungen Ärzten und der Leitung bereits ein Konflikt über Behandlungsmethoden entstanden ist, dann werden insbesondere die guten jungen Ärzte über kurz oder lang eine Absprungmöglichkeit suchen, da sie es ja auch sind, die auf Grund ihres Wissens diese Konflikte hervorgerufen haben. Die Folge davon ist eine ungewollte „negative Selektion" unter den im Krankenhaus verbleibenden „Ausbildnern". Was das für Folgen hat, erklärt sich selbst. Doch auch außerhalb des Krankenhauses setzt sich das Prinzip der jungen „wissensstarken" Ärzte in Konkurrenz zu etablierten „erfahrenen" Ärzten fort. In Österreich typischerweise über die Interessensvertretung der Ärztekammer. Auch wenn solche Situationen in der ärztlichen Welt der Gesundheitsversorgung am stärksten anzutreffen sind (sie spielen auch die wichtigste Rolle), ist keine Berufsgruppe davor gefeit.

Unter diesen Umständen kristallisiert sich im Laufe der Zeit eine Gesundheitsversorgung heraus, in der zunehmend Erfahrung höher bewertet wird, als Wissen. In weiterer Folge werden nicht nachprüfbare Ergebnisse als wahr angenommen, sondern Aussagen als wahr gewertet, solange sie nur von einer erfahrenen Persönlichkeit stammen. Wahr ist nicht, was bewiesen werden kann, sondern was ein erfahrener Arzt sagt. Wie dargestellt, ist es für den Einzelnen jedoch immer schwieriger, die Unmenge an wissenschaftlichen Erkenntnissen wahrzunehmen, geschweige denn sie in der Praxis umzusetzen. Dazu kommt, dass bei Fragestellungen in der Regel nicht Personen gefragt werden, die sich mit einem Thema nachweislich auskennen (weil sie beispielsweise in dem Bereich forschen), sondern immer stärker auf „etablierte Experten" zurückgegriffen wird. Insbesondere die Medien ziehen für Interviews lieber „große Namen" heran als „unbekannte Wissenschafter". In die gleiche Presche springen dann auch Politiker, die sich ebenfalls „große Namen" in ihren Beraterstab holen. Und auf diesem Weg werden sich zunehmend jene Ärzte durchsetzen, die medial gut ankommen oder ein politisches Gespür besitzen und jene Ärzte, die wissensorientiert sind, zurückdrängen.

Die oben skizzierte Entwicklung stellt keinesfalls eine österreichische Spezialität dar, sondern ist in allen Ländern zu beobachten. Österreich-spezifisch ist höchstens das starke Festhalten am Senioritätsprinzip, das einer solchen Entwicklung Vorschub leisten kann. In der Literatur ist diese Entwicklung als sogenannte eminenzbasierte Medizin bekannt. Also eine Medizin, die sich nicht daran orientiert, was als bewiesen gelten kann, sondern daran, was eine „(graue) Eminenz" sagt. Es gilt das Prinzip: „Wahr ist, was die Eminenz sagt". So werden wesentliche Entscheidungen zunehmend von Eminenzen bestimmt, die sich an Wissenschaftsergebnissen halten können, aber nicht müssen. Allerdings endet eine solche eminenzbasierte Medizin nicht bei der Behandlung einzelner Menschen, sonder erfasst über kurz oder lang auch die gesamte Gesundheitspolitik. Das führt dazu, dass sich Eminenzen der Gesundheitspolitik mit den Eminenzen der Medizin gemeinsam auf eine eminenzbasierte Gesundheitsversorgung „einigen". Die Folge dieser Entwicklung ist eine Gesundheitsversorgung, die bestimmt wird durch die (äußerst subjektive) Erfahrung von Personen und nicht durch die Erkenntnisse der Forschung. Ein solches System ist allerdings nur so lange als modern zu bezeichnen, wie die Erfahrung der Entscheidungsträger ausreicht, das Wissensdefizit auszugleichen. In einem Bereich, der sich jedoch so dynamisch entwickelt wie die Gesundheitswissenschaften, ist diese Periode nur kurz.

Finanzielle Konsequenzen eminenzbasierter Gesundheitspolitik

Wie bereits angedeutet, endet eminenzbasierte Gesundheitsversorgung nicht beim Patienten oder Arzt. Die lebenserhaltende Triebfeder eminenzbasierter Medizin ist eine eminenzbasierte Gesundheitspolitik. In demokratischen Ländern ist es selbstverständlich, dass gewählte Volksvertreter strategische Entscheidungen treffen. Um diese Entscheidungen nach bestem Wissen und Gewissen treffen zu können, stellt in der Regel das Volk seinen Vertretern ein Heer von Beamten, Dienststellen und steuerfinanzierten Parteiapparaten zur Verfügung, in denen genug Expertisen gesammelt werden sollte, um die richtigen Entscheidungen zu treffen – und in vielen Fällen funktioniert das auch gut.

In der Gesundheitsversorgung allerdings versagen solche Expertenentscheidungen sehr leicht. Man muss sich vorstellen, dass Ärzte höchstes Sozialprestige haben, sie moderieren alleine in Österreich 120 bis 150 Millionen Arztpatientenkontakte pro Jahr. Dazu kommt, dass innerhalb der Ärzteschaft eine streng hierarchische Organisation besteht und eminenzbasierte Aussagen viel wichtiger genommen werden als kühle rationelle Expertenentscheidungen. In so einem Umfeld wirken Expertenentscheidungen sehr rasch kalt, herzlos und unpersönlich. Politiker allerdings müssen solche Entscheidungen „verkaufen". Es verwundert daher auch nicht, dass sich eminenzbasierte Gesundheitspolitik leichter durchsetzt als Expertenentscheidungen. Umso mehr gilt ein alter Leitsatz der Politik, dass man mit Gesundheitspolitik keine Wahlen gewinnen, sehr wohl aber verlieren kann.

Die Folge einer solchen eminenzbasierten Gesundheitspolitik ist, dass sich die Politik weder an Ressourcen noch an wissenschaftlichen Erkenntnissen orientiert und viel zuviel verspricht. (Spitzenmedizin für alle!) Es ist eigentlich unmöglich vorauszusagen, was es kosten würde, wenn eminenzbasierte Gesundheitspolitik gänzlich ohne finanzielle Schranken agieren könnte – das würde wohl irgendwo zwischen 10 000 und 15 000 Euro pro Kopf und Jahr liegen. Das BIP, also das gesamte pro Jahr erarbeitete österreichische Volksvermögen, beträgt aufgerechnet pro Kopf etwa 32 000 Euro. Eine eminenzbasierte Gesundheitspolitik würde also die Hälfte der Produktivität Österreichs für die Gesundheitsversorgung aufwenden.

Eminenzbasierte Gesundheitspolitik hat in allen Sozialsystemen zu immer stärker steigenden Kosten und Steuern geführt. Solange eminenzbasierte Gesundheitspolitik betrieben wird, sind die Grenzen der Finanzierbarkeit möglicherweise mit sozialen Unruhen verbunden. Es gibt nicht wenige Experten, die vor solchen Entwicklungen warnen, wenn nicht bald Vernunft in alle Sozialsysteme und hier insbesondere bei den Pensionssystemen und Gesundheitssystemen einzieht.

Evidenzbasierte Gesundheitspolitik

Evidenzbasierte Medizin

Mittlerweile existieren zu sehr vielen Themen wissenschaftliche Studien. Eine wissenschaftliche Studie läuft in der Regel nach immer den gleichen Mechanismen ab. Ein Wissenschafter stellt sich zu einem Thema eine Frage. Er beginnt zu recherchieren, welche Antworten andere Wissenschafter zu diesem Thema bereits haben. Dazu verwendet er in der Regel wissenschaftliche Datenbanken. In diesen Datenbanken liegen tausende und abertausende Publikationen (alleine 2009 wurden weltweit etwa 760 000 gesundheitswissenschaftliche Studien veröffentlicht), die in den unterschiedlichsten wissenschaftlichen Zeitschriften erschienen sind. Gibt es keine Antwort in der Literatur, dann wird er eine Studie machen, Antworten finden und diese publizieren.

Man kann sich vorstellen, wie viel Arbeit es bedeutet, nur in seinem Spezialgebiet am Laufenden zu bleiben. Noch dazu ist der hier beschriebene Weg ganz klar ausschließlich für Wissenschafter begehbar. Kein „normaler“ Arzt an der „Front“ darf sich auf ein einziges Gebiet konzentrieren oder hat auch nur annähernd die Zeit, sich mit diesen Dingen fundiert auseinanderzusetzen. Die immer stärker steigende Zahl wissenschaftlicher Erkenntnisse auf der einen, die immer geringer werdenden Ressourcen (Zeit und Geld) auf der anderen und die immer höher werdenden Qualitätsansprüche (die auch in Europa zunehmend vor Gerichten eingeklagt werden), lassen die Gesundheitsversorgung in einem hohen Spannungsfeld stehen.

Um nun trotzdem die Wissenschaftlichkeit nicht gänzlich als Basis für Entscheidungen zu verlieren und in das Zeitalter der Erfahrungsmedizin zurückzufallen, um wissenschaftliche Erkenntnisse effizient in die tägliche Praxis einzuführen, hat sich parallel zur Entstehung der modernen wissenschaftsbasierten Medizin die Idee herauskristallisiert, wissenschaftliche Arbeiten systematisch aufzuarbeiten. Das ist die Idee der Evidenzbasierten Medizin (EBM), bzw. die Praxis der Evidenzbasierten Medizin.

Der Ausdruck Evidenz stammt aus dem lateinischen und bedeutet *ersichtlich, augenscheinlich* und in weiterer Folge *Beweis*. Evidenzbasierte Medizin bedeutet daher *beweisgestützte Medizin*. Es ist ein großer Irrtum, wenn in der Öffentlichkeit davon gesprochen wird, dass EBM alle Maßnahmen, die keinen beweisbaren Effekt erzielen, verbieten will. Dieser Irrtum beruht auf der teils unehrlich geführten Diskussion durch die Eminenzen, die in der EBM einen natürlichen Feind sehen. EBM sieht sich in einer komplett konträren Rolle. EBM bedeutet entsprechend der Definition: Der gewissenhafte, ausdrückliche und vernünftige Gebrauch der gegenwärtig besten externen, wissenschaftlichen Evidenz für Entscheidungen in der medizinischen Versorgung individueller Patienten. Die Praxis der EBM bedeutet die Integration individueller klinischer Erfahrung mit der besten verfügbaren externen Evidenz aus systematischer Forschung – und hat daher nichts mit Verboten zu tun!

Die Idee hinter EBM ist im Grunde sehr einfach. Statt eine wissenschaftliche Frage selbst zu recherchieren, lässt man diese durch eigens eingerichtete Institutionen recherchieren. Diese Institutionen heben alle Publikationen zu der gestellten Frage aus. Die Publikationen werden nach bestimmten Regeln sortiert und auf ihre Beweiskraft bewertet. Um zu verstehen, wie es möglich ist, Studien nach ihrer Beweiskraft zu ordnen, muss man wissen, dass die Beweiskraft einer Studie maßgeblich von ihrem Design abhängt und nicht jede Studie geeignet ist, die ihr gestellten Fragen richtig zu beantworten. In der EBM sortiert man daher die gefundenen Studien nach ihrer Beweiskraft und wertet natürlich die Studien mit hoher Beweiskraft höher, als Studien mit geringerer Beweiskraft. Um es vorwegzunehmen: man muss Erfahrung und Übung besitzen, um herauszufinden, wie gut oder schlecht eine Studie eine Frage beantwortet. Die systematische Aufarbeitung der gefundenen Publikationen führt zu einem Bericht, der knapp und verständlich die Sachlage zusammenfasst.

Wenn wir also zusammenfassen: EBM ist keine Forschungsrichtung, sondern eine Dienstleistung, die nach transparenten Regeln Sekundärliteratur für die tägliche Praxis herstellt (ähnlich einem Gastronomieführer). Die EBM verfolgt die Absicht, die Kluft zwischen den ständig steigenden wissenschaftlichen Erkenntnissen und dem täglichen Leben zu überwinden.

Evidenzbasierte Gesundheitsversorgung

Der Erfolg dieser Vorgehensweise war so groß, dass innerhalb kürzester Zeit, andere Wissenschaftszweige die Methode übernommen haben. Mittlerweile gibt es sogar evidenzbasiertes Management. Für die Gesundheitsversorgung wichtig war die Entwicklung der sogenannten evidenzbasierten Gesundheitsversorgung (EBGV). Sie stellt im Wesentlichen die konsequente Weiterführung der Public-Health-Forschung dar und ist mittlerweile ein Rückgrad für Entscheidungen in vielen Gesundheitssystemen geworden. Anders als die EBM, die meist nur die Effektivität der untersuchten Maßnahme untersucht, setzt die evidenzbasierte Gesundheitsversorgung dies in den Kontext des Ressourceneinsatzes. Das klingt in vielen Ohren sicher hart, aber es ist logisch. Denn nur bei Vorhandensein unendlicher Ressourcen kann der Kostenfaktor (also der Ressourcenverbrauch) aus dem Gesundheitswesen ausgeblendet werden. Da es jedoch keine unendlichen Ressourcen gibt, müssen diese vernünftig eingesetzt werden. Ein vernünftiger Einsatz erzwingt jedoch das Anstellen von Kosten-Nutzen-Rechnungen. Das ist keine Forderung von neoliberalen Ökonomen, sondern seit langer Zeit als Wirtschaftlichkeitsprinzip gesetzliche Vorschrift. Und genau dieses Wirtschaftlichkeitsprinzip fordert, dass bei gegebenen Ressourcen ein Maximum an Nutzen zu erzielen ist. Wenn also der maximale Nutzen erzielt werden soll, muss man als Entscheidungsträger wissen, welchen Nutzen eine Maßnahme hat und was diese Maßnahme kostet. Evidenzbasierte Gesundheitsversorgung nimmt damit die Rolle wahr, die Erkenntnisse der Gesundheitswissenschaften und der Wirtschaftswissenschaften so zusammenzuführen, dass eine beweisgestützte Entscheidung auch durch Nicht-Experten möglich wird. Um diese Rolle wahrnehmen zu können, stehen zwei Instrumente zur Verfügung, die unterschiedliche Ziele verfolgen. Es sind dies einerseits die Leitlinien, andererseits die Health-Technology Assessment-Berichte (HTA-Berichte).

Leitlinien

Für fast jede Krankheit gibt es verschiedene Behandlungen. Der Grund, warum es meist mehr als eine Behandlungsoption gibt, liegt in der Individualität jedes Patienten und dem Wunsch des behandelnden Arztes, das Beste für seinen Patienten zu tun. Um das Ziel zu erreichen, wurde seit jeher direkt am Patienten „ausprobiert“ und zwar mit Einverständnis des Patienten. Je erfahrener ein Arzt war, desto größer war sein „Repertoire“ an Behandlungsmöglichkeiten.

Je weiter die Wissenschaft fortschreitet, umso größer und vielfältiger werden diese Optionen und umso weniger kann der Arzt ausprobieren und sich auf seine Erfahrung stützen. Leitlinien versuchen nun, diese Behandlungsoptionen auf Basis wissenschaftlicher Erkenntnisse zu ordnen und aufzuarbeiten, sodass Ärzte in der Praxis einen raschen Überblick über die Behandlungsoptionen und eine klare Empfehlung über die Behandlung einer bestimmten Krankheit erhalten. Dabei werden Leitlinien so erstellt, dass auch der Zustand eines Patienten berücksichtigt wird. Es soll also dem Arzt möglich werden, je nach Zustand und Umständen des Patienten eine Therapieoption zu wählen. Jede Option wird dem aktuellen Wissensstand entsprechend beschrieben. Eine wesentliche Zielvorstellung von Leitlinien ist es, möglichst alle Patienten am Fortschritt der Medizin so zeitnah wie möglich teilhaben zu lassen. Man verspricht sich dadurch nicht nur eine Effektivitätserhöhung, sondern klarerweise auch eine Effizienzsteigerung, dass bei gegebenen Ressourcen der Patientennutzen gesteigert werden kann. Leitlinienmedizin ist nicht als Korsett für die Behandlung zu verstehen, sondern als Hilfestellung bei der Therapieentscheidung durch den behandelnden Arzt.

Im Gegensatz zu den EBM-Berichten können Leitlinien nicht mehr ausschließlich von unabhängigen EBM-Experten erstellt werden, sondern müssen mit Experten der einzelnen medizinischen Disziplinen (z. B.: Internisten, Chirurgen etc.) in Konsenskonferenzen diskutiert und beschlossen werden. Daher spielen die wissenschaftlichen Fachgesellschaften in der Leitlinienmedizin eine wesentliche Rolle. In der Regel sind es sogar diese Fachgesellschaften selbst, die die Entwicklung der Leitlinien anstrengen. Die große Schwierigkeit solcher Leitlinien ist nicht so sehr die erstmalige Erstellung, sondern vielmehr die kontinuierliche Wartung. Durch den Fortschritt der Wissenschaft ist die Wartung eine ständige Aufgabe und verlangt eine fachlich versierte Koordination.

Eine Weiterentwicklung von Behandlungsleitlinien wie sie gerade skizziert wurden, sind Versorgungsleitlinien (in der englischen Literatur auch Disease-Management-Programs genannt, also Krankheits-Management-Programme). Liegt bei Behandlungsleitlinien der Focus auf den Behandlungsoptionen einer bestimmten Krankheit, wird bei Versorgungsleitlinien auch die logistische Frage gestellt. Es soll auch die Frage beantwortet werden, wo und wann die Behandlung durch wen richtigerweise zu erfolgen hat. Richten sich Behandlungsleitlinien an den individuellen Arzt, sind Versorgungsleitlinien gedacht, politische Entscheidungsträger zu unterstützen. In Versorgungsleitlinien sind daher neben den richtigen Behandlungen, die vorausgesetzt werden, auch Gesundheitsziele definiert. Meist sind Gesundheitsziele, deren Aufstellung ursprüngliche Aufgabe der Gesundheitspolitik ist, auch der Ausgangspunkt für die Erstellung von Versorgungsleitlinien. Man muss sich vorstellen, dass die Politik beispielsweise das Ziel definiert, die Anzahl der Herzinfarkt-Toten bei den unter 60-Jährigen um 50 % zu reduzieren. Um das zu erreichen, ist nicht nur eine optimale Behandlung nötig, sondern auch, dass die Patienten in entsprechender Entfernung eine ausreichend ausgestattete Versorgungseinrichtung in entsprechender Zeit vorfinden, in der die optimale Behandlung qualitativ auch erbracht werden kann. Also müssen genug Spitäler mit ausreichend qualifiziertem Personal und Therapiemöglichkeiten vorhanden sein, es müssen genug Rettungswägen vorhanden sein, damit der Patient schnell in ein solches Spital gebracht werden kann, es muss genug Ärzte geben, die ausreichend diagnostische Erfahrung haben, um Herzinfarkte schnell zu diagnostizieren und schließlich muss es entsprechende Maßnahmen geben, die die Bevölkerung aufklären, mit welchen Symptomen sie rasch zu einem Arzt gehen sollen. Nur wenn diese Versorgungskette funktioniert, ist es möglich, Gesundheitsziele zu erreichen. Und dass sie funktionieren können, setzt Planung voraus, die sich an den Versorgungsleitlinien orientieren muß.

Entsprechend dieser Aufgabe ist es verständlich, dass sich Versorgungsleitlinien in der Regel auch nicht mit seltenen Krankheiten beschäftigen. Behandlungsleitlinien sind theoretisch für alle Krankheiten aufstellbar. Limitierend ist in der Regel die ressourcenaufwendige Wartung, also die Ressourcen der Experten, die nur solange Experten bleiben können, solange sie Patienten behandeln. Das schränkt ihre zeitlichen Ressourcen in der Regel soweit ein, dass es zwar für viele, aber bei weitem nicht für alle Krankheiten Behandlungsleitlinien gibt oder geben kann. Bei Versorgungsleitlinien, die ja in der Regel auf Behandlungsleitlinien aufbauen, müssen eventuell ganze Organisationen und Einrichtungen auf ein Ziel ausgerichtet werden, es müssen Spitäler gebaut oder umgerüstet, Ärzte angesiedelt, Personal qualifiziert, Transportmittel angeschafft und Patienten überzeugt werden. So ein Unterfangen zahlt sich nur für sogenannte Volkskrankheiten wie Zuckerkrankheit, Herzgefäßerkrankung etc. aus.

Leitlinien, ob Behandlungsleitlinien für Ärzte oder Versorgungsleitlinien für Politiker, haben beide das Ziel, den direkten Anwendern praktische Entscheidungshilfen zu geben. Sie zeigen einen idealen und wissenschaftlich abgesicherten Verlauf auf, an dem man sich orientieren kann.

Health-Technology Assessment-Berichte (HTA-Berichte)

Haben Leitlinien in erster Linie die Behandlung, bzw. Versorgung von Patienten als Thema, beleuchten HTA-Berichte die ökonomischen Gesichtspunkte. Der klassische HTA-Bericht dient dazu, zwei oder mehrere Behandlungsoptionen ökonomisch zu vergleichen. In der Regel entsteht eine neue Behandlungsoption durch eine Erfindung oder Entwicklung einer neuen Technologie, wobei Technologie hier im weitesten Sinne zu verstehen ist. Als Technologie werden beispielsweise auch neue Medikamente oder Behandlungsformen ohne besonderen technologischen Aufwand gewertet. Daher auch der Name, der etwas sperrig übersetzt etwa *Gesundheitstechnik-Folgekosten-Abschätzung* bedeuten könnte.

Man muss sich das so vorstellen: Wenn für eine Krankheit A zwei Behandlungsmöglichkeiten bestehen, dann, das sagt bereits der Hausverstand, sollte man die nehmen, die besser wirkt. Wenn beide gleich wirksam sind, dann nimmt man die günstigere. Wenn eine ein bisschen wirksamer als die andere ist, dafür aber ein Vielfaches kostet, wird die Situation schon knifflig. Steht der Preis dafür oder nicht? Jeder, der schon einmal Semmeln gekauft hat, kennt dieses Entscheidungsproblem. Im Bereich der Behandlungsoptionen wird diese Entscheidungsschwierigkeit jedoch zu einer schwierigen ethischen Frage! Wer erhält welche Behandlung und woher nimmt man das Geld?

Wie wir festgestellt haben, kann nur im unrealistischen Fall unendlicher Ressourcen einfach festgelegt werden, dass immer die wirksamere Therapie gewählt wird – koste es, was es wolle. In den meisten westlichen Ländern wurde erkannt, dass so eine Vorgangsweise zu einer Unfinanzierbarkeit führen muss. Darum musste eine Entscheidungsgrundlage geschaffen werden, die den Entscheidungsträgern und hier im Besonderen den Geldgebern (z. B. Versicherungen) hilft, Behandlungsoptionen zuzulassen oder nicht zuzulassen.

Die besondere Aufgabe der HTA-Berichterstattung ist es, Behandlungsoptionen so aufzubereiten, dass sie vergleichbar werden. Das ist in der Regel sehr schwierig. Jede Behandlungsoption hat Wirkungen und Nebenwirkungen. Beides muss irgendwie gemessen und gegeneinander aufgewogen werden. Um solche Fragen zu beantworten, haben sich in der Wissenschaft Messgrößen herauskristallisiert. Die Wirkung einer Behandlung wird in „gewonnenen Lebensjahren" gemessen. Anders ausgedrückt wird in Studien untersucht, um wie viele Jahre die Patienten, die eine Therapie erhalten, länger leben, als die, die keine oder eine andere Therapie erhalten. Ein solches Studiendesign fordert jedoch eine sehr lange Beobachtungszeit. In vielen Fällen ist es einfach unethisch, ein Medikament zuerst 10 Jahre oder länger klinisch zu testen, bevor man es der Allgemeinheit zu Verfügung stellt. Bei Medikamenten für Kinder ist eine solche Untersuchung sogar unmöglich, müsste sie doch über 80 Jahre laufen. Um diesem „Zeitproblem" zu entgehen, werden daher oft „Ersatzmessgrößen", sogenannte Surrogatparameter, verwendet. Surrogatparameter sind Messgrößen, die bereits seit vielen Jahren untersucht wurden und Teil eines Erkrankungsrisikomodells sind. Typisches Beispiel ist der Blutdruck, der etwas über das Risiko aussagt, an einem Herzinfarkt zu sterben. Niemand stirbt an hohem Blutdruck selbst, sondern nur an den hypothetisch dem Bluthochdruck unterstellten Folgen, die jedoch erst viele Jahre später beobachtet werden können. Daher könnte die Beeinflussung des Blutdrucks diese Folgen verändern. In Studien wird somit der Blutdruck als Surrogatparameter für den Herzinfarkt herangezogen, weil dieser schneller messbar ist. Da Surrogatparameter aber komplexe Zusammenhänge vereinfacht darstellen, müssen unbewiesene oder höchstens statistisch unterlegte Annahmen getroffen werden. Das Verwenden von Surrogatparametern ist deswegen immer kritisch zu hinterfragen und man muss sich einfach damit abfinden, dass selbst in der Wissenschaft vieles als realpolitischer Kompromiss dient. Würde man diese Kompromisse nicht schließen, könnte die medizinische Wissenschaft kaum Fortschritte machen.

HTA-Berichte versuchen nun, aufbauend auf den Ergebnissen wissenschaftlicher Studien und Leitlinien herauszufinden, wie viel Lebensjahre durch eine Behandlung gewonnen werden können. Dabei wird in der modernen HTA-Berichterstattung nicht nur die absolute Zahl gewertet, sondern auch, und das wird hinkünftig immer wichtiger werden, die Lebensqualität mitberücksichtigt. Ein Beispiel: Mit den Möglichkeiten der heutigen Intensivmedizin, kann man, wenn man es denn darauf anlegte, den Tod eines sterbenskranken Menschen fast unendlich hinauszögern. Wenn nun dieser Mensch ein Jahr lang am Leben erhalten wird, dann hat man mit der Behandlung ein Lebensjahr gewonnen. Allerdings vermutlich kein qualitativ erstrebenswertes Lebensjahr.

Die Messung von Lebensqualität ist sehr schwierig. Objektive Kriterien wie Selbstbestimmung und Willensäußerung sind nicht annähernd genug, um diese Qualität zu definieren. Viel zu viele subjektive Kriterien spielen hier hinein. Was der eine als unabdingbar für ein qualitativ gutes Leben braucht, ist für den anderen nutzloser Luxus. Um zu Bewertungskriterien zu kommen, die von möglichst allen akzeptiert werden, müssen breite und repräsentative Befragungen durchgeführt werden. Man muss also auf einem „demokratischen" Weg eine Einigung erzielen, was ein Leben lebenswert macht, ab wann ein Leben lebenswert ist und wann nicht.

Ein Maßstab für HTA-Berichte ist also die Lebensverlängerung, direkt nachgemessen oder über Surrogatparameter abgeschätzt, als absolute Zahl oder nach Lebensqualitätskriterien bereinigt. Der andere Maßstab sind die Kosten der Behandlung, die der Lebensverlängerung gegenübergestellt werden müssen, um zu einer Kosten-Nutzen-Rechnung zu gelangen. Die Berechnung der Kosten ist nicht minder kompliziert. In einer einfachen Rechnung könnte man beispielsweise die Medikamentenkosten heranziehen. Doch das greift zu kurz. Man sollte ebenfalls einrechnen, dass die Medikamente durch einen Arzt abgegeben werden müssen, der den Patienten über Wirkungen und Nebenwirkungen aufklären sollte – das kostet Arbeitszeit. Der Patient wiederum kann in dieser Zeit nicht arbeiten, also auch nichts produzieren, damit entgeht der Wirtschaft Arbeitskraft und es sinkt die Produktivität. Man kann das Spiel sehr weit treiben, um die Kosten für eine Behandlung zu errechnen. Wesentlich ist, dass die Erstellung eines Kostenberechnungsmodells so transparent wie möglich, so realitätsnah wie möglich und so aussagekräftig wie möglich passiert. Am Ende dieser Berechnung wird ein Betrag in einer Währung stehen, der die „echten“ Kosten einer Behandlung darstellt.

Aus dem Nutzen einer Behandlung, dargestellt in gewonnenen Lebensjahren und den Kosten, dargestellt in Geldbeträgen, kann nun eine Kosten-Nutzen-Überlegung angestellt werden. Mit dem Wert „Kosten pro gewonnenem Lebensjahr“ steht nun ein Entscheidungskriterium zur Verfügung. Man kann entscheiden, ob der Geldeinsatz dem erwarteten Nutzen entspricht oder nicht bzw. wenn zwei oder mehrere Behandlungsoptionen verglichen werden sollen, was die eine mehr kostet als die andere und ob diese Mehrkosten durch den Nutzen rechtfertigbar sind oder nicht.

Solche HTA-Berichte liefern also eine Entscheidungsgrundlage, sind aber selbst noch keine Entscheidung. Für die Entscheidung braucht man das Vermögen, zu sagen: „Ja, das ist es mir wert.“ oder „Nein, das ist es mir nicht wert.“. Stellen wir uns vor, wir haben 5000 Euro in der Hand und eine Behandlung, die wahrscheinlich das Leben meines Nachbarn um 10 Tage verlängert, kostet 5000 Euro. Mit 5000 Euro kann man auch etwa 200 erblindeten Menschen in Afrika eine Operation ermöglichen, die Augenlicht für viele Jahre brächte. Wer soll nun das Geld bekommen? Was ist mehr wert? In der öffentlichen Diskussion, insbesondere in Österreich, gilt allein diese Fragestellung als obszön. In einer ersten Reaktion würde jeder meinen, dass beides finanziert werden muss! Aber ist das möglich? Wären für so ein Vorgehen nicht wieder unendliche Ressourcen nötig?

Finanzielle Konsequenzen evidenzbasierter Gesundheitspolitik

Um die Frage „Wie viele Ressourcen stehen eigentlich zur Verfügung?“ zu beantworten, gibt es mehrere Herangehensweisen. Dort, wo der Markt alleine regelt, dort ergeben sich die Ressourcen automatisch. Da kann nicht mehr ausgegeben werden, als da ist. Die Ressourcen werden über Angebot und Nachfrage gesteuert. Rein marktwirtschaftlich gesteuerte Gesundheitsversorgung ist in Ländern mit christlicher Prägung nicht vorhanden. Überall gibt es – in unterschiedlicher Ausprägung – öffentlich finanzierte Leistungen. In dem Augenblick jedoch, in dem die öffentliche Hand für die Finanzierung von Behandlungen (mit)verantwortlich ist, ist die Frage, wie viele Ressourcen zur Verfügung stehen, nicht mehr einfach zu beantworten. Der einfachste Weg, der lange Zeit in vielen Ländern eingeschlagen wurde, war der, einfach alles zu bezahlen, was anfiel. Wenn Geld fehlte, wurden einfach die Steuern oder Beiträge erhöht. Die Frage, ob das Volk einverstanden ist mit dieser Art der Ressourcenverteilung, wurde nicht gestellt. Die gewählten Volksvertreter übernahmen die Entscheidung. Politiker entscheiden eminenzbasiert, wie viel Geld nötig ist, um die ihrer Meinung nach „richtige" Versorgungssituation herzustellen. Ein solcher eminenzbasierter Zugang führte in so gut wie allen Sozialsystemen zu einer immer teurer werdenden Gesundheitsversorgung, die in einem Land früher, in dem anderen später in eine Unfinanzierbarkeit mündete oder münden wird. Jene Länder, die sich der Situation bewusst wurden, begannen unterschiedliche Systeme der Entscheidungsfindung einzurichten.

Auf Basis der EBM-Berichte wird es möglich zu entscheiden, welche Behandlungsoptionen die qualitativ besten Ergebnisse erzielen sollten. Anhand der Leitlinien wird es möglich, die effektivsten Behandlungsabläufe zu gestalten. Die HTA-Berichterstattung zeigt Wege, jene Behandlungswege einzuschlagen, die bei gegebenen Ressourcen den größtmöglichen Nutzen für die Patienten erzeugen. Damit liegen alle Entscheidungsgrundlagen vor, um eine „richtige" Entscheidung treffen zu können: WIE man das Geld ausgibt. Entschieden werden muss quasi nur mehr, WIE VIEL Geld ausgegeben werden soll. Das WIE bleibt außerhalb der politischen Diskussion.

Um das WIE VIEL festzulegen wurden zwei Wege entwickelt.

Auf dem einen Weg wird durch politische Verhandlungen im Vorhinein festgelegt, wie viel Geld aus solidarisch finanzierten Geldquellen (z. B.: gemessen am BIP oder an den Gesamtsteuereinnahmen) der Gesundheitsversorgung zur Verfügung steht. Man spricht hier von gedeckelten Systemen, weil eben, was die Ausgaben betrifft, ein Deckel eingeführt wird. Mit diesem Geld können nun die politischen Institutionen „einkaufen". Eingekauft werden jene Leistungen, die sich anhand der Entscheidungsgrundlagen als die herausgestellt haben, die bei gegebenen Ressourcen den größten Nutzen für die Patienten erwarten lassen können.

Die Fülle an bekannten und evidenzbasierten Behandlungsoptionen ist heute bereits so groß, dass die aktuell vorhandenen Sozialbudgets für die Gesundheitsversorgung (so im Schnitt 8 bis 10 % des BIP) vermutlich nicht ausreichen würden, alle diese Optionen in einem solidarisch finanzierten Gesundheitssystem zur Verfügung zu stellen. Vermutlich würde so ein System bei Preisen von 2005 Ausgaben in der Höhe von 4000 bis 6000 Euro pro Einwohner und Jahr bedeuten. Aber selbst wenn man ein Sozialbudget in entsprechender Höhe bereitstellen könnte, wäre ein solches Ansinnen gar nicht in die Realität umzusetzen. Um den größtmöglichen Nutzen für die Bevölkerung zu erzielen, braucht man entsprechend qualifiziertes Personal, das auch über entsprechende Routine verfügen muss. Vermutlich wäre nicht genug Personal vorhanden, um qualitätsgesichert die Ergebnisse zu erzielen, die in Studien erzielt werden können. Es ist mit anderen Worten praktisch unmöglich, allen die beste Versorgung zukommen zu lassen. Möglich ist nur die möglichst beste Versorgung. Wenn es also unmöglich ist, allen alle evidenzbasierten Behandlungsoptionen zukommen zu lassen, muss eine „Auswahl" getroffen werden. Es ist nun Sache der Politik festzulegen, was alles mit den verfügbaren Ressourcen möglich wird. Stehen mehr Ressourcen zur Verfügung, wird die solidarisch bereitgestellte Versorgung breiter ausfallen können, stehen weniger Ressourcen zur Verfügung, ist sie entsprechend schmäler. Die Festlegung des „WIE VIEL" führt bei gedeckelter Finanzierung also dazu, dass durch die öffentliche Hand jedem Einwohner eine „Grundsicherung" (die sehr breit sein kann!) als solidarisch finanzierte Leistung zur Verfügung steht. Alles, was über diese Grundsicherung hinausgeht, ist vom einzelnen dann selbst zu finanzieren bzw. zu organisieren. Will man in so einem System nicht Härten aufkommen lassen, fordert es eine maximale Dezentralisierung in den politischen Entscheidungswegen. Immerhin müssen Politiker Rationierungen (oder Priorisierungen) vornehmen, da müssen die Empfänger ein tiefes Vertrauen in ihre Politiker haben. Und das ist nur gegeben, wenn diese Entscheidungen von regionalen Politikern (etwa Bürgermeistern) getroffen werden.

Der andere Weg festzustellen, wie viele Ressourcen einer solidarisch finanzierten Gesundheitsversorgung zur Verfügung stehen, ist deutlich komplizierter, jedoch um ein vielfaches gerechter. Für diesen Weg sind Entscheidungen nötig, die nach Ansicht vieler als unmoralisch gelten. Denn dieser Weg erfordert die Bewertung der Gesundheit und in weiterer Folge auch des Lebens in Geld. Ausgangspunkt sind die HTA-Berichte, die feststellen, was ein gewonnenes Lebensjahr kostet. Anders als in den gedeckelten Systemen wird jedoch nicht mehr das eingekauft, was man sich leisten kann, sondern das, was die Bevölkerung, als der Ursprung aller solidarischen Finanzierungsquellen, bereit ist, für eine Therapie, die ein gewonnenes Lebensjahr verspricht, zu bezahlen. Und noch einmal ausgedrückt, eingekauft werden „gewonnene Lebensjahre" und nicht Therapien oder Leistungen. Um festzustellen, was die Bevölkerung bereit ist zu bezahlen, müssen sogenannte Willingness-to-Pay-Studien durchgeführt werden. Solche Studien sind, wie man sich vorstellen kann, heikel und schwierig, schwieriger und heikler als die Studien, die herausfinden sollen, was Lebensqualität ist. Es geht bei diesen Studien immerhin darum, festzustellen, was dem Einzelnen Gesundheit und Leben(-squalität) wert ist. Fragt man einen Kranken, ist der Betrag vermutlich sehr hoch, fragt man einen Gesunden, sehr niedrig. Um nun einen Wert zu erhalten, der beide Seiten zufrieden stellt, gilt es, ein möglichst ausgewogenes Verhältnis zu finden. Solche Studien kann man sich vorstellen wie Meinungsumfragen. Die Fragen, die gestellt werden, müssen sehr sorgsam gewählt und die Ergebnisse müssen ständig auf ihren Wahrheitsgehalt überprüft werden. Bei entsprechendem Vorgehen erhält man einen Wert ausgedrückt in Geld, den die Bevölkerung bereit ist, zu bezahlen. Ein solcher Wert ist in der Regel nicht nur bezogen auf die absolute Zahl an gewinnbaren Jahren, sondern nimmt auch Rücksicht auf die Lebensqualität. In den Ländern in denen solche Volksmeinungen abgefragt werden, kommt ein Wert von ca. 45 000 Euro pro qualitätsbereinigtem Lebensjahr heraus. Allerdings ist dieser Wert nicht fix, sondern kann mit weitergehenden Studien in alle Richtungen verändert werden.

Um diese Methode besser zu verstehen, wollen wir das Beispiel „Blinddarmentfernung" darstellen. Ein Fünfzehnjähriger hat eine akute Blinddarmentzündung, die operiert werden muss, ansonsten stirbt er. Wird er operiert, dann besteht eine 99,6 % Chance, dass er daran nicht stirbt. Die durchschnittliche Lebenserwartung eines 15-Jährigen beträgt heute noch knapp 63 Jahre. Vernachlässigt man die 0,4 % Sterblichkeit bei der Operation, dann würde die Operation auch dann durchgeführt werden, wenn sie 2,8 Mio. Euro kostet – das ist ein Vielfaches von dem, was diese Operation wirklich kostet. Ein anderes Beispiel wäre eine Hüftoperation: eine 75-Jährige, die wegen Gelenksabnützung starke Schmerzen beim Gehen hat, würde durch eine Hüftoperation deutlich an Lebensqualität gewinnen. Die Patientin ist rüstig und ansonsten bei guter Gesundheit. Die Lebenserwartung beträgt noch 12 Jahre und es ist zu erwarten, dass durch die Operation die Patientin 8 bis 10 qualitativ hochwertige Jahre zu gewinnen hat. Wenn man die Sterblichkeit während der Operation außer Acht lässt, dann dürfte die gesamte Behandlung, also inklusive der notwendigen Rehabilitation, 360 000 bis 450 000 Euro kosten. An diesen Beispielen sieht man, dass die Willingness-to-Pay-Studien keine Brutalitäten erzeugen. Ganz im Gegenteil, die Bevölkerung ist bereit, sehr viel Geld in die Behandlung zu stecken, wenn die Behandlung vernünftig und zielführend ist. Der Vorteil mit Hilfe eines solchen Weges herauszufinden, wie viel Geld einer solidarisch finanzierten Gesundheitsversorgung zur Verfügung steht, ist der, dass dieses theoretisch ungedeckelt ist. Therapien werden also bezahlt, wenn sie was bringen und nicht „zu teuer“ sind; nicht wie in gedeckelten Systemen, die nur „einkaufen“ können, solange Geld da ist. In ungedeckelten Systemen wird eben soviel Geld bereitgestellt, wie nötig ist, um alle zu behandeln.

Der Unterschied dieser beiden Wege der evidenzbasierten Gesundheitspolitik im Vergleich zur eminenzbasierten Gesundheitspolitik liegt auf der Hand. Es steht im Vorhinein fest, dass nur die Behandlungen solidarisch finanziert werden, die bewiesenermaßen einen Nutzen für Patienten haben. Unnütze Behandlungen oder Behandlungen, deren Nutzen von marketinganfälligen Eminenzen beschrieben wird, werden nicht bezahlt. Damit hat die Gesundheitsversorgung einen definierten Qualitätsstandard, der jedem Patienten garantiert werden kann, eminenzbasierte Gesundheitspolitik kann das nicht. Ganz im Gegenteil liefert eminenzbasierte Gesundheitspolitik eine inhomogene Gesundheitsversorgung, in der Patienten sich auf die Meinung „anerkannter“ Eminenzen verlassen müssen – und das in der Regel zu einem sehr hohen Preis.

Organisation evidenzbasierter Gesundheitspolitik

Die evidenzbasierte Gesundheitspolitik, bzw. die evidenzbasierte Gesundheitsversorgung baut auf wissenschaftlich fundierten Berichten und im Konsens erzielten Behandlungsleitlinien auf. Die Erstellung solcher Berichte bzw. Leitung von Konsensusprozessen sind Dienstleistungen, die von entsprechend erfahrenem Personal durchgeführt werden können. Es ist daher auch nicht verwunderlich, dass in den meisten Gesundheitssystemen Europas eigene EBM-Institute oder an den Public-Health-Instituten angegliederte EBM-Departements eingerichtet wurden. Keinesfalls sind diese Einrichtungen automatisch in öffentlicher Hand. Sie können von Universitäten, Versicherungen oder Ärztevereinigungen betrieben werden oder sogar als gewinnorientierte Unternehmen organisiert sein. Wesentlich für die Erbringung der Dienstleistungen ist nur ein höchstmöglicher Grad an Transparenz. Die Publikationen dieser Einrichtungen werden daher über das Internet allen frei angeboten. Jeder – Patient, Arzt oder Politiker – kann sich so entsprechende Literatur besorgen und zu Fortbildungszwecken oder als Entscheidungsgrundlage verwenden. In vielen dieser Einrichtungen ist auch ein standardisierter Weg vorgegeben, welche Themen behandelt werden sollen. Jeder – Patient, Arzt oder Politiker – kann ein Thema einreichen. Ist das Thema von breitem Interesse, wird ein standardisierter Prozess der Bearbeitung begonnen, der ebenfalls vollkommen transparent abläuft. Einige Einrichtungen erhalten von der nationalen Regierung eine sogenannte Richtlinienkompetenz. Sie können also selbst festlegen, welches Standardprozedere einzuhalten ist, will man für eine Behandlung solidarisch finanzierte Geldmittel erhalten. Das kann beginnen bei der Zulassung von Medikamenten, für die das einreichende Pharmaunternehmen klar festgelegte Studien und Berechnungen vorlegen muss, bis hin zur Bindung von Ärzten an Behandlungspfade bei bestimmten Erkrankungen. Es gibt eine Fülle von Grautönen bei der Implementierung evidenzbasierter Gesundheitspolitik. An einem Ende stehen vollkommen unabhängige, transparent arbeitende Institute mit Richtlinienkompetenz für die gesamte Gesundheitsversorgung, auf der anderen Seite politiknahe – möglicherweise nicht hundertprozentig – unabhängige Dienststellen, deren Ergebnisse nur nach politischer Freigabe veröffentlicht werden dürfen. Bezüglich letzterer ist zu sagen, dass sie vermutlich bereits an der Schwelle zur eminenzbasierten Gesundheitspolitik stehen oder diese möglicherweise sogar überschritten haben.

Kritik an evidenzbasierter Gesundheitspolitik

An der evidenzbasierten Gesundheitspolitik wird international wechselnd heftige Kritik geübt. Der wesentlichste Kritikpunkt ist der, dass angeblich die Entscheidungsgrundlagen nicht ausreichen, um so schwierige Fragen ethisch zu beantworten. Diese Kritik ist ernst zu nehmen, denn ein Prinzip jeder wissenschaftlichen Untersuchung ist die sogenannte thematische Reduktion. Das heißt nichts anderes, als dass vor einer wissenschaftlichen Untersuchung das Gebiet, das untersucht werden soll, soweit eingeengt wird, dass diese Untersuchung überhaupt erst möglich wird.

Kritiker führen auch gerne an, dass jeder Patient etwas Einzigartiges ist und demzufolge auch einzigartig zu behandeln ist. Dieser Kritik ist vieles abzugewinnen, aber man muss sich die Gegenfrage stellen: wird es mit der Erfahrung eines Arztes weniger schwierig? Oder wird es einfach nur weniger transparent? Denn jeder Arzt kann nur jene Behandlungsoptionen anwenden, die theoretisch zur Verfügung stehen. Natürlich kann er auch Behandlungen anwenden, die keinen bewiesenen Nutzen haben – und trotzdem wird er bei der Behandlung Patienten nach mehr oder weniger standardisierten Vorgaben einteilen müssen, ein Herzpatient wird ein Herzpatient bleiben, ein Lungenpatient ein Lungenpatient.

Viele Ärzte, aber auch Personen aller anderen Gesundheitsberufe, glauben, dass sie ohne die Aufarbeitung von wissenschaftlichen Erkenntnissen gute Gesundheitsversorgung betreiben. Sie haben in der Regel eine lange Ausbildung hinter sich gebracht und können ihre Erfolge täglich an ihren Patienten ablesen. Es besteht also subjektiv jedenfalls die Meinung, dass der Erfolg ihnen Recht gibt. Dabei wird jedoch gerne übersehen, dass jeder Einzelne kaum die Möglichkeit hat, größere statistische Zusammenhänge zu erkennen. Und so kann leicht der Eindruck entstehen, wissenschaftlicher Fortschritt findet ohnehin nur sehr langsam statt – ein Trugschluss. Ein typisches Beispiel dafür ist die Kindersterblichkeit in den ersten 12 Lebensmonaten. Der medizinische Fortschritt hat dazu geführt, dass diese heute sehr niedrig ist. Nur etwa 5 von 1000 Kindern sterben in dieser Zeit. Kleine Krankenhäuser, die nur wenige hundert Geburten pro Jahr durchführen, haben demnach auch nur selten einen Todesfall zu beklagen. In großen Häusern passiert da schon viel öfter etwas. Das subjektive Gefühl, dass in kleinen Häusern eigentlich nie etwas passiert, liegt auf der Hand. Doch ist das wahr? Nein, denn wenn man die Statistiken betrachtet, dann ergibt sich ein gänzlich anderes Bild. In Einrichtungen mit weniger als 500 Geburten pro Jahr sterben zwei bis drei Mal so viele Kinder wie in Kliniken mit 500 bis 1000 Geburten jährlich. Und dort ist die Sterblichkeit ca. 40 bis 80 % höher, als in großen Geburtskliniken mit mehr als 1000 Geburten – und das, obwohl bereits alle Risikogeburten in der Regel nur mehr in großen Krankenhäusern durchgeführt werden. Eine entsprechende Bereinigung würde die kleineren Häuser noch schlechter aussehen lassen. Wenn daher eminenzbasiert die Aussage getroffen wird, dass die Qualität in kleinen Krankenhäusern die gleiche ist wie in großen, dann widerspricht das den beweisbaren Fakten, die durch EBM aufgezeigt werden.

Die allgemeine Kritik an evidenzbasierter Gesundheitspolitik ist daher im Sinne einer qualitativ hochstehenden Patientenversorgung nicht gerechtfertigt. Es ist daher auch nicht verwunderlich, dass eine allgemeine und grundsätzliche Kritik in den meisten Ländern verschwunden ist. Nichtsdestoweniger gibt es fallweise noch grundsätzliche Kritik an der evidenzbasierten Gesundheitspolitik mit dem Ziel eine solche abzuschaffen oder nicht einzuführen. Dort, wo diese Fundamentalkritik noch geübt wird, wird sie dazu verwendet, Standespolitik zu betreiben oder Illusionen aufrecht zu erhalten. Gleiches gilt für die unqualifizierte Kritik, dass Gesundheit nicht mit ökonomischen Maßstäben gemessen werden darf. Solche Aussagen sind in höchstem Grad anmaßend, da sie klar davon ausgehen, dass eine Gesellschaft, wenn sie sich fragt, wie viele Ressourcen sie für die Gesundheitsversorgung solidarisch aufbringen will, unmoralisch handelt. Kein Mensch hat das Recht, sich auf jene Höhe zu begeben, von der aus er seine eigenen Moralvorstellungen einer Gesellschaft aufzwingen darf.

Abschließende Bemerkung

Die Einführung evidenzbasierter Gesundheitspolitik ist die einzige Chance, will man die Gesundheitsversorgung nicht den Kräften des freien Marktes überlassen. Eminenzbasierte, solidarisch finanzierte Gesundheitsversorgung ist unfinanzierbar.

Seit der Einführung evidenzbasierter Gesundheitspolitik ist ein interessantes Phänomen eingetreten. Die Übertragbarkeit von Studienergebnissen auf die Allgemeinheit wird immer besser möglich. In früheren Zeiten beschäftigten sich Studien oder wissenschaftliche Untersuchungen meistens mit Einzelfällen. Das war die Zeit der sogenannten Kasuistiken (Fallstudien). Eine systematische Untersuchung von genau definierten Patientengruppen, die an einer klar definierten Krankheit litten, war die Ausnahme. Oft hat man von der Beobachtung an einem Patienten auf alle schließen wollen. So gewonnene Erkenntnisse haben klarerweise nur bedingt Allgemeingültigkeit. Je breiter und schneller der Informationsfluss wurde – über Zeitungen und Bücher – desto breiter und schneller wurden nicht nur Behandlungsoptionen bekannt, sondern auch Behandlungserfolge und -misserfolge. Der Druck, seine Behandlung angemessen zu wählen, wurde daher immer größer. Und so stieg auch die Intensität der Forschung enorm an – und interessanterweise besonders im englischsprachigen Raum. Die Versorgungssysteme in englischsprachigen Ländern, insbesondere Großbritannien und USA, forderten, wenn auch aus unterschiedlichen Gründen, „handfeste" Beweise für die Finanzierung. In den USA wird die Gesundheitsversorgung durch Versicherungen, die untereinander in Konkurrenz stehen, organisiert. Die Ressourcen werden also größtenteils über den Markt definiert. Je besser die Kosten-Nutzen-Relation, desto höher die Gewinnmargen. Effizienz ist daher ein hohes Eigeninteresse. In Großbritannien andererseits wird das gesamte Gesundheitswesen seit geraumer Zeit steuerfinanziert. Das hatte dazu geführt, dass die Inanspruchnahme von Gesundheitsdienstleistungen stark gestiegen ist. Es drohte, ein Fass ohne Boden zu werden. Daher wurden Reformen eingeleitet, um eine Privatisierung zu verhindern, eine Versorgung bedarfsgerecht garantieren zu können und trotzdem das Budget nicht explodieren zu lassen. In beiden Ländern wurde daher sehr früh evidenzbasierte Gesundheitspolitik eingeführt und in beiden Ländern hat sich so auf Basis der evidenzbasierten Politik (im Fall der USA eine Unternehmenspolitik, im Fall Großbritannien eine National-Politik) eine hochstehende und große Forschungsgesellschaft entwickelt. Evidenzbasierte Gesundheitspolitik ist also ein – oder der einzige – Weg, die Qualität der Versorgung garantieren zu können, den größten Nutzen für die eingesetzten Mittel zu erzielen und hat den nicht zu vernachlässigenden Seiteneffekt, der nationalen medizinischen Forschung einen deutlichen Impuls zu geben.

Die Situation in Österreich

Österreich kann als Paradebeispiel eminenzbasierter Gesundheitspolitik bezeichnet werden. Die österreichischen Fachgesellschaften haben noch Anfang des 21. Jahrhundert auf ihren Internetseiten und in ihren Veröffentlichungen sich darauf beschränkt, der Öffentlichkeit mitzuteilen, welcher Professor als Schriftführer fungiert, welcher Professor einen Preis erhalten hat und welcher Professor eingeladen wurde, einen Vortrag zu halten. Eine Auseinandersetzung mit Behandlungsoptionen oder gar die Erstellung von Leitlinien wurde nicht einmal angedacht. Initiativen in diese Richtung, die von jungen Kollegen ausgegangen sind, wurden innerhalb der Gesellschaften rasch abgestellt. Fallweise wurde sogar ein Professor nominiert, der solche Initiativen zu koordinieren hat – das war's dann aber auch. Durch das Internet und die damit verbundene immer stärker steigende Transparenz anderer Gesundheitsversorgungen ist auch in Österreich der Druck gestiegen, sich mit Themen der EBM auseinanderzusetzen. Allerdings findet dieser Prozess sehr langsam und noch auf einem sehr akademischen Niveau statt. An eine Einführung von Leitlinien oder gar Richtlinien ist gar nicht zu denken. Die Einführung von Ergebnisqualitätsparametern oder sogar deren regelmäßige Veröffentlichung in Form von Qualitätsberichten darf nicht einmal angedacht werden. Es wird, sollte es nicht zu revolutionsartigen Veränderungen kommen, ein ganzer Generationswechsel stattfinden müssen, bis dieser Prozess ernsthaft beschleunigt wird.

Und da es auf Ebene der Fachgesellschaften und der direkt am Patienten arbeitenden Berufsgruppen so träge geht, ist es nicht verwunderlich, dass sich diese Trägheit auch auf die Interessensvertreter auswirkt. Hier sind es vor allem die Ärztekammern, die sich gegen jede Erhöhung der Transparenz im Gesundheitswesen stemmen. Selbst die Einführung eines international üblichen Krankheitsklassifikationscodes (ICD 10), also das Ersetzen der handschriftlichen Diagnosen des Arztes durch einen international definierten Zahlencode im niedergelassenen Bereich ist nicht möglich – verständlich, würde dadurch doch rasch festgestellt werden können, wie gut die diagnostische Arbeit einzelner Ärzte ist. Und leider ist zu erwarten, dass es insbesondere die älteren und damit mächtigeren Ärzte sind, deren Qualität mit internationalen Standards nicht mehr mithalten kann.

Die Ärztekammern in Österreich sind zu einer Schutzorganisation wohlerworbener Rechte Einzelner, insbesondere der Eminenzen, geworden. Das Recht, unhinterfragt und unkritisiert zu sagen, was richtig und was falsch, was gut und was böse ist, das gilt es zu schützen – egal ob es dem Patienten nützt oder nicht, egal ob es finanzierbar ist oder nicht. Für die Bevölkerung bleiben diese Kämpfe oft unbemerkt, wenn auch die Einführung der Patientenanwaltschaft vieles aufgedeckt hat.

Weil die Interessensvertretungen, bei denen eigentlich keine Berufsgruppe auszunehmen ist, in ihren Reihen das Eminenzprinzip verteidigen, reagiert die Politik mit eminenzbasierten Entscheidungen. Dass es kein anerkanntes Public-Health-Institut gibt, ist also nicht die Ursache, sondern die Folge fehlender politischer Willenskraft, sich gegen diese Interessensverbände durchzusetzen. Im Gegenteil, es kommt der Politik zugute, dass sie selbst auch dem Eminenzprinzip folgen kann, ist es doch die leichteste Art, „Geschenke“ zu verteilen und Illusionen aufrecht zu erhalten. Und nicht ohne Grund haben wir die europaweit höchste Dichte an Krankenhäusern, Krankenhausbetten und skurrilerweise auch medizinischen Großgeräten (mit denen man sich leicht brüsten kann). Es ist daher auch seitens unserer Volksvertreter gar nicht gewünscht, die Gesundheitsversorgung nach objektiven Kriterien zu messen. Ein solches Vorgehen könnte darin münden, dass der beliebte Mythos, die österreichische Versorgung sei die weltbeste, als solcher entlarvt würde.

Die Folge der eminenzbasierten Versorgung ist heute in bereits drastischer Weise zu beobachten. Die perinatale Sterblichkeit in Österreich ist, verglichen mit anderen modernen Versorgungen, hoch – als Folge der vielen zu kleinen Geburtsstationen? Die Sterblichkeit bei Mandeloperationen liegt 30 bis 60 Mal höher als in anderen modernen Versorgungen – als Folge der vielen zu kleinen Krankenhäuser? Blinddarmoperationen werden doppelt so oft vorgenommen wie in anderen modernen Versorgungen, als Folge der vielen zu kleinen Chirurgien? Herzkatheteruntersuchungen werden 1,5 Mal so häufig durchgeführt wie man erwarten würde – eine Folge der doppelt so hohen Dichte an entsprechenden Einrichtungen? Diese Liste ist lange ausrollbar – in so gut wie jedem einzelnen Gebiet der Gesundheitsversorgung sind solche „Auffälligkeiten“ zu beobachten. Solange jedoch die eminenzbasierte Gesundheitspolitik dominiert, werden Patienten von diesen Dingen nichts erfahren! In dieser eminenzbasierten Versorgung, in der es keine systematische Qualitätsbeobachtung gibt, wird hinter verschlossenen Türen von den „grauen“ Eminenzen festgelegt, was für die Versorgung nötig ist. Dieselben Eminenzen, die sich jeder Qualitätskontrolle entziehen, halten mit unfundierten Aussagen schlicht fest, dass die Qualität nicht zu übertreffen sei.

Quelle

Ingrid Korosec/Ernest G. Pichlbauer: Gesunde Zukunft. Österreichs Gesundheitsversorgung Neu. Diskussionsgrundlage zu neuen Strategien im Gesundheitswesen. Wien, 2007.

Wolfgang Pichler: Gesundheitsförderung und Prävention – Zwei vernachlässigte Problemfelder in der Reformdiskussion

1. Gesundheitsdebatte: Themen und Beteiligte

Die seit vielen Jahren in den meisten europäischen Ländern geführte Reformdebatte um die Gesundheitspolitik[1] zeichnet sich durch folgende Attribute aus:

1. Einseitige Fokussierung auf ökonomische Fragen[2] der Kostenkontrolle, Kostensenkung und Finanzierbarkeit des kurativen Gesundheitssystems[3].
   Die steigenden Kosten des Gesundheitswesens sind im Wesentlichen den beiden Hauptfaktoren geschuldet:

   - der demographischen Entwicklung und
   - den Prozess- und Produktinnovationen der medizintechnischen und pharmazeutischen Industrie.

---

1 Ausgehend vom Gesundheitsbegriff der WHO soll hier unter Gesundheit ein Zustand des umfassenden körperlichen, geistigen und sozialen Wohlbefindens verstanden werden. Dieser weiten Definition von Gesundheit entspricht ein ebenso umfassender Begriff von Gesundheitspolitik: „Alle Maßnahmen der organisierten Akteure des Gesundheitssystems, die Gesundheit von Einzelnen oder von gesellschaftlichen (Teil-) Gruppen erhalten, verbessern oder wiederherstellen." Mosebach/Schwartz/Walter (2007), S. 344.

2 Bauer (2006), Kühn (2004)

3 Gesundheitspolitik umfasst kurative Medizin, Prävention und Gesundheitsförderung, Rehabilitation und Pflege.

2. An der Reformdebatte sind im Wesentlichen nur angebotsseitige Institutionen und Akteure beteiligt.[4] Die Interessen der Nutzer des Gesundheitssystems sind per se nicht vertreten, wenngleich einige Akteure (etwa politische Parteien, Sozialpartner, Sozialversicherungsträger, Vertreter der Ärzteschaft) regelmäßig den Anspruch erheben, die Interessen der Nutzer zu vertreten.[5] Die Reformintentionen der angebotsseitigen Akteure sind allerdings regelmäßig stärker an der eigenen Interessenlage orientiert als am Bedarf der Bürger. Die jahrzehntelange unergiebige Reformdebatte im Gesundheitswesen kann als Beleg für diese These unschwer herangezogen werden: Verteilungskämpfe um Macht und materielle Ressourcen, verbunden mit Blockadestrategien und Kostenverlagerungen bestimmen die sogenannte „Gesundheitsdebatte“.[6]

3. Fragen des Gesundheitsbegriffes[7], der psychosozialen Entstehungsbedingungen von Krankheiten, der Beiträge einer psychosomatischen und alternativen Medizin, der Kooperation verschiedener Gesundheitsberufe werden hingegen nur peripher in die Gesundheitsdebatte aufgenommen. Vertreter nichtärztlicher Gesundheitsberufe sind ebenso wie die Nutzer an entscheidenden gesundheitspolitischen Weichenstellungen nicht inkludiert.

4. Fragen der Prävention und der Gesundheitsförderung werden gegenüber Reformansätzen der kurativen Medizin vernachlässigt.

---

4 Politik, Interessengruppen der Gesundheitsberufe, vorrangig der Ärzteschaft, Sozialbürokratie, Sozialpartner, Sozialversicherungsträger, Krankenanstalten, Pharmaindustrie, medizintechnische Industrie.

5 Reformkonzepte aller Betroffenen gemeinsam wurden bisher nie erarbeitet, „Runde Tische“ und ähnliche Formen der Governance beschränken sich auf Anbietervertreter. „Weitere Interessengruppen – insbesondere die Versicherten und die Patienten – verfügen nicht einmal über einflussreiche eigene Verbände.“ Bandelow (2004), S. 99.

6 Gesundheitspolitische Ziele können derzeit ohne Zustimmung der Ärzteschaft und der Sozialversicherungsträger auf Grund der verfügbaren Blockadepotentiale faktisch nicht realisiert werden.

7 Siehe Franke (2006), Tretter (2008)

Tatsächlich handelt es sich bei Gesundheitspolitik um ein komplexes, interdisziplinäres Gestaltungsfeld, das weit über medizinisch-kurative Aspekte eines limitierten biomedizinischen Modells hinausgeht. Nachhaltige Kosteneinsparungen im Gesundheitswesen sind ohne Verstärkung von Primärprävention und Gesundheitsförderung schwer erreichbar. Systemreformen, die nicht Fragen der Gesunderhaltung und Krankheitsentstehung einbeziehen, bleiben im Rahmen der vertrauten „Verteilungsspiele", können aber die Kostensteigerung des Gesundheitssystems insgesamt nicht dämpfen, unabhängig davon, ob die Systemreformen stärker marktwirtschaftlich oder öffentlich ausgerichtet sind. Eine Neuorientierung der Gesundheitsreform-Diskussion scheint angesichts dieses Befundes unerlässlich.

Grundsätze von *„Good Governance"* sind an steigender gesellschaftlicher Komplexität[8], Bedarf an *Inklusion* Betroffener im Interesse ihrer *Compliance* und der Stärkung von Selbstverwaltung und Selbstorganisation orientiert. Governance–Prinzipien[9] sind daher auch in der Gesundheitspolitik für die notwendige Neuorientierung unverzichtbar.

2. Public Governance: Der notwendige Paradigmen-Wechsel

Die Prämisse der Regierbarkeit und Gestaltbarkeit sozialer Lebenswelten durch demokratische Entscheidungsverfahren hat in den letzten Jahren entscheidend an Überzeugungskraft eingebüßt. Dieser Befund lässt sich an vielfältigen Krisensymptomen der modernen Sozialstaaten festmachen: Staatsverdrossenheit, Misstrauen gegenüber politischen Entscheidungsprozessen, drastischer Imageverlust politischer Repräsentanten, sinkende Zuversicht in die Gestaltungskraft des politischen Systems. Unter normativen Aspekten einer „Good Governance" stellt sich die Frage, ob die historisch „gewachsenen" Steuerungsprozesse (noch) über ausreichende Funktionalität in Bezug auf effektive Gestaltung gesellschaftlicher Entwicklungen verfügen. Diese Frage stellt sich auch angesichts steigender Ansprüche an Partizipation und

8 Zur Steigerung kollektiver Komplexität siehe Schimank/Werle (2000), S. 9.

9 Mayntz (2006) zum Governance-Begriff.

Mitgestaltung kollektiver Prozesse, steigender sozialer Komplexität und der Bedeutung von Compliance der Betroffenen in der Phase der Implementierung kollektiver Entscheidungen.

Scheitert der Sozialstaat an seiner Nicht-Steuerbarkeit und werden damit Argumente für Sozialabbau und „mehr Markt“ in der Sozialpolitik unabweisbar oder können Perspektiven entwickelt werden für einen Sozialstaat, der zugleich

1. demokratisch legitimiert ist,
2. finanzierbar ist und
3. soziale Handlungsfelder effektiv gestalten kann?

Das erreichte Maß an Komplexität gesellschaftlicher Verhältnisse und Problemlagen macht politische Entscheidungen, an denen Betroffene nicht ausreichend beteiligt werden, zunehmend obsolet. Der Anspruch der politischen Akteure, Bedürfnisse und Anliegen der Bürger zu vertreten, wird zur bloßen rhetorischen Figur. Diese Entfremdung des politischen Establishments von den Bedarfslagen und Erfahrungswelten der Bürger führt immer mehr zu inadäquaten politischen Interventionen, nur kurzfristig wirksame Symptomhandlungen produzieren ungeplante Nebenwirkungen und erzeugen neuen Interventionsbedarf. Insgesamt steigen die Kosten der Sozialsysteme bei sinkender sozialpolitischer Effektivität und sinkender Zufriedenheit der Bürger, der Legitimationsverlust des Systems der repräsentativen Demokratie im Bereich der Sozialpolitik nimmt zu.

Will man die Steuerungsdefizite nicht ausschließlich der Inkompetenz des politischen Führungspersonals zuschreiben – und dies scheint angesichts der *Ubiquität* der genannten Krisensymptome in den meisten Sozialstaaten schwer haltbar – ist die grundsätzliche Frage nach der Leistungsfähigkeit herkömmlicher politischer Verfahren in Bezug auf die Steuerbarkeit sozialer Umwelten zu stellen.

Die Kritik an traditionellen politischen Entscheidungsprozessen aus Sicht von „Good Governance“ bezieht sich im Wesentlichen auf diese Aspekte:

- Erfahrungswissen, Bedarfsartikulation und Problemperspektiven der Betroffenen werden von den politischen Akteuren in Meinungsbildungsprozessen nicht ausreichend genutzt.
- Der Wertewandel der letzten Jahrzehnte in Richtung stärkerer Ansprüche an Bürgerbeteiligung und Partizipation macht Entscheidungsprozesse der formalen repräsentativen Demokratie zunehmend für Betroffene unbefriedigend. Verweigerung des Interesses an politischen Fragen, sinkende Identifikation mit dem politischen System und ungenügende Compliance[10] in der Phase der Implementierung sind die Folge.
- Individualistische Grundhaltungen und Rückzugstendenzen aus dem politischen Raum als Reaktion auch auf fehlende Partizipationsangebote steigen zu Lasten sozialer Reziprozität und Solidarität und werden selbst Problem erzeugend. Der „wohlfahrtsstaatliche Sozialkontrakt" verliert zunehmend seine handlungsleitende Wirksamkeit, solidarische und sozial reziproke Grundhaltungen werden immer weniger internalisiert.
- Defizite in den persönlichen und sozialen Kompetenzen des politischen Führungspersonals verhindern eine glaubwürdige Kultur des Dialogs zwischen politischen Akteuren und Bürgern.
- Der gestiegenen Komplexität von individuellen Lebenswelten, Einstellungen, der Vielfalt an Handlungsoptionen, Exitstrategien und Möglichkeiten der Verweigerung werden traditionelle politische Verfahren nicht gerecht.
- Es ist den sozialstaatlich orientierten Ideologien bislang nicht gelungen, einen brauchbaren demokratischen Dialog über mögliche „Entwicklungspfade" des Sozialstaates zu initiieren. Begriffe wie „aktivierender Sozialstaat" führen bisher nicht zu erkennbaren Perspektiven für den Sozialstaat der Zukunft, Reformdiskussionen beschränken sich weitgehend auf Fragen der Finanzierbarkeit und sind damit defensiv an möglichen Kostenreduktionen und politisch verkraftbaren Leistungseinschränkungen ori-

10 Compliance hier verstanden als Bereitschaft und Fähigkeit der Bürger, an der Implementierung kollektiver Entscheidungen durch eigenverantwortliches Handeln mitzuwirken.

entiert. Offensive Entwürfe für Szenarien eines Sozialstaates der Zukunft fehlen.[11]

In dieser Legitimationskrise des Sozialstaates stehen grundsätzlich zwei Optionen für die künftige Rolle des Staates zur Verfügung: In „Abbau-Szenarien" des Staates sollen soziale Problemlagen in den Bereich des Marktsystems (Privatisierung oder Deregulierung sozialer Risiken, Beschränkung des Staates auf sogenannten „Kernkompetenzen") verlagert werden. Dieser neoliberale Weg der Beschränkung des Staates auf Ordnungsfunktionen und Garantieleistungen verzichtet auf Ziele des sozialen Ausgleichs, auf Umverteilung und vor allem auf kollektive Prozesse der Meinungsbildung im Bereich sozialer Leistungen. Staatliche Sozialleistungen werden auf ein Existenzminimum[12] beschränkt, an die Stelle kollektiver Diskurse über Gesundheitspolitik treten marktlogische Strategien gewinnorientierter Anbieter von Gesundheits- und. Versicherungsleistungen bzw. individuelle Nachfragemuster nach Kosten-Nutzen-Kalkülen bei unterstelltem Rationalverhalten. Besonderheiten des Gutes Gesundheit in Bezug auf seine Marktfähigkeit (Informationsasymmetrien, Unsicherheit, mangelnde Vorausschau, irrationale Faktoren wie Ängste, Autodestruktivität) bleiben unhinterfragt.

Die Alternative besteht in einem Umbau des Sozialstaates mit dem Ziel einer „Revitalisierung" der sozialen Demokratie: Grundidee dafür ist, den „wohlfahrtsstaatlichen Sozialkontrakt" zu erneuern. Durch die Inklusion Betroffener, der Nutzung von gesellschaftlichen Potenzialen der Selbstorganisation und Selbsthilfe und neuen Formen der Kooperation des Staates nicht nur mit dem Marktsystem, sondern auch mit zivilgesellschaftlichen Einrichtungen kann der Sozialstaat an Funktionalität und Legitimation zurückgewinnen.

Derartige Umbauszenarien des Sozialstaates bedürfen einer Leitidee, geeigneter Rahmenbedingungen und kompetenter politischer Akteu-

---

11 Vorschläge eines „dritten Weges" wie etwa Giddens (1999) werden nicht für grundlegende Diskussionen für mögliche Entwicklungspfade des Sozialstaates unter Bedingungen der Globalisierung genutzt.

12 Etwa im Rahmen eines Grundeinkommens.

re. Als methodisch-organisatorische Leitidee war und ist „New Public Management“[13] in den letzten Jahren einflussreich geworden: Als Reformkonzept der öffentlichen Verwaltung ist New Public Management auf Fragen der Effizienz staatlichen Handelns fokussiert. Die Anwendung betriebswirtschaftlicher Techniken und Methoden der Unternehmensführung auf öffentliche Verwaltung und Organisationen soll zu Kosteneinsparung, organisatorischen Rationalisierungseffekten und größerer Wirtschaftlichkeit führen. Das Ziel der Effizienzsteigerung hat allerdings Fragen der Effektivität staatlichen Handelns in den Hintergrund treten lassen: Effizienzsteigerung wurde meist kurzschlüssig an Einsparungseffekten festgemacht, Nutzeneinbußen und damit verbundene soziale Folgekosten wurden nicht ins Kalkül gezogen.
Die Effektivität staatlichen Handelns ist für künftige Sozialpolitik von zentraler Bedeutung, Orientierung nur an angebotsseitigen Kriterien der Wirtschaftlichkeit und Effizienz reichen nicht aus. Um etwa das Pflegeproblem nachhaltig und effektiv, für die Betroffenen befriedigend und zugleich finanzierbar zu lösen, bedarf es Prozesse der Meinungsbildung und Entscheidungsfindung, die der Komplexität des Gestaltungsbereiches Pflege angemessen sind. Wirklichkeitskonstrukte der Politik und der Staatsbürokratie alleine werden nicht ausreichen, sondern es wird notwendig sein, einen zeitlich und organisatorisch angemessenen Diskurs mit Betroffenen und Beteiligten zu führen.[14]
New Public Management ist damit ergänzungsbedürftig um Grundsätze von Good Governance.[15]

Die methodisch-organisatorische Leitidee von „Good Governance“ stellt die Frage nach der Effektivität und Nachhaltigkeit von Sozialpolitik unter der Bedingung sozialer Komplexität: Welche institutionellen Rahmenbedingungen und kollektiven Prozesse der Meinungsbildung,

---

13 Siehe Schedler (2007)

14 Die Einführung einer Pflegeversicherung im Rahmen der Sozialversicherung wäre im Übrigen eine –auf breiter Basis zu diskutierende – Finanzierungsoption.

15 Effizienzsteigerung durch New Public Management werden nur dann einen sinnvollen Beitrag in der Gesundheitspolitik leisten können, wenn die Frage der Effektivität vorweg beantwortet wird. Andernfalls gerät das Instrumentarium von New Public Management in den Verdacht, lediglich der Rationalisierung von Kostensenkungen bzw. im nächsten Schritt der Rationierung sozialstaatlicher Leistungen zu dienen.

der Entscheidungsfindung und der Implementierung können eine nachhaltig wirksame und demokratisch befriedigende Gestaltung sozialer Lebenswelten sicherstellen?[16]

Der Begriff „Governance" ist allerdings mittlerweile schon zu einem „Catch-All" – Begriff der Politikwissenschaft[17] geworden: Höchst heterogene gesellschaftliche Koordinations- und Steuerungsprobleme und entsprechende Lösungsansätze werden darunter subsumiert.[18]

3. Good Governance: Prinzipien für eine Sozialpolitik der Zukunft?

Das normative Konzept von „Good Governance" versucht mit drei grundsätzlichen Orientierungen den Steuerungsdefiziten moderner Sozialstaaten zu begegnen:

- Grundsatz der Inklusion
- Grundsatz der Transparenz
- Grundsatz der partizipativen Führung.

3.1 Grundsatz der Inklusion

Die Vielfalt von Bedürfnislagen und Handlungsoptionen der Nutzer öffentlicher Leistungen gerade in den Bereichen der „sozialen Infrastruktur" (z. B. Bildung, Wissenschaft, Gesundheit, Armut, Alter), die Möglichkeiten von Exit-Strategien von betroffenen Bürgern und Mitarbeitern im öffentlichen Dienst,[19] und die Vielfalt an strategischen

---

16 In diesem Sinn wird dieser Begriff auch von der Weltbank eingeführt: Welche Mindestbedingungen an Rechtsvorschriften und demokratischen Standards sind erforderlich für ökonomische und gesellschaftliche Entwicklungsprozesse? In diesem normativen Sinn von „Good Governance" wurde der Begriff dann insbesondere im Entwicklungsbereich verwendet und weiterentwickelt. Siehe World Bank Report 1989.

17 Lange/Schimank (2004), Mayntz (2006)

18 Mayntz (1993)

19 Der wirksame Einsatz von Macht in öffentlichen Institutionen ist vor allem an die Verfügbarkeit von „Exit" – Strategien gebunden: Mit der Globalisierung ist die

Optionen von politischen Repräsentanten bzw. politischen Parteien und Interessenorganisationen erzeugen einen Grad an Komplexität, dem die Logik des politischen Systems der Parteiendemokratie nicht gewachsen ist. Die entscheidende soziale Innovation von Good Governance besteht in der Einbeziehung der Zivilgesellschaft:[20]Der Begriff „Zivilgesellschaft“ wird hier verwendet als Sammelbegriff für alle Formen des sozialen Handelns von Einzelnen oder Gruppen, die nicht auf Initiative des Staates zurückgehen und nicht von diesem gelenkt werden. Die moderne Zivilgesellschaft bildet somit eine eigenständige gesellschaftliche Sphäre, die gekennzeichnet ist durch freiwillige Mitgliedschaft, Unabhängigkeit vom Staat, orientiert an Organisationszielen, die nicht auf Gewinnorientierung angelegt sind, sondern auf Selbstorganisation und Selbsthilfe bzw. auf die Vertretung von Bürgerinteressen im Rahmen einer subsidiären kollektiven Willensbildung.[21]

Problemlösungen in der Sozialpolitik sind für ihren nachhaltigen Erfolg – und ihre Finanzierbarkeit – in besonderer Weise auf die Mitwirkung der „Nutzer“ angewiesen. Eine nachhaltig wirksame Gestaltung etwa des Gesundheitswesens ist ohne Mitwirkung der Nutzer in der Meinungsbildung, Entscheidungsfindung und Implementierung nicht möglich. Kernidee des Governance-Konzeptes ist die Weiterentwicklung von Demokratie durch Inklusion und Integration der Betroffenen in Gestaltungsprozesse. Wie können Betroffene (Bürger, Patienten, Steuer- und Beitragszahler) an gesellschaftlichen Gestaltungsprozessen beteiligt werden?

---

noch nicht ausreichend reflektierte Erhöhung der Möglichkeiten des „Exits“ verbunden. Dieser Aspekt wird bislang nur sehr eingeschränkt unter dem Stichwort „Standort-Debatte“ für Kapitalinvestitionen diskutiert. Im Vertrauen auf die Immobilität der Menschen (Bürger, Arbeitskräfte) wird den zunehmenden Exit – Strategien von Bürgern/Steuerzahlern/Arbeitskräften trotz zunehmender Migrationsbewegungen noch zu wenig Aufmerksamkeit geschenkt.

20 Die Systemintegration zwischen staatlichen und privatwirtschaftlichen Institutionen und Akteuren erfolgt seit Jahren – mit nicht immer überzeugendem Erfolg – auf der Ebene der Politik, der Sozialpartner oder im Rahmen von Public-Private-Partnership-Modellen. Die Inklusion der Zivilgesellschaft stellt m. E. den Kern von Good Governance in entwickelten repräsentativen Demokratien dar.

21 Siehe Europäisches Regieren. Ein Weißbuch. Kommission der Europäischen Gemeinschaften, Brüssel 2001. KOM (2001) 428, dt. Fassung.

Sozialintegration bedeutet damit Prozessorientierung anstelle technokratischer Kontroll- und Ergebnisorientierung: Problembewusstsein und Problemperspektiven entstehen vielfach erst im Prozess der Meinungsbildung, Bedürfnisse und Handlungsmöglichkeiten werden oft erst im Dialog bewusst. Der dafür erforderliche Aufwand an Zeit für Diskussion und Dialog ist durch die Qualität und Vielfalt der gesellschaftlichen Lernerfahrungen der politischen Akteure im Kontakt mit betroffenen Bürgern gerechtfertigt. Bei ausreichender Beteiligung im Prozess der Willensbildung wird überdies die Bereitschaft der Betroffenen zur Identifizierung und aktiven Umsetzung entsprechend groß sein, die Wahrscheinlichkeit der „Compliance" in der Phase der Implementierung von Entscheidungen steigt.[22]

3.2 Grundsatz der Transparenz

Die Integration der Zivilgesellschaft verschiebt den Fokus der Aufmerksamkeit entscheidend von den Produzenten hin zu den Interessen der „Nutzer" öffentlicher Leistungsangebote. Unter der Bedingung von Transparenz und Öffentlichkeit müssen private und öffentliche Produzenten stärker ihre Zustimmung oder Zurückweisung von Ideen, Projekten und Reformvorschlägen begründen. Darüber hinaus wird die inhaltliche Qualität von sozialpolitischen Entscheidungen durch eine stärkere Bürgerorientierung zunehmen: An die Stelle technokratischen Planungsdenkens mit seiner Kontroll- und Machbarkeitsillusion tritt prozessorientiertes Denken mit permanentem Dialog, Feedbackschleifen, Erfahrungsberichten und sozialen Lerngelegenheiten. In diesem Sinn ist Governance eine Re-Politisierung des öffentlichen Sektors.[23]

---

22 Beschlossene Projekte werden in traditionellem Politikverständnis gleichgesetzt mit ihrer tatsächlichen Umsetzung. Trotz vielfältiger Implementierungsdefizite wird in der Außendarstellung von Politik die Fiktion der Machbarkeit und Erzwingbarkeit bestimmter gesellschaftlicher Zustände aufrecht erhalten. Im Interesse der Legitimation von Herrschaft scheint dies auch unumgänglich. Siehe dazu Czada/Schimank, (2000), 23 ff.

23 Lange/Schimank (2004)

Die Integration der zivilgesellschaftlichen Akteure erfordert transparente strukturelle Rahmenbedingungen. Dabei tauchen Fragen auf, die zum größten Teil erst in Ansätzen erkannt und diskutiert werden:

- Wie kann der Dialog zwischen Akteuren der Systeme transparent und sozial kompetent organisiert werden?
- Wie kann die Frage der Verbindlichkeit der Meinungsbildung bzw. der Legitimation der Mitsprache gelöst werden?[24]
- Wie kann transparent werden, welche Ressourcen die einzelnen Subsysteme zur Gestaltung einbringen können, aber auch mit welchen Problemen im Sinn von negativen externen Effekten andere Subsysteme belastet werden (könnten)?
- Mit welchen Interessengruppen der Wirtschaft und der Zivilgesellschaft soll zu welchen Fragen ein Dialog geführt werden?
- Welche Gruppierungen der Zivilgesellschaft sollen für Konsultationen herangezogen werden?
- Welche Anforderungen an Transparenz in Bezug auf Mitgliedschaft, Ziele, interne Willensbildung und Finanzierung sollen an zivilgesellschaftliche Einrichtungen selbst gestellt werden?
- In welcher Weise und mit welchen Instrumenten kann der Staat zivilgesellschaftliche Nicht-Regierungs-Organisationen in ihrem Bestand und in ihrer Tätigkeit angesichts der im Vergleich zu Interessengruppen der Wirtschaft nachteiligen Ressourcenausstattung fördern?
- Welche Formen des Dialogs (z. B. Regionalkonferenzen, „Runde Tische", öffentliche Hearings etc.), mit welcher Öffentlichkeit (z. B. Presse, elektronische Medien) sollen von Seiten des Staates eingerichtet werden?
- Wie können die neuen Kommunikationsmedien in den Dienst der Inklusion, Partizipation und Transparenz öffentlicher Entscheidungen gestellt werden?
- Welche institutionellen Möglichkeiten sollen zivilgesellschaftlichen Einrichtungen eingeräumt werden, selbst initiativ zu werden?

---

24 Es wird letztlich nicht darum gehen, Machtverhältnisse zugunsten zivilgesellschaftlicher Einrichtungen zu verschieben, sondern um qualitative Verbesserungen von Entscheidungen und Implementierungen durch Partizipation und Kooperation.

- Wie wird der Dialog im politischen Entscheidungsverfahren öffentlich und transparent gemacht: Wie wird dokumentiert und publiziert, wer welche Inputs, Anregungen, Informationen in den Dialog eingebracht hat und inwieweit diese Inputs im Entscheidungsprozess wirksam bzw. mit welcher Begründung nicht wirksam wurden?[25]

3.3 Grundsatz der partizipativen Führung

Im aktuellen Wertewandelprozess gewinnen Werte wie Selbstorganisation, Selbsthilfe, Transparenz, Dialog und Partizipation der Zivilgesellschaft an Bedeutung. Politische Legitimation ist auf dem Weg repräsentativdemokratischer Verfahren allein nicht mehr zu bekommen, sondern gesellschaftlichen Bedarfslagen sind Artikulationsmöglichkeiten anzubieten, Inklusion der Bürger in politische Prozesse wird in Hinkunft legitimationsfördernd sein. Bedürfnissen, Problemen und Interessen der Zivilgesellschaft wird das gleiche Gewicht zu geben sein wie den organisierten Interessen von Wirtschaftsverbänden.

Politische Führungseliten sind daher immer mehr auf persönliche und soziale Kompetenzen angewiesen. Politische und bürokratische Führungseliten benötigen

- Prozesskompetenz, um die Mitwirkung aller relevanten „Spieler“ in einem politischen Gestaltungsbereich in der Phase der Meinungsbildung, der Entscheidungsfindung und der Implementierung kompetent organisieren und begleiten zu können. [26] Das „lineare Modell“ der Politik von oben ist also zu ersetzen durch ein prozessorientiertes Modell, wobei der Gesamtprozess in den einzelnen Phasen spiralförmig begleitet ist von Rückmeldungen,

---

25 Im Rahmen der Europäischen Kommission wurden hier bereits einige Fragen bearbeitet: Siehe Europäisches Regieren. Ein Weißbuch. Kommission der Europäischen Gemeinschaften, Brüssel 2001. KOM (2001) 428, dt. Fassung.

26 Löffler (2004)

Kommunikation, Partizipation, Netzwerk-Aktivitäten, Modifikation und sozialen Lernprozessen.[27]

- die Fähigkeit zur Moderation von Diskussionsprozessen mit zivilgesellschaftlichen Einrichtungen.
- die Fähigkeit, soziale Bedarfslagen empathisch verstehen und Vertretern der Zivilgesellschaft mit Interesse und Lernbereitschaft zuhören zu können.
- die Fähigkeit, durch persönliche Glaubwürdigkeit, gelebte demokratische Kultur, Transparenz der Prozesse und Mitgestaltungsangebote die kollektive Identifizierung mit dem Sozialstaat und damit auch die Haltung erforderlicher sozialer Reziprozität zu stärken.

4. Good Governance am Beispiel Gesundheitsförderung und Prävention

4.1 Primärprävention und Gesundheitsförderung: Vernachlässigte Problemfelder der Gesundheitspolitik

Prävention und Gesundheitsförderung[28] verfolgen beide das Ziel, Gesundheit zu erhalten und Krankheit zu vermeiden, allerdings mit etwas unterschiedlichen Schwerpunkten, Instrumenten und Intentionen.

Unter Primärprävention soll dabei verstanden werden, jene gesundheitlichen Risiken in der Lebenswelt zu identifizieren und dann zu reduzieren oder zu beseitigen, die – empirisch nachgewiesen – die Wahrscheinlichkeit für eine Bevölkerungsgruppe erhöhen, an einer Krankheit zu erkranken. Gesundheitspolitisch bedeutsam ist die Unterscheidung zwischen Verhaltensprävention – sie ist an Betroffene selbst adressiert – und Verhältnisprävention – sie richtet sich an die strukturellen Risikobedingungen.

Unter Gesundheitsförderung soll die Identifizierung und Nutzung aller Ressourcen verstanden werden, die der Erhaltung und Förderung der

27 Diese Vorstellung eines „circulus virtuosus“ vertritt auch die Europäische Kommission in ihrem Weißbuch: Europäisches Regieren. Ein Weißbuch. Kommission der Europäischen Gemeinschaften, Brüssel 2001. KOM (2001) 428, dt. Fassung.

28 Hurrelmann (2006)

Gesundheit dienen.[29] Auch für die Gesundheitsförderung ist die Unterscheidung zwischen der persönlichen und der sozialen Ebene sinnvoll.[30]
Gesundheitsförderung bezieht sich damit sowohl auf die Stärkung, Förderung, Erhaltung der persönlichen Ressourcen als auch der Möglichkeiten, an der Gestaltung der strukturellen Rahmenbedingungen mitwirken zu können.

Fragen der Prävention und Gesundheitsförderung (Salutogenese)[31] haben in der gesundheitspolitischen Reformdiskussion im Vergleich zur kurativen Medizin nur eine nachrangige Bedeutung, obwohl es sich hier um die Bereiche der Entstehung von Krankheit, also auch der Entstehung von Kosten für das Gesundheitssystem handelt. Erfolgreiche Prävention und Gesundheitsförderung führen ursächlich zur Reduzierung von Kosten des Gesundheitssystems, fragwürdige „Systemreformen“ mit bloßen Kostenverlagerungen zwischen den Trägern können demgegenüber „die Kostenexplosion“ im Gesundheitssystem nach den Erfahrungen der letzten Jahrzehnte kaum dämpfen.

Politische Maßnahmen im Bereich der Gesundheitsförderung und der Prävention sind in ihrer Effektivität in besonderem Maß auf Steuerungsprinzipien von Good Governance angewiesen:

- Die Komplexität der Fragestellungen in diesen Bereichen erfordert interdisziplinäre Zusammenarbeit sowohl auf der Ebene der wissenschaftlichen Analyse als auch in der praktischen Gesundheitspolitik. Einer verengten biomedizinischen Sicht von Gesundheit und Krankheit mit ihrer einseitigen medizintechnischen und pharmakologischen Ausrichtung und ihrer Fokussierung

29 In Anlehnung an Faltermaier (2007)

30 „Gesundheitsförderung definiert sich durch das Zusammenführen von zwei strategischen Ansätzen: der Stärkung von persönlicher und sozialer Gesundheitskompetenz verbunden mit einer systematischen Politik, die auf die Verbesserung von Gesundheitsdeterminanten und den Abbau von gesundheitlicher Ungleichheit abzielt.“ Kickbusch (2003), S. 182.

31 Beide Aspekte gemeinsam verfolgen das Ziel, Gesundheit zu erhalten und Krankheit zu vermeiden, allerdings mit etwas unterschiedlichen Sichtweisen, Instrumenten und Intentionen.

vornehmlich auf kurative Medizin wird ein wesentlich breiteres Konzept bzgl. Gesundheitsförderung, Krankheitsentstehung und Behandlung entgegengestellt.

- In der Salutogenese[32] kann nicht von einer „Gesundheitspolitik von oben“ ausgegangen werden, sondern grundsätzlich sind die Betroffenen in die gesellschaftlichen Auseinandersetzungen mit den sozialen, ökonomischen, ökologischen und kulturellen Bedingungen für die Erhaltung von Gesundheit bzw. für die Entstehung von Krankheit einzubeziehen.
- Gerade die Salutogenese ist auf eine Stärkung der Betroffenen als selbstverantwortliche Subjekte angewiesen: Auf individueller Ebene geht es um die Stärkung der Fähigkeiten, Gesundheitsbedürfnisse wahrzunehmen und eigenverantwortlich zu handeln, auf kollektiver Ebene sind die Betroffenen in soziale Gestaltungsprozesse einzubeziehen.
- Gesundheitsförderung definiert sich damit „durch das Zusammenführen von zwei strategischen Ansätzen: der Stärkung von persönlicher und sozialer Gesundheitskompetenz verbunden mit einer systematischen Politik, die auf die Verbesserung von Gesundheitsdeterminanten und den Abbau von gesundheitlicher Ungleichheit abzielt.“[33]
- In den Politikfeldern von Gesundheitsförderung und Prävention können sich politische Prozesse auf eine lange Tradition der Bürgerbeteiligung im Rahmen der Public-Health-Bewegung[34] stützen. Netzwerke von Betroffenen und Angehörigen, Selbsthilfeorganisationen, Kooperationen von zivilgesellschaftlichen Einrichtungen, interdisziplinäre Sichtweisen, Zusammenarbeit verschiedener Gesundheitsberufe haben Tradition in der Public-Health-Bewegung.

Die strategischen Konsequenzen sind daher

- Empowerment der Betroffenen: Gesundheitspolitische Maßnahmen können daran gemessen werden, ob sie der Stärkung von

32 Antonovsky (1997)
33 Kickbusch (2003), S. 182
34 Zur Public-Health-Tradition in Deutschland siehe Milles (1991)

Kompetenzen, Rechten und Fähigkeiten der Selbstbestimmung der Betroffenen dienen.[35] Empowerment besteht in Ermutigung, Befähigung, Bereitstellung erforderlicher Ressourcen und Berechtigung. Im Sinne „sozialer Reziprozität" ist damit immer auch ein erhöhtes Maß an Eigenverantwortung im Bereich der eigenen Verhaltensmuster als auch sozialer Partizipation verbunden.

- Interdisziplinarität und Kooperation: Gesundheitsförderung kann nur effektiv betrieben werden, wenn eine Vielzahl von Politikbereichen dieses Ziel in ihre Handlungsorientierung integrieren und miteinander kooperieren. Um psychische und physische Erkrankungen zu verhindern, müssen alle gesellschaftlichen Bereiche kooperieren: Staat, Unternehmen und Einrichtungen der Zivilgesellschaft.
- „Partizipativer Imperativ": Die Betroffenen und andere Handlungsträger werden in Entscheidungsprozesse eingebunden bzw. Problembereiche werden gänzlich in die Selbstorganisation übergeben. Betroffene verfügen unmittelbar über das erforderliche Erfahrungswissen, ihre Partizipation bzw. Selbstorganisation sichert am ehesten Identifikation und damit Compliance in der Phase der Realisierung von Maßnahmen, Haltungen, Verhaltensweisen.

Das – zunächst abstrakte – Leitbild eines „aktivierenden Sozialstaates" erhält mit den hier skizzierten strategischen Konsequenzen eine konkrete Ausformung:

- Auf individueller Ebene stärkt, aber fordert die Gesundheitsförderung auch eine erhöhte Eigenverantwortung der „Nutzer" – und setzt daher u. a. die erfolgreiche Bearbeitung von regressiven Tendenzen bei Patienten voraus.
- Die Inklusion der Betroffenen in die Gesundheitspolitik setzt den systemlogischen Interessenlagen der Anbieter die Bedarfslage und das Erfahrungswissen der Leistungsadressaten entgegen. Durch Inklusion der Betroffenen, Transparenz der Prozesse und Entscheidungen und organisierte Form des öffentlichen Diskur-

35 Rotmann et al. (2001)

ses werden tradierte Muster der politischen Kultur in Richtung einer stärkeren Orientierung an gesellschaftlichen Bedarfslagen verändert. Politische Akteure sind nun stärker gefordert, Bedürfnisse, Versorgungsdefizite und Erwartungen der Betroffenen zu ermitteln, zu verstehen und zur Grundlage für Entscheidungen zu machen. Die strategische Orientierung ausschließlich an Machtkalkülen und politischer Interessenlogik fällt zumindest schwerer.

- Die Inklusion der Betroffenen verschiebt den Fokus von politischen Machtfragen zu den Bedarfslagen und Erfahrungen der Betroffenen: Good Governance für Gesundheitsförderung und Prävention.
- Gesundheitspolitische Entscheidungen auf der Grundlage von Inklusion, Transparenz und Dialog werden damit vermutlich eher in der Lage sein, nachhaltig wirksam zu werden und mit ausreichender Compliance der Betroffenen implementiert zu werden.

4.2 Primärprävention und Gesundheitsförderung auf der Ebene des einzelnen Bürgers bzw. Patienten

Persönliche Ressourcen der Erhaltung und Förderung von Gesundheit bestehen vor allem in der psychischen Ausstattung des einzelnen Menschen: Ein ausreichendes Selbstwertgefühl verbunden mit Selbstakzeptanz und einer positiven Besetzung des eigenen Körpers bestimmt den Wunsch, die eigene Gesundheit zu erhalten und zu fördern. Überdies spielt eine Rolle, ob das eigene Leben als kohärent und sinnvoll erlebt wird, das eigene Handeln als selbstwirksam verbunden mit ausreichender Kontrollüberzeugung interpretiert wird, eine ausreichende Ichstärke mit Frustrationstoleranz, Willensstärke und Durchsetzungsfähigkeit und soziale Handlungskompetenzen verfügbar sind. Unbewusst stark ambivalente oder ablehnende Einstellungen der eigenen Person oder dem eigenen Körper gegenüber bedingen hingegen nachlässige oder autodestruktive Verhaltensweisen, die von Formen kontinuierlicher mäßiger Schädigung bis zu grober Selbstschädigung reichen können.

Die persönlichen Anforderungen an einen gesundheitsorientierten Lebensstil werden unterstützt von sozialen Ressourcen, die in möglichst stabilen, intakten und verlässlichen Beziehungen und sozialen Netzwerken bestehen. Auf materieller und kultureller Ebene wirken ausreichende und sichere finanzielle Ressourcen, sichere Arbeits- und Wohnverhältnisse und die Einbindung in kulturelle Überzeugungssysteme gesundheitsfördernd.[36] Informationsaktionen, Aufklärungskampagnen, Appelle zur Gesundheitsförderung wie etwa Antiraucher-Kampagnen sind wesentlich vom Vorliegen der hier genannten günstigen Voraussetzungen beim einzelnen Bürger abhängig und werden daher Risikogruppen wenig erreichen.

Risikoverhaltensweisen wie Rauchen, Alkoholkonsum, pathogenes Essverhalten, Bewegungsmangel sind durch rational-abstrakte Aufklärung und Information nicht zu modifizieren, sondern bedürfen einer Gesprächssituation, in der die persönlichen und sozialen Lebensbedingungen und emotionalen Bedeutungszuweisungen zur Sprache kommen und verständlich werden. Vertreter von Gesundheitsberufen sind damit auf ausreichend Zeit und Gesprächskompetenz angewiesen. Angesichts der Bedeutung der persönlichen Lebensführung für die Erhaltung der Gesundheit muss ein wirkungsvoller Reformschritt des Gesundheitssystems darin bestehen, Gesundheitsförderung als eigene Interventionsform von Ärzten ausreichend zu honorieren oder diese Aufgabe an andere Gesundheitsberufe (z. B. GesundheitspädagogInnen, GesundheitspsychologInnen, SozialarbeiterInnen) zu übertragen. Ziel des gesundheitsfördernden Gesprächs mit den PatientInnen ist, ihre Selbstverantwortung durch „Empowerment“ (Befähigung) für eine gesundheitsfördernde Lebensführung zu stärken.[37]

---

36 Siehe Faltermaier (2007)

37 Der Appell an die Eigenverantwortung der Patienten kollidiert allerdings mit dem traditionellen Rollenverständnis, in dem infantile Übertragungsbereitschaften der Patienten seitens der ÄrztInnen nicht zurückgewiesen, sondern in den Dienst des eigenen fürsorglich – paternalistischen Selbstverständnisses gestellt werden.

Das persönliche Gespräch zur Stärkung von Primärprävention und Gesundheitsförderung ist aus Sicht der Public-Health-Bewegung durchaus verbesserungsfähig:[38]

- Für Ermächtigung und Befähigung („Empowerment") gemäß dem Governance-Konzept bietet sich der regelmäßige Kontakt zum eigenen Hausarzt (Kontinuität, Vertrauensbeziehung, Wissen um das psychosoziale Umfeld) besonders an, bleibt aber häufig ungenutzt.[39]
- Die starke Orientierung an quantitativen Diagnosewerten der „Apparate-Medizin", etwa im Rahmen von Vorsorgeuntersuchungen verhindert eine komplexe Wahrnehmung der einzelnen Person. Die ärztliche „Kunst" der individuellen Wahrnehmung und Behandlung verkümmert zu einer Orientierung an Wahrscheinlichkeiten der großen Zahl und verhindert so wirksame persönliche Interventionen im Interesse von Gesundheitsförderung und Prävention.
- Die mangelhafte Fokussierung auf psychische und soziale Bedingungen der Lebensführung führt dazu, dass die Erkennungsrate psychosomatischer, depressiver oder suchtartiger Erkrankungen durch Hausärzte ungenügend ist.
- Härter/Ruf/Bermejo (2006) weisen auf die mangelhafte Erkennungsrate depressiver und alkoholkranker Patienten durch den Hausarzt hin.[40] So liegt die Erkennungsrate alkoholbezogener Störungen nach Härter etc. in der Allgemeinpraxis unter 50 %, depressiver Störungen zwischen 35% und 60 %.
- Gerade bei Depressionen und Alkoholkrankheit können schwere Krankheitsverläufe durch Früherkennung vermieden werden.

---

38 So etwa Haisch (2007), S. 191 ff

39 So kommen Haisch u. a. zu diesem Schluss: „Es muss deshalb weiterhin davon ausgegangen werden, dass Gesundheitsförderung im Sinne der Diagnostik und Stärkung psychosozialer Gesundheitsressourcen des Patienten sowie die Nutzung salutogener Potenzen in der Hausarztpraxis kaum eine Rolle spielen, für den Hausarzt die biomedizinisch begründete Diagnostik und Therapie gesundheitlicher Risikofaktoren im Vordergrund steht und der Hausarzt damit als Ansprechpartner für Gesunde kaum eine Bedeutung hat." Haisch (2007), S. 197.

40 Härter/Ruf/Bermejo (2006), S. 111 – 115

An gesundheitspolitischen Maßnahmen zur Stärkung der Gesundheitsförderung und Prävention auf der Ebene einzelner Patienten/Bürger ist daher zu empfehlen:

- Integration psychosozialer Aspekte in Modelle der Medizin in Ausbildung und Praxis
- Stärkung der sozialen Kompetenzen der Ärzte, um sie zu befähigen, Interaktionen mit Patienten persönlich und individuell zu führen. Entscheidungen über diagnostische und therapeutische Maßnahmen sollten gemeinsam und gleichberechtigt zustande kommen. Dieses „shared decision making" ist eine unmittelbare Umsetzung von Governance-Ideen auf der Arzt-Patient-Ebene. Auch hier ist zu vermuten, dass sich die Qualität der Entscheidung und die Effektivität der Implementierung („Compliance") verbessert.
- Ressorcenmodelle sollten generell in der medizinischen Ausbildung stärker bewusst gemacht und vermittelt werden.
- Gesundheitsförderung und Prävention müssen in den Honorarordnungen stärker berücksichtigt werden.
- Kooperation mit anderen relevanten Berufen (Psychotherapeuten, Pflegern, Sozialarbeitern, Pädagogen) ist systematisch zu fördern, etwa in Modellen des „Case Managements" der Einzelfallbehandlung oder der Kooperationsmodelle sozialmedizinischer Zentren.

4.3 Gesundheitsförderung und Prävention am Beispiel Stress und Alter

4.3.1 Prävention, Gesundheitsförderung und Stress

Unter Stressoren sind alle äußeren und inneren Anforderungen zu verstehen, die die Anpassungskapazität einer Person angreifen oder übersteigen. Als Stressoren können vor allem überfordernde Lebensereignisse oder berufliche oder private Dauerbelastungen wirksam werden. Die Stresswirkung von Umweltbedingungen ist dabei in ihrer individuellen Wahrnehmung und Verarbeitung auch von innerpsychischen Verarbeitungsprozessen abhängig.[41]

Auf physiologischer Ebene wird durch Stress das autonome Nervensystem über Gebühr aktiviert mit der Folge von Fehlregulationen, die zu Frühstadien der Entwicklung stressinduzierter körperlicher und seelischer Erkrankungen führen. Dieser Weg ist für die Entstehung von Herz-Kreislauf-Erkrankungen[42], Stoffwechselstörungen, aber auch Depressionen und Angststörungen nachgewiesen. Als krankheitserzeugend wirken überdies Verhaltensreaktionen auf Stressgefühle wie übermäßiger Alkoholkonsum, vermehrtes Rauchen, Medikamentenmissbrauch, Fehlernährung, Bewegungsmangel.

Die Zunahme der psychosozialen Stressoren wird verursacht im Wesentlichen durch

- den steigenden Dienstleistungsanteil der Wirtschaft und damit verbundenen höheren kommunikativen und sozialen Anforderungen.
- einer erhöhten terminlichen und zeitlichen Stressbelastung durch die Zunahme der Automatisierung in Produktions- und auch Dienstleistungsbereichen.
- die Auswirkungen der neuen Informationstechnologien in Bezug auf Geschwindigkeit der Kommunikation, Verfügbarkeit der Mitarbeiter und sinkende Trennung zwischen Arbeitszeit und Freizeit; von Arbeitsdruck freie „Schutzzonen" und Erholungswelten gehen verloren.
- die Auswirkungen der Globalisierung mit erhöhtem Wettbewerbsdruck, Zeitdruck, permanentem Innovationsbedarf und gestiegenen Unsicherheiten bezüglich der eigenen Zukunft („Präkarisierungstendenzen") und der Zukunft des Unternehmens.

---

41 Innere Stressoren wie defizitäre Selbstwertregulation, rigides Perfektionsstreben, geringe Abgrenzungsfähigkeit, permanente Schuldgefühle etc. bestimmen die unterschiedlichen Anpassungskapazitäten von Menschen.

42 Friczewski et al. (1987)

- Führungsinkompetenzen und ungelöste Führungsdilemmata zwischen Ergebnisdruck und Mitarbeiterorientierung.
- ungesicherte staatliche Rahmenbedingungen[43].

Chronische Stresserfahrungen in der Arbeitswelt werden durch folgende zwei Wirkungsmodelle erklärt:

Nach dem Anforderungs-Kontrollmodell wird Stress ausgelöst durch hohe quantitative Anforderungen bei gleichzeitig niedrigen Handlungsoptionen und Gestaltungsspielräumen. Hohe qualitative Anforderungen mit großen Gestaltungsspielräumen hingegen fördern Selbstwertgefühl und Wohlbefinden.[44]

Nach dem Modell beruflicher Gratifikationskrisen ist verletzte soziale Reziprozität am Arbeitsplatz stressauslösend: Die geleistete Verausgabung und der berufliche Einsatz führt zu inadäquaten Gratifikationen; in Abhängigkeit vom Grad an persönlicher Autonomie führt diese Konstellation auf Dauer zu Stressreaktionen.[45]

Breite empirische Evidenz der letzten 25 Jahre belegt chronische Stresserfahrungen vor allem bei Menschen mit mangelndem sozialen Rückhalt, beruflichen Gratifikationskrisen und hohen Anforderungen bei gleichzeitig geringen Gestaltungsspielräumen.[46]
Angesichts der gut gesicherten Befunde über den Zusammenhang zwischen chronischer Stressbelastung und Erkrankungsrisiken[47] sollte der Primärprävention und Gesundheitsförderung in der Arbeitswelt erheblich mehr gesellschafts- und gesundheitspolitische Aufmerksamkeit gegeben werden.[48]

---

43 Wie z. B. Rückbau der sozialen Sicherheit, Unsicherheit durch permanente Reformdebatte, Unsicherheit durch EU-Mitgliedschaft, Globalisierung und sinkende nationalstaatliche Autonomie.

44 Karasek/Theorell (1990)

45 Siegrist (1996)

46 Berkman/Kawachi (2000), Stansfeld/Marmot (2002)

47 Sozialer Stress ist das am besten untersuchte soziale Risiko für die Gesundheit.

48 So auch: „Angesichts der mit chronischer Stressbelastung assoziierten Krankheitslast kommt einer Verstärkung entsprechender primärpräventiver Bemühungen

Tatsächlich wird chronischer Stress in Betrieben nach wie vor vornehmlich als individuelles Problem behandelt, dementsprechend liegt der Fokus fast ausschließlich auf Maßnahmen der Verhaltensprävention, Verhältnisprävention wird sträflich vernachlässigt![49] Der vornehmlich individualisierende Zugang zur Stressprävention ist wesentlich mitbedingt durch die Dominanz des biomedizinischen Modells in Gesundheitsförderung und Primärprävention. Die biomedizinische Herangehensweise in der Gesundheitsförderung und Primärprävention steht im Widerspruch zur ausreichenden Evidenz der Bedeutung psychosozialer Variablen für Krankheitsentstehung, hier aufgezeigt am Beispiel stressbedingter Erkrankungen.[50]

Möglichkeiten der Verhältnisprävention werden vernachlässigt. Gesundheitsförderung durch entstressende strukturelle Rahmenbedingungen in Organisationen und vor allem durch sozial kompetente Mitarbeiterführung sollte aber vorrangige Bedeutung zukommen. Der Belastungsstrukturwandel der letzten Jahrzehnte hat bewirkt, dass physische Arbeitsbelastungen tendenziell gesunken, psychosoziale Belastungen aber gestiegen sind. Verhältnisprävention kann nur auf der Grundlage eines gesellschaftlichen Diskurses unter Inklusion der Betroffenen, der fachkompetenten Gesundheitsexperten (vor allem Ärzte und Psychotherapeuten) und durch interdisziplinäre Zusammenarbeit gesellschaftswissenschaftlicher und naturwissenschaftlicher Disziplinen wirksam werden. Die Individualisierung des Stressproblems im Rahmen einer bloßen Verhaltensprävention schreibt hingegen krankmachende Arbeitsbedingungen fest und delegiert die Stressbearbeitung an die Privatinitiative der Mitarbeiter. Entspannungstechniken, persönliche Fitnessprogramme etc. können aber die gesellschaftlich bedingten Ursachen für ansteigenden chronischen Stress nicht beseitigen.

---

vorrangig gesundheitspolitische Bedeutung zu.“ Siegrist/von dem Knesebeck (2007), S. 126.

49 Wie Entspannungstechniken, Fitnessprogramme, Zeitmanagement, persönliches Coaching, mentale Distanzierungstechniken, Psychotherapie.

50 Erst in der Tertiärprävention werden etwa in der Allgemeinmedizin psychosoziale Rahmenbedingungen ausführlich erörtert, wohingegen in der Primärprävention und Gesundheitsförderung nach wie vor die Fokussierung der ärztlichen Aufklärung auf Risikofaktoren und Krankheitssymptome im Rahmen biomedizinischer Wirklichkeitskonstrukte vorherrschen.

Gesellschaftspolitische Steuerung nach Governance-Grundsätzen trägt hier dazu bei, Bewusstseinslagen zu verändern und damit das Stressthema als gesellschafts- und gesundheitspolitische Aufgabe wahrzunehmen.

4.3.2 Beispiel Alter

Der Bereich der Pflege alter Menschen wird bekanntlich demographiebedingt in den kommenden Jahrzehnten gesellschaftlich und vor allem auch ökonomisch an Bedeutung gewinnen.

Die gesundheitspolitische und ökonomische Bedeutung von Gesundheitsförderung und Primärprävention im Alter wird ebenfalls in der Debatte um die Gesundheitsreform unterschätzt.[51]

Gemäß dem Konzept der aktiven Lebenserwartung stellt sich für die Gesundheitsförderung die Frage, wie ein Zugewinn an aktiver, selbstverantwortlicher Lebensführung auch unter altersbedingten Einschränkungen zu erreichen ist. Auch in diesem Bereich sind Antworten auf persönlicher und gesellschaftlicher Ebene zu suchen. Dieser Zugang zum Alter steht im Gegensatz zu einem biomedizinischen Modell, das seinen Fokus auf die zunehmenden Funktionsverluste im Rahmen eines passivierenden Defizitmodells richtet.

Das Konzept der Governance bietet auch hier Ansatzpunkte für künftige Strategien: Die Befähigung (Empowerment) alter Menschen besteht in der Ausschöpfung der Möglichkeiten, so weit wie möglich ein selbstbestimmtes, aktives Leben führen zu können. Im persönlichen Bereich der Prävention und Gesunderhaltung des Einzelnen nimmt erneut die Allgemeinmedizin in Kooperation mit den anderen Gesundheitsprofessionen (hier vor allem der Pflegedienste und der Sozialarbeit) eine strategische Schlüsselposition ein. Im ärztlichen Gespräch

---

51 Der deutsche Sachverständigenrat für die Konzertierte Aktion im Gesundheitswesen (2001) merkt kritisch an, dass die Potentiale der Prävention in diesem Bereich der Betreuung alter Menschen nicht genutzt werden! Gutachten 2000/2001. Bedarfsgerechtigkeit und Wirtschaftlichkeit. Band I: Zielbildung, Prävention, Nutzenorientierung und Partizipation. Baden-Baden: Nomos 2001.

können die Gesundheitsressourcen, die Möglichkeiten einer aktiven, selbstbestimmten Lebensführung besprochen und gestärkt werden. In Kooperation der Gesundheitsberufe können personbezogene, „maßgeschneiderte", aktivierende Betreuungsleistungen im Rahmen eines „Care- und Case-Managements"[52] konzipiert werden. Dies gilt in besonderer Weise an der Schnittstelle zwischen stationärer und ambulanter Einrichtungen.

An die Stelle der passivierenden Überversorgung, wie sie tendenziell aus einem defizitorientierten biomedizinischen Handlungsmodell resultiert, tritt die Fokussierung auf Kompetenzerhaltung und Kompetenzförderung. Durch Informationen, Übungsanleitungen und Beratung im Bereich Sturzprävention, des persönlichen Schmerzmanagements oder der Inkontinenzberatung können Kompetenzen in der eigenständigen Lebensführung gestärkt werden. In diesem Kontext ist den Betroffenen auch Raum und Zeit zu geben, die psychischen Probleme, Konflikte und Ängste im Zusammenhang mit der Pflegesituation kompetent zu besprechen und zu bearbeiten. Ziel ist die Stärkung von Selbstverantwortung und die bessere Akzeptanz der Einschränkungen.[53]

Als besonders wirkungsvolle Präventionsmaßnahme bei alten Menschen haben sich präventive Hausbesuche als Methode der Früherkennung von Risikofaktoren und Erkrankungen erwiesen. Hier wird die individuelle Lebenssituation erfasst, der Gesundheitszustand erhoben, das soziale Umfeld analysiert. In gemeinschaftlicher Erarbeitung werden aktivierende persönliche Konzepte der Gesundheitsförderung erarbeitet. Die Überprüfung der Effekte von präventiven Hausbesuchen im Rahmen der sog. Santa-Monica-Studie[54] kam zum Ergebnis, dass die präventiven und sozialkompetenten Gespräche von Gesundheitsschwestern mit Betroffenen die Eigenständigkeit signifikant ver-

---

52 Care- und Case-Management.

53 Auch die pflegenden Angehörigen in den Beratungsprozess einzubeziehen, um handwerkliche Kompetenzen im pflegerischen Umgang mit ihren Angehörigen zu erwerben bzw. psychische Kompetenzen (Abgrenzung, Erholungsmöglichkeiten, Entlastungsstrategien) zu erhöhen. Stuck/Rubenstein/Steiner (1993), 309 – 310.

54 Stuck/Rubenstein/Steiner (1993)

besserten. Auch in diesem Beispiel zeigt sich die Relevanz des Governance-Grundsatzes der Empowerment als gesundheitspolitisch effektiv und kostensenkend bei gleichzeitiger Erhaltung von Lebensqualität.[55]

Die Ansatzpunkte für Governance-Strategien bestehen also im Bereich der älteren, pflegebedürftigen Menschen auf der persönlichen Ebene wiederum in der Stärkung des Empowerments, der Interaktion zwischen Betroffenen und professionell Tätigen auf gleicher Ebene. Von entscheidender Bedeutung ist aber auch die interdisziplinäre Kooperation von Gesundheitsdienstleistern im Rahmen eines psychosozialen Verständnisses von Gesundheit und Krankheit.

Auf der gesamtgesellschaftlichen bzw. sozialpolitischen Ebene beabsichtigt eine Governance – Orientierung die Inklusion von älteren, zum Teil pflegebedürftigen Menschen in Prozesse der Meinungsbildung und Entscheidungsfindung bei Fragen, die sie betreffen. Nicht pflegebedürftige Menschen im beruflichen Ruhestand könnten im Rahmen von Selbsthilfeorganisationen meinungsbildend aktiv werden bzw. in ehrenamtlichen Pflegenetzwerken tätig werden. Die aktuelle „Pflegedebatte" weist hingegen ein eklatantes Manko an Inklusion von Betroffenen auf, vielfältiges Erfahrungswissen und unterschiedliche Bedarfslagen bleiben daher im Prozess der Entscheidungsfindung ungenutzt.

Aufgabe der Gesundheitspolitik aus Governance – Perspektive ist es, auch im Bereich der Pflege alter Menschen,

---

55 Die Hausbesuche wurden von Gesundheitsschwestern ausgeführt; in 3-monatigen Abständen wurden die Wohnungen von 215 über 75-jährigen Personen aufgesucht und es wurden die körperlichen, psychischen und sozialen Bedingungen sowie die Wohnsituation erfasst. Die Ergebnisse wurden im Team mit Geriatern besprochen und führten zu individuellen Empfehlungen. Ergebnisse der Studie: Nach drei Jahren war der funktionale Status signifikant besser als bei der Kontrollgruppe, die Abhängigkeit der Interventionsgruppe war signifikant geringer als bei der Kontrollgruppe.

- die Entstehung von Netzwerken der Selbsthilfe und Selbstorganisation zu unterstützen,
- Selbsthilfeorganisationen und Interessengruppen alter Menschen in Prozesse der Meinungsbildung und Entscheidungsfindung zu inkludieren,
- Kooperationsmodelle verschiedener Gesundheitsberufe im Sinne von Care- und Case-Management zu entwickeln bzw. zu fördern.

Auch für dieses sozialpolitische Problemfeld ist die Politik auf interdisziplinäre Zusammenarbeit in Forschung und Praxis angewiesen.[56]

5. Schlussfolgerungen

Die Anwendung von Governance-Grundsätzen führt zur Wiederherstellung gesellschaftlicher Problemlösungskapazität des politischen Systems, zur erhöhten Lernfähigkeit von Institutionen und über ihre gestärkte Funktionstüchtigkeit (auch unter ökonomischen Aspekten) zur Stärkung der Legitimation demokratischer Institutionen insgesamt. In der Governance-Konzeption kommen die Bürger im Rahmen zivilgesellschaftlicher Partizipation zu Wort, wird die Legitimation des politischen Systems über gesteigerte Transparenz kollektiver Entscheidungsprozesse – unter Nutzung moderner Techniken der Kommunikationstechnologie – gesteigert und kann die Vertrauenswürdigkeit des politischen Systems über eine glaubhafte dialogische Qualität der Interaktion zwischen Entscheidungsträgern und Betroffenen erhöht werden. Der Staat ist zu seiner Finanzierbarkeit und gesellschaftlichen Legitimation auf eine funktionstüchtige, effektive Steuerung von Prozessen der kollektiven Meinungsbildung, Entscheidungsfindung und der Implementierung angewiesen.

Die Governance-Prinzipien für die gesundheitspolitischen Problemfelder der Gesundheitsförderung und Prävention können so zusammengefasst werden:

---

56 „Sollen die zukünftigen Herausforderungen im Gesundheitswesen bewältigt werden, ist diese Verschiebung des Blickwinkels von den Disziplinen auf den Gegenstand des Interesses der erste notwendige Schritt." Gebert (2007), S. 252.

1. Gesundheitsförderung und Prävention auf der Ebene einzelner Patienten/Bürger hat die Prinzipien von Empowerment, „shared decision making“ und Stärkung der Eigenverantwortung der Betroffenen zu beachten.
2. Dies bedarf der Kooperation verschiedener Gesundheitsberufe etwa im Rahmen von Case- und Care-Modellen.
3. Ein verengtes biomedizinisches Modell mit seiner vornehmlich medizintechnischen Orientierung zu Lasten der Arzt-Patient-Beziehung ist um die Aspekte der psychosozialen Bedingtheit von Krankheit und Gesundheit, um alternative Ansätze der Medizin und die Haltung zu erweitern, dass nur in einer gelingenden Begegnung die Individualität des einzelnen Patienten verstanden werden kann.
4. Schaffung und Förderung von Kooperationen zwischen verschiedenen Gesundheitsberufen (etwa im Rahmen von Case- und Care-Management) in der Praxis.
5. Verbesserte Kooperation zwischen ambulanten und stationären Versorgungssystemen durch entsprechende strukturelle und finanzielle Rahmenbedingungen.
6. Auf der Ebene politischer Entscheidungen im Gesundheitsbereich sind Netzwerke von Betroffenen, Selbsthilfeeinrichtungen, Formen der Selbstorganisation zu stärken.
7. Sämtliche Gesundheitsberufe sind gleichberechtigt und institutionalisiert in die Reformdiskussion zu inkludieren.
8. Inklusion der Nutzer: Gesundheitspolitische Prozesse der Meinungsbildung und Entscheidungsfindung sollten von den Grundsätzen Partizipation, Inklusion und Transparenz bestimmt sein. Bürger/Patienten/Versicherte sind per se nicht in Reformentwicklungen des Gesundheitssystems eingebunden, obwohl davon auszugehen ist, dass Qualität und Bedarfsgerechtigkeit im Gesundheitssystem ohne Einbindung der Betroffenen nicht möglich ist.[57]

---

57 „Bis heute fehlen Spitzenverbände der Patienten, die an Entscheidungen über die Entwicklungen im Gesundheitswesen teilnehmen.“ Dierks/Schwartz (2003), S. 314. Dieser Befund für Deutschland gilt wohl ebenso für Österreich und ganz Europa.

Als Kern der Überlegungen dieses Beitrags kann gefolgert werden, dass gesundheitspolitische Reformen nach den Grundsätzen von „Good Governance“ offensive Perspektiven für die künftige Entwicklung des Sozialstaates und der sozialen Demokratie eröffnen:

Die Einbeziehung der Betroffenen als „Subjekte“ in Prozesse der Gesundheitsförderung und Prävention, die Stärkung der Selbstverantwortung der Nutzer, die Förderung von Selbsthilfe und Selbstorganisation und Möglichkeiten der politischen Partizipation und Inklusion der Betroffenen in gesundheitspolitische Reformprozesse leisten entscheidende Beiträge zur Qualitätssicherung und künftigen Finanzierbarkeit des Gesundheitssystems. Die Grundsätze von Good Governance dienen am Beispiel der Gesundheitsförderung und Prävention zugleich einer Konkretisierung des gesellschaftspolitischen Leitbildes eines „aktivierenden Sozialstaates“[58] und einer aktivierenden partizipativen Demokratie[59].

Bibliographie

Antonovsky, Aaron; Salutogenese. Zur Entmystifizierung der Gesundheit, Tübingen 1997

Bandelow, Nils C.; Governance im Gesundheitswesen: Systemintegration zwischen Verhandlung und hierarchischer Steuerung, in: Lange/Schimank (2004), S. 89 – 106

Bauer, Ullrich; Die sozialen Kosten der Ökonomisierung von Gesundheit, in: Aus Politik und Zeitgeschichte, 8 – 9, 2006, S. 17 – 24

Beirat für Wirtschafts- und Sozialfragen, Herausforderungen für eine partizipative Demokratie in einem erweiterten Europa, Nr. 81, Wien 2006

Benz, Arthur/Lütz, Susanne/Schimank, Uwe/Simonis, Georg (Hrsg.); Handbuch Governance, Wiesbaden 2007

---

58 Etwa Dingeldey (2006)
59 Siehe etwa Beirat für Wirtschafts- und Sozialfragen Nr. 81 (2006)

Berkman, L. F./Kawachi, I.; Social Epidemiology.Oxford: Oxford University Press, 2000, Stansfeld, S. A./Marmot, M. G. (Eds.), Stress and the Heart, London 2002

Bovaird, Tony/Löffler, Elke (eds.); Public Management and Governance. London – New York 2003, reprinted 2004

Crouch, Colin/Eder, Klaus/Tambini, Damian (eds.); Citizenship, Markets, and the State, Oxford 2001

Czada, Roland/Schimank, Uwe; Institutionendynamik und politische Institutionengestaltung: Die zwei Gesichter sozialer Ordnungsbildung. In: Werle/Schimank (Hrsg.), Gesellschaftliche Komplexität und kollektive Handlungsfähigkeit. Frankfurt 2000, 23 ff.

Deppe, Hans-Ulrich/Friedrich, Hannes/Müller, Rainer (Hrsg.); Öffentliche Gesundheit – Public Health, Frankfurt/M. 1991

Dierks, Marie-Luise/Schwartz, Friedrich Wilhelm; Patienten, Versicherte, Bürger – die Nutzer des Gesundheitswesens, in: F. W. Schwartz u. a. Hrsg., Das Public Health Buch. Gesundheit und Gesundheitswesen. München – Jena, 2. Aufl., 2003

Dingeldey, Irene; Aktivierender Wohlfahrtsstaat und sozialpolitische Steuerung, in: Aus Politik und Zeitgeschichte, 8 – 9, 2006, S. 3 – 9

Dolzer, Rudolf/Herdegen, Matthias/Vogel, Bernhard (Hrsg.); Good Governance, Freiburg i.Br. 2007

Dolzer, Rudolf; Good Governance. Genese des Begriffs, konzeptionelle Grundüberlegungen und Stand der Forschung, in: Dolzer/Herdegen/Vogel (2007), S. 13 – 23

Eder, Klaus; Social Movement Organizations and the Democratic Order: Reorganizing the Social Basis of Political Citizenship in Complex Societies. In: Colin Crouch/Klaus Eder/Damian Tambini(eds.), Citizenship, Markets, and the State. Oxford 2001, 213 – 237

Europäische Gemeinschaften; Europäisches Regieren. Ein Weißbuch. Kommission der Europäischen Gemeinschaften, Brüssel 2001. KOM (2001) 428, dt. Fassung.

Faltermaier, Toni; Prävention und Gesundheitsförderung im Erwachsenenalter. In: Hurrelmann u. a.(2007)

Feiler, Karin (Hrsg.); Nachhaltigkeit schafft neuen Wohlstand. Bericht an den Club of Rome, Frankfurt/M. 2003

Franke, Alexa; Modelle von Gesundheit und Krankheit, Bern 2006

Friczewski, F./Maschewsky, W./Naschold, F./Wotschack, P./Wotschack, W.; Herz-Kreislauf-Krankheiten und industrielle Arbeitsplätze, Frankfurt/M. – New York 1987

Gebert, Anne; Prävention und Gesundheitsförderung in der Pflege, in: Hurrelmann u. a., (2007), S. 252

Gehmacher, Ernst/Kroismayr, Sigrid/Neumüller, Josef/Schuster, Martina (Hrsg.); Sozialkapital. Neue Zugänge zu gesellschaftlichen Kräften, Wien 2006

Giddens, Anthony; Der Dritte Weg. Die Erneuerung der sozialen Demokratie, Frankfurt/M.1999

Haisch, Jochen; Prävention und Gesundheitsförderung in der Allgemeinmedizin. In: Hurrelmann u. a. (2007), S. 191 ff.

Härter, M./Ruf, D./Bermejo, I.; Früherkennung psychischer Störungen in der Haus- und Facharztpraxis : J. Haisch/K. Hurrelmann/T. Klotz (Hrsg.), Medizinische Prävention und Gesundheitsförderung. Bern 2006, 111 – 115

Hurrelmann, Klaus; Gesundheitssoziologie, Eine Einführung in sozialwissenschaftliche Theorien von Krankheitsprävention und Gesundheitsförderung, 6. Aufl., Weinheim und München 2000

Hurrelmann, Klaus/Klotz, Theodor/Haisch, Jochen (Hrsg.); Medizinische Prävention und Gesundheitsförderung, 2. Aufl., Bern 2007

Kickbusch, Ilona; Gesundheitsförderung: Eine moderne Profession. In: F. W. Schwartz u. a. (Hrsg.), Das Public Health Buch. Gesundheit und Gesundheitswesen. München – Jena, 2. Aufl., 2003

Karasek, R. A./Theorell, T.; Healty Work. Stress, Productivity, and the Reconstruction of Working Life, New York 1990

Kooiman, Jan (ed.); Modern Governance. New Government – Society Interactions, London 1993

Kühn, Hagen; Die Ökonomisierungstendenzen in der medizinischen Versorgung, in: Gine Elsner/Thomas Gerlinger/Klaus Stegmüller (Hrsg.), Markt versus Solidarität. Gesundheitspolitik im deregulierten Kapitalismus, Hamburg 2004, S. 25 – 41

Lange, Stefan/Schimank, Uwe (Hrsg.); Governance und gesellschaftliche Integration, Wiesbaden 2004

Leibfried, Stephan/Zürn, Michael (Hrsg.); Transformation des Staates? Frankfurt/M. 2006

Leidig, Stefan/Limbacher, Klaus/Zielke, Manfred (Hrsg.); Stress im Erwerbsleben: Perspektiven eines integrativen Gesundheitsmanagements, Lengerich 2006

Löffler, Elke; Governance und Governmant. Networking with external Stakeholders. In: Tony Bovaird/Elke Löffler (eds.), Public Management and Governance, London – New York, 2004

Lorig, Wolfgang H.; Modernes Regieren und Public Leadership, in: Rainer Koch/John Dixon (Hrsg.), Public Governance and Leadership, Wiesbaden 2007

Mayntz, Renate; Governance Theory als fortentwickelte Steuerungstheorie? In: Gunnar Folke Schuppert (2006), S. 11 – 20

Mayntz, Renate; Governing Failures and the Problem of Governability: Some Comments on an Theoretical Paradigm. In: Jan Kooiman (ed.), Modern Governance. New Government – Society Interactions. London 1993

Milles, Dietrich; „Public Health" – Konzepte und Diskussionen in der deutschen Geschichte, in: Hans-Ulrich Deppe u. a. (1991), S. 38 – 59

Mosebach, Kai/Schwartz, Friedrich Wilhelm/Walter, Ulla; Gesundheitspolitische Umsetzung von Prävention und Gesundheitsförderung. In: Hurrelmann, Klaus/Klotz, Theodor/Haisch, Jochen, Lehrbuch Prävention und Gesundheitsförderung, 2.Aufl., Bern 2007

Rotmann et al. (eds.); Evaluation in Health Promotion. Principles and Perspectives. Copenhagen: WHO Publications, 2001

Schedler, Kuno; Public management und Public Governance, in: Benz u. a. (2007), S. 253 – 268

Schimank, Uwe/Werle, Raymund; Gesellschaftliche Komplexität und kollektive Handlungsfähigkeit, in: Werle/Schimank (2000), 9 – 20

Siegrist, Johannes; Soziale Krisen und Gesundheit, Göttingen 1996

Siegrist, Johannes/Kneesebeck, Olaf von der; Prävention chronischer Stressbelastung, in: Hurrelmann u. a. (2007), S. 119 – 127

Schuppert, Gunnar Folke (Hrsg.); Governance-Forschung. Vergewisserung über Stand und Entwicklungslinien, 2. Aufl.,Baden-Baden 2006

Stuck, A. E./Rubenstein, L. Z./Steiner, A. E. Inhome; preventive health care for older persons: results of a 3-year-randomized controlled study. The Gerontologist, 1993, 33, S. 309 – 310

Tretter, Felix; Ökologie der Person. Auf dem Weg zu einem systemischen Menschenbild, Lengerich 2008

Werle, Raymund/Schimank, Uwe (Hrsg.); Gesellschaftliche Komplexität und Kollektive Handlungsfähigkeit, Frankfurt/M. 2000

Widmer, Werner/Beck, Konstantin/Boos, Leo/Steinmann, Lukas/Zehnder, Rolf; Eigenverantwortung, Wettbewerb und Solidarität. Analyse und Reform der finanziellen Anreize im Gesundheitswesen.

Schriftenreihe der Schweizerischen Gesellschaft für Gesundheitspolitik (SGGP), No. 91, Zürich 2007

Young, Iris Marion; Inclusion and Democracy. Oxford 2000

Walter Scherrer: Die Gesundheitswirtschaft im „Regionalen Innovationssystem" Salzburgs

1. Ökonomischer und wirtschaftspolitischer Hintergrund

Die wirtschaftliche Bedeutung des Gesundheitssektors ist auch in der österreichischen Volkswirtschaft groß – die Gesundheitsausgaben betragen bereits mehr als 10 % des BIP, davon drei Viertel öffentliche Ausgaben[1] – und vieles spricht dafür, dass die wirtschaftliche Bedeutung des Sektors weiter zunehmen wird. So lassen die weitgehend vorgezeichnete demografische Entwicklung und das hohe Wohlstands- bzw. Einkommensniveau in der österreichischen Volkswirtschaft eine wachsende Nachfrage erwarten. Auf der Angebotsseite sorgen die spezifische Kostenstruktur in vielen Gesundheitsdienstleistungsbranchen und der rasante technisch-wissenschaftliche Fortschritt im Gesundheitswesen für eine entsprechende Dynamik. Die große und weiter zunehmende wirtschaftliche Bedeutung sollte daher den Gesundheitssektor verstärkt auch in den Fokus der regionalen *Wirtschafts*politik (und nicht nur der Gesundheitspolitik) lenken. So hat denn auch das Land Salzburg im Operationellen Programm für die laufende Periode der Europäischen Regionalentwicklung den Gesundheitssektor bzw. die Gesundheitswirtschaft als einen Schwerpunktbereich der „themenorientierten Entwicklung" definiert[2].

Die Innovations- und Regionalökonomie erforschte in den letzten beiden Jahrzehnten intensiv die Zusammenhänge zwischen Innovationsfähigkeit und -tätigkeit in der Region und der regionalen Wirtschaftsentwicklung. Auch in der Wirtschaftspolitik – und zwar auf allen Ebenen – wird diesen Zusammenhängen Priorität eingeräumt. So wird in

1 Health Data 2009, www.oecd.org/health/healthdata

2 Amt der Salzburger Landesregierung: Stärkung der Wettbewerbsfähigkeit der Region Salzburg. Operationelles Programm 2007 – 2013 gemäß Verordnung (EG) Nr. 1083/2006 des Rates vom 11.07.2006.

der Europäischen Union in der Innovationstätigkeit der Schlüssel zur mittelfristigen Steigerung des wirtschaftlichen Wohlstands schlechthin gesehen („Strategie von Lissabon"), und auf den Ebenen der nationalen und der sub-nationalen Wirtschaftspolitik haben die hartnäckig bestehenden Wohlstandsunterschiede zwischen Regionen die Aufmerksamkeit ebenfalls auf das Thema Innovation und Innovationspolitik gelenkt. Auch die Salzburger Wirtschaftspolitik bekennt sich seit etwa einem Jahrzehnt in verschiedenen Projekten und Programmen[3,4,5] zu einer innovationsorientierten regionalen Wirtschaftspolitik mit dem Ziel, die Innovationsfähigkeit der Unternehmen zu stärken und so die Wettbewerbsfähigkeit der Salzburger Wirtschaft zu erhalten bzw. zu fördern.

Innovation ist eine unternehmerische Aktivität, die geeignet ist, die Produktivität zu steigern und/oder die Wettbewerbsfähigkeit eines Unternehmens zu verbessern. Die neuere Innovationsforschung sieht Innovation als Prozess, in dem es zu mannigfaltigen Rückkoppelungen zwischen den Beteiligten und somit zu Lerneffekten kommt, die den Innovationsprozess erleichtern, beschleunigen und oft überhaupt erst möglich machen. Innovationstätigkeit ist somit ihrem Wesen nach ein arbeitsteiliger Prozess, sodass die Fähigkeit der Unternehmen in einer Region, Innovationen hervorzubringen, nicht nur von den Fähigkeiten und Fertigkeiten einzelner Akteure abhängt, sondern vom Zusammenwirken der Akteure. Diese systemische Perspektive der Innovationstätigkeit zielte zunächst auf die Analyse sektoraler und „Nationaler Innovationssysteme"[6] und in weiterer Folge auch auf „Regionale In-

---

3 Amt der Salzburger Landesregierung: Forschungs- und Wissenschaftsleitbild Land Salzburg, Salzburg 2001.

4 Amt der Salzburger Landesregierung: Wirtschaftsleitbild Land Salzburg, Salzburg 2003.

5 SCENIC, Strategic Co-operation to Enlarge Networking, Innovation and Competitiveness. Projekt im Rahmen des RITTS-Programms (Regional Innovation and Technology Transfer Strategy) der Europäischen Union, Amt der Salzburger Landesregierung, Salzburg 2001.

6 Vgl. Chris Freeman, Technology Policy and Economic Performance: Lessons from Japan, London 1987; Bengt-Ake Lundvall (ed.), National Systems of Innovation Towards a Theory of Innovation and Interactive Learning, London 1992; Richard R.

novationssysteme“ (RIS). Zentrale Elemente derartiger Innovationssysteme sind einerseits die Akteure in diesem System, andererseits die Interaktionen zwischen den Akteuren. Die Wirtschaftspolitik kann durch steuernde Eingriffe günstige Voraussetzungen für das Entstehen und das Funktionieren eines RIS schaffen.

Drei Gruppen von Akteuren kennzeichnen ein RIS[7]. Eine erste Gruppe umfasst Einrichtungen zur Wissensgenerierung und Wissensausbreitung in Forschung und Entwicklung sowie Aus- und Weiterbildung. Hier wird Wissen generiert sowie Wissen, das außerhalb der Region generiert wurde, insbesondere für potenzielle Innovatoren in der Region gesammelt, aufbereitet und verteilt. Eine zweite Gruppe umfasst Unternehmen in den wichtigsten Branchen-Clustern in der Region als Anwender von Wissen und damit als letztendliche „Produzenten“ im Innovationssystem. Sie müssen zwar nicht zwingend über eigene Forschungskapazitäten verfügen, wohl aber sind eigene Forschungs- und Entwicklungsaktivitäten bei der Absorption von Wissen und der Umsetzung von Innovationen förderlich. In der Gesundheitswirtschaft werden diese beiden Akteursgruppen durch Forschungs- und Ausbildungseinrichtungen, durch Einrichtungen der Patientenversorgung (primär in ihrer Rolle als Anwender von Wissen) und durch Wirtschaftsunternehmen (sowohl als Forschungseinrichtungen als auch als Anwender von Wissen) repräsentiert. Eine dritte Gruppe von Akteuren sind Anbieter von spezialisierten und die Innovationstätigkeit unterstützenden Dienstleistungen wie z. B. spezialisierte Finanzierungdienstleister (z. B. Venture-Capital-Unternehmen), Einrichtungen in den Bereichen Wissenstransfer, Unternehmens- und sonstige Formen von Beratung sowie – zumeist staatliche – Systemsteuerungseinrichtungen. Diese werden in weiterer Folge nicht angesprochen, da sie zumeist nicht für den Gesundheitssektor spezifische Dienstleistungen anbieten.

Nelson (ed), National Innovation Systems – A Comparative Analysis, New York 1993.

7 Vgl. Björn Asheim and Meric Gertler, The geography of innovation. Regional innovation systems, in: Jan Fagerberg, David Mowery and Richard R. Nelson (eds.), The Oxford Handbook of Innovation, Oxford 2005.

Die Art und die Intensität der Interaktionen zwischen den Akteuren sind ausschlaggebend für das Entstehen von Lernprozessen, die in der systemischen Sicht den Kern des Innovationsprozesses bilden. Dieses interaktive Lernen findet in einem Geflecht von marktmäßigen Beziehungen und nicht-marktmäßigen Interaktionen statt, die durch soziale Regeln, kulturelle Normen, Routinen und Konventionen geprägt werden[8]. Diese Lernprozesse können durch verschiedene Formen von „Nähe" der Akteure in vielfältiger Weise erleichtert und gefördert werden, wobei neben der räumlichen Nähe auch andere Formen von Nähe bedeutsam sind[9]. Durch räumliche Nähe steigt zunächst die Wahrscheinlichkeit des Zusammentreffens von Akteuren, was in weiterer Folge den Zugang zu Wissen, das für Innovationstätigkeit erforderlich ist und welches zum Teil verdeckt, nicht kodifiziert und in spezielle lokale Milieus eingebettet ist, erleichtert, weil dieser Zugang oft nur Akteuren möglich ist, die selbst Teil des Systems sind.

Unternehmenscluster können Teil eines RIS sein. Um aber als Kern eines eigenen regionalen Innovationssystems zu gelten sollte ein Cluster über formale Kooperationen zwischen Unternehmen, die sich explizit auf den Innovationsprozess beziehen, und eine robuste institutionelle Infrastruktur verfügen, die insbesondere auch Einrichtungen der Wissensgenerierung enthalten soll.[10]

Eine Analyse der wirtschaftlichen Rahmenbedingungen sowie eine ausführliche Darstellung und Einschätzung des Salzburger RIS wurde bereits an anderer Stelle vorgenommen[11]. Diese Analyse zeigte, dass in

---

8 Charles Edquist, Björn Johnson, Institutions and Organisations in Systems of innovation, in: Charles Edquist (ed), Systems of innovation: technologies, institutions and organisations, London 1997, 41 – 63.

9 Vgl. Ron Boschma, Proximity and Innovation: A Critical Assessment, Regional Studies Vol. 39 (2005) 1, 61–74. Er unterscheidet neben der räumlichen (geographischen) Nähe die kognitive, institutionelle, organisatorische und soziale Dimension von Nähe.

10 Björn Asheim, Arne Isaksen, Regional Innovation Systems: the Integration of Local Sticky and Global Ubiquitous Knowledge, Journal of Technology Transfer Vol. 27 (2002) 1, 77 – 86.

11 Walter Scherrer, Elemente eines regionalen Innovationssystems: das Beispiel Salzburg, in: Christian Dirninger, Rupert Pichler und Reinhold Reith (Hrsg), Innovati-

Salzburg Elemente eines „embedded network“-RIS vorhanden sind, das kultureller und sozialer Nähe aufbaut, sowie Elemente eines „networked“ Innovationssystems in einzelnen Kooperationsnetzwerken (z. B. Holzcluster), die durch kognitive Nähe gekennzeichnet sind. Ein regionalisiertes nationales Innovationssystem liegt in Salzburg nicht vor, denn u. a. dazu fehlen wichtige Akteure eines Innovationssystems (insbesondere fehlt eine technische Universität[12]) und es beteiligen sich Salzburger Unternehmen an nationalen und europäischen Forschungsförderungsprogrammen in relativ geringem Umfang (was auf die Wirtschaftsstruktur zurück geführt werden kann). Der geringe Vernetzungsgrad der Unternehmen[13] spricht schließlich für das Vorliegen eines fragmentierten RIS.

Vor diesem Hintergrund soll nun das Potenzial der Salzburger Gesundheitswirtschaft mit dem Fokus auf die Innovationstätigkeit und Innovationsfähigkeit dieses Wirtschaftsbereichs analysiert werden, wobei auf Ergebnisse einer Untersuchung im Auftrag der Salzburger Landesregierung zurückgegriffen werden kann[14]. Entsprechend dem RIS-Konzept werden zunächst die wichtigsten Akteursgruppen der Salzburger Gesundheitswirtschaft kurz dargestellt (Abschnitt 2) sowie Beziehungen und Kooperationen zwischen ihnen (Abschnitt 3). Aus der RIS-Perspektive sind darüber hinaus die Interaktionen zwischen Akteuren der Gesundheitswirtschaft und Akteuren aus anderen Wirtschaftsbereichen wichtig. Derartige Verbindungen können die Basis für eine themenorientierte, mehrere Wirtschaftssektoren übergreifende regionale Innovationsstrategie bilden und werden daher in Abschnitt 4 dargestellt. Schließlich werden im Abschnitt 5 einige wirtschaftspolitische Implikationen abgeleitet.

---

onskultur in historischer und ökonomischer Perspektive. Modelle, Indikatoren und regionale Entwicklungslinien, Innsbruck 2006, 211 – 228.

12 Arne Isaksen, National and regional contexts for innovation, in: Björn Asheim et al. (eds), Regional Innovation Policy for Small-Medium Enterprises, Cheltenham 2003, 49 – 77; hier 72.

13 Vgl. SCENIC, Anm. 5.

14 Walter Scherrer, Gesundheitswirtschaft in Salzburg: Potenzialerhebung – Vorstudie. Untersuchung im Auftrag des Amtes der Salzburger Landesregierung, Januar 2008.

2. Gesundheitswirtschaft im Salzburger RIS: Die Akteure

Die Akteure der Gesundheitswirtschaft werden in vier Gruppen gegliedert, nämlich in:

- Forschungs- und Ausbildungseinrichtungen mit Ausrichtung auf Gesundheit,
- Einrichtungen zur Patientenversorgung,
- Wirtschaftsunternehmen im Gesundheitssektor sowie
- Regulierungs- und Systemsteuerungsinstitutionen mit Ausrichtung auf den Gesundheitssektor in der Region.

Die erste Akteursgruppe umfasst „*Forschungs- und Ausbildungseinrichtungen mit Ausrichtung auf Gesundheit*". Bei der Finanzierung dieses Bereichs spielen – auch im internationalen Vergleich – öffentliche Ausgaben eine bedeutende Rolle. Österreich liegt im Jahr 2008 bei den direkten öffentlichen Ausgaben für Forschung im Gesundheitsbereich (Government Budget Appropriations or Outlays for Research and Development – GBAORD)[15] im Vergleich der OECD-Länder nur an 23. Stelle. Rechnet man auch die Förderung nicht-medizinspezifischer Forschung, allgemeine Universitätsmittel und die Förderung der Forschung an Krankenhäusern hinzu, so liegt Österreich an 3. Stelle unter 14 OECD-Ländern, für die derartige Ausgabenzuordnungen vorgenommen wurden bzw. für die Angaben vorliegen. Der Unterschied dürfte zu einem wesentlichen Teil auf die Abgeltung des „klinischen Mehraufwands" der drei staatlichen medizinischen Universitäten durch den Bund zurückzuführen sein. Da Salzburg keine staatliche medizinische Universität besitzt und folglich auch keine entsprechende Abgeltung erhält, dämpft das die öffentlichen Ausgaben für medizinspezifische Forschung und Entwicklung am Standort Salzburg.

Wichtige Akteure in der Region Salzburg sind in beiden Bereichen (Forschung und Lehre) die Paris Lodron Universität Salzburg (PLUS), die Paracelsus Private Medizinische Universität Salzburg (PMU) und die Fachhochschule Salzburg (FHS). Darüber hinaus erbringt eine Reihe

---

15 OECD, OECD Science, Technology and Industry Scoreboard 2009, Paris 2009, 58 f.

von öffentlichen, halböffentlichen und privaten Einrichtungen bzw. Unternehmen Forschungs-, Entwicklungs- oder Ausbildungsleistungen, die auf den Gesundheitsbereich abzielen. Da den Forschungs- und Ausbildungseinrichtungen unter dem Blickwinkel einer innovationsorientierten regionalen Wirtschaftspolitik im Gesundheitsbereich eine zentrale Rolle zukommt, werden daher im Abschnitt 4 deren Interaktionen mit anderen Branchen analysiert.

Die zweite Akteursgruppe bilden „*Einrichtungen zur Patientenversorgung*“. Hier werden im Rahmen des Versorgungsauftrags für die Bevölkerung von öffentlichen Einrichtungen Leistungen sowie von privatwirtschaftlichen Akteuren überwiegend öffentlich finanzierte Leistungen erbracht. Neben den Gesundheitseinrichtungen im engeren Sinne (öffentliche Krankenanstalten, Rehabilitationszentren etc.) und freiberuflich im Gesundheitswesen Tätigen (niedergelassene Ärzte, Apotheken, Hebammen, Physiotherapeuten, Psychotherapeuten etc.) zählt dazu auch der Pflegebereich (Pflegeheime). Wenngleich hier neben den öffentlich finanzierten Leistungen auch privatwirtschaftlich finanzierte Leistungen erbracht werden, bestimmen *gesundheitspolitische Planungen* sehr weitgehend die Art, den Umfang und die Finanzierung der Leistungserbringung. Die internen Steuerungsmechanismen in diesen Einrichtungen sind zunehmend (markt-)wirtschaftlich dominiert, es bestehen enge Verbindungen zu anderen Bereichen des Gesundheitswesens und allein schon aufgrund des Umfangs ist dieser Bereich regionalwirtschaftlich bedeutsam.

Die dritte Akteursgruppe besteht aus „*Wirtschaftsunternehmen des Gesundheitswesens*“ im engeren Sinn und umfasst Sachgüterproduzenten und Dienstleistungsunternehmen. In der Sachgüterproduktion zählen dazu insbesondere Unternehmen aus den Branchen Medizintechnik und medizinischer Bedarf, Biotechnologie und Pharmazeutik sowie ausgewählte Unternehmen der Nahrungsmittelproduktion. In Salzburg bestehen hier Schwerpunkte bei Unternehmen der Medizintechnik und Analytik (die meist aktiv in der Forschung sind) sowie in der Lebensmittelwirtschaft (z. B. Produktion von Nahrungsergänzungsstoffen), während einige forschungsintensive Branchen im Bereich der „Life Sciences“ („weiße“ Gentechnologie, pharmazeutische Industrie) nur mit sehr wenigen Unternehmen besetzt sind. Auch auf gesamtösterreichischer Ebene zeigt ein Vergleich der Forschungs- und Entwicklungsausgaben in der pharmazeutischen Industrie in Relation zum Bruttoinlandsprodukt, dass Österreich unter 24 untersuchten OECD-Ländern an 14. Stelle liegt.[16]

Die Dienstleistungsbranchen der Gesundheitswirtschaft sind durch eine große Vielfalt von Leistungen, die in gewerblicher Form erbracht werden, gekennzeichnet. Dazu zählen zunächst traditionelle gewerbliche Gesundheitsberufe sowie Privatkrankenhäuser, Tageskliniken, Kuranstalten und Bäder. In Salzburg ist die Dichte an privaten Krankenhäusern und Kuranstalten besonders hoch, und in den gewerblichen Gesundheitsberufen wurde vor einigen Jahren eine Initiative zur gemeinsamen Außendarstellung gestartet. Dazu kommen weitere Dienstleistungsbranchen wie Beratungs- und Handelsunternehmen, Hotellerie- und Freizeitbetriebe sowie ausgewählte Unternehmen anderen Dienstleistungsbranchen, die zumindest teilweise gesundheitsspezifische Dienstleistungen erstellen.

Die vierte Akteursgruppe des Salzburger Gesundheitswesens besteht aus „*Regulierungs- und Systemsteuerungsinstitutionen*“, die die regulatorischen Rahmenbedingungen und großteils auch die finanziellen Rahmenbedingungen für das Funktionieren der Salzburger Gesundheitswirtschaft setzen und durchsetzen. Neben den Akteuren auf Bundesebene sind auf Landesebene insbesondere die Salzburger Landesregierung, die sozialen Krankenversicherungen (insbesondere die Salzburger Gebietskrankenkasse) und ihre Trägerorganisationen, die Allgemeine Unfallversicherungsanstalt, der Arbeitsmedizinische Dienst, das Arbeitsinspektorat und die Agentur für Lebensmittel- und Ernährungssicherheit von Bedeutung. Dazu kommen die Interessenvertretungsorganisationen als wichtige Akteure, insbesondere die Wirtschaftskammer Salzburg, die Salzburger Ärztekammer, die Salzburger Zahnärztekammer und die Apothekerkammer. Somit sind auch Regulierungs- und Systemsteuerungsinstitutionen als Teil des RIS aufzufassen.

16 OECD, OECD Science, Technology and Industry Scoreboard 2009, OECD 2009, 58 f.

3. Gesundheitswirtschaft im Salzburger RIS: Interaktionen im Sektor

Kooperationsbeziehungen sind von besonderer Bedeutung für die Innovationsfähigkeit der Wirtschaft und damit auch für die Entwicklungschancen der regionalen Gesundheitswirtschaft. Gemäß der systemischen Perspektive ist Innovation das Ergebnis eines interdependenten Lernprozesses, und zur Steigerung der Innovationskraft der Wirtschaft sollte daher die regionale Wirtschaftspolitik günstige Rahmenbedingungen für den Wissenstransfer schaffen. Der Einbindung von Unternehmen und Forschungseinrichtungen in Netzwerke und Kooperationen sowohl regionaler als auch überregionaler Natur kommt dabei eine wichtige Rolle zu.

Mögliche *Kooperationen innerhalb der regionalen Gesundheitswirtschaft* sind in Abbildung 1 dargestellt. Vernetzungen können innerhalb einer Akteursgruppe der Gesundheitswirtschaft erfolgen (z. B. Kooperationen zweier Universitäten in der Region; Kooperation einer Universität mit der FHS; Kooperationen zweier Unternehmen der Gesundheitswirtschaft) und sind in der Region Salzburg in allen drei Akteursgruppen zu beobachten.

In der Forschung und Ausbildung ist die Vernetzung zwischen den Akteuren gut beobachtbar und bereits relativ weit fortgeschritten: Im Bereich der Forschung gibt es zwischen der PLUS und der PMU vielfältige Kooperationen, auch die FHS ist in Forschungsprojekte eingebunden. Im Bereich der Ausbildung und Weiterbildung bestehen ebenfalls vielfältige Kooperationen zwischen diesen Einrichtungen, dazu kommen noch weitere Ausbildungseinrichtungen, die nicht vorrangig auf das Gesundheitswesen ausgerichtet sind, aber für das Gesundheitswesen relevante Ausbildungsleistungen anbieten.

Abbildung 1: Akteure der Salzburger Gesundheitswirtschaft

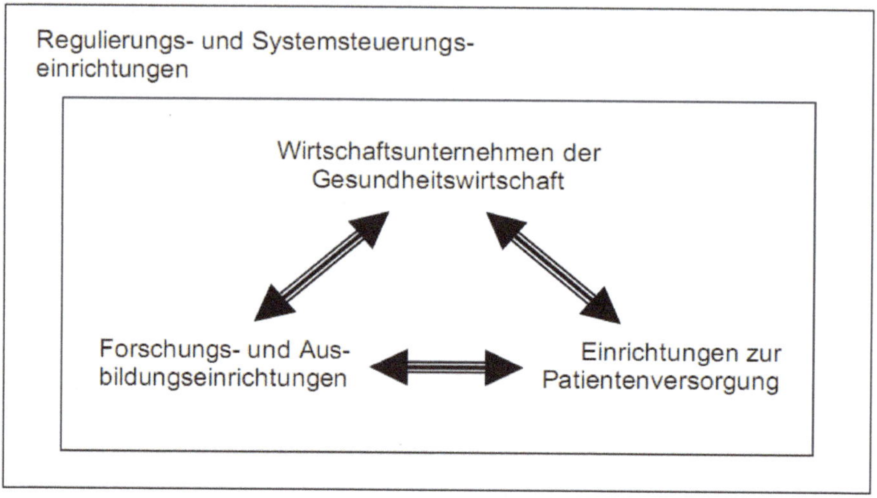

Zu den Kooperationen innerhalb der Akteursgruppe der Unternehmen in der Gesundheitswirtschaft liegen keine spezifischen Angaben vor. Im Allgemeinen ist aber die Kooperationsbereitschaft der Salzburger Unternehmen nicht besonders stark ausgeprägt, wie Studien über Kooperationspotenziale Salzburger Unternehmen mit Initiativen in anderen Regionen[17] und über die Salzburger Produktionswirtschaft[18] („die Vorstellung möglicher Kooperationen endet für viele Betriebe ... mit der Betreuung von KundInnen und Zulieferbetrieben") zeigen. Auch in der Lebensmittelwirtschaft ist bzw. war das Kooperationsverhalten „schwach ausgeprägt und daher ausbaufähig. Ein entsprechender Bedarf bei der Wirtschaft konnte festgestellt werden"[19]. Eine

---

17 Toni Eiser, Thomas Kowarik und Andrew Constantine, Kooperationspotenziale Salzburger Unternehmen mit Initiativen in anderen Regionen, Studie im Auftrag der ITG, Salzburg 2006.

18 Stefan Humpl, Michaela Jonach, Marlene Mayrhofer und Doris Rath, Qualifikationsstruktur und Weiterbildungsbedarf Salzburg 2010 unter besonderer Berücksichtigung der Produktionswirtschaft, Wien 2006, hier: 17.

19 Stadler Edwin, Die Lebensmittelwirtschaft in der EuRegio Salzburg – Berchtesgadener Land – Traunstein. Salzburg 2004.

Untersuchung über die Auswirkungen der betrieblichen Innovationsförderung des Landes Salzburg[20] zeigte ebenfalls, dass Kooperationsnetzwerke und regionale Vorleistungs- und Lieferverflechtungen von Unternehmen mit geförderten Innovationsprojekten nur sehr schwach ausgeprägt sind.

Die Pfeile in Abbildung 1 zeigen mögliche und tatsächlich bestehende *sektorübergreifende Vernetzungen innerhalb der Gesundheitswirtschaft.* Diese erfolgen zwischen Institutionen aus mindestens zwei Akteursgruppen der Gesundheitswirtschaft, wobei hier Kooperationen zwischen Einrichtungen aus Forschung/Ausbildung und Patientenversorgung, zwischen Unternehmen und Forschungs-/Ausbildungseinrichtungen, zwischen Unternehmen und Einrichtungen der Patientenversorgung sowie Kooperationen von Partnern aus allen drei Sektoren in Frage kommen. Bestehende Kooperationsbeziehungen sind aus einer RIS-Perspektive mögliche Ansatzpunkte für weitere Kooperationen zwischen Akteuren der Gesundheitswirtschaft und für deren Förderung. Die Regulierungs- und Systemsteuerungsinstitutionen liefern schließlich die Rahmenbedingungen für das Funktionieren der Salzburger Gesundheitswirtschaft.

Bezüglich der Vernetzung innerhalb der Gesundheitswirtschaft sind zwei Grundtendenzen erkennbar: Erstens haben Kooperationen in den letzten Jahren offenbar an Zahl und Intensität zugenommen. In Forschung und Ausbildung sind das insbesondere eine entsprechende Schwerpunktsetzung an der PLUS und verbesserte Strukturen für die Forschung an der PMU im Vergleich zur vormaligen Situation als Landesklinik. Damit wurde auch die Kooperation mit dem Unternehmenssektor erleichtert, was sich u. a. an der Einrichtung eines einschlägigen Christian-Doppler-Labors an der PLUS und zahlreichen Unternehmenskooperationen der PMU zeigt.

Zweitens sind besonders in einer kleinen Region wie Salzburg geeignete Kooperationspartner oft schwierig zu finden. Der hohe Spezialisierungsgrad und die aufgrund der meist relativ geringen Betriebsgröße

20 Richard Hammer und Walter Scherrer, Auswirkung der Forschungs- und Entwicklungsförderung für Wirtschaft und Arbeitsmarkt im Land Salzburg, Salzburg 1998.

begrenzte Forschungskapazität von Salzburger Unternehmen der Gesundheitswirtschaft sowie das beschränkte Fächerangebot der Salzburger Universitäten schränken das Potenzial für Kooperationen innerhalb der Region ein. Sowohl für die Forschungseinrichtungen als auch für die Unternehmen sind daher Kooperationen mit Partnern von außerhalb der Region wichtig, weil in der gesundheitswissenschaftlichen Forschung (die durch eine analytische Wissensbasis[21] gekennzeichnet ist) kodifizierbares Wissen in einem Verbund von hoch spezialisierten und international mobilen Akteuren generiert wird und die Innovationstätigkeit sehr stark durch die Kooperation von wissenschaftlichen Einrichtungen und Unternehmen getrieben ist.

4. Salzburger Gesundheitswirtschaft: Sektorexterne Vernetzungen

Aus einer RIS-Perspektive ist nun interessant, inwieweit die Gesundheitswirtschaft in verschiedene weitere Branchen und Bereiche wirtschaftlich ausstrahlt bzw. ein Potenzial dafür besteht. Von besonderer Bedeutung sind dabei die Verknüpfungen von Forschungs- und Ausbildungseinrichtungen der Gesundheitswirtschaft mit bereits bekannten Stärken bzw. Stärkefeldern der Salzburger Wirtschaft sowie die Kreation von neuen Stärkefeldern durch die Vernetzung von Akteuren der Gesundheitswirtschaft mit Akteuren aus anderen Bereichen.

In Abbildung 2 werden solche Vernetzungen und Vernetzungsmöglichkeiten mit Sektoren bzw. Bereichen außerhalb der (Salzburger) Gesundheitswirtschaft aufgezeigt.[22] Diese Vernetzungen sind aus der RIS-Perspektive insbesondere dann von Bedeutung, wenn sie über eine reine Kundenbeziehung (z. B. erbringt die Gesundheitswirtschaft Dienstleistungen für andere Wirtschaftsbereiche) oder Lieferantenbeziehung (z. B. beziehen Akteure der Gesundheitswirtschaft wie Kran-

21 Vgl. Björn Asheim and Lars Coenen, Cotextualizing regional innovation systems in a globalizing learning economy. On knowledge bases and institutional frameworks, Journal of Technology Transfer 31(2006), 163 – 175.

22 Zwischen diesen Bereichen bzw. Branchen können wiederum Vernetzungen und inhaltliche Überschneidungen bestehen; dieser Aspekt wird an dieser Stelle nicht weiter verfolgt.

kenhäuser nicht-gesundheitsspezifische Vorleistungen aus der regionalen Wirtschaft) hinausgehen und Elemente interaktiven Lernens beinhalten.

Abbildung 2: Vernetzungspotenziale der Salzburger Gesundheitswirtschaft mit anderen Branchen bzw. Bereichen

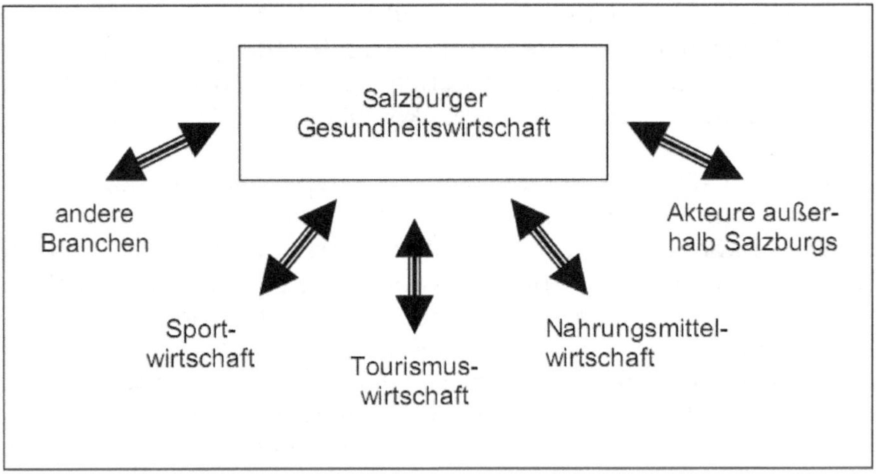

Eine erste bedeutende sektorexterne Vernetzung der Salzburger Gesundheitswirtschaft besteht seit langem mit der *Tourismuswirtschaft*. Erholungs- und Kurtourismus sind historische Wurzeln des Tourismus im Salzburger Land; so arbeiten lokale Tourismusunternehmen seit Jahrzehnten eng mit dem Gasteiner Heilstollen, der mit einer (kur-) ärztliche Verschreibung genutzt werden kann, zusammen. Auch heute definiert der aktuelle „Strategieplan Tourismus Salzburg" der Salzburger Landesregierung „Wellness/Gesundheit" als ein strategisches Handlungsfeld.

Aber sowohl aus der Sicht der Gesundheits- als auch der Tourismuswirtschaft stellt sich die Frage, inwieweit über die traditionellen Anknüpfungspunkte hinaus neue Kooperationsmöglichkeiten gefunden werden können, die in beiden Bereichen positive wirtschaftliche Effekte nach sich ziehen. Das Land Salzburg verfügt über eine gut ausgebaute Infrastruktur sowohl im Gesundheitsbereich als auch in der Tourismuswirtschaft, wodurch günstige Voraussetzungen für die Schaffung neuer Kombinationen des Angebots der Tourismuswirtschaft mit Angeboten bzw. Dienstleistungen aus dem Gesundheitsbereich – d. h. für Innovationen – gegeben sind. Diese neuen Kombinationen können in der Erschließung gänzlich neuer Kundenschichten bestehen, die durch spezifische Formen des Medizintourismus angesprochen werden können. So besteht etwa von kaufkräftigen Kunden aus dem arabischen Raum und aus Russland durchaus Nachfrage nach qualitativ hochwertigen medizinischen Leistungen, die mit einem touristischen Angebot für mitreisende Angehörige kombiniert werden können.

Ein Potenzial für neue Kombinationen zwischen Natur- und Gesundheitstourismus liegt im Zusammenhang mit dem Nationalpark Hohe Tauern. So könnte die heilende Wirkung von Aufenthalten im unmittelbaren Nahbereich der Krimmler Wasserfälle bei Asthma-Erkrankungen auch zu einer neuen Form der touristischen Nutzung der Wasserfälle führen. Zudem wurde in der AMAS-Höhenstudie[23] gezeigt, dass sich Ferienaufenthalte in Höhenlagen zwischen 1500 und 2000 Metern positiv auf das Blutbild, den Sauerstofftransport, den Blutzucker, den Blutdruck und das Pulsverhalten auswirken. Die Nationalparkgemeinden des Oberpinzgaus könnten daher als idealer Urlaubs- und Erholungsstandort für eine Personengruppe angeboten werden, die neben ihrem Urlaub auch eine entsprechende medizinische Betreuung benötigt oder wünscht.

Eine zweite bedeutende sektorexterne Vernetzungsmöglichkeit der Salzburger Gesundheitswirtschaft besteht mit der *Nahrungsmittelwirtschaft*. Innerhalb der Salzburger Nahrungsmittelwirtschaft gibt es eine Kooperation von einigen großen Unternehmen im „Food Net“. Darüber hinaus bildet die von einigen Unternehmen der Nahrungsmittelwirtschaft aus der Region Salzburg getragene Nährstoffakademie Salzburg Österreichs erste wissenschaftliche Institution, die sich eine

23 Vgl. u. a. Wolfgang Schobersberger et al., Austrian Moderate Altitude Study 2000 (AMAS 2000). The effects of moderate altitude (1,700 m) on cardiovascular and metabolic variables in patients with metabolic syndrome, European Journal of Applied Physiology 88(2003), 506 – 514.

breite Informationsvermittlung auf der Basis von aktuellen Forschungsergebnissen zum Thema der angewandten Ernährungsmedizin zum Ziel gesetzt hat. Während noch 2004 in der Salzburger Lebensmittelwirtschaft im Erhebungszeitraum „praktisch keinen Kontakt" zu den Salzburger Universitäten bestand[24], gab die „Initiative Lebensmittelwirtschaft" der ITG Salzburg einen Impuls zur Kooperation mit Forschungseinrichtungen insbesondere aus der Region Salzburg.

Eine dritte sektorexterne Vernetzungsmöglichkeit der Salzburger Gesundheitswirtschaft besteht mit der *Sportwirtschaft*. Dieser Sektor umfasst ähnlich wie die Gesundheitswirtschaft Unternehmen und Einrichtungen aus zahlreichen Branchen. In der Salzburger Sportwirtschaft wird „Sportwissenschaft, Sportmedizin, Ernährung, Betreuung, Coaching" als eines von fünf Stärkefeldern definiert.[25] Bei einer weiten Auslegung der Beziehung zwischen Sport bzw. sportlichen Aktivitäten und dem Thema Gesundheit wäre der Kreis der in Kooperation mit dem Gesundheitssektor stehenden Unternehmen der Sportwirtschaft wohl sehr weit zu ziehen. Bei einigen Kooperationen bzw. Kooperationsformen besteht eine deutliche Anbindung der Sportwirtschaft an die Gesundheitswirtschaft. Dies reicht von Einrichtungen, die Trainingstherapien nach (Sport-)Verletzungen unter der Betreuung von Fachärzten anbieten, bis zum Christian-Doppler-Labor für Biomechanics in Skiing. Dieses führt biomechanische Analysen des Bewegungsverhaltens verschiedener Zielgruppen und der dabei auftretenden Belastungen des aktiven und passiven Bewegungsapparates in den Sportarten alpiner Ski Skilauf, Snowboarden und Skilanglauf durch. Ein Schwerpunkt liegt dabei in der Entwicklung verbesserter Methoden zur kinematischen und kinetischen Analyse von Bewegungsabläufen im alpinen und nordischen Skilauf und beim Snowboarden unter Feldbedingungen.[26]

---

24 Vgl. Stadler, Anmerkung 20.

25 Gernot Leitner, Sport Business Region Salzburg, Studie im Auftrag der ITG, Salzburg 2006.

26 Christian-Doppler Gesellschaft, Erfolgswellen, Aktivitätsbericht 2005/06, Wien 2006.

Darüber hinaus bestehen Möglichkeiten der *sektorexternen Vernetzung* von Akteuren der Salzburger Gesundheitswirtschaft *mit anderen regionalen Partnern*. Hier ist etwa eine Kooperation zwischen der PLUS und einem regionalen Unternehmen in der Erforschung der Allergieauslösung durch Schimmelpilze zu nennen, die der Frage nachgeht, ob Laminatfußböden Schimmelpilze abweisen und daher Allergien hemmen können. Eine systematische Erhebung derartiger Vernetzungen liegt jedoch nicht vor.

Schließlich besteht für die Akteure des Salzburger Gesundheitswesens die Möglichkeit der Vernetzung mit Clustern und Unternehmensnetzwerken außerhalb des Landes Salzburg, die insbesondere für jene Einrichtungen und Unternehmen attraktiv sein könnte, in denen die Zahl der potenziellen regionalen Kooperationspartner (zu) gering ist. Die Unternehmen der Salzburger Gesundheitswirtschaft dürften aber nur in geringem Maße in Cluster und Netzwerke aus anderen Bundesländern eingebunden sein.[27]

5. Implikationen

Aus der Analyse geht somit hervor, dass die Salzburger Gesundheitswirtschaft als Teil des Salzburger RIS zu sehen ist. In allen wichtigen Teilen eines RIS sind in der Region Einrichtungen bzw. Unternehmen vorhanden, und auch der Vernetzungsgrad der Akteure innerhalb des Gesundheitswesens ist – insbesondere im Ausbildungs- und Forschungsbereich – hoch. Es fehlen aber Akteure, die in einem RIS wichtig sind, und zudem ist die die Anzahl von Akteuren in wichtigen Bereichen zu gering bzw. ihre Größe nicht ausreichend, um einen Gesundheitscluster internationalen Zuschnitts darstellen zu können. Damit kann die Gesundheitswirtschaft für sich alleine genommen zumindest derzeit auch nicht den Kern eines Salzburger RIS bilden. Nichtsdestoweniger könnte die Gesundheitswirtschaft aufgrund der vermutlich weiter steigenden wirtschaftlichen Bedeutung als Triebfeder der regionalen Wirtschaft die Beachtung der Wirtschaftspolitik finden, wozu

27 Vgl. Eiser et al., Anm. 18.

aus der Analyse auf mehreren Ebenen Überlegungen abgeleitet werden können.

Zunächst sollte vor dem Hintergrund des systemischen Ansatzes der Innovation und Innovationstheorie auch in der Gesundheitswirtschaft der Innovationsbegriff in einem umfassenden Sinn verstanden werden. Dieser umfasst zunächst Produkt- und Prozessinnovationen, wofür sich in der Salzburger Gesundheitswirtschaft zahlreiche Beispiele etwa in der Medizintechnik und an der Schnittstelle zwischen pharmazeutischer und Nahrungsmittelindustrie finden.

Hier den Anschluss an neue Entwicklungen zu halten erfordert eine gewisse Mindest-Forschungskompetenz und ist in einer hoch entwickelten Volkswirtschaft bzw. Region sicherlich geboten. Eine Innovation liegt aber auch vor, wenn es gelingt, einen neuen Markt – auch im Sinne einer neuen Region – zu erschließen, wie dies etwa bei Überlegungen zum Medizintourismus angedeutet wurde. Schließlich liegt auch eine Innovation vor, wenn neue Organisationsformen des Wirtschaftens entwickelt werden oder effiziente Organisationsformen auf neue Branchen übertragen werden. Dieser umfassenden Sicht des Innovationsprozesses sollte daher auch die Innovationspolitik Rechnung tragen.

Zur Stärkung des Forschungs- und Ausbildungspotenzials auf regionaler Ebene (auch in den Unternehmen der Gesundheitswirtschaft) könnte eine Stärkung der wissenschaftlichen Basis im Land Salzburg sowie der Veranstaltungstätigkeit im Bereich der Forschung und auch Ausbildung zu gesundheitsrelevanten Themen im Land Salzburg beitragen. Dies wäre insbesondere in Feldern attraktiv, die jedenfalls in Österreich mit wissenschaftlichen Einrichtungen derzeit nur sehr dünn besetzt sind. Zu bedenken ist freilich, dass gerade in der medizinischen Forschung das Wissen in hohem Maße kodifizierbar ist und dass daher ausgezeichnete Rahmenbedingungen geboten werden müssen, um im interregionalen bzw. internationalen Wettbewerb um die meist sehr mobilen Wissensträger bestehen zu können und sie in die Region zu holen bzw. dort zu halten.

Nicht zuletzt um die damit verbundenen Risiken gering zu halten, sollte daher vor allem die Förderung von Kooperationen und Netzwerken – sowohl zwischen Unternehmen als auch zwischen Unternehmen und Forschungseinrichtungen im Bereich der Gesundheitswirtschaft – sollte (weiterhin) eine Zielrichtung der regionalen Wirtschaftspolitik bleiben. Kooperationen zwischen Forschungseinrichtungen und Unternehmen der Gesundheitswirtschaft beziehen sich in der Regel auf anwendungsorientierte Vorhaben. Um das Entstehen von kritischen Größen zu erleichtern wären zunächst vor allem solche Einrichtungen und Netzwerke zu fördern, die zum in der Region Bestehenden schnittstellenfähig sind. Ansatzpunkte bieten hier die beiden jedenfalls aus regionaler Sicht großen Forschungseinrichtungen PLUS und PMU, wo u. a. auch in der postgradualen Lehre eine weitere Vertiefung der Kooperation möglich scheint. Zwischen PLUS und PMU auf der einen und dem Unternehmenssektor auf der anderen Seite dürfte ein Potenzial für eine Verdichtung der regionsinternen Kooperation bei Unternehmensgründungen aus den Universitäten heraus bestehen. Aufgrund der Spezialisierung sowohl in den Unternehmen der Gesundheitswirtschaft als auch in der gesundheitswissenschaftlichen Forschung sind aber nicht nur Vernetzungen innerhalb der Region anzustreben, sondern auch überregionale und internationale Kooperationen bzw. die Einbindung in entsprechende Netzwerke.

Schließlich ist eine Stärkung der Vernetzung zwischen der Gesundheitswirtschaft und anderen Wirtschaftsbereichen fast immer mit irgendeiner Form von Innovation verbunden und daher aus regionalwirtschaftlicher Sicht von besonderem Interesse. Häufig wird dadurch eine in der Region bereits vorhandene Stärke weiter gestärkt, wie dies im Fall des Landes Salzburg etwa bei der Tourismuswirtschaft oder bei einzelnen Unternehmen in anderen Branchen der Fall ist. Diese Vernetzungen bieten die Möglichkeit für eine themenorientierte Regionalentwicklung, die durch eine Übertragung eines positiven Regionsimages, das seinen Ursprung in einem (Wirtschafts-) Sektor hat, auf andere Sektoren erleichtert wird.

Jedoch ist gerade bei sektorübergreifenden Kooperationen mit Kulturunterschieden zwischen Forschungseinrichtungen, den verschiedenen Branchen des Unternehmenssektors sowie spezifischen Einrichtungen des Gesundheitswesens zu rechnen, sodass dieser Typ von Kooperation für alle Beteiligten (auch für die regionale Wirtschaftspolitik) eine Herausforderung darstellt. Voraussetzung für erfolgreiche Kooperationen ist es, den Kooperationsbedarf und mögliche Kooperationsangebote der regionalen Akteure zu kennen, damit potenzielle Partner zusammengeführt sowie Netzwerkbildungen initiiert und gegebenenfalls gefördert werden können. Wie dies bereits in anderen Branchen bzw. Clustern der Fall ist, könnte dies im Ergebnis bedeuten, dass einzelnen Unternehmen bzw. Einrichtungen der Salzburger Gesundheitswirtschaft der Zugang zu Netzwerken erleichtert wird, die in anderen Regionen etabliert sind.

Literatur

Amt der Salzburger Landesregierung (2007), Stärkung der Wettbewerbsfähigkeit der Region Salzburg. Operationelles Programm 2007 – 2013 gemäß Verordnung (EG) Nr. 1083/2006 des Rates vom 11.07.2006

Amt der Salzburger Landesregierung (2001), Forschungs- und Wissenschaftsleitbild Land Salzburg

Amt der Salzburger Landesregierung (2003), Wirtschaftsleitbild Land Salzburg

Asheim, Björn T., and Lars Coenen (2006), Contextualizing regional innovation systems in a globalizing learning economy. On knowledge bases and institutional frameworks, Journal of Technology Transfer 31, 163 – 175

Asheim, Björn T., and Meric Gertler (2005), The geography of innovation. Regional innovation systems, in: Jan Fagerberg, David Mowery and Richard R. Nelson (eds), The Oxford Handbook of Innovation, Oxford

Asheim, Björn T., and Arne Isaksen (2002), Regional Innovation Systems: the Integration of Local Sticky and Global Ubiquitous Knowledge, Journal of Technology Transfer Vol. 27,1, 77 – 86

Boschma, Ron (2005), Proximity and Innovation: A Critical Assessment, Regional Studies Vol. 39,1, 61 – 74

Christian-Doppler Gesellschaft (2006), Erfolgswellen. Aktivitätsbericht 2005/06, Wien

Edquist, Charles, and Björn Johnson (1997), Institutions and Organisations in Systems of innovation, in: Charles Edquist (ed), Systems of innovation: technologies, institutions and organizations, London

Eiser, Toni, Thomas Kowarik und Andrew Constantine (2006), Kooperationspotenziale Salzburger Unternehmen mit Initiativen in anderen Regionen. Studie im Auftrag der ITG, Salzburg

Freeman, Chris (1987), Technology Policy and Economic Performance: Lessons from Japan, London

Hammer, Richard, und Walter Scherrer (1998), Auswirkung der Forschungs- und Entwicklungsförderung für Wirtschaft und Arbeitsmarkt im Land Salzburg. Techno-Z GmbH, Salzburg

Humpl, Stefan, Michaela Jonach, Marlene Mayrhofer und Doris Rath (2006), Qualifikationsstruktur und Weiterbildungsbedarf Salzburg 2010 unter besonderer Berücksichtigung der Produktionswirtschaft, Wien

Isaksen, Arne (2003), National and regional contexts for innovation, in: Björn T. Asheim et al. (eds), Regional Innovation Policy for Small-Medium Enterprises, Cheltenham

Leitner, Gernot (2006), Sport Business Region Salzburg, Studie im Auftrag der ITG, Salzburg

Lundvall, Bengt-Ake (1992, ed), National Systems of Innovation Towards a Theory of Innovation and Interactive Learning, London

Nelson, Richard R. (1993, ed), National Innovation Systems – A Comparative Analysis, New York

OECD (2009), Health Data 2009, www.oecd.org/health/healthdata

OECD (2009), OECD Science, Technology and Industry Scoreboard 2009, Paris

SCENIC (2001), Strategic Co-operation to Enlarge Networking, Innovation and Competitiveness. Projekt im Rahmen des RITTS-Programms (Regional Innovation and Technology Transfer Strategy) der Europäischen Union, Amt der Salzburger Landesregierung

Scherrer, Walter (2006), Elemente eines regionalen Innovationssystems: das Beispiel Salzburg, in: Christian Dirninger, Rupert Pichler und Reinhold Reith (Hrsg), Innovationskultur in historischer und ökonomischer Perspektive. Modelle, Indikatoren und regionale Entwicklungslinien, Innsbruck – Wien – Bozen

Scherrer, Walter (2008), Gesundheitswirtschaft in Salzburg: Potenzialerhebung – Vorstudie. Untersuchung im Auftrag des Amtes der Salzburger Landesregierung

Schobersberger, Wolfgang et al. (2003), Austrian Moderate Altitude Study 2000 (AMAS 2000). The effects of moderate altitude (1,700 m) on cardiovascular and metabolic variables in patients with metabolic syndrome, European Journal of Applied Physiology 88, 506 – 514

Stadler, Edwin (2004), Die Lebensmittelwirtschaft in der EuRegio Salzburg – Berchtesgadener Land – Traunstein. Salzburg

Martina Schmidt: Prozessmanagement im Gesundheitswesen – Ein Überblick über Anforderungen, Ansätze und Arbeitsmittel und eine Ermunterung für alle, die bei der Umsetzung sinnvoller Konzepte immer wieder auf die beiden Worte „ja, aber" stoßen[1]

1. Einleitung

Es betrifft, es berührt, es beschäftigt jeden Einzelnen: Gesundheit und alles, was damit in Verbindung steht. Die Einflussfaktoren sind vielfältig und kaum überschaubar. Die Diskussionen kreisen um Begriffe wie demografische Entwicklung, medizinisch-technischen Fortschritt, politische Zwänge, Spar- und Reformpakete – um nur einige zu nennen. Tatsache ist, dass in Zukunft mehr Leistungen mit gleichbleibenden bzw. weniger Ressourcen zu erbringen sind.

Wo aber liegen die Potenziale, um diese Herausforderungen zu bewältigen? Nüchtern betrachtet, bieten alle Elemente eines Unternehmens bzw. eines Systems Potenziale für Einsparungen und Verbesserungen. Gemeint sind damit Strukturen, Strategien, generelle Ausrichtung,

1 Mein Dank gilt Dr. Paul Spindler, der mir in der Ausbildung eine Lebensformel geschenkt hat. Sie lautet: Alles, was man im Leben braucht sind 4 H + F: Herz, Hirn, Humor, Handfertigkeit und Frustrationstoleranz. Wer sich mit Organisationsentwicklung und Veränderungsprozessen beschäftigt, weiß, wie hilfreich diese Formel ist. Weiters danke ich all meinen TeilnehmerInnen in zahlreichen Prozessmanagement-Klausuren, -Workshops und Lehrgängen für ihr Engagement und Beharrungsvermögen („F").
Nicht zuletzt danke ich meinem Mann Gerhard für seine Anregungen, seine Kritik und seine Geduld, mit mir nach so vielen Jahren immer noch über Prozessmanagement zu diskutieren („4H").

Produkte und Leistungen, Menschen, Kultur und Prozesse. Und es geht um Veränderungen.

2. Dringlichkeit für Veränderungen

Dr. Hans Jörg Schelling[2] betitelt die Gesundheitsausgaben in Österreich mit 28 Mrd. Euro. Er nennt als „Quelle allen Geldes" den Bürger und verweist auf die ungesicherte Finanzierung der Versorgung hin. Führt man sich vor Augen, dass Österreich ein rohstoff-, nicht aber ressourcenarmes Land ist, wird rasch klar, dass der Mensch die wichtigste Ressource darstellt. Gesundheit zu fördern und zu erhalten nennt Schelling neben Bildung als das wesentliche Kapital. Darüber hinaus stellt Gesundheit nicht nur einen betriebswirtschaftlichen, sondern einen volkswirtschaftlichen Faktor dar: Sozialkapital = Leistungsfähigkeit + Wohlbefinden + Gesundheit (Prof. Bandura[3]).

An der Diskussion über Veränderungen im Gesundheitswesen sind im Wesentlichen angebotsseitige Institutionen und Akteure beteiligt. Die BürgerInnen als NutzerInnen des Gesundheitssystems sind nicht eingebunden, obwohl alle Beteiligten behaupten, auch deren Interessen zu vertreten. Die Reformintentionen der angebotsseitigen Akteure sind allerdings meistens stärker an der eigenen Interessenlage orientiert als am Bedarf der BürgerInnen.[4]

Vor diesem Hintergrund wird klar, dass in die Debatte über Reformen und Veränderungen alle Elemente komplexer Systeme einbezogen

---

2 Hans Jörg Schelling, Mag. Dr. rer. soc. oec., Vorsitzender des Vorstandes des Hauptverbandes der österreichischen Sozialversicherungsträger, Reformen in Österreich: Zwänge und Gestaltungsspielräume, Vortrag anlässlich des Symposiums zu Ehren von Univ. Prof. Dr. Alfred Kyrer, 19.08.2010, Salzburg.

3 Vortrag Bernhard Badura, Prof. em. Dr. rer. soc., Fachtagung Sport und Gesundheit, 08.09.2004; eine ausführliche Darstellung von Theorie und Evidenzbasis des Sozialkapital-Ansatzes findet sich in: Badura/Hehlmann 2003.

4 Wolfgang Pichler, Univ. Prof. Dr., Governance im Gesundheitswesen am Beispiel Gesundheitsförderung und Prävention, in: Nikolaus Dimmel/Wolfgang Pichler, Governance – Bewältigung von Komplexität in Wirtschaft, Gesellschaft und Politik, 2009.

werden müssen, also auch – oder gerade – die Prozesse einer Organisation.

3. Managementsysteme und Prozessmanagement

Wirtschaftsunternehmen haben den Stellenwert von prozessorientierten Managementsystemen schon Ende der 1980er Jahre erkannt. Das führte zu einer Offensive auf breiter Basis. Internationale Normen (Anforderungssysteme) lieferten und liefern die Ansätze für die Implementierung von Managementsystemen wie z. B. die Normenreihe EN ISO 9000. Die Anforderungssysteme weisen zum Themenkreis Prozessmanagement, Prozessorientierung und dem Prinzip der kontinuierlichen Verbesserung, Korrektur und Vorbeugung hohe Übereinstimmungen auf. Themen also, die gerade in einem sensiblen Umfeld wie dem Gesundheitswesen auf hohes Verständnis stoßen müssen.

... ja, aber bei uns ist das alles ganz anders.

Diese Aussage steht an erster Stelle, wenn es um Veränderungen geht. Und erst recht, wenn die Prozesse des Unternehmens auf dem Prüfstand stehen. Diese „ja, aber" sind zu einem hohen Prozentsatz negativ gepolt. Der wahre Beweggrund liegt meistens in dem Bestreben, den Status quo nicht zu stören. Den Einwänden ist hier bewusst Raum gewidmet, um mögliche Argumente anzuführen, die zur Entkräftung der negativen Aussagen einen Beitrag leisten können.

4. Managementkonzepte

Bis in die 1950er Jahre waren die Theorien der Arbeitsorganisation von Frederick W. Taylor [5] vorherrschend. Sein Konzept sah eine systematische Zerlegung eines Arbeitsprozesses in Teilschritte vor, begrenzte die Verantwortung der Ausführenden und führte zu einer Spezialisierung der beteiligten Funktionen. Diese Arbeitsteilung hatte zur Folge, dass die Anforderungen an die Fähigkeiten der MitarbeiterInnen drastisch reduziert wurden. Sie förderte die Trennung zwischen den Funk-

---

5 Frederick W. Taylor, The principles of scientific management. London: Harper & Brothers, 1911 (New York: Cosimo, 2006).

tionen, die „denken und entscheiden" und jenen, die „ausführen und produzieren". Die Arbeit der MitarbeiterInnen wurde von anderen kontrolliert. Die Qualität (= Übereinstimmung mit den Anforderungen) wurde in letzter Konsequenz durch die Endkontrolle sichergestellt. Heute wissen wir, dass Qualität nicht in ein fertiges Produkt oder eine Leistung „hinein kontrolliert" werden kann. Die Amerikaner W. Edwards Deming[6] und Joseph M. Juran[7] und eine Reihe weiterer „Qualitätsgurus" revolutionierten mit ihren Managementlehren die Auseinandersetzung mit Qualität, Produktivität und Prozessen.

... ja, aber was verstanden diese Experten vom Gesundheitswesen?

Vielleicht nicht viel, aber ihre Grundsätze liefern noch heute durchaus zeitgemäße Ansätze zur Umsetzung wie z. B. jene von Philip B. Crosby.

5. Null-Fehler als Standard

Phil B. Crosby wurde in den 1960 Jahren vom US-Verteidigungsministerium für sein Zero Defects Concept ausgezeichnet. Er vertritt die Ansicht, dass es keine akzeptable Fehlerquote und Nachbesserung gibt, sondern Null-Fehler als Standard anzustreben sind. In seinen Kostenbetrachtungen stellt er fest, dass nicht die Erzeugung von Qualität, sondern die Nichterfüllung von Anforderungen die Gesamtkosten in die Höhe treiben. Crosby revidiert die Ansicht, dass 80 % der Fehler auf Mangel an Sorgfalt und Aufmerksamkeit zurückzuführen sind und weist nach, dass 80 % aller Fehler und Probleme vor allem durch instabile Prozesse entstehen.

---

6 W. Edwards Deming (14 Punkte, Kaizen, Continuous Improvement Process).

7 Joseph M. Juran (Qualitäts-Trilogie).

Abb. 1: Grundaussagen im Konzept von Philip B. Crosby

Philip B. Crosby

Konzept:	Jede Arbeit ist ein Prozess und Qualität ist Führungsaufgabe
Definition:	Qualität ist die Übereinstimmung mit den Anforderungen
Grundprinzip:	Grundprinzip für Qualität ist Vorbeugung
Credo:	Null-Fehler muss Standard werden
Maßstab für Q:	Kosten für die Nichterfüllung von Anforderungen

Umfeld	Infrastruktur	Systeme
• Engagement des Managements • Qualitätsbewusstsein • Anerkennung • ständige Wiederholung des Prozesses	• Arbeitstechniken • Methoden & Werkzeuge • Verbesserungsteams • MitarbeiterInnen-schulung • Erfahrung und Feedback	• Messung • Qualitätskosten • Korrekturmaßnahmen • Zielesystem • Beseitigung der Fehler-ursachen

6. Grundlagen des Prozessmanagements

In einem Umfeld, in dem Strukturen, Abläufe und Produkte immer komplexer werden und die Anforderungen der Interessenpartner[8] steigen, stellt die Fähigkeit, Prozesse effektiv und effizient zu gestalten, einen entscheidenden Erfolgsfaktor dar.

Der Begriff Prozessmanagement beinhaltet als wesentliche Elemente Kontrolle und Steuerung, aber auch Ansätze zur Stärkung des Verantwortungsbewusstseins der MitarbeiterInnen und ist funktionsübergreifend ausgelegt. Das heißt, Prozesse beeinflussen in ihrer Abfolge mehrere organisatorische Einheiten und Verantwortungsbereiche.

8 Unter Interessenpartner einer Organisation versteht man im Wesentlichen die KundenInnen, Lieferanten/Partner, MitarbeiterInnen, Gesellschaft/Umwelt und die Kapitalgeber. Je nach Unternehmenszweck können zusätzliche und/oder andere Interessenpartner relevant sein wie z. B. Gesetzgeber etc.

Prozessmanagement ist eine Vorgehensweise, die Übersicht schafft und die Steuerung der Prozesse ermöglicht.

... ja, aber das trifft doch in einem Krankenhaus nicht zu.

Irrtum: Gerade ein Krankenhaus gehört zu den besonders komplexen Organisationen im Gesundheitswesen und dementsprechend komplex gestalten sich auch die Abläufe.

„Geschäftsprozessmanagement ist die Methode der Wahl, wenn es darum geht, die zukünftigen Anforderungen an die hochkomplexen Gebilde und Organisationen des Gesundheitswesens erfüllen zu können“.[9]

6.1 Definitionen

EN ISO 8402[10]: Als Prozess bezeichnet man einen Satz von in Wechselbeziehungen stehenden Mitteln und Tätigkeiten, die Eingaben in Ergebnisse umgestalten. (Zu den Mitteln können Personal, Einrichtungen und Anlagen, Technologien und Methodologien gehören).

Haist/Fromm[11]: Unter Prozess versteht man das Zusammenwirken von Menschen, Maschinen, Material und Verfahren, das darauf ausgerichtet ist, eine bestimmte Dienstleistung zu erbringen oder ein bestimmtes Produkt zu erzeugen. Jeder Prozess kann in eine Folge von Aktivitäten zerlegt werden, die dadurch charakterisiert sind, dass sie messbare Eingaben (Inputs) und messbare Ausgaben (Outputs) besitzen und demzufolge auch eine Werterhöhung gemessen werden kann.

---

9 J. Eckardt: Integrierte Klinische Pfade als strategisches Steuerungsinstrument. In: A. J. W. Goldschmidt, M. Kalbitzer, J. Eckardt (Eds.): Praxishandbuch Medizincontrolling. Gesundheitswesen in der Praxis, Economica, Heidelberg, pp. 16.

10 DIN EN ISO 8420 (Quality management and quality assurance –Vocabulary) definiert Begriffe der Qualitässicherung und des Qualitätsmanagements.

11 F. Haist/H. Fromm, Qualität im Unternehmen, 1991.

6.2 Anforderungen an Prozesse

Die Anforderungen gelten für alle Arten von Prozessen, egal ob klinische oder administrative Prozesse in allen Einrichtungen des Gesundheitswesens (Klinik, Ambulanz, Krankenkassen, öffentliche Verwaltung, etc.) oder Wirtschaftsunternehmen.

Prozesse müssen

- effektiv sein, d. h. die vorgegebenen Aufgaben und Ziele erfüllen.
- effizient sein, d. h. die vorgegebenen Aufgaben mit einem Minimum an Ressourcen erfüllen.
- steuerbar sein, d. h. die verantwortlichen Personen kennen jederzeit den Zustand des Prozesses und können, sofern erforderlich, korrektive Maßnahmen einleiten.
- anpassungsfähig sein, d. h. auf Veränderungen im Prozessumfeld rasch adaptierbar sein, um eine nachteilige Wirkung auf das Geschäftsergebnis zu verhindern.

… ja, aber Prozesse im Gesundheitswesen sind sehr spezifisch.

Mag sein, aber gerade deshalb müssen sie die Merkmale gut geführter Prozesse erfüllen.

Merkmale gut geführter Prozesse[12] sind

- Prozessumfang (Anfangs- und Endaktivität) sind definiert.
- Kunden und Lieferanten (intern und extern) sind bekannt.
- Kundenanforderungen sind bekannt, vereinbart und dokumentiert.
- Anforderungen an die Lieferanten sind vereinbart und dokumentiert.
- Prozessziele sind festgelegt, abgestimmt und kommuniziert.

---

12 F. Haist/H. Fromm, Qualität im Unternehmen (Prinzipien – Methoden – Techniken), Carl Hanser Verlag, 1991.

- Der Prozess ist grafisch dargestellt (Prozessmodell, Prozessplan).
- Messgrößen und Messvorschriften sind definiert und mit den Betroffenen vereinbart.
- Messungen werden durchgeführt und die Messergebnisse kommuniziert.
- Die Prozessverantwortung ist geregelt (Prozessowner).
- Das Prozessumfeld ist bekannt, d. h. Kenntnisse, Geräte und Einrichtungen, Methoden und Verfahren stehen zur Verfügung, der interne Leistungsstandard (Budget, Durchlaufzeit, Leistungstiefe) ist definiert.
- Prozesse sind standardisiert und können, anlassbezogen, rasch und sicher adaptiert werden.

Abb. 2: Merkmale gut geführter Prozesse im Gesundheitswesen

6.3 Prozessebenen

Zur besseren Übersicht werden die Prozesse einer Organisation in einem Prozessmodell dargestellt. In der Praxis hat sich die Gliederung nach Gesamt-, Haupt- und Teilprozess (Subprozess) bewährt. Unter Gesamtprozess versteht man alle Prozesse, die zur Erfüllung der Kundenanforderungen führen, also beim Kunden beginnen und mit der Ablieferung der Leistung/des Produkts beim Kunden enden. Teilprozesse fassen Gruppen von Aktivitäten zusammen, die einen engen sachlichen oder zeitlichen Bezug aufweisen und sich daher als Teil- oder Subprozess abgrenzen lassen. Eine Aktivität ist die kleinste Einheit der Prozessebenen.

Abb. 3: Prozessmodell eines Wirtschaftsunternehmens

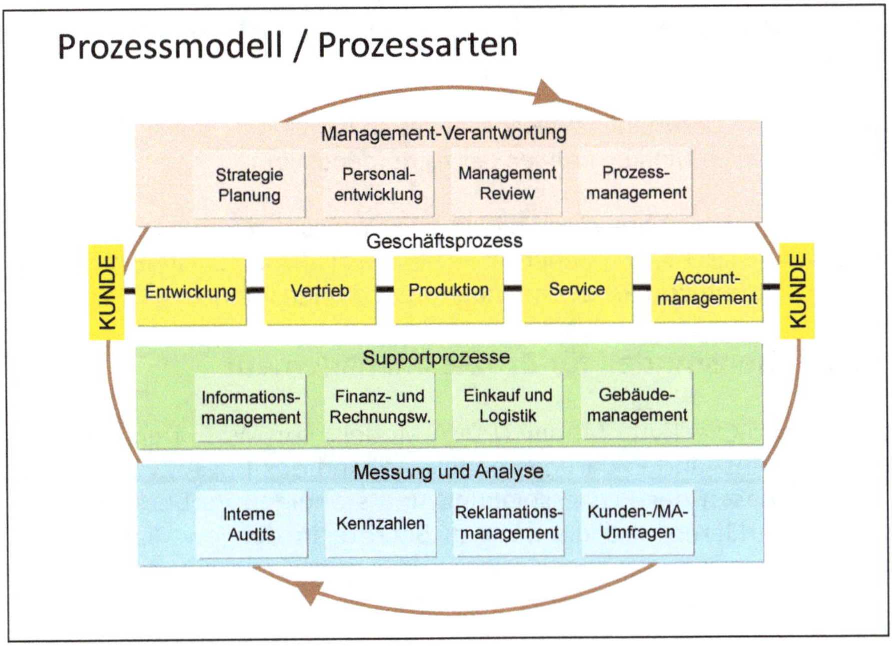

6.4 Prozessarten

Prozesse werden nach ihrem Hauptzweck im Prozessmodell eingeordnet. Die Bezeichnungen

- Managementprozess (Planung, Strategie, Führung etc.),
- Geschäfts-, Gesamtprozess oder auch Kunden-/Kundenprozess (Entwicklung, Angebot, Produktion etc.) und
- Supportprozess (Beschaffung, IT, Buchhaltung etc.)

haben sich durchgesetzt, wobei die Zuordnung zu den jeweiligen Prozessarten von Unternehmen zu Unternehmen verschieden sein kann.

In einer Klinik besteht der Gesamtprozess z. B. aus den Hauptprozessen Diagnostik, Behandlung und Pflege, während Administration, Ver-/Entsorgung, Apotheke, IT usw. zu den Unterstützungsprozessen zählen.

... ja, aber im Gesundheitswesen ist alles so individuell, selbst die Hauptprozesse zweier Kliniken können gar nicht ident sein.

Stimmt vielleicht, aber eines haben alle Prozesse gemeinsam: ein einheitliches, logisches Vorgehensmodell, das als Basis für die Einführung und Umsetzung von Prozessmanagement dienen kann.

7. Vorgehensmodell für Prozessmanagement

Das Plan-Do-Ckeck-Act-Modell (PDCA-Modell) von W. E. Deming dient als Vorgehens- und Erklärungsmodell. Anhand des PDCA-Zyklus lassen sich die Phasen der Prozessplanung und ständigen Verbesserung anschaulich erklären und die nötigen Schritte in der jeweiligen Phase planen.

Abb. 4: Aktivitäten in den 4 Phasen des PDCA-Zyklus

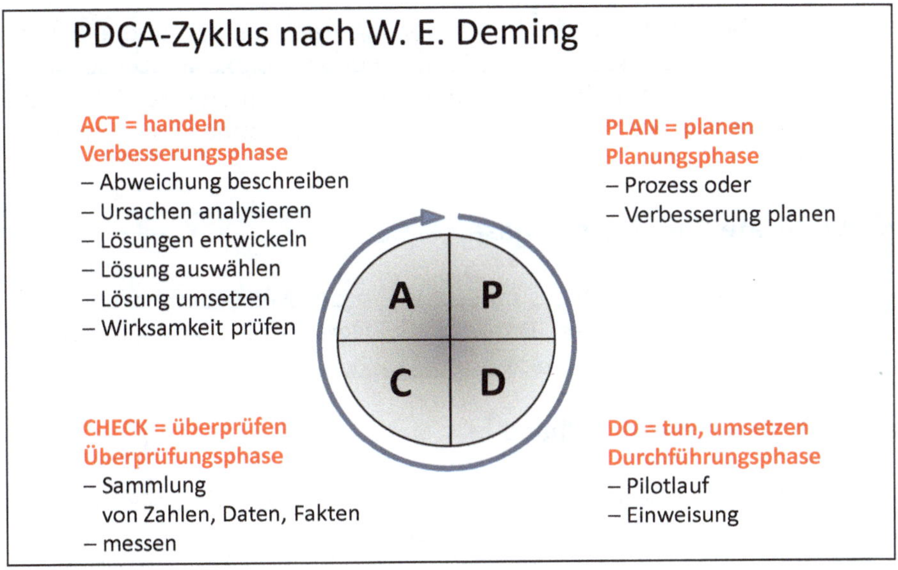

7.1 Aktivitäten der Plan-Phase

Die Plan-Phase beinhaltet Schritte zur Prozessidentifikation und -beschreibung und/oder in weiterer Folge zur Planung von Prozessverbesserungen.

- Prozessidentifikation
  - Sammeln und Ordnen des Vorhandenen
  - Vorgehen auf der Unternehmensebene
  - Vorgehen auf der Prozessebene
- Prozessabgrenzung
- Prozesszweck
- Identifikation der Teilprozesse
- Vereinbarung der Prozessziele
- Identifikation von Schlüsselprozessen
- Prozessverantwortung regeln
- Messpunktplanung (Messvorschrift) durchführen

7.2 Aktivitäten der Do-Phase

In der Do-Phase erfolgt die Durchführung wie geplant und die Einweisung der am/im Prozess Beteiligten. Für komplexe Prozesse bzw. -verbesserungen empfiehlt sich ein Pilotlauf, um mögliche Schwachstellen schon vor Freigabe des Prozesses/der Veränderung erkennen zu können.

7.3 Aktivitäten der Check-Phase

In dieser Phase werden Messungen, wie in der Messvorschrift vereinbart, durchgeführt. Zahlen, Daten und Fakten bzw. Beobachtungen werden gesammelt und dokumentiert.

7.4 Aktivitäten der Act-Phase

In der Act-Phase werden Messergebnisse analysiert. Im Falle von Abweichungen werden die Ursachen identifiziert und Lösungen zur dauerhaften Beseitigung der Ursachen entwickelt. Aktivitäten zur Umsetzung werden geplant und der Zyklus wieder beginnend mit „plan" durchlaufen.

... ja, aber gute Ideen zur Verbesserung der Prozesse im Krankenhaus scheitern fast immer an der Umsetzung.

Das trifft nicht nur auf Krankenhäuser zu, dieses Problem tritt auch in anderen Unternehmen auf. Oft fehlt es an professioneller Moderation und/oder der Nutzung und Anwendung von einfachen Lösungstechniken.

8. Lösungstechniken

Prozessmanagement ist wirksam, wenn alle MitarbeiterInnen entsprechend eingebunden werden. Denn die MitarbeiterInnen sind es, die *im* Prozess arbeiten, am besten die Probleme kennen und Lösungen zur dauerhaften Beseitigung entwickeln können. Zur Prozessanalyse und -verbesserung werden einfache Methoden und Werkzeuge, auch Lösungstechniken genannt, angewendet. Nachstehend einige der gebräuchlichsten Techniken und Methoden (ohne Anspruch auf Vollständigkeit).

- Affinitätsdiagramm
- Baumdiagramm
- Barrierenidentifikation und -beseitigung
- Beziehungsdiagramm
- Bilanz
- Brainstorming
- Datenblatt/Messplan
- Flussdiagramm
- FMEA Fehlermöglichkeits- und -einflussanalyse
- Grundlegende beschreibende Diagramme
- Interview-Leitfaden
- Kosten-/Nutzenanalyse
- Kraftfeldanalyse
- Matrixdiagramm
- Metaplan-Technik
- Netzplan
- Paarweiser Vergleich
- Pareto-Diagramm/-Analyse
- Portfolio
- Problemdefinition
- Punkteabfrage/-bewertung
- Selektionsmatrix/Listenkürzung
- S.W.O.T.-Analyse
- Ursache-/Wirkungsdiagramm
- ...

... ja, aber wir wissen nicht, ob und wie Prozessmanagement in unserer Organisation eingeführt werden kann.

Dieser Einwand ist berechtigt und zeigt sehr klar, dass die erfolgreiche Implementierung und Umsetzung ein top down Prozess ist, der analog einem Veränderungsprojekt gemanagt werden muss.

9. Prozessmanagement – Bausteine zur Einführung

Die Einführung von Prozessmanagement weist Übereinstimmungen mit einem Veränderungsprozess auf. Zuerst müssen das Management und die MitarbeiterInnen von der Dringlichkeit der Einführung von Prozessmanagement überzeugt werden. Die MitarbeiterInnen haben die Möglichkeit, sich mit dem Thema Prozessmanagement auseinander zu setzen und ihre Bedenken zu äußern. Zur glaubwürdigen Planung gehört auch, dass Ressourcen zur Verfügung gestellt werden. Weiters ist es wichtig, Schlüsselpersonen zur Mitarbeit zu gewinnen, damit die nötigen Interventionen weitestgehend durch Mitglieder aus der eigenen Organisation begleitet werden können. In Veränderungsprozessen spricht man von „Führungskoalitionen und Empowerment auf breiter Basis“[13]. Für die Implementierung und Umsetzung von Prozessmanagement bedeutet das, z. B. MitarbeiterInnen als „ProzessmoderatorInnen“ für die Begleitung der Prozessarbeit auszubilden.

... ja, aber welche Maßnahmen sind nötig und in welcher Reihenfolge sollen diese umgesetzt werden?

Die nachfolgend beschriebenen Schritte und Interventionen haben sich in der Praxis bewährt und können unabhängig von der Art des Unternehmens angewendet werden.

Abb. 5: Bausteine zur Implementierung von Prozessmanagement

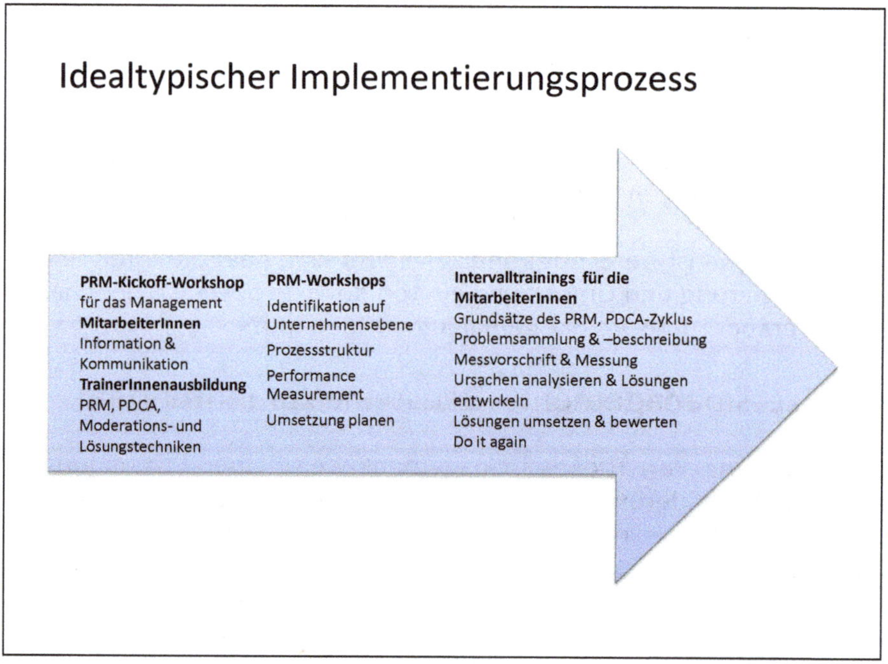

13 John P. Kotter: Leading Change, Havard Business School Press 1996.

9.1 Prozessmanagement Kickoff-Workshop für das Management

Abb. 6: Kickoff-Workshop für das Management

Ziele für die Veranstaltung	Das Management – erkennt die Dringlichkeit für Prozessmanagement, – kennt die Schritte zur Implementierung – und bekennt sich zum Vorgehen und den damit verbundenen Aufgaben. – Bedenken und Ängste können geäußert werden, – spezifische Anforderungen aus den unterschiedlichen Organisationseinheiten werden sichtbar und – können bei der Umsetzung berücksichtigt werden.
Zielgruppe	Unternehmensführung und nächste Ebene. Vertret, erInnen für den Prozess relevanter Zentralstellen (Stabstellen) wie z. B. Qualitätsmanagement, Personal, Organisationsentwicklung, Unternehmenskommunikation. In großen Unternehmen empfiehlt sich, auch den Betriebsrat einzuladen.
Inhalte	– Aktuelle Situation des Unternehmens und/oder Ergebnisse aus Umfragen (z. B. Kundenbefragung, Benchmarks, Mitarbeiterbefragung etc.) – Schwachstellen aus der Sicht der Unternehmensführung – Auftrag und Ziele für die Implementierung von Prozessmanagement – Bedeutung von Prozessmanagement für die einzelnen Bereiche/Funktionen (mittels „Lernlandkarten") – Reflexion und Fragen – Umsetzungskonzept vorstellen: Module, Rollen, Aufgaben – Nächste Schritte vereinbaren – Commitment sichtbar machen
Dauer	1,0 Tage
Empfehlungen	Keine Frontalveranstaltung, sondern Raum für Interaktion und Reflexion geben.

Die Implementierung von Prozessmanagement wird von der Geschäftsführung („Topmanagement“) entschieden. Auslöser können z. B. Erkenntnisse aus strategischen Überlegungen, Umfragen oder die Realisierung der Anforderungen aus Managementsystemen (z. B. EN ISO 9001 u. Ä.) sein.

9.2 MitarbeiterInnen Information und Kommunikation

Die Information der MitarbeiterInnen über die Einführung von Prozessmanagement erfolgt unmittelbar nach dem Kickoff-Workshop für das Management. Im Idealfall kommunizieren die Führungskräfte persönlich das Vorhaben und geben ihren MitarbeiterInnen die Möglichkeit, sich mit den Zielen, Aufgaben und Konsequenzen auseinander zu setzen. Begleitend werden Medien wie firmeninternes Internet, Firmenzeitung u. Ä. zur Information über Prozessmanagement genutzt.

In Unternehmen oder Abteilungen mit sehr vielen MitarbeiterInnen kann die Kommunikation zum Beispiel in einer Großgruppenveranstaltung erfolgen. Großgruppenveranstaltungen bringen das gesamte System einer Organisation in einen Raum zusammen und folgen einem partizipativen Ansatz. Eine solche Veranstaltung zeichnet sich dadurch aus, dass sehr viele TeilnehmerInnen in einen Dialog treten und sich aktiv mit dem Thema auseinandersetzen. Geeignete Techniken wie z. B. World Cafe, Open Space, Gallery Walk u. Ä. unterstützen die Zielerreichung. Eine angemessene Form der Beteiligung der Betroffenen erhöht in aller Regel nicht nur die Qualität der gefundenen Lösungen, sondern erhöht auch die Akzeptanz gegenüber einer Entscheidung.

Der Ausschnitt eines Trainerleitfadens zeigt den Beginn einer Großgruppenveranstaltung bis zur ersten Pause. Annahme für die zeitliche Planung: 100 Mitarbeiter in 10 Sesselkreisen zu je 10 Teilnehmern.

Abb.7: Teil eines Trainerleitfadens für eine Großgruppenveranstaltung

Dauer in Min.	Phase[14]/ Intervention	Aktivitäten des Moderators/ Stichworte/Fragen	wer/Medien	Ergebnisse
10	forming/ Einstimmung	Begrüßung und Zielsetzung für die Veranstaltung	Topmanager/ Folien	Ziele sind bekannt
10	norming/ Orientierung geben	Themen- und Zeitplan, Spielregeln und – Besonderheiten der Arbeitsweise in der Großgruppe klären: – Wechsel zwischen Plenum und Kleingruppe (z. B. in Sesselkreisen, Mix zwischen MitarbeiterInnen verschiedener Abteilungen) – Informationen/Impulsvorträge im Plenum – Reflexion/Bearbeitung in den Kleingruppen – Rollen in der Kleingruppe klären	ModeratorIn/ Folien	Ablauf und Arbeitsweise sind bekannt
15	forming/ storming/ Diskussion in den SK	Vorstellrunde in den Sesselkreisen (SK). Zum Beispiel: Die TeilnehmerInnen stellen sich kurz vor, nennen ihre Hauptaufgabe und tragen sich in ein vorgefertigtes Organigramm des Unternehmens ein ODER tragen sich in das Prozessmodell des Unternehmens ein (sofern vorhanden).	TeilnehmerInnen/Plakat mit Organigramm (oder Prozessmodell), Moderationsmarker	Bekannt, woher die TeilnehmerInnen kommen, erste Profilierung für die Rollen im SK.
5	norming/ Interview	Interview in 3 – 5 SK (mit je einem/r TeilnehmerIn) Fragestellungen können sein: Was hat Sie in der Vorstellrunde besonders überrascht? Welche „Prozesse" sind in Ihrem SK vertreten?	ModeratorIn	Erste Wortmeldungen, Scheu vor dem Plenum nehmen.

14 Die Phasen orientieren sich an den Phasen der Gruppenbildung nach B.W. Tuckman (1965) Developmental sequences in small groups Psychological Bulletin: Orientierungsphase (forming), Konfrontationsphase (storming), Kooperationsphase (norming), Wachstumsphase (performing), Auflösungsphase (adjourning).

20	norming/ Information	Eine Führungskraft informiert die MitarbeiterInnen über die Entscheidung, Prozessmanagement unternehmensweit einzuführen und umzusetzen. – Aktuelle Situation des Unternehmens – Beschluss der Geschäftsführung – Schritte zur Einführung	ManagerIn/ Folien	Dringlichkeit für PRM wird erkannt, Auseinandersetzung mit dem Beschluss und den Schritten zur Einführung kann erfolgen.
5	norming	Einführung in die Gruppenarbeit „Reflexion“ Hinweis auf die Rollen im SK: ModeratorIn, SchriftführerIn, ZeitmanagerIn, SprecherIn	Moderator/Arbeitsblatt auf den Flipcharts in den SK	
20	norming/ performing/ Gruppenarbeit	Die TeilnehmerInnen reflektieren das Gehörte anhand folgender Fragen: – Was bedeutet die Einführung von PRM für mich persönlich? – Welchen Nutzen sehen wir für das Unternehmen? – Welche Voraussetzungen müssen erfüllt sein? Der SchriftführerIn hält die Antworten fest. Die TeilnehmerInnen einigen sich auf jeweils einen Aspekt, den die SprecherInnen der SK im Anschluss an die Gruppenarbeit im Plenum vorstellen.	TeilnehmerInnen	Die TeilnehmerInnen reflektieren ihre persönliche „Betroffenheit“, setzen sich mit den Zielen auseinander und geben Feedback, welche Voraussetzungen ggf. noch zu schaffen sind.
30	norming/ Interview	Die SprecherInnen stellen in einem moderierten Interview die Aspekte vor.	ModeratorIn	Die TeilnehmerInnen können erkennen, dass übereinstimmende Sichten vorhanden sind. Die Führungskräfte erkennen Bedenken und können ggf. Aspekte in das Umsetzungskonzept einarbeiten.
20	PAUSE			

9.3 TrainerInnenausbildung („ProzessmoderatorInnen")

Für die Unterstützung in der Einführung und Umsetzung von Prozessmanagement werden ModeratorInnen ausgebildet.

Abb.8: Train the Trainer für die ProzessmoderatorInnen

Ziele für das Training	Die TeilnehmerInnen sind vom Nutzen von Prozessmanagement überzeugt und lernen Moderations- und Lösungstechniken theoretisch kennen und praktisch anwenden.
Zielgruppe	MitarbeiterInnen aus dem Unternehmen, die von der Sinnhaftigkeit von Prozessmanagement überzeugt sind und Freude an der Arbeit mit anderen Menschen haben.
Inhalte	– Prozessmanagement Überblick – Das Prinzip der kontinuierlichen Verbesserung und Vorbeugung – Der Lösungskreis (PDCA) – Die Lösungstechniken – Moderationstechniken – Anwendung der Lösungstechniken – Planung der Intervalltrainings
Dauer	3 Tage
Empfehlungen	Es ist wichtig, dass die TeilnehmerInnen intensiv üben können und Feedback erhalten.

9.4 Prozessmanagement-Workshop 1: Identifikation auf Unternehmensebene

Im ersten Workshop werden die Prozesse des Unternehmens identifiziert und zu einem Prozessmodell zusammengeführt. Dazu gehört u. a. auch das Sichten und Ordnen von Vorhandenem bzw. der eingesetzten Verfahren in der Organisation (IT-Lösungen). Dieses Modell bildet die Grundlage für die weiteren Schritte im Prozessmanagement.

Abb.9: Inhalte des ersten Prozessmanagement-Workshops

Ziele für den Workshop	Die Prozesse und ProzessownerInnen des Unternehmens sind identifiziert und das Prozessmodell ist grob dargestellt
Zielgruppe	Management (und/oder ProzessownerInnen) des Unternehmens
Inhalte	Prozessidentifikation auf Unternehmensebene – Ableitung der Hauptprozesse des Unternehmens vom Unternehmensauftrag – Sammeln und Ordnen des Vorhandenen – Gliederung der Prozesse nach Arten (Geschäfts-, Management-, Supportprozesse, Messen und Analyse) – Darstellung der Prozesse nach ihren Arten in einem Prozessmodell („Prozesshaus“) – Prozessverantwortung (Prozessowner) regeln – Ermittlung der kritischen Erfolgsfaktoren zur Erreichung der Unternehmensziele – Ermittlung der Hauptprozesse mit dem größten Verbesserungspotenzial (= Schlüsselprozesse) – Kompatibilität zu Performance Measurement-Systemen wie z. B. Balanced Scorecard überprüfen
Dauer	2,0 Tage
Empfehlungen	Regelung der Aufgaben/Verantwortung/Befugnisse der Prozessowner im Leitungskreis vor dem Workshop. Grobes Modell in einem kleinen Kreis erstellen, um die „richtigen“ Teilnehmer einzuladen.

An dieser Stelle erfolgt auch die Betrachtung der Prozesse in Bezug auf ihre Leistungsfähigkeit und ihren Einfluss auf Zielerreichung oder z. B. die Umsetzung von Strategien. Diese Prozesse nennt man auch „Schlüsselprozesse“, weil ihnen aufgrund ihres Einflusses auf den Erfolg eines Unternehmens eine besondere Bedeutung zukommt.

Zur Identifikation von Schlüsselprozessen werden zuerst s. g. *kritische Erfolgsfaktoren* definiert und ein Bewertungsschlüssel für die Leistungsfähigkeit der Prozesse festgelegt. Die Multiplikation Anzahl x Bewertung ergibt die Gewichtung und somit die Priorisierung als Schlüsselprozess.

Die Schlüsselprozesse werden auf ihre Relevanz und Kompatibilität mit vorhandenen Cockpitsystemen überprüft. Zum Monitoring können Schlüsselprozesse z. B. in eine Balanced Scorecard übergeführt werden.

Abb. 10: Schlüsselprozessmatrix

Identifikation von Schlüsselprozessen

Erfolgsfaktoren (KEF) / (Teil-)Prozess	KEF1 Kundenanford. sind bekannt	KEF 2 Produkte / DL sind innovativ	KEF3 Time to Market = best in Class	KEF4 Vertriebswege vorhanden	KEF7 Mitarbeiter sind qualifiziert	KEF8 Kundenbindung ist hoch	KEF9 Prozesse sind wirtschaftlich	KEF10 Erträge langfristig gesichert	A Anzahl	B Bewertung	C Gewichtung	D Priorisierung
Strategische Planung	X	X	X	X			X		5	4	20	1
Budgetplanung							X		1	1	1	11
Marketing	X	X	X	X		X	X		6	3	18	2
Entwicklung Produkt / DL	X	X	X			X		X	5	3	15	3
Vertrieb	X			X		X		X	4	3	12	6
Auftragsmanagement							X		1	4	4	8
Beschaffung								X	1	3	3	10
Produktion / Realisierung						X		X	2	2	4	9
Mitarbeiterentwicklung					X		X	X	3	4	12	5
Prozessmanagement	X	X	X		X	X	X		6	3	18	4
Informationsmanagement	X			X		X			3	3	9	7

9.5 Prozessmanagement-Workshop 2ff: Prozesse strukturieren

Der nächste Schritt im Prozessmanagement ist die Verfeinerung des Prozessmodells auf der Ebene der Hauptprozesse. In mehreren Arbeitssitzungen werden die Hauptprozesse im Detail dargestellt und die Grundlagen für die Messung und Analyse gelegt. Die TeilnehmerInnen dieser Arbeitsteams sind die OwnerInnen und MitarbeiterInnen aus den jeweiligen Prozessen.

Abb. 11: Fragen zur Prozessstruktur

was	zielführende Fragen	Ergebnis
Abgrenzung des Prozesses	Was ist die Anfangs-/ Endaktivität?	Abgrenzung, Schnittstellen
Definition des Prozesszwecks	Welchen Auftrag muss der Prozess erfüllen?	Detailbeschreibung, u. a. für das Prozessmodell
Kunden und Lieferanten	Wer liefert an den Prozess? Wer erhält Ergebnisse des Prozesses?	Anforderungen an Lieferanten und der Kunden als Grundlage für Schnittstellenvereinbarungen und Prozessmessung
Prozessziele definieren	Welche Anforderungen muss der Prozess erfüllen?	Kundenanforderungen sind definiert und bilden die Grundlage für Schnittstellenvereinbarungen und Prozessmessung
Strukturierung in Teilprozesse	Welche Aktivitäten lassen sich in zweckmäßige Teilprozesse zusammenfassen?	Übersichtlichkeit und Steuerbarkeit des Prozesses durch Teilprozesse
Identifikation von kritischen Erfolgsfaktoren zur Erreichung der Prozessziele	Was muss erfüllt sein, um die Prozessziele zu erreichen?	Input für Verbesserungen, Kompatibilität zu Performance Measurement-Systemen. Ermittlung der Teilprozesse mit dem größten Verbesserungspotenzial
optional: Regelung der Teilprozessverantwortung	Wer darf in Abstimmung mit dem (Hauptprozess-) Owner Veränderungen/Verbesserungen des Teilprozesses veranlassen/durchführen?	Übersichtlichkeit im Prozess, Geschwindigkeit der Prozessanpassung

Die Prozessstruktur ermöglicht einen Überblick über den Verlauf eines Prozesses und liefert meist schon in der Bearbeitung erste Ansätze zur Verbesserung der Prozessleistungsfähigkeit. So zeigt z. B. ein Flussdiagramm Durchlaufzeiten, ineffektive oder fehlende Verbindungen zwischen einzelnen Prozessschritten und wer die beteiligten Funktionen im Prozess sind.

Abb. 12: Flussdiagramm eines Produktionsunternehmens

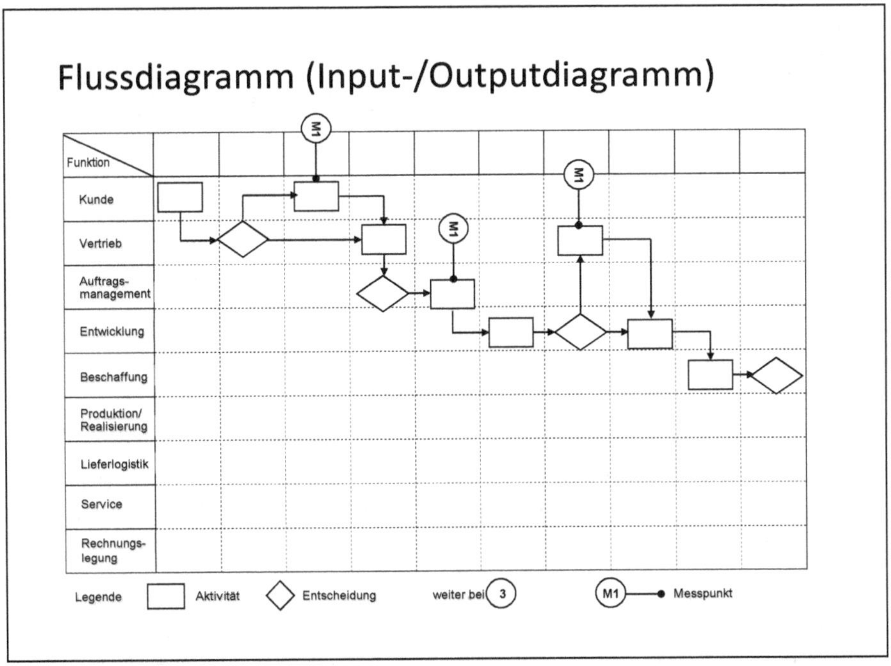

Zur detaillierten Beschreibung der Aktivitäten im Prozess/den Teilprozessen bewährt sich nachstehende Struktur, in der die beteiligten Funktionen/Prozesse sowie Input und Output (Schnittstellen) sichtbar werden.

Abb.13: Prozess-Aktivitäten, Input/Output, beteiligte Funktionen

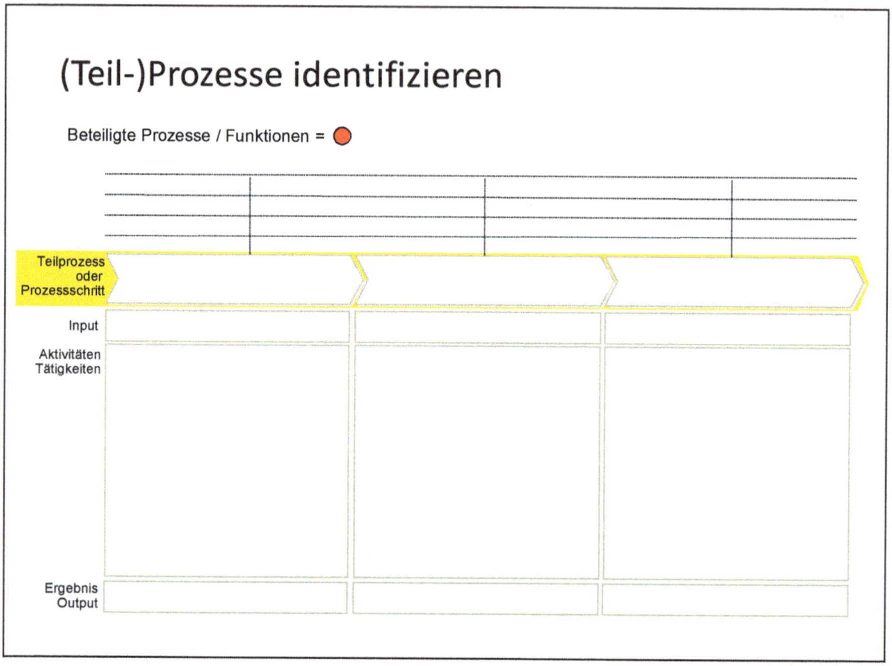

Um die Anforderungen an den Prozessschnittstellen und an die Prozessressourcen zu definieren, eignen sich folgende Strukturen und Fragestellungen:

Abb.14: Prozessschnittstellen und Anforderungen an Ressourcen

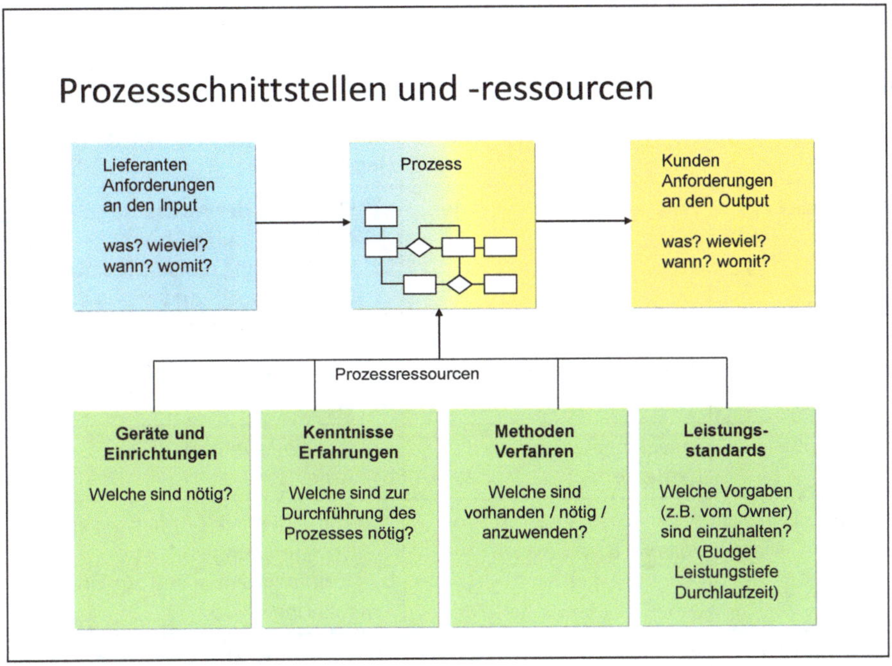

9.6 Prozessmanagement-Workshop 3: Performance Measurement

Nach der Identifikation der Prozesse, des Prozessumfeldes und der Kunden-/Lieferantenbeziehungen erarbeitet das Prozessteam Details zu den Prozesszielen und erstellt die Messvorschrift. Dabei ist darauf zu achten, dass die im Unternehmen zur Messung und dem Controlling eingeführten Cockpitmethoden wie zum Beispiel Balanced Scorecard, War Room u. Ä. genutzt werden. Auch soll der Aufwand für die Sammlung von Messergebnissen in einem vernünftigen Verhältnis zum Nutzen gehalten werden. Es ist zweckmäßig zu überprüfen, welche Kennzahlen z. B. aus IT-Lösungen einfach gewonnen werden können.

Um die Durchgängigkeit der Messvorschriften sicher zu stellen, sollten die ModeratorInnen den TeilnehmerInnen konkrete Beispiele wie das nachfolgende vorstellen:

Abb.15: Muster einer Messvorschrift

was	**Fragestellung**	**Beispiel**
Prozessziel	Was muss erreicht werden?	a) Erhöhung der Auslastung des MRT um 15 % bis E/20xx b) Verringerung der Wartezeiten für Untersuchung von 3,0 auf 0,5 Tage bis 06/20xx
Metrik	Was wird gemessen?	a) Volumen b) Zeit
Messgröße	In welcher Einheit wird gemessen?	a) Anzahl Patienten b) Tage
Messpunkte	An welcher Stelle im Prozess wird gemessen?	a) Anmeldung des Patienten zur Untersuchung vor Ort b) Terminvereinbarung zur Untersuchung
Messintervall	Wann und wie oft wird gemessen?	a) jede Untersuchung b) jede Terminvereinbarung
Verantwortung	Wer misst?	a) durchführende MitarbeiterInnen b) durchführende MitarbeiterInnen
Information	Wer wird über die Messungen und das Messergebnis informiert?	alle MitarbeiterInnen im Prozess, ProzessownerInnen
Darstellung	Wie werden die Ergebnisse dargestellt?	Balkendiagramme, Verlauf

9.7 Prozessmanagement-Workshop 4: Umsetzung planen

Nachdem das Team die Messvorschrift entwickelt und alle betroffenen MitarbeiterInnen über die Messungen informiert hat, werden die Messungen durchgeführt. Nun liegen die Ergebnisse vor. Im Falle von Abweichungen erfolgen die Schritte der „Act-Phase“ im PDCA-Zyklus für die sich folgende Lösungstechniken eignen:

Abb.16: Aufgaben und geeignete Lösungstechniken in der Act-Phase

Aufgabe	geeignete Lösungs-techniken	Darstellung
Abweichung beschreiben und Ursachen analysieren	Ursache-/ Wirkungsdiagramm	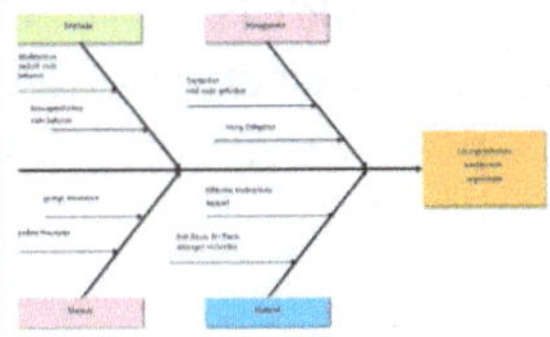
Lösungen entwickeln und auswählen	Brainstorming Paarweiser Vergleich	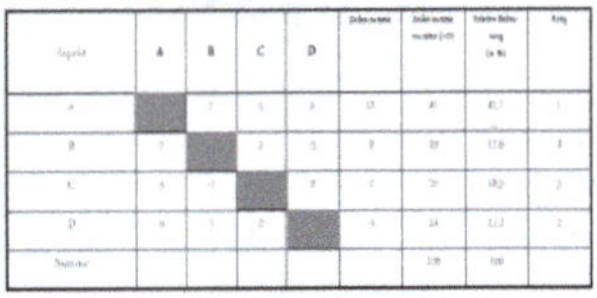
Lösung umsetzen	Aktivitätenplan Beziehungsdiagramm	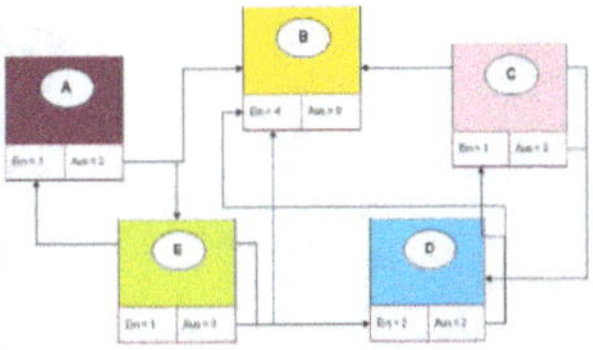
Wirksamkeit prüfen	Messblatt Kosten-/Nutzenanalyse	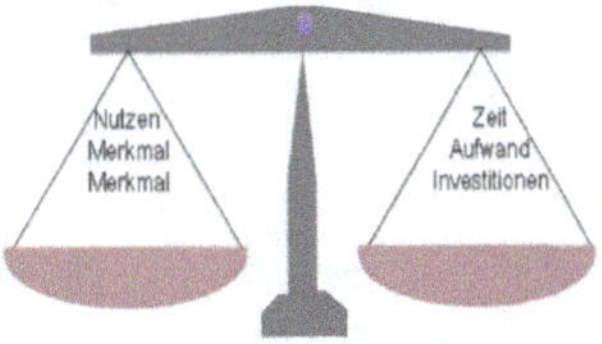

9.8 Intervalltraining für MitarbeiterInnen

Ein Grundsatz von Prozessmanagement das Prinzip der kontinuierlichen Verbesserung, Korrektur und Vorbeugung. Voraussetzung für die Anwendung im täglichen Arbeitsumfeld ist die Einbindung aller MitarbeiterInnen. In der Praxis hat sich eine besondere Form der „Schulung“ in allen Bereichen eines Unternehmens bewährt: das Intervalltraining. Intervall, weil die Inhalte und Aufgaben in mehreren Trainingseinheiten erarbeitet werden. Training, weil es sich nicht eine Schulung in herkömmlicher Form handelt, sondern integrierend in den Tagesablauf der MitarbeiterInnen eingebunden wird.

Die Grundstruktur der Intervalltrainings bilden die Phasen des PDCA-Zyklus, die zu behandelnden Themen kommen aus dem realen Arbeitsumfeld der TeilnehmerInnen. Geleitet werden die Trainings von den ausgebildeten ProzessmoderatorInnen. Bei der Planung der Trainings sind verschiedene Aspekte zu berücksichtigen. Parameter dafür sind unter anderem das Umfeld und die Arbeitszeiten der TeilnehmerInnen.

Abb.17: Inhalte der Intervalltrainings, Kontinuität sichern

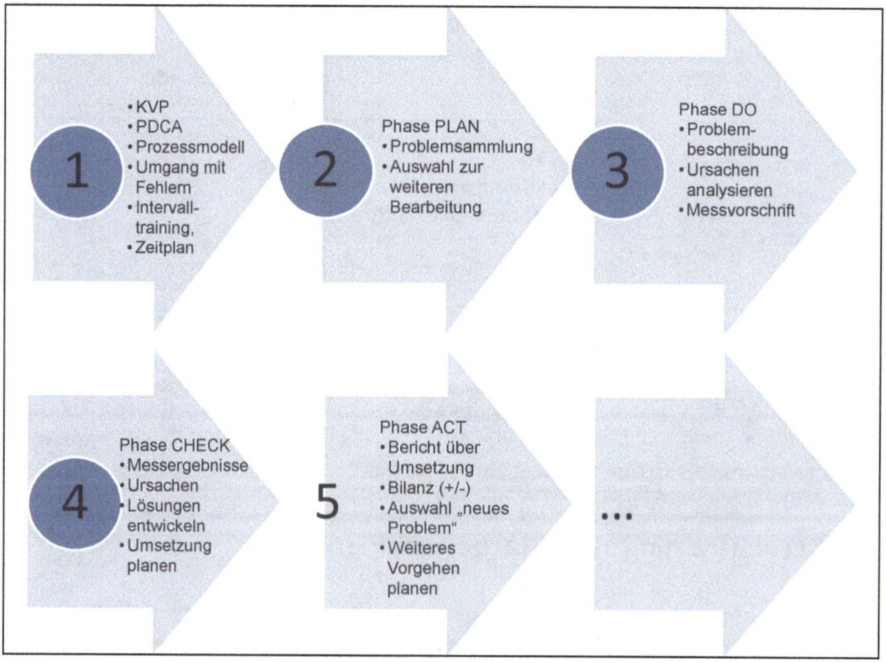

Im Idealfall hat ein Team von MitarbeiterInnen in den 5 Intervalltrainings eine Prozessverbesserung durchgeführt, die natürlich auf Wirksamkeit geprüft und mit den ProzessownerInnen abgestimmt wurde.

Entscheidend ist jedoch vor allem, dass die Methodik verinnerlicht und somit als Bestandteil der Unternehmenskultur verankert wird. Das bedeutet, dass Probleme im Alltag immer nach derselben Systematik behandelt werden.

... ja, aber das geht doch nicht, wir haben dafür keine Zeit.

Eine Geschichte:
Ein Wanderer kommt an einem großen Gehege für Hühner vorbei. Im Zaun klafft ein großes Loch. Viele „glückliche" Hühner laufen frei herum. Der Bauer, die Bäuerin und die gesamte Belegschaft hinter den Hühnern her. Der Wanderer teilt dem Bauern seine Beobachtung über das große Loch im Zaun mit. Der Bauer antwortet erschöpft: „Ich weiß, dass ein Loch im Zaun ist, aber wir haben keine Zeit es zu reparieren, weil wir den ganzen Tag die Hühner einfangen müssen."

10. Grenzen und Nutzen

Prozessmanagement betrifft alle Mitglieder einer Organisation und rüttelt an bestehenden Strukturen, Kulturen und Gewohnheiten. Prozessmanagement in aller Konsequenz einzuführen bedeutet einen Veränderungsprozess anzustoßen, dessen erfolgreiche Umsetzung einige Jahre in Anspruch nimmt. Die Grenzen sind u. a.

- Abteilungsegoismen und persönliche Befindlichkeiten überwiegen.
- Berufsgruppensicht steht im Vordergrund.
- Vorhandene Regelungen behindern die Prozessgestaltung (Standards, Normen).
- fehlende Ressourcen (Zeit, Mittel, Räume)
- mangelnde Kompetenz in Methoden und Projektmanagement
- zu starker Glaube an IT-Lösungen

- Inkompetente externe Beratung (keine Erfahrung im Gesundheitswesen).
- MitarbeiterInnen werden nicht aktiv einbezogen.

Allerdings überwiegt der Nutzen, denn bei erfolgreicher Umsetzung von Prozessmanagement

- erfüllen die Prozesse die Ziele (Kundenanforderungen).
- ermöglichen klare Vereinbarungen an den Schnittstellen kurze Durchlaufzeiten ohne Rückfragen und Nachbesserung.
- orientiert sich die Struktur an den Prozessen und nicht an Funktionen.
- lassen sich die Prozesse bei veränderten Anforderungen rasch adaptieren.
- werden die Anforderungen aller Interessenpartner berücksichtigt:
  - die Prozesse sind wirtschaftlich und umweltverträglich,
  - die Lieferanten sind in die Wertschöpfungskette eingebunden,
  - die MitarbeiterInnen kennen ihre Rollen, Aufgaben und Verantwortungen und
  - erhalten Handlungsfreiraum durch klare Befugnisse.

Traum? Utopie? Nein: Überlebensstrategie!

11. Abbildungen

12. Literatur

Crosby, Ph. B.; Quality is free: the art of making quality certain/USA/McGraw-Hill 1979

Deming, W. E.; Out of the crisis/2. Auflage, Massachusetts Institute of Technology Press/Cambridge, USA, 1986

Doppler, K./Lauterburg, Ch.; Change Management – Den Unternehmenswandel gestalten/Frankfurt, New York/Campus Verlag 1997

Friedag, H./Schmidt, W.; Balanced Scorecard – Mehr als ein Kennzahlensystem/Freiburg, Berlin, München/Haufe Verlag Gruppe 1999

Haist, F./Fromm, H.; Qualität im Unternehmen: Prinzipien – Methoden – Techniken/München, Wien/Carl Hanser 1991

Kaminske, G. F./Bauer, J. P.; Qualitätsmanagement von A – Z, Erläuterung moderner Begriffe des Qualitätsmanagements. München, Wien, Hanser 1993

Kaplan, R. S./Norton, D. P.; Balanced Scorecard. Strategien erfolgreich umsetzen. Stuttgart 1997

Schertler, W.; Unternehmensorganisation. München, Wien, Oldenbourg 1998

Jochen Schuler: Irrationale Arzneimitteltherapie oder: Wie kann es sein, dass ein Patient 20 verschiedene Medikamente einnimmt?

Vorbemerkung

Unter einer **rationalen Arzneimitteltherapie** versteht man die Verschreibung des richtigen Arzneimittels in der richtigen Dosis, über einen ausreichenden Zeitraum, angepasst an die klinische Notwendigkeit des Patienten zu einem angemessenen, möglichst niedrigen Preis.

Um dieses Ziel zu erreichen, gibt es Behandlungsrichtlinien, die auf klinischen Studien basieren. In 23/27 EU Mitgliedsstaaten gelten solche verbindlichen Verordnungsrichtlinien.[1] Wissenschaftliche Studien und die darauf basierenden Leitlinien sollten die Entscheidungsgrundlage eines jeden Arztes und jeder Ärztin sein. Nur so kann sich ein Patient darauf verlassen, nach dem aktuellen Stand der Wissenschaft behandelt zu werden und die Solidargemeinschaft, dass keine Scharlatanerie mit den Beitragsgeldern finanziert wird.

Im Einzelfall kann von den Leitlinien abgewichen werden, wenn es die klinischen Bedingungen erforderlich machen. Gründe für das Abweichen könnten sein, dass der Patient das vorgeschlagene Arzneimittel nicht verträgt oder der Patient prinzipiell einen anderen Weg gehen möchte. Diese Abweichungen sollten begründbar sein und auch begründet werden.

Bei einem unbegründeten Abweichen von Leitlinien, der Verordnung von unwirksamen Medikamenten, von falschen Dosen, von Medikamenten, die nicht zueinander oder zum Patienten passen oder von

1 S. Vogler, B. Schmickl: Rationale Arzneimitteltherapie in Europa. http://www.goeg.at/media/download/berichte/Rationale_Arzneimitteltherapie.pdf

überteuerten Originalpräparaten, wenn es günstigere Alternativen gibt, liegt *irrationale Arzneimitteltherapie* vor.

So ist die Primärbehandlung einer Erkältung oder eines Durchfalles mit einem Antibiotikum irrational. Durchfälle und Erkältungen werden in unseren Breiten ganz überwiegend nicht durch Bakterien ausgelöst. Daher sind auch Antibiotika unwirksam. Die Wahrscheinlichkeit, dass ein Antibiotikum den natürlichen Heilungsprozess sogar stört und den Krankheitsverlauf verlängert bzw. Komplikationen verursacht, ist wesentlich höher, als dass es tatsächlich die Erkrankung beendet. Wenn Ärzte nun trotzdem ein Antibiotikum verordnen, dann steckt hinter dieser irrationalen Handlung entweder reiner Aktionismus oder ein Nachgeben von Patientenforderungen oder schlichtweg Unwissenheit. In jedem Fall demonstriert der Arzt mit einer Arzneimittelverordnung seine Anteilnahme. Verschreibt er nichts, nimmt er die Beschwerden in den Augen der Patienten und deren Angehörigen nicht ernst genug.

Belohnt wird in unserer Medizin stets das Tun, nicht das Unterlassen, auch wenn Letzteres oft vernünftiger ist. Wenn der Durchfall nun am nächsten Tag besser ist, hat der Arzt mit dem Antibiotikum geheilt. Freilich wäre der Durchfall auch ohne das Antibiotikum besser geworden, der Heilerfolg wird nun jedoch dem Antibiotikum und damit dem Arzt zugeschrieben. Wenn der Durchfall sich verschlimmert oder eine weitere Woche anhält, dann ist das eben so. Einen Zusammenhang mit der überflüssigen Antibiotikatherapie oder der falschen ärztlichen Entscheidung wird nur selten hergestellt.

Weitere sehr verbreitete irrationale Arzneimitteltherapien sind die Behandlung von moderat erhöhten Harnsäurewerten mit einem Gichtmittel, ohne dass die Betroffenen je einen Gichtanfall hatten, oder die Antibiotikatherapie einer Mittelohrentzündung bei Kindern ohne Risikofaktoren (AMB 2009, 43, 85a), oder die oft jahrelange Dauertherapie von Magenbeschwerden mit teils viel zu hoch dosierten Protonenpumpenhemmern („Magenschutz“).

Eine Explosion von irrationalen Therapien erleben wir aber nicht nur in der Arzneimitteltherapie, sondern auch in den operativen Fächern.

Während bei der Arzneimitteltherapie wegen der Zulassungsbeschränkungen meist mehrere halbwegs fundierte klinische Studien vorliegen, gibt es bei operativen Eingriffen häufig wenige bis gar keine Daten, die einer wissenschaftlichen Überprüfung standhalten können. Bestimmte Operationsmethoden unterliegen sogar Moden. Wenn die Technik vorliegt, wird sie auch eingesetzt. So wird beispielsweise bei Patienten mit chronischen Rücken- oder Gelenkschmerzen, eine riesige und ständig wachsende Problematik in unserer alternden Gesellschaft, häufig der Eindruck erweckt, dass eine Operation, etwa eine Versteifung oder eine Endoprothese, die Lösung ihres Problems darstellt. Manchmal funktioniert das auch, oft aber auch nicht. Patienten mit 3 und mehr Endoprothesen oder mit mehr als 10 Rückenoperationen sind heute keine Seltenheit mehr. Trotzdem nehmen sie oft noch dauerhaft starke Schmerzmittel ein und gehen an Stützen. Von einem überragenden Erfolg der Operationen kann also überhaupt nicht die Rede sein.

Beispiel: Bei der Osteoporose kommt es durch übermäßig raschen Abbau der Knochensubstanz und -struktur zur Abnahme der Knochendichte. Es resultiert eine erhöhte Frakturanfälligkeit. Die Ursachen sind vielfältig, u. a. spielen Bewegungs- und Sonnenlichtmangel, Rauchen und Fehlernährung eine Rolle. Osteoporotische Knochenbrüche betreffen überwiegend die Wirbelkörper und das Hüftgelenk. Osteoporose ist eine der wichtigsten Gründe für chronische Schmerzen und Frakturen im höheren Lebensalter.
Die meisten osteoporotischen Wirbelkörperfrakturen stabilisieren sich spontan innerhalb weniger Monate. Bei einigen Patienten halten jedoch Schmerzen und Bewegungsbehinderung mehr als ein Jahr an. Bei diesen Patienten wird seit einiger Zeit vermehrt operativ eingegriffen. Es wird mit einer langen Nadel Zement oder Kunststoff in den betroffenen Wirbelkörper gespritzt oder der Wirbelkörper wird mit einem kleinen Ballon aufgerichtet. Von diesen minimal invasiven Eingriffen erhofft man sich eine statische und funktionelle Stabilisierung und eine raschere Schmerzfreiheit. Die Effektivität dieser Maßnahme wurde allerdings nur in kleinen Beobachtungsstudien untersucht, frei nach dem Motto: Ich habe das 30 Mal gemacht und nur Gutes gesehen.

Nachdem die Methode sogar in die Behandlungsleitlinien der Osteoporose aufgenommen wurde, kamen doch Zweifel auf. Die Effektivität von operativen Eingriffen ist nur sehr schwer zu überprüfen, weil der Placeboeffekt durch den betriebenen Aufwand groß ist.
In zwei Studien wurde daher die sog. Vertebroplastie mit einer „Sham-Prozedur" verglichen, d. h. einer Scheinoperation. Hierbei wurden die Patienten, die sich mit solch einer Studie einverstanden erklärten, in zwei Behandlungsgruppen verlost. In der sogenannten Verumgruppe erhielten sie tatsächlich eine Zementinjektion, in der Placebogruppe nur eine Scheininjektion. Hierbei wurde eine Lokalanästhesie durchgeführt und dann die Nadel bis an die Knochenhaut vorgebracht, dort aber nichts injiziert. Das Drumherum war in beiden Gruppen das gleich. Die Patienten wurden aber nicht darüber informiert, ob sie Verum oder Placebo erhielten. Das Ergebnis war verblüffend. Die Patienten in beiden Gruppen berichteten schon wenige Tage nach dem Eingriff über eine deutliche Besserung der Schmerzen und der Funktionalität und auch nach einem Monat war der Schmerzwert in beiden Gruppen etwa gleich (AMB 2009, 43, 88). Der Eingriff war also effektiv, man braucht aber gar keinen Zement zu injizieren, es reicht im Prinzip nur das Operationsritual um die Beschwerden zu lindern.

Aber zurück zu den Arzneimitteln. Hier äußert sich irrationales ärztliches Handeln nicht nur in unbegründetem Abweichen von den Leitlinien sondern auch oft in *Polypharmazie.* Hierunter versteht man die Einnahme von vielen und/oder überflüssigen Arzneimitteln.

Aber was ist viel und was überflüssig? Hier gibt es keine Einigkeit. Sicher ist, dass 15 oder 20 parallel eingenommenen Arzneimittel zu viel sind. Im Allgemeinen wird heute ab einer Anzahl von 5 verschiedenen, dauerhaft eingenommenen Medikamenten von Polypharmazie gesprochen. Dieser Wert wird in einer mitteleuropäischen Industriegesellschaft allerdings schon von einer großen Zahl der Bürger über 65 Jahre zum Teil weit überschritten.
Noch schwieriger ist die Beurteilung, was ein überflüssiges Medikament ist. Viele ältere Menschen nehmen gegen Vergesslichkeit Ginkgo ein, gegen Herzschwäche Weißdorn und wegen eines Venenleidens ein Gemisch aus „mikronisierten Flavonoiden".

Aber auch viele jüngere Menschen nehmen heute schon regelmäßig Antidepressiva oder Beruhigungsmittel ein, um ihren Alltag bewältigen zu können. So zeigen sehr beunruhigende aktuelle Zahlen der Salzburger Gebietskrankenkasse, dass schon jeder Fünfte Salzburger Psychopharmaka verschrieben bekommt. Der größte Anteil (56,1 %) entfällt auf die Gruppe der Antidepressiva und auf Tranquilizer (16,8 %). Dabei werden die Antidepressiva überwiegend von berufstätigen Menschen zwischen 40 und 60 Jahren eingenommen.

Der Obmann der SGKK Siegfried Schluckner interpretiert diesen Befund als „ein Zeichen für einen extrem fragwürdigen Zustand unserer Lebens- und Arbeitswelt".[2]

Zur Beurteilung einer langen Medikamentenliste ist die Intention von Polypharmazie entscheidend. Ein Patient mit mehreren chronischen Erkrankungen kann auf die Einnahme vieler Arzneimittel zur Symptomkontrolle bzw. Prophylaxe einer Verschlimmerung der Erkrankung angewiesen sein. Daher kann es durchaus sein, dass die Parallelverordnung von mehr als 10 Arzneimitteln notwendig ist. Lässt man eines weg, dann kann es zur Krankheitsverschlechterung oder gar Spitalsaufnahme kommen. Wenn diese Medikamente gut aufeinander abgestimmt sind und auch ein regelmäßiges Therapiemonitoring stattfindet, dann kann hier eine medizinisch sinnvolle Polypharmazie vorliegen (thoughtful polypharmacy).

Andererseits nehmen viele Patienten eine Reihe von Medikamenten ein, für die es keinen ausreichenden Wirksamkeitsbeleg gibt, die nicht miteinander harmonieren (Wechselwirkungen) oder die auf Grund der Beierkrankungen oder des Lebensalters für den Patienten sogar gefährlich sind. Hierbei handelt es sich dann um eine unüberlegte, chaotische Polypharmazie (thoughtless Polypharmacy). Diese chaotische Polypharmazie ist meist das Resultat unkoordinierter ärztlicher Aktivitäten bzw. einer kurzfristig angelegten Reaktionsmedizin. Sie ist der heutzutage vielerorts anzutreffenden *Polypragmasie* zuzuordnen. Unter Polypragmasie versteht man in der Medizin die sinn- und konzepti-

---

2 http://www.sgkk.at/portal27/portal/sgkkportal/channel_content/cmsWindow?action=2&p_menuid=4283&p_tabid=1&p_pubid=636393

onslose Anwendung von diagnostischen Instrumenten, Medikamenten und Heilverfahren. Polypragmasie ist insbesondere bei Patienten mit Somatisierungsstörungen und funktionellen Störungen sehr häufig anzutreffen. Für diese Patienten, die schätzungsweise ein Drittel aller Patienten in einer Hausarztordination ausmachen, hat die moderne Medizin keine wirksamen Lösungen anzubieten. Wenn es den Ärzten und natürlich den Patienten selbst nicht gelingt, einen Weg aus der Störung zu finden, endet der Fall in einer Lawine von Konsultationen, Untersuchungen und Arzneimittelverschreibungen.
Von der Polypragmasie leben nicht wenige Röntgen- und Laborinstitute sowie viele Apotheken.

Die Dimension von irrationaler Arzneimitteltherapie

Jeder, der schon einmal in den Nachtschrank seiner Großmutter geschaut hat, wundert sich, wie viele Medikamente ein älterer Mensch einnehmen kann ohne scheinbar größere gesundheitliche Schäden. Der Durchschnitts-Österreicher konsumiert durchschnittlich 22,7 Arzneimittelpackungen im Jahr. Der EU Schnitt liegt noch höher, bei 24,3.[3] Von den insgesamt 28 Milliarden Euro, die in Österreich jährlich für Gesundheitskosten aufgewendet werden (10,2 % des BIP), entfallen 3 Milliarden auf Arzneimittelkosten.[4] Polypharmazie und irrationale Therapie sind in ökonomisch vergleichbaren Ländern ähnlich häufig zu finden. Nur stärker reglementierte Gesundheitssysteme wie beispielsweise in Nordeuropa scheinen einen gewissen Schutz vor irrationaler Therapie zu bieten. Interessant war die Entwicklung in Osteuropa. Nach dem Fall der Mauer, der Marktliberalisierung und die Integration in die EU schlossen diese Länder sehr schnell zu den Kernländern auf.

In der letzten Dekade (von 1998 bis 2008) nahm die Anzahl der in Österreichs Apotheken verkauften Medikamentenpackungen um nahezu 30 % zu, von 179,8 Millionen auf 227,5 Millionen.[5] Jedes Jahr stieg

3 http://www.apotheker.at/internet/oeak/ZDF_engl_1_0_0a.nsf/25491c013cad4554c1256a7d0052b98a/826e2a69e2f3102dc125730200348691/$FILE/Kapitel4.pdf
4 http://www.hauptverband.at/mediaDB/699589_Presseunterlage_30072010.pdf
5 http://www.pharmig.at/upload/Publikationen/Daten%20und%20Fakten_Ausgabe%20 2010.pdf

der Medikamentenabsatz um 3 % bei einer etwa gleichbleibenden Bevölkerungszahl. Im Jahre 2010 scheint dieser Trend erstmals gebrochen zu werden (zit. Hans Jörg Schelling, Vortrag am 19.8.2010 beim Symposium Gesundheit und Governance zu Ehren von Alfred Kyrer). Entweder ist der Markt nun gesättigt oder die unter einem großen ökonomischen Druck angestrengten Maßnahmen zu einer rationaleren Arzneimitteltherapie greifen.

Der Medikamentengebrauch nimmt etwa ab dem fünfzigsten Lebensjahr zu. Während ein Mensch in der dritten oder vierten Dekade nur 9 bzw. 15 Medikamentenpackungen pro Jahr erwirbt, sind es bei Menschen über 50 Jahren 28, über 60 Jahren 51, über 70 Jahren 69 und über 80 Jahren 104 Packungen pro Jahr.[6] In eigenen Arbeiten wurde bei 543 internistischen Patienten über 75 Jahren eine mittlere Anzahl an ambulant verordneten Dauermedikamenten von 7,5 gefunden. Den Spitzenplatz nahm eine Patientin aus dem Pflegeheim ein, sie sollte 28 verschiedene Arzneien pro Tag konsumieren.

58,4 % der Patienten erfüllten das gewählte Kriterium für Polypharmazie (> 6 Medikamente). Polypharmazie stellte in dieser Arbeit die Regel und nicht die Ausnahme dar. Frauen, Pflegebedürftige und Patienten mit vielen chronischen Erkrankungen waren besonders von Polypharmazie und irrationaler Therapien betroffen. So fanden sich bei 36,3 % aller Patienten unwirksame Medikamente, bei 30,1 % altersinadäquate Medikamente, bei 7,6 % Doppelverordnungen und bei 23,4 % Fehldosierungen. Potenzielle Medikamenteninteraktionen wurden bei 65,8 % gefunden.[7]

Eine weitere wichtige Risikogruppe für Polypharmazie sind psychisch Kranke. Psychopharmaka haben die Psychiatrie stark verändert. Die meisten Behandlungen können heute ambulant durchgeführt werden. Übervolle „Irrenheilanstalten“ mit teils entsetzlichen „Heilmethoden“ gehören Gott sei Dank der Vergangenheit an. Trotzdem ist die Behand-

6 http://www.apotheker.at/internet%5COEAK%5Cdownlink_1_0_0a.nsf/AEF41B04B0A2C8BCC12575 77003AF71D/$file/apotheke%20in%20zahlen%202009.pdf

7 Vgl. Polypharmacy and inappropriate prescribing in elderly internal-medicine patients in Austria – Wiener Klinische Wochenschrift, 2008, S. 733 – 741

lung psychiatrischer Patienten nach wie vor sehr mühsam. Die Patienten leiden teilweise sehr stark an den Nebenwirkungen der Medikamente. Es wird daher nicht nur nach Wirkung, sondern auch nach Nebenwirkung verordnet und kombiniert. Die Verordnung mehrerer „innovativer" Psychopharmaka ist häufig. Um sich voneinander abzugrenzen wird von den Herstellern ein Image um die Medikamente aufgebaut. Damit werden große Werbeagenturen beauftragt. Die ganzseitigen Anzeigen in den Fachzeitschriften ähneln denen von Automobil- oder Kosmetikaherstellern. Medikament A „sorgt dafür, dass man wieder lachen kann". B, dass man „sich wieder wohl fühlt" und C hat „Starqualitäten". D „vertreibt den großen schwarzen Vogel Traurigkeit", E „schafft den Zugang" zum Patienten und F „klart auf und schafft Beziehungsfähigkeit".[8] Viele Psychiater und Neurologen wählen die Arzneimittel nun nach diesen vermeintlichen Eigenschaften aus: ein bisschen von E für den „besseren Zugang" zum Patienten, etwas von F für das „Aufklaren" und noch ein wenig von A, D und F für eine „bessere Beziehungsfähigkeit". Die Parallelverordnung von 5 und mehr Psychopharmaka zugleich ist bei psychisch Kranken keine Seltenheit. Selbstverständlich bewegen sich die behandelnden Ärzte hier auf einem Gebiet der reinen Empirie, denn niemals wurden diese Arzneimittelkombinationen je in Studien getestet.

Einige Ursachen von irrationaler Arzneimitteltherapie

Altersentwicklung und Multimorbidität

Dank einer langen Friedenszeit in Wohlstand, guten Hygiene-, Arbeits- und Bildungsbedingungen sowie einer sehr guten medizinischen Versorgung hat sich innerhalb der letzten 50 Jahre die Lebenserwartung der Österreicherinnen von 70,4 auf 83 Jahre und der Österreicher von 64,7 auf 77,6 Jahre erhöht (Statistik Austria). Das entspricht einem Zugewinn an Lebenszeit um 18 %.
Diese einmalige Entwicklung ist einerseits sehr erfreulich, stellt jedoch eine Gesellschaft vor schwierigste Aufgaben. Der Preis für das längere

8 Zitate aus Werbeanzeigen aus der wichtigsten deutschen Fachzeitschrift für Psychiatrie dem „Nervenarzt", http://www.epsy.de/psychopharmaka/werbung.htm

Leben ist auch Krankheit. Wir häufen im Laufe unseres längeren Lebens viele chronische Erkrankungen wie Bluthochdruck, Arthritis, Osteoporose, Demenz an und die altersbedingten Funktionsstörungen wie Seh- und Hörschwächen, Gangunsicherheiten und Stürze nehmen erheblich zu.

Zwangsläufig steigt der Arzneimittel- und Pflegebedarf. Während manche Störungen etwa durch Hörgeräte, Zahnersatz oder Brillen gut behandelbar sind, hat die Medizin für andere noch keine nachhaltigen Konzepte anzubieten. Demenz, Stürze, osteoporotische Frakturen und chronische Schmerzen stellen die Medizin vor gigantische Aufgaben.

Dabei kommen mangels Alternativen insbesondere Arzneimittel zum Einsatz. Viele der verwendeten Mittel sind gänzlich unwirksam oder ihre Nutzen-Kosten-Relation ist sehr ungünstig. Erschwerend kommt hinzu, dass bei alten Menschen Therapiekomplikationen etwa dreimal so häufig auftreten wie bei jüngeren. Das Gewebe ist fragiler und die Organfunktionen sowie die Regenerationsfähigkeit des älteren Organismus sind eingeschränkt. Jeder Eingriff, auch der mit Medikamenten, sollte vor diesem Hintergrund wohl überlegt sein. Es existiert sogar eine Liste von altersinadäquaten Arzneimitteln, also Medikamenten, die bei älteren Menschen gemieden werden sollten, weil sie mehr nachteilige Effekte als Vorteile bieten. Diese Liste ist jedoch noch zu wenig bekannt. In eigenen Erhebungen konnten wir bei 30,1 % solche altersinadäquate Arzneimittel in der Dauermedikation nachweisen.

Prinzipiell behandelt die Medizin heutzutage einen 85-Jährigen wie eine 50-Jährigen, obwohl dies medizinisch durchaus unangemessen sein kann. Hinzu kommt die Unsicherheit, ob die Therapie beim älteren Menschen überhaupt den erwünschten Effekt hat. Alte Menschen und Frauen wurden in der Vergangenheit immer wieder aus klinischen Studien ausgeschlossen. Sie verschlechtern das Durchschnittsergebnis weil sie anfälliger sind für Therapiekomplikationen. Daher ist bei vielen Therapien wenig bis gar nicht bekannt, ob sie vergleichbar effektiv sind wie bei den jüngeren Patienten. Die Zielsetzung von rationaler Therapie sollte aber auf die Bedürfnisse des Patienten abgestimmt sein, also bei älteren Menschen auch altersadäquat.

Fallbeispiel: Ein 85-Jähriger alleinstehender Mann mit Parkinson-Erkrankung lebt sehr zurückgezogen im Pensionistenheim. Er hat Pflegestufe 4, kann mit Rolator und Unterstützung noch kleinere Wege im Hause bewältigen, benötigt Hilfe beim Ankleiden und der Körperpflege. Kinder hat er keine, den letzten Besuch, von einer Nichte, hat er vor 6 Monaten gehabt. Er löst in der Nacht einen Notruf aus. Er berichtet über starken Brustschmerz, erbricht. Die Rettung wird verständigt und er wird in die Universitätsklinik gebracht. Dort stellt man rasch die Diagnose: ein großer Hinterwandinfarkt. Es wird ein Akut-Herzkatheter veranlasst. Dabei findet man vielfache Verengungen in allen 3 Herzkranzadern, eine ist ganz verschlossen. Diese wird akut aufgedehnt und mit Stent versorgt. Es wird festgelegt, dass im Weiteren eine Bypass-Operation notwendig ist. Der Patient kommt nun für mehrere Tage auf die Intensivstation. Sein Befinden wechselt stark, immer wieder kommt es zu starken Atemnotanfällen. Die Bypass-Operation wird immer dringlicher, das Herz bekommt zu wenig Blut. Die Herzchirurgen lehnen jedoch die Operation zu diesem Zeitpunkt ab, der Patient sei zu instabil. Letztlich wird beschlossen mit hohem Risiko noch weitere Stents zu setzen, um die Situation zu stabilisieren. Zu dem Eingriff kommt es jedoch nicht, weil der Patient seine Zustimmung verweigert. Er will, so erklärt er beim Aufklärungsgespräch, eigentlich nur seine Ruhe haben und hat kein Interesse am Weiterleben. Nach 2 Wochen Palliativtherapie stirbt er im Krankenhaus.

Ein 85-Jähriger erwartet von der Medizin und seiner verbliebenden Lebenszeit oft etwas anderes als ein 50-Jähriger. Die Palliation spielt mit steigendem Alter eine wesentlich größere Rolle als die Kuration oder die Prävention. Die Behandlungsleitlinien berücksichtigen diesen Aspekt noch viel zu wenig. Ein Herzinfarkt ist eben möglichst rasch und aggressiv zu behandeln. Es fehlen altersabgestimmte Empfehlungen, weil es keine Studien gibt. Das möglicherweise für alle Beteiligten klärende Gespräch über das, was der Patient von der medizinischen Behandlung und seiner verbliebenen Lebenszeit erwartet, erfolgt oft gar nicht oder viel zu spät. Meist fehlt den Ärzten schlichtweg die Zeit. Zudem wird das in solchen Situationen sehr wirksame Instrument der Patientenverfügung viel zu wenig genutzt.

Leider wird die Diskussion über eine altersadäquate Therapie oft falsch geführt. Der ökonomische Aspekt steht dabei zu sehr im Mittelpunkt. Es wird überwiegend über Rationierungen gesprochen. Sollte etwa ein 90-Jähriger noch diese oder jene teure Therapie erhalten oder nicht? Ärzte sollten sich an solchen Rationierungs-Diskussionen möglichst nicht beteiligen. Ärztliche Entscheidungen sollten in einer Wohlstandsgesellschaft primär nach inhaltlichen Kriterien fallen und nicht unter das Diktat der Ökonomie geraten. Daher muss mehr über Altersmedizin im Allgemeinen und mit den Betroffenen im Speziellen gesprochen werden. Welche Maßnahmen sind altersadäquat und welche inadäquat? Am Ende sollte die Entscheidung eine individuelle bleiben.

Flut von Evidenz und von Leitlinien

Viele Diagnosen lösen viele Therapieempfehlungen aus. Kaum eine Erkrankung hat heute kein festgelegtes Abklärungs- und Behandlungsschema. Während sich die antike Medizin überwiegend auf Empirie stützte und die Heilkunst als Lehrberuf und Kunst verstand, orientiert sich die heutige Medizin an den Ergebnissen wissenschaftlicher Studien und an der Auswertung von Registern. Diese sollten nach bestimmten Regeln durchgeführt werden. Dazu gehört, dass die Fragestellung eine klinische Relevanz besitzt, dass das Studienprotokoll klar vordefiniert ist und dass das Studiendesign ein bestimmtes (gewünschtes) Ergebnis nicht favorisiert. Die Studienergebnisse sollten publiziert werden, auch wenn die Studie negativ verläuft. Die Ergebnisauswertung muss unabhängig von irgendwelchen Interessen (Studiensponsoren) erfolgen.

Alle Studien zusammen schaffen im Idealfall Evidenz für oder gegen die eine oder andere Therapie oder Diagnostik. Diese Art der Medizin wird „evidence based medicine“ (EBM) genannt. EBM stellt die Grundlage für die Beurteilung von medizinischen Methoden und Therapien dar. Im Idealfall setzen sich unabhängige Experten dann zusammen, sichten und diskutieren die vorliegende Evidenz und geben Behandlungsempfehlungen, sogenannte Leitlinien heraus.

Soweit die Theorie. In praxi sieht die Situation leider oft anders aus. Jeden Tag erscheinen in wissenschaftlichen Zeitschriften neue Studien, Sekundär- und Tertiäranalysen.

Die US National Library of Medizin indiziert derzeit weltweit nahezu 5500 verschiedene medizinische Fachzeitschriften.[9] Das ist in etwa so, als habe man 5500 Fernsehprogramme zur Verfügung. Selbst wenn Sie sich nur für eine Disziplin interessieren, wie beispielsweise die Kardiologie, dann bleiben immer noch 270 Fachzeitschriften über. Die meisten dieser Zeitschriften erscheinen monatlich. Es resultieren, geschätzt, 3000 kardiologische Hefte pro Jahr. Die Qualität der angebotenen Publikationen sinkt mit dem Druck all diese Seiten mit Inhalt zu befüllen. Zudem stehen die Herausgeber unter ökonomischem Druck. Sie müssen nicht nur ihre Seiten mit zitierbaren Artikeln füllen, sondern sie müssen auch möglichst viele Werbeeinschaltungen aus der Industrie lukrieren. Die Industrie hat natürlich kein Interesse daran, dass zu kritisch mit ihren Produkten umgegangen wird. Für die Herausgeber resultiert mitunter ein unüberwindbarer Interessenskonflikt.

Fallbeispiel: Die deutsche Gesellschaft für Allgemeinmedizin (DEGAM) hatte sich 2005 entschlossen, ihre Fachzeitschrift selbst zu finanzieren, um ihre Mitglieder unabhängig und kritisch informieren zu können. Mit dem Verlag, ein sehr renommierter Wissenschaftsverlag, wurde ein jährliches Fixum vereinbart. Der Verlag verzichtete dafür auf das Anzeigengeschäft. Genützt hat das der DEGAM am Ende nichts. Von einer geplanten Serie mit „Informationen zur rationalen Arzneitherapie in der hausärztlichen Praxis“ erschien nur der erste, gegenüber einer großen Substanzgruppe sehr kritische Artikel. Im nächsten Beitrag der Serie schrieben dieselben Autoren, dass der kostengünstigste Protonenpumpenhemmer, Omeprazol, genauso gut sei wie der teuerste, Pantoprazol, der durch massive Werbung zum Marktrenner geworden ist. Aber dieser Artikel konnte in der – anzeigenfreien – Zeitschrift nicht mehr erscheinen. Inzwischen hatte nämlich die Firma Takeda, die Candesartan (Blopress®) herstellt, ihre Werbeinserate in anderen Zeitschriften des Verlags zurückgezogen. Der Verlag teilte der DEGAM mit, dass das bereits ge-

---

9 http://www.ncbi.nlm.nih.gov/sites/entrez?Db=journals&Cmd=DetailsSearch&Term=currentlyindexed%5BAll%5D

druckte Augustheft mit dem kritischen Beitrag eingestampft werde. So geschah es. Das Augustheft erschien dann mit großer Verspätung ohne den Artikel über Protonenpumpenhemmer. Man vergaß aber, den Hinweis darauf aus dem Inhaltsverzeichnis zu entfernen. So fragten viele irritierte und interessierte Leser nach dem fehlenden Artikel. Sie erfuhren, er werde nicht erscheinen, und die Ankündigung im Inhaltsverzeichnis sei ein Versehen (AMB 2006, 40, 80a).

Negativstudien oder kritische Kommentare sind daher eher nicht willkommen und werden oft genug zurückgehalten. Hieraus resultiert ein sogenannter Publikationsbias, also eine durch selektive Publikation verfälschte Evidenz.[10]

Fallbeispiel: Ärzte der Abteilung für Psychiatrie und der Abteilung für Pharmakologie der Universität Oregon analysierten alle zwischen 1987 und 2004 bei der amerikanischen Zulassungsbehörde FDA (Federal Drug Administration) eingereichten randomisierten, kontrollierten Studie für die Zulassung von Antidepressiva. Zugleich suchten sie welche dieser registrierten Studien dann auch tatsächlich publiziert wurde. Sie fanden heraus, dass jede dritte (23/74) von den registrierten Studien nicht in der medizinischen Fachliteratur auftauchte. Die Daten von 3449/12564 Patienten fielen unter den Tisch. Nach Angaben der FDA wiesen gerade einmal 51 % der durchgeführten Studien (38/74) die Wirksamkeit des untersuchten Antidepressivums nach. Von den 38 positiven Studien wurden 37, also nahezu alle publiziert. Von den 36 Negativstudien wurden aber nur drei mit ihrem wahren negativen Ergebnis publiziert (AMB 2008, 42, 79).

Bei der Erstellung von Leitlinien werden die publizierten Studien bewertet. Es ist klar, dass auf Grund des Publikationsbias sehr schnell ein falscher Eindruck entstehen kann.
Wenn nun auch noch das Leitlinienkomitee befangen ist, sei es, weil es den Auftrag zur Leitlinienerstellung mittel- oder unmittelbar von der Industrie erhalten hat oder einzelne Mitglieder Forschungsgelder beziehen bzw. anderweitig fachlich befangen sind, dann sind tendenziöse Leitlinien die Folge.

---

10 http://www.cmaj.ca/cgi/reprint/161/5/529.pdf

In der Kardiologie gab es 2008 insgesamt 53 Richtlinien mit 7 196 Einzelempfehlungen zu 22 Themen. Von diesen Empfehlungen sind nur 11 % als Evidenzlevel A (Daten aus mehreren randomisierten Studien) bewertet. 39 % besitzen Evidenzlevel B (Daten aus einer einzigen randomisierten Studie oder aus großen nicht randomisierten Studien) und 48 % Evidenzlevel C (Expertenmeinung) (AMB 2009, 43, 60). Das heißt, die Hälfte der kardiologischen Leitlinien sind reine Expertenempfehlungen ohne fundierten wissenschaftlichen Nachweis. Eine solche Art von Medizin bezeichnet man in Abwandlung zur EBM auch „Eminenz-basierte Medizin". Nach einer Analyse des deutschen IQWIQ (Institut für Qualität und Wirtschaftlichkeit im Gesundheitswesen) bestehen bei den 6 gültigen Leitlinien zur Diabetestherapie teilweise erhebliche Unklarheiten. Die Empfehlungen sind teilweise intransparent und wichtige Daten wurden nicht berücksichtigt. Die Schlussfolgerung des IQWIQ ist, dass eine Überprüfung von Leitlinien längst überfällig ist.[11]

Rationale Arzneimitteltherapie ist die Verschreibung des richtigen Arzneimittels in der richtigen Dosis und über einen ausreichenden Zeitraum. Was das richtige Arzneimittel, die richtige Dosis und ein angemessener Zeitraum ist, das legen die Leitlinien fest. Daher sind saubere Leitlinien essentiell für unser Gesundheitswesen. Andererseits ist die Versuchung für die Industrie auf die Leitlinien Einfluss zu nehmen enorm groß.

Fallbeispiel: Ein ansonsten gesunder Patient mit Bluthochdruck benötigt oft 3 oder 4 verschiedene Hochdruckmittel als Dauertherapie. Weil er darüber hinaus wegen Rauchen und erhöhtem Cholesterin herzinfarktgefährdet ist, erhält er prophylaktisch zusätzlich ein blutverdünnendes und ein cholesterinsenkendes Medikament. Sollte der Urologe in weiterer Folge eine Prostatavergrößerung feststellen, kommt unter Umständen ein sechstes Medikament zur Reduktion der Prostatagröße hinzu. All diese Therapien sind durch Leitlinien abgedeckt.
Nun stellt der Hausarzt aber auch noch erhöhte Harnsäurewerte fest, möglicherweise in Folge der Einnahme eines Hochdruckmittels und verordnet einen Harnsäuresenker. Da der Patient vor einigen Monaten eine Gastritis hatte, nimmt er seither einen Säureblocker. Er hatte zwar ver-

11 http://www.egms.de/static/de/meetings/ebm2010/10ebm039.shtml

sucht, diesen abzusetzen, aber die Magenschmerzen kamen wieder. Daher hatte er den Arzt gebeten, den Säureblocker weiter nehmen zu dürfen. Wegen gewisser Gedächtnisstörungen fürchtet sich der Patient vor einer Demenz und nimmt selbst ein rezeptfreies Ginkgo-Präparat. Zu guter letzt, er ist ja guter Kunde in seiner Apotheke, hat ihm der Apotheker noch ein paar rezeptfreie Dinge empfohlen und mitgegeben: etwas Pflanzliches zu Schlafen, Magnesium gegen nächtliche Wadenkrämpfe und ein Vitaminpräparat – das kann nie schaden. So nimmt unser – ansonsten gesunder – Patient am Ende des Tages 12 – 15 verschiedene Tabletten ein, von denen mindestens die Hälfte an seiner Lebenserwartung und -qualität nichts verändern werden.

Medikalisierung von vermeintlichen Defiziten und sozialen Störungen

Arzneimittel werden nicht nur zur Behandlung von Funktionsstörungen in Folge von höherem Lebensalter eingesetzt, sondern auch häufig von solchen, die in Folge von Traumatisierungen (z. B. Missbrauchserfahrungen), Vereinsamung (Verlust eines Partners oder Kindes) oder Störungen am Arbeitsplatz (Mobbing, Burn out) entstehen. Darüber hinaus werden auch Normabweichungen wie mangelnde Libido, verstärkte Menstruationsbeschwerden oder soziale Scheu als Krankheiten umgedeutet und der Umgang damit an Ärzte und die Pharmazie übertragen. Oft entsteht der Leidensdruck erst durch äußere Einflüsse. So spielen die Printmedien beim Wunsch nach Schönheitsoperationen eine enorm große Rolle.

Da der zu Grunde liegende Konflikt von vermeintlichen Defiziten und sozialen Störungen oft nicht oder nur unzureichend gelöst werden kann, führt dies früher oder später zu somatischen Beschwerden. Viele der betroffenen landen früher oder später bei der Arzneimitteltherapie. Die dann oft über viele Jahre weiterverordneten Psychopharmaka werden häufig ohne saubere psychiatrische Diagnostik und ohne Begleittherapie (Psycho-, Verhaltenstherapie) verordnet. Man schreckt auch längst nicht mehr davor zurück, selbst Kinder mit Übergewicht und sogenannte Zappelphillipe (ADHS) regelmäßig mit Antidepressiva oder Psychostimulantien zu behandeln.

Psychopharmaka sind mittlerweile in Österreich nach Hemmstoffen des Renin Angiotensin Systems (Hochdrucktherapie und Behandlung von Herzmuskelschwäche) und Säureblockern die dritthäufigst verordnete Medikamentengruppe.[12] Wie es scheint sind wir, geprägt vom mechanistischen Weltbild der vergangenen 250 Jahre, davon überzeugt, dass es für jede Störung ein externes Gegenmittel geben muss. Antidepressiva gegen Einsamkeit oder Mobbing am Arbeitsplatz, Beruhigungsmittel gegen Burnout oder Antidementiva gegen alterbedingten kognitiven Abbau: a pill for every ill!

Es scheint, so einzutreffen, wie Ivan Illich bereits 1975 prognostizierte:

„Wollte man der Arzneimittel-Industrie die Schuld an der Medikamentensucht anlasten, so wäre dies ebenso unsinnig, als wollte man die Mafia für den illegalen Drogenkonsum verantwortlich machen. Die heutige Erscheinung des Überkonsums von Drogen – seien es wirksame Heilmittel oder Anodyna, verschreibungspflichtige Artikel oder Bestandteil der täglichen Ernährung, kostenlos verteilt, käuflich erworben oder gestohlen – ist nur als Folge einer Gesinnung zu erklären, die sich bisher in jeder Kultur entwickelt hat, wo der Markt für Konsumgüter einen bedrohlichen Umfang erreicht hat. Diese Erscheinung wird bestimmt durch die Ideologie jeder an grenzenloser Bereicherung orientierter Gesellschaft – ganz gleich, ob deren Industrieprodukte nach eigenmächtiger Maßgabe von Planern oder durch die Kräfte des Marktes verteilt werden. In einer solchen Gesellschaft sind die Menschen davon überzeugt, dass im Bereich der Gesundheitspflege wie auch auf allen anderen Gebieten menschlichen Strebens die Technik dazu dienen könne, die Lebensbedingungen des Menschen in beinah jeder Richtung zu verändern.“ (Ivan Illich, Nemesis der Medizin 1975)

Disease Mongering und Grenzwerteverschiebung

Es gibt heute eine Reihe von Erkrankungen, die vor 20 Jahren noch gänzlich unbekannt waren. Da werden an und für sich normale Zustände wie die Glatzenbildung beim älteren Mann oder Funktionsstö-

12 http://www.sozialversicherung.at/mediaDB/703989_Sozialversicherung_in_Zahlen _25_ Ausgabe_August_2010.pdf

rungen wie die Libidominderung in der zweiten Lebenshälfte zu behandelbaren Erkrankungen erklärt.[13]

Meist wird dieser Prozess von Werbeagenturen gesteuert und bei den Menschen subtil das Interesse an der Erkrankung geweckt. Das klassische Beispiel ist die Kampagne von Pfizer für ihr Potenzmittel Viagra (s.o.). Auch das „Sissi-Syndrom" tauchte 1998 erstmals in einer Werbeanzeige von SmithKline Beecham auf. Hierbei soll es sich um depressive junge Frauen handeln, die ihre Erkrankung überspielen und sich als besonders aktiv und lebensbejahend gäben. Das Urbild für diesen Patiententypus ist Kaiserin Elisabeth von Österreich. Diese „Patientinnen" sind mit einem Antidepressivum zu behandeln.

Viel schwieriger sind Erkrankungen wie das „chronic fatigue syndrome" (CFS) als kreierte Erkrankungen zu erkennen. Beim CFS soll es sich um eine allgemeine Erschöpfung handeln, deren Ursache völlig unklar ist. CFS führt zu Störungen der sozialen Funktionen und Aktivitäten. Für diese Erkrankung gibt es keine diagnostischen Tests, die Symptome sind völlig unspezifisch. Die Diagnose wird per Ausschluss anderer Erkrankungen gestellt. 0,5 % der Bevölkerung sollen darunter leiden. Die Behandlung erfolgt mit allen möglichen Arzneimitteln, bis hin zu Amphetaminen und extrem teuren Interferonen, Antikörpern und natürlich Antidepressiva.

Die Liste der „Erkrankungen" von denen niemand so recht weiß, ob es sie wirklich gibt, ist lang und bunt: Halitosis (Mundgeruch), das „Night eating syndrome" (nächtliche Heißhunger) oder das „Aging Male Syndrome" (die Menopause des Mannes). Menschen, die oft an Sex denken, leiden womöglich an einer „hypersexuellen Störung" und solche, denen Sex nicht so wichtig ist, an einer „sexuellen Dysfunktion". Jeder fünfte Familienvater soll sich durch die Familie eingeengt fühlen und den Wunsch entwickeln, auszubrechen. Hier könnte das „Käfig-Tiger-Syndrom" vorliegen. Einige Menschen werden regelmäßig im Urlaub krank, aggressiv oder schwermütig. Hierbei handelt es sich womöglich um „Leisure Sickness", die pathologische Unfähigkeit zum Müßiggang.

13 http://www.bmj.com/cgi/content/extract/324/7342/886

Meist folgt die erfundene Erkrankung der Entwicklung einer Methode oder eines Medikamentes oder die Indikation eines vorhandenen Medikamentes wird ausgeweitet. Oft werden diese Störungen mit Antidepressiva behandelt, der große Tröster unserer Zeit.

Ein weiteres Phänomen, das zur Vielverschreibung führt, ist die Verschiebung von Grenzwerten. Wann fängt Diabetes an, wann Bluthochdruck und wann der bedrohliche Cholesterinspiegel? Das ist letztlich Definitionssache. Die Definitionen werden wiederum von den Experten vorgenommen, die ja bekanntlich selten unabhängig sind. Dabei kann ein mäßig erhöhter Cholesterinwert für die eine Person sehr gefährlich, aber für eine andere Person völlig harmlos sein. In den Empfehlungen wird nun ein Wert festgelegt und ab diesem Grenzwert soll dann meist behandelt werden.

Für den Medikamentenkonsum sind Verschiebungen von Grenzwerten nach unten (Prä-Diabetes, Prä-Hypertonie) enorm bedeutsam. Eigentlich sollten Menschen mit Prä-Diabetes oder Prä-Hypertonie ihren Lebensstil ändern, hin zu mehr Bewegung und zu besserer Ernährung, da ihnen dies aber meist nicht gelingt, sind Ärzte geneigt und werden auch oft genug auch von den Experten angehalten, diese Prä-Erkrankungen bereits mit Medikamenten zu behandeln – „hit early and hard".

Verschreibungskaskade

Jedes Arzneimittel hat die Potenz unerwünschte Wirkungen hervorzurufen, auch Scheinmedikamente (Placebos). Diese unerwünschten Effekte sind häufig unspezifisch. Sie reichen von Kopf- und Bauchschmerz über Schwindel, Appetitlosigkeit und Schlafstörungen. Daher werden unerwünschten Arzneimittelwirkungen oft nicht als solche erkannt und fehlinterpretiert. Tritt beispielsweise unter irgendeiner Arzneimitteltherapie eine Schlafstörung auf, wird diese, anstatt nach dem ursächlichen Medikament zu forschen und dieses zu pausieren oft mit einem zusätzlichen Schlafmittel behandelt. Sollte nun in Folge des Schlafmitteleinsatzes nach ein paar Wochen eine Tagesmüdigkeit resultieren, könnte es sein, dass diese als Depression interpretiert und nun mit einem Antidepressivum beantwortet wird. In Folge des Antidepressivums wäre es nun denkbar, dass der Patient Herzstolpern entwickelt usw.

Genaue Daten über die Häufigkeit einer solchen Behandlungskaskade gibt es nicht. Jeder praktisch tätige Arzt wird jedoch zustimmen, dass er sicher schon oft Arzneimittelnebenwirkungen fehlinterpretiert hat. Das Problem des Nichterkennens von unerwünschten Arzneimittelwirkungen ist riesig. Nach den vorliegenden Studien müsste eigentlich jedem berufsausübenden Arzt eigentlich alle 2 Wochen eine unerwünschte Arzneimittelwirkung begegnen. Laut Gesetz ist er dann verpflichtet, dieses Ereignis an das Bundesamt für Sicherheit im Gesundheitswesen bzw. die AGES PharmMed zu melden. Im Jahre 2007 wurden in Österreich exakt 326mal unerwünschte Arzneimittelwirkungen gemeldet und im Jahre 2008 etwas mehr als 500mal. Das bedeutet bei 37643 berufsausübenden Ärzten eine Melderate von 0,01 % pro Kopf und Jahr. Oder anders gesagt: Es dauert – statistisch gesehen – gut einhundert Berufsjahre bis eine Ärztin oder ein Arzt eine UAW meldet (AMB 2009, 43, 2009). Dies liegt einerseits daran, dass die Meldepflicht als lästig und überflüssig empfunden wird und andererseits daran, dass Arzneimittelnebenwirkungen überhaupt nicht als solche erkannt werden. Die Kultur der Fehlererkennung und -meldung ist insgesamt in der Medizin eher unterentwickelt, aber das trifft auf nahezu alle anderen gesellschaftlichen Bereiche ebenso zu.

Patientenerwartungen

Arzneimittel erfüllen über ihre pharmakologische Wirkung hinaus einen sozialen Zweck. Die Patienten suchen die Ordination und die Apotheke auf. Dort erhalten sie Aufmerksamkeit und Mitgefühl. Auch innerhalb der Familie und des Freundeskreises stigmatisieren Arzneimittel, Arztkontakte und Spitalsaufenthalte den Betroffenen als besonders schutzbedürftig. Mit zunehmendem Lebensalter nimmt das Thema Vergänglichkeit einen immer größeren Platz in der Gedankenwelt ein. Krankheiten und deren Therapie sind neben Haarausfall und Hautfalten das Symbol der Vergänglichkeit. Das Gespräch über die Arzneimittel und persönlichen Wehwehchen ist bei manchen Menschen das zentrale Thema.

Entsprechend hoch ist nun auch die Erwartungshaltung vieler Patienten, wenn sie zum Arzt gehen. Die Klage über Knieschmerzen sollte mindestens in einer Röntgenuntersuchung, besser in einer ordentlichen Magnetresonanztomografie münden. Finden sich dort „degenerative Veränderungen“ oder gar ein Morbus XY, dann hat der Schmerz auch ein Gesicht bzw. einen nicht mehr in Frage zu stellenden Beleg. Selbstverständlich wird nun auch eine Überweisung zum Orthopäden erwartet. Die Schmerzen sollten nun mit einem guten Schmerzmittel behandelt werden, am besten das, was dem Kollegen auch schon so gut geholfen hat. Dazu noch gleich „Magenschutz“, weil man die Schmerzmittel nicht so gut verträgt. Gut ist auch Physiotherapie, am besten gleich 10 Termine und natürlich eine Krankschreibung. Wenn der Hausarzt diese Erwartungen nicht erfüllt und sogar noch auf der Ursache Übergewicht und Bewegungsmangel insistiert, dann wird schon mal der Arzt gewechselt oder man geht auf eigene Faust zum Orthopäden. Spätestens der Facharzt erfüllt die hohen Erwartungen und wenn alles nichts hilft, dann wechselt er eben das Knie aus, egal ob es wissenschaftliche Belege dafür gibt, dass die Lebensqualität hierdurch langfristig steigt.

Der Glaube an die medikamentöse oder operative Therapie bzw. der Sekundärgewinn aus den Therapien ist derart groß, dass manche Patienten dafür sehr viel auf sich nehmen. Es gibt Patienten mit unendlich vielen Operationen und Tabletten, die kaum je anhaltende Besserung durch diese Therapien erfahren haben und trotzdem immer wieder diesen Weg gehen. Es scheint so, als würde jegliche Selbstverantwortung für Krankheit und Leiden zur Medizin hin verschoben werden.

Fallbeispiel: Eine 87-Jährige Dame muss innerhalb eines Kalenderjahres 3mal wegen Arzneimittelnebenwirkungen stationär aufgenommen werden. Einmal hat sie ein Nierenversagen wegen zu hoch dosierter Schmerz- und Hochdruckmittel, einmal eine lebensbedrohliche Magenblutung wegen gleichzeitiger Einnahme von Schmerzmitteln und Gerinnungshemmern und einmal einen epileptischen Anfall an der Bushaltestelle wegen schwerer Elektrolytentgleisung in Folge einer Therapie mit Diuretika.

Beim letztgenannten Ereignis wird sie sogar mit dem Rettungshubschrauber ins Spital gebracht. Insgesamt verbringt sie wegen dieser Komplikationen 36 Tage im Spital. Als Ursache für diese allesamt lebensbedrohlichen Arzneimittelunfälle wird Polypharmazie ausgemacht. Die alte Dame nimmt täglich 18 verschiedene Arzneimittel ein. Darunter auch kaum wirksame Mittel gegen Venenleiden („damit die Ordinationsgehilfin besser Blut abnehmen kann"), pflanzliche Beruhigungstropfen und 2 Mittel gegen Vergesslichkeit. Täglich, zu 6 verschiedenen Uhrzeiten, teilt ihr 90-jähriger Gatte, der selbst gar keine Medikamente einnimmt, ihr die 24 Tabletten und Tropfen zu. Dieser Vorgang nimmt einen beträchtlichen Teil des gemeinsamen Alltages ein. Bei der Analyse wie es zu diesem Medikamentencocktail kommen konnte, kam man darauf, dass die Patientin von nicht weniger als 5 Haus- und Fachärzten parallel behandelt wurde und sich 2mal im Jahr in ein Privatspital einweisen ließ. Die Behandler wussten teilweise nichts voneinander. Keines der Medikamente, an das sie teilweise schon über Jahre gewöhnt war, war der Patientin auszureden. Jedes Medikament hatte seine Geschichte, seinen Mythos – wie die Notwendigkeit für die Blutentnahme. Der Vorschlag, aus Sicherheitsgründen eines oder gleich mehrere Arzneimittel wegzulassen, wurde sehr misstrauisch betrachtet und abgelehnt.

Zunehmende Selbstmedikation

Das Marktvolumen von nicht verschreibungspflichtigen Arzneimitteln, die ohne Rezept über den Ladentisch (over the counter, OTC) der Apotheke oder des Drogeriemarktes gekauft werden können, betrug 2008 in Österreich 510 Millionen Euro mit steigender Tendenz (2006 452 Millionen).[14] [15] 23,5 % der verkauften OTC-Präparate sind Erkältungsmittel, 15,8 % Mineralien, Vitamine und Nahrungszusatzstoffe, 12 % Schmerzmittel und 9,6 % Magen-Darmmittel.

Die Selbstmedikation mit OTC wird vermutlich auch zukünftig weiter zunehmen. Durch die Entlassung von Arzneimitteln aus der Rezeptpflichtigkeit wie zuletzt die extrem weit verbreiteten Protonenpum-

14 http://www.pharmig.at/upload/Publikationen/Daten%20und%20Fakten_Ausgabe %20 2010.pdf

15 http://igepha.zyler.net/pages/images/IGEPHA%20Jahresbericht%202006.pdf

penhemmer und die von den Lobbyisten in Brüssel betriebene Liberalisierung des Zuganges zu den Arzneimitteln (Drogerien, Internetapotheke) wird die Selbstmedikation in Europa weiter zunehmen. Flankiert werden die Marktliberalisierungen von massiven Werbemaßnahmen. OTC-Präparate dürfen bei uns direkt im Fernsehen, Radio und den Printmedien beworben werden. Für rezeptpflichtige Arzneimittel ist das verboten. Diese dürfen nur bei Ärzten und Apothekern beworben werden. Auf die EU-weite Aufhebung dieses direkten Werbeverbotes wird aber von der Industrie immer wieder hingearbeitet.[16]
Wie solch eine Aufhebung des Werbeverbotes aussehen kann, zeigen Beispiele in Übersee. In den USA und Neuseeland ist Direktwerbung an den Bürger auch für verschreibungspflichtige Medikamente erlaubt. Im Fernsehen sind Commercials für Antidepressiva, Osteoporose- und Schmerzmittel omnipräsent. Nach Schätzungen werden jährlich allein in den USA etwa 30 Milliarden USD für Arzneimittelwerbung ausgegeben, mehr als für Forschung und Entwicklung (Ray Moynihan, Alan Cassels: Selling sickness: How the world's biggest pharmaceutical companies are turning us all into patients. Nation Books, New York 2005). Der Anteil an Direktwerbung betrug im Jahre 2005 4,24 Mrd. USD, im Jahre 1999 waren es noch 55 Millionen.[17] Merck hat im Jahre 2000 allein für sein Schmerzmittel Rofecoxib (Vioxx) über 100 Millionen US-Dollar für direkte Werbung ausgegeben. Die Firma feierte seinerzeit Vioxx als die schnellste und erfolgreichste Markteinführung eines Medikamentes aller Zeiten. Bis zu seiner Marktrücknahme im Jahre 2004 wurde das Medikament weltweit über 100 Millionen Mal verkauft. Leider wurden bei der Publikation der Studien wichtige Daten unterschlagen und es dauerte über 5 Jahre bis klar war, dass das Medikament das Herzinfarktrisiko erhöht. Wie viele Menschen in Folge dieses später als „Vioxx-Skandal" bekannt gewordenen Vorganges einen Herzinfarkt erlitten oder gar gestorben sind, ist unbekannt. Sicher ist aber, dass die zurückhaltende Verordnung in Österreich wahrscheinlich vielen Menschen das Leben gerettet hat. Obwohl nämlich die PHARMIG, der Interessenverband der pharmazeutischen Industrie in Österreich, immer wieder gegen Zugangsbeschränkungen für neue Arzneimittel wettert und sogar von einem pharmakologischen Ent-

---

16 http://www.bukopharma.de/... /ZFA_08_2009_DTCA_Diekwisch_Schaaber.pdf
17 http://www.econbiz.de/archiv1/2010/104309_direct_consumer_marketing.pdf

wicklungsland spricht[18], blieb Vioxx in Österreich Dank standhafter Chefärzte und Krankenkassen genehmigungspflichtig, was die Verbreitung erheblich einschränkte.

Der Einfluss von Werbung auf den Konsum von Arzneimitteln ist hoch signifikant. Der ökonomische Erfolg von Direktwerbung ist am Return of Investment (ROI) festzumachen. Nach einer von IMS Health durchgeführten Untersuchung von 49 Marken-Medikamenten für die zwischen 1998 und 2003 in den USA Werbung betrieben wurde, wiesen 90 % der Produkte einen positiven ROI auf. 70 % überstiegen einen ROI von 1,50 USD je eingesetzten USD und 35 % erreichten einen höheren ROI als 2,50 USD.

In Europa wird das Direktwerbeverbot für verschreibungspflichtige Arzneimittel oft genug umgangen. Ohne dass das beworbene Produkt genannt wird, werden Informationsmaterialien wie Broschüren über Gesundheitsaufklärung, Gesundheitspässe, Notfallausweise und Dosierungsblöcke verteilt, Telefon-Hotlines angeboten und an den Disease-Management-Programmen der Krankenkassen, Kliniken oder Hausärzte mitgewirkt. Die Arzneimittelhersteller bieten Seminare für Patienten an und arbeiten eng mit Selbsthilfe- und Patientengruppen zusammen. All diese Aktivitäten folgen einem klaren geschäftlichen Kalkül. Die bekannteste Kampagne war jene für das „Blockbuster"-Medikament „Viagra" von Pfizer. In einem Fernsehspot vom Jahr 2002 sprach die Fussballlegende Pelé ganz allgemein über Männergesundheit, gemeint war konkret die erektile Dysfunktion. Er ermutigte Männer zum Arzt zu gehen und mit diesem über ihre Gesundheit zu sprechen. Flankiert wurde die Kampagne von Anzeigen in Printmedien mit Telefon-Hotlines und einer Informationstour mit einem speziell gestalteten LKW. Ein eigens gegründeter Verein „Informationszentrum für Sexualität und Gesundheit" und die groß angelegte Anzeigenkampagne in Fachzeitschriften für Ärzte machten „Viagra" zu einer der bekanntesten und absatzstärksten Pharmamarken in Deutschland und der Welt. Die Tablette hat übrigens die gleiche Form und Farbe wie das Firmenlogo von Pfizer.

18 www.bgkk.at/... /MMDB 108144_Im%20Blickpunkt%20Jänner%202006.pdf

Selbst vor Kindern schreckt die Direktwerbung nicht zurück. Die Assoziation von Arzneimitteln mit Zuckerln ist besonders hinterlistig. Ein Konsument berichtete über eine besonders perfide Werbeattacke: *„Frau S. war alarmiert. Gerade hatte ihr vierjähriger Sohn beim Arzt ein Sackerl geschenkt bekommen. Dessen Aufschrift lautete: „Aspirin+C – Grippe einfach wegsprudeln." Und Frau S. ging natürlich davon aus, dass es sich um ein Medikament handelt, das nicht in Kinderhand gehört. Dann aber studierte die besorgte Mutter das klein Gedruckte auf der Verpackung: Kein Acetylsalicylsäure-Pulver war drinnen, sondern lediglich Fruchtgummi. Also ein Werbegeschenk!"*[19]

Beeinflussung der Ärzte oder *Die Bremer Stadtmusikanten*

Ein internationaler Kardiologenkongress hat heute mindestens 10.000 oft über 25.000 ärztliche Teilnehmer. Nur ganz wenige dieser Ärzte zahlen die Eintrittsgebühren (1000 Euro für 3 Tage). Die große Mehrzahl ist von irgendeiner Firma eingeladen, inklusive Reise, Verköstigung und Hotelkosten. So kommen pro Teilnehmer rasch 2000 – 3000 Euro zusammen. Hinzu kommen die hohen Kosten für Messeräumlichkeiten und Liveübertragungen, sodass ein medizinischer Kongress heute ein Mega-Event mit enormen Umsätzen ist. Die vielen Millionen, die die Industrie für solche Kongresse ausgibt, und es gibt alleine in der Kardiologie über 10 solcher großen Kongresse pro Jahr, sind gut investiertes Geld. Hier werden die Behandlungsstrategien diskutiert und festgelegt, hier werden die neuen Technologien präsentiert. Hier erfährt der Teilnehmer, ob er noch up to date ist (innovativ) oder zu Hause nachrüsten muss. Der Druck ist enorm. Kaum ein key opinion leader der nicht auf der pay roll von mindestens eines Pharma- oder Medizingeräteunternehmens stünde. Schon Monate vor und nach diesen Kongressen erhält der Teilnehmer wöchentlich e-mails und Post, die ihn auf bestimmte Themen vorbereiten. Von ausgewogener Information kann überhaupt keine Rede mehr sein.

Interessanterweise sind die meisten Ärzte aber dennoch davon überzeugt, immun gegen diese Beeinflussung zu sein. In einer Umfrage

---

19 http://www.konsument.at/cs/Satellite?pagename=Konsument/MagazinArtikel/Detail&cid=24345

unter Ärzten aus dem Jahre 2001 wurden diese gefragt, ob sie selbst durch Pharmareferenten, Kongresse und andere Werbemaßnahmen in ihrem Verordnungsverhalten beeinflussbar seien. 61 % glaubten immun gegenüber Pharmawerbung zu sein. Den Kollegen traute man jedoch weniger. Auf die Frage, wieviel Prozent der Kollegen sich wohl durch Werbung beeinflussen ließen, schätzte man, dass wohl 84 % mehr oder weniger beeinflusst seien (Steinman 2001).

Ärztliche Fortbildung hat leider in den vergangenen Jahren mehr und mehr den Charakter von Werbeveranstaltungen gewonnen. Kaum ein Vortrag ohne Sponsoring. Wie im Profifußball tragen die Referenten ein (unsichtbares) Firmenlogo am Revers. Nach Ende der Fortbildung gibt es meist auf Firmenkosten etwas zu essen und zu trinken (free lunch). Diese Sitte ist so ausgeprägt, dass sich mittlerweile viele davon abgestoßen fühlen. Es hat sich in der Ärzteschaft eine weltweite Initiative „Mein Essen zahl ich selbst“ – MEZIS – gebildet.[20] Die Initiatoren begründen ihre Initiative wie folgt: „Das große Vertrauen der Bevölkerung in uns Ärzte könnte bald verloren gehen, wenn hier nicht klare Verhältnisse von uns und mit uns geschaffen werden und wir den Herstellern gegenüber auf Augenhöhe transparent begegnen können.“

Peter Mansfield von der Universität Adelaide beschäftigt sich seit Jahren mit den Formen der Manipulationen von Ärzten.[21] Dabei zeigt er im Wesentlichen auf, mit welchen Mitteln und (Geheim-)Wissenschaften Ärzte manipuliert werden. Besonders haften bleibt sein Bild von den Bremer Stadtmusikanten. Demnach werden die Ärzte von den Marketingabteilungen der Pharmaindustrie grob in 4 Gruppen eingeteilt. Die große Masse entspricht dem störrischen Esel. Der ist vom Charakter her träge, aber gutmütig. Er folgt den anderen, ohne groß nachzudenken. Ein weiterer Teil der Ärzte verhält sich wie der Hund. Die (eigene) Meinung wird stets laut kundgetan, letztlich ist er aber mit einem Wurstzipfel zufrieden und kann mit einer scharfen Ansage gefügig gemacht werden. Sehr schwierig ist es mit der Katze. Diese ist zu eigensinnig. Ärzte mit diesem Charakter sind für das Marketing eine große Herausforderung, weil sie quasi beratungsresistent sind. Am

20 http://www.mezis.at

21 http://www.healthyskepticism.org/global/

interessantesten und lohnenswertesten ist der Hahn. Der steht ganz oben, kräht am lautesten und ist sehr eitel. Er ist zwar nicht durch einen Wurstzipfel zu gewinnen, aber durchaus mit (akademischen) Schmeicheleien.

Strukturelle Defizite

Die Struktur unseres Gesundheitssystems trägt maßgeblich zur irrationalen Therapien bei. Es ist einerseits durch die Gesetzgebung stark reguliert, andererseits aber auch sehr unstrukturiert. Die Wege im österreichischen Gesundheitswesen sind intransparent und die Verwaltung stark regionalisiert. Dadurch entstehen ständige Kompetenzrangeleien und Fehlplanungen.

Exemplarisch sei die Geschichte um die Versorgung Oberösterreichs mit Herzkatheterlabors genannt. Hier soll nach Willen der Regionalpolitik, völlig am eigentlichen medizinischen Bedarf vorbei, zukünftig an neun Häusern und insgesamt 12 OP-Tischen Herzkatheteruntersuchungen durchgeführt werden. Beide großen politischen Parteien reklamieren den Bau von drei neuen Katheterlabors in Steyr, Vöcklabruck und Ried im Innkreis als „entscheidenden Schritt für die Gesundheitsversorgung der Menschen in den Regionen“ und als großen Verdienst ihrer Parteioberen. Nach der Inbetriebnahme wird damit knapp ein Viertel der rund 40 Herzkatheter-Zentren in ganz Österreich in Oberösterreich stehen. Bei einer Bevölkerung von 1,4 Mio. errechnet sich hieraus ein Herzkatheter-Tisch auf 120 000 Einwohner. Ob sich hieraus aber, wie reklamiert, tatsächlich „mehr Gesundheit“ ergibt, muss stark angezweifelt werden. Der Erfolg und die Qualität eines Herzkathetereingriffes hängen ganz wesentlich von der Expertise und dem „Workload“ der Ärzte eines Katheterlabors ab. Der Workload sinkt zwangsläufig mit zunehmender Zahl von Katheterlabors, weil die Zahl der Herzpatienten naturgemäß begrenzt ist und im Übrigen sich im Sinken befindet. Die Ärzte der Katheterlabors könnten bei begrenzter Patientenzahl versucht sein, die Indikation für Eingriffe auszuweiten, um die Existenz ihrer Einrichtung zu rechtfertigen. Damit besteht die Gefahr, sich außerhalb evidenzbasierter Entscheidungen zu bewegen.

An diesem Beispiel wird sichtbar, wie notwendig eine zentrale Gesundheitsplanung wäre. Das föderale Prinzip ist zwar ein Rückgrad der Verfassung, die Gesundheitsplanung leidet jedoch stark darunter. Es gibt im österreichischen Gesundheitswesen derart viele Töpfe und Geldströme, dass selbst den Profis der Überblick verloren geht (Schelling, Symposium Alfred Kyrer).

Hinzu kommt, dass das System sehr schlecht vernetzt ist. Röntgenaufnahmen und Bluttests die gerade beim Hausarzt erfolgt sind, werden bei der Spitalsaufnahme wiederholt. Arzneimittel, die der Hausarzt verordnet hat, werden im Krankenhaus wieder umgesetzt, sei es, weil man diese nicht kennt oder diese in der Spitalsapotheke nicht vorrätig sind. Manche Patienten werden von 5 oder mehr Ärzten parallel behandelt, ohne dass diese voneinander Kenntnis haben. Arztbriefe benötigen manchmal 3 Monate und länger, bis sie beim Adressaten ankommen. Dadurch werden wichtige Therapieempfehlungen versäumt. Bis der Arztbrief da ist, wo er hin soll, ist der Patient oft wieder stationär.

Beispiel: Wenn man wegen Rückenschmerzen in eine Facharztordination geht, dann ist die Wahrscheinlichkeit sehr hoch, dass man den Arzt nur 3 Minuten sieht. In diesen 3 Minuten erhält man die Gelegenheit, kurz (ca. 45 Sekunden) über die Beschwerden zu berichten. Spätestens dann wird man unterbrochen. Der Arzt stellt dann noch 2 – 3 Fragen und führt eine kurze Untersuchung durch (2 – 3 Minuten). Die Wahrscheinlichkeit ist nun hoch, dass man an ein Röntgeninstitut überwiesen wird. Dort erfolgt eine teure MRI Untersuchung. Wenn man Glück hat, bekommt man vom Radiologen eine kurze Befunderläuterung, zumeist wird man aber an den Fachkollegen rückverwiesen. Nach ein paar Tagen geht man dann wieder zum Orthopäden. Der nimmt sich nun etwas mehr Zeit, ca. 5 Minuten. Er erläutert die MRI Bilder, nennt einige unaussprechliche Diagnosen, verschreibt ein paar Schmerztabletten, motiviert zu Gymnastik und fordert auf, wieder zu kommen, wenn es nicht besser wird.

Dieser Orthopäde könnte dem Patienten eigentlich noch viel mehr helfen. Er könnte sich über seine Arbeitsplatzsituation, über ungesunde Gewohnheiten, ungute psychische und körperliche Belastungen informieren. Er könnte über das für und wieder der verschiedenen Therapien am Markt informieren (Chiropraxis, Akkupunktur, etc.) und Tipps geben, was ihm für den Patienten am geeignetsten erschiene.

Tatsächlich wäre diese Beratung auch genau das, was sich Patienten von einem Arzt wünschen würden. Nach einer europäischen Studie erwarten sie in erster Linie genügend Zeit bei der Konsultation, schnelle Hilfe im Notfall, Verschwiegenheit und ausführliche Information über die Erkrankung. Patienten möchten die Möglichkeit haben, in der Konsultation über alles zu reden und ein Angebot für präventive Maßnahmen zu erhalten.[22]

Leider sieht die Realität nicht so aus. Ein Arzt ist heute auch ein Unternehmer. Er hat Angestellte und laufende Betriebskosten wie z. B. Ordinationsmiete. Im besten Falle steht er unter starkem Zeitdruck, weil die Ordination voll ist. Mehr als 100 Patientenkontakte in einer Kassenpraxis sind keine Seltenheit. Viele Patienten kommen zwar nur für ein Rezept, würden aber doch gerne mit dem Doktor sprechen – leider hat der aber heute gar keine Zeit. Für eine Erstkonsultation kann er vielleicht 15 Euro abrechnen, eine ausführliche Befunderörterung bringt 12 Euro. Die Folgekonsultation bringt dann nur noch ca. 6 Euro ein. Durch eine Röntgenaufnahme (12 Euro), durch das Verabreichen von Spritzen ins Gelenk (15 Euro) und Infusionen in die Vene (6 Euro), durch Ultraschalluntersuchungen (25 Euro) und Funktionstests (12 Euro) lässt sich mehr herausholen, egal ob diese Maßnahmen medizinisch sinnvoll sind oder nicht. Vielleicht bietet man ja auch noch eine zusätzliche Methode an, sagen wir die Infusion knorpelschützender Substanzen, eine Knochendichtemessung oder eine *„pulsierende Signaltherapie"*, was man zwar alles selbst bezahlen muss, aber man investiert ja gerne in die Gesundheit, wenn der Doktor dazu rät.

Als Unternehmer wird er diese Möglichkeiten nutzen. Ebenso wie der Apotheker. Wenn man dort ein Rezept einlöst, ist es nicht unwahrscheinlich, dass man in ein Gespräch verwickelt wird. Die Schulmedizin bietet ja heute sehr viel, aber doch nicht alles. Man muss ganzheitlich

---

22 http://hta.lbg.ac.at/media/pdf/HTA-Projektbericht_001.pdf

denken und auch die Naturheilkunde nicht vergessen: Vitamine, Aufbaustoffe, Entspannungstees, eine tolle Salbe.

Die Folgen irrationaler Therapien

Irrationale Therapie und Polypharmazie verursachen Kosten. Arzneimittel kosten Geld, manche so viel Geld, dass der Verdacht auf Wucherpreise nahe liegt. Die Verordnung überflüssiger oder unwirksamer Medikamente, immerhin 6 % der Medikamente von älteren internistischen Patienten, bietet ein gewisses Einsparungspotential. Dieses ist jedoch nicht allzu groß, denn viele der eingenommenen überflüssigen Medikamente sind nicht so teuer bzw. nicht rezeptpflichtig. Bedeutsamer ist wahrscheinlich das Nicht-Umstellen auf Generika, Nachahmerprodukte. Diese sind etwa um 30 % billiger als die Originalpräparate. Mengenmäßig liegt der Generikaanteil im generikafähigen Arzneimittelmarkt in Österreich bei 30 % und wertmäßig bei knapp 20 %. Ein Anteil von 80 % gilt als realisierbar und wird von den Sozialversicherungen angestrebt.

Mehr noch als die Arzneimittelpreise aber dürften die Folgen irrationaler Therapien, wie unerwünschte Arzneimittelwirkungen, kosten. Nach nordamerikanischen Schätzungen verursacht jeder Dollar, der für ein Arzneimittel ausgegeben wird, 1,30 Dollar Folgekosten (AMB 2009, 43, B05a). Unerwünschte Arzneimittelwirkungen sind für 5 % aller stationären Aufnahmen verantwortlich. Bei älteren Patienten beträgt dieser Wert bis zu 10 %. Jeder zehnte ältere Mensch liegt wegen einer Komplikation im Zusammenhang mit der Arzneimitteltherapie im Krankenhaus. Die dadurch verursachten Kosten übersteigen die reinen Medikamentenkosten bei weitem. Wenn rationaleres Verordnen diese Arzneimittelkomplikationen mindern könnte, dann käme es nicht nur zu einer massiven Qualitätsverbesserung, sondern auch zu einer enormen Kostenersparnis.

Leider ist der Nachweis, dass es dadurch auch zu weniger Arzneimittelkomplikationen kommt, aber nur sehr schwer zu führen. Immerhin ist mehrfach nachgewiesen worden, dass das Absetzen nicht notwendiger Medikamente nicht zu einer Verschlechterung der gesundheitlichen Situation führt.

Ein weiterer negativer Aspekt von irrationaler Therapie ist gerade von einer Gruppe aus Utrecht beleuchtet worden (4). Diese untersuchten 150 ambulante geriatrische Patienten (mittleres Alter 79,6 Jahre, mittlere Zahl der Medikamente 6/d) auf *„Unterverschreibung"*. Unter diesem Begriff versteht man das Vorenthalten oder Weglassen von formal indizierten und nachweislich wirksamen Medikamenten. An Hand der Krankengeschichte wurde nach neun verschiedenen Erkrankungen oder Therapien gesucht und die angewendete medikamentöse Therapie nach den niederländischen Behandlungsleitlinien für praktische Ärzte bewertet. Drei Reviewer beurteilten unabhängig voneinander an Hand der Krankengeschichten, ob ein Patient für die empfohlene Therapie prinzipiell in Frage kommt und ob die Therapie tatsächlich angewendet wurde. Es zeigte sich, dass bei 20% – 60 % der Patienten ohne erkennbare Gründe eine prinzipiell indizierte Therapie nicht angewendet wurde. Danach wurde dieses Ergebnis mit der Polypharmakotherapie korreliert (definiert als ≥ 5 Medikamente, 61 % aller Patienten). Insgesamt waren 43 % der Patienten mit Polypharmakotherapie „unterbehandelt", aber nur 13,5 % der Patienten ohne Polypharmakotherapie (adjustierte Odds Ratio: 4,8). Nach einem vorgestellten Rechenmodell steigt mit der Zahl der Medikamente die Wahrscheinlichkeit einer Unterbehandlung linear an (AMB 2008, 42, 39).

Polypharmazie bedingten auch Wechselwirkungen zwischen den Arzneimitteln. Theoretisch ist diese Beziehung exponentiell (2 Medikamente 1 WW, 3 Medikamente 3 WW, 4 Medikamente 6 WW, 9 Medikamente 36 WW.), praktisch eher linear. Dies ist darin begründet, dass nicht alle Medikamente tatsächlich miteinander in Wechselwirkung treten. Viele haben komplett andere Ansatzpunkte im Körper und kommen sich auch bei der Metabolisierung (Aufnahme, Verstoffwechslung, Ausscheidung) nicht in die Quere. Andere Medikamentenpaare jedoch wirken ähnlich oder gegensinnig oder haben einen ähnlichen Metabolismus. Diese beeinflussen sich mitunter erheblich in ihrer Wirkung bzw. erhöhen die Toxizität und verursachen unerwünschte Wirkungen. So führt beispielsweise die Einnahme eines weit verbreiteten, im Übrigen rezeptfreien Protonenpumpenhemmers (Omeprazol) zur Wirkabschwächung eines bestimmten Blutplättchenhemmers (Clopidogrel). Clopidogrel wird nach der Einnahme in einer inaktiven Form resorbiert (pro drug) und erst durch ein Enzym in der Leber in seine wirksame Form überführt. Omeprazol stört diese Aktivierung. Wenn durch diese unbeabsichtigte Wechselwirkung weniger Clopidogrel zur Verfügung steht, kann dies zu dramatischen Folgen insbesondere bei Herzpatienten mit Stents in den Herzkranzarterien führen. Im schlimmsten Fall kann solch eine Interaktion zum Tode des Patienten führen. Eine Wechselwirkung kann auch darin bestehen, dass sich 2 Arzneimittel in ihrer Wirkung verstärken können, etwa weil sie gleichartig wirken, z. B. 2 Hochdruckmittel. Jedes senkt den Blutdruck um 20mmHg, gemeinsam um 40mmHg. Hier liegt dann eine gewünschte oder kalkulierte Wechselwirkung vor, quasi ein additiver Effekt.

Wenn aber ein Schmerzmittel wie das ebenfalls rezeptfreie und sehr häufig eingenommene Diclofenac zugleich mit einem Hochdruckmittel genommen wird, kann das Schmerzmittel die Wirkung des Hochdruckmittels aufheben. Diclofenac mindert die Nierendurchblutung. Dadurch kommt es zu weniger Harnproduktion und zu einem Anstieg von Körperwasser und Blutdruck. Diese Medikamente wirken also gegensinnig. Nicht wenige Patienten kommen nach Hochdruckentgleisungen ins Spital weil sie Schmerzmittel eingenommen haben, die die Wirkung ihrer Hochdruckmittel aufheben.

Die klinische Bedeutung von Wechselwirkungen unter den Medikamenten ist groß und gewinnt zukünftig an Bedeutung. Wahrscheinlich ist an jedem Fünften „Arzneimittelunfall" eine Wechselwirkung zwischen Arzneimitteln beteiligt. In eigenen Untersuchungen konnten bei 17,8 % aller älteren internistischen Patienten, die zur stationären Aufnahme kamen, Arzneimittelnebenwirkungen festgestellt werden, bei 10 % war diese der Aufnahmegrund und bei 18,7 % wurden diese auf WW zurückgeführt.

Cui bono?

60 % des Arzneimittelpreises erhält in Österreich der Hersteller, damit ist er zunächst einmal ein wichtiger Profiteur von Polypharmazie und irrationaler Verschreibung. In den vergangenen Jahren hat der Arzneimittelumsatz kontinuierlich zugenommen. Von 1995 bis 2008 um satte 130 % (1,16 Mrd. auf 2,9 Mrd. Euro). Nach Angaben der PHARMIG hat die österreichische Arzneimittelindustrie im Jahre 2007 Arzneimittel im Wert von 2 Mrd. Euro produziert.

Sanofi Aventis, einer der größten Arzneimittelhersteller hat 2009 weltweit einen Gewinn an Steuern von 7 Mrd. Euro gemacht, bei einem Umsatz von 29,3 Mrd. Euro entspricht das einer Gewinnquote von 23,8 %. Zugleich wurden nur 17 % in F&E investiert.[23]

An zweiter Stelle der Arzneimittelgewinner steht schon der Staat. 10 % des Verkaufspreises wird als Steuer fällig. Somit dürften sich die jährlichen Einnahmen in Österreich auf 290 Mrd. Euro belaufen. Schließlich gehen 6,2 % des Umsatzes an den Zwischenhandel und 2,5 % an die Apotheke.

Natürlich haben Patienten einen Nutzen von der Arzneimitteltherapie. Die Lebenszeit hat sich in den vergangenen Jahrzehnten erheblich verlängert. Auch die Jahre in Beschwerdefreiheit sind mehr geworden. Die Krankheiten und teuren Therapien verlagern sich mehr und mehr in die letzten Lebensjahre hinein (Krankheitskompression). Diese positiven Entwicklungen sind jedoch nicht allein auf die Segnungen der modernen Medizin und der Pharmakotherapie zurückzuführen. Determinanten eines längeren Lebens sind: Frieden nach innen (sozialer Frieden) und nach außen, gute Bildung (Prävention), sauberes Trinkwasser, Hygiene, gesunder Lebensstil (Nichtrauchen, Ernährung, Bewegung – Primärprävention) und gute Arbeitsbedingungen. Nikotin kostet 14 Jahre des Lebens, Alkohol 2,9 Jahre, Bluthochdruck 7,4 Jahre, Diabetes 21,4 Jahre. Nur etwa 20 % der Lebenszeitverlängerung geht auf die moderne Medizin bzw. den viel zitierten medizinischen Fort-

23 http://en.sanofi-aventis.com/investors/key_facts_figures/balance_sheet/balance_sheet.asp

schritt zurück (Schelling HV). Dies erklärt auch, warum die USA mit großem Abstand am meisten für Gesundheit ausgeben (7290 USD pro Kopf), in der Lebenserwartungsstatistik der WHO aber nur an Position 38 stehen, noch hinter Kuba (230 USD).[24]

Österreich gibt weltweit mit am meisten für Gesundheit aus (3763 USD/Kopf/Jahr), liegt aber bei der durchschnittlichen Lebenserwartung mit Belgien, Zypern und Finnland „nur" an Position 16, hinter Ländern wie Japan (2581 USD), Spanien (2671 USD), Schweden (3323 USD), Israel (2135 USD) oder Neuseeland (2510 USD).[25] Die Mehrheit der über 7000 zugelassenen Arzneimittel dient in erster Linie der Kontrolle chronischer Erkrankungen. Der Beitrag an Lebenszeitzugewinn und Lebensqualität kann nur geschätzt werden.

Auch die Medien profitieren stark von Polypharmazie. Die monatlich zweimal erscheinende Apothekenrundschau hatte 2009 fast 20 Millionen Leser und eine Auflage von 9,63 Millionen Exemplaren. Sie ist überwiegend werbefinanziert. Keine große Zeitung und Fernsehsender verzichten heute auf Gesundheitsseiten. Es gibt Medizinverlage, die nur von medizinischen Aussendungen leben. In Österreich liegt der jährliche pro Kopf-Verbrauch an Papier bei über 250 kg mit steigender Tendenz. Ärzte liegen wahrscheinlich deutlich über diesem Mittelwert. Ein Krankenhausarzt der mittleren Führungsebene erhält monatlich ungebeten etwa 8 – 10 Hochglanzzeitschriften mit einem Gesamtgewicht von 2,5 kg. Zudem bringen Firmenrepräsentanten bei ihren Besuchen unzählige Sonderdrucke und Hochglanzbroschüren mit, sodass pro Arzt und Ärztin sicher 35 – 40 kg jährlich allein dadurch zusammenkommen. Diese Druckerzeugnisse landen meist ungelesen oder nach kurzem Überfliegen wieder im Abfall, manchmal wiederum der Umwelt zu Liebe im Altpapiercontainer. Viele Verlage haben sich vollständig auf die ärztliche Klientel spezialisiert und bringen Monat für Monat die Botschaften der Industrie an die Frau und den Mann. Der wissenschaftliche Wert dieser Journale ist ausnahmslos gering, obwohl die referierenden Experten für ihre Statements gut bezahlt werden. Da diese Verlage häufig keine Abonnenten haben, dürften sie

24 http://en.wikipedia.org/wiki/List_of_countries_by_life_expectancy
25 http://www.oecd.org/dataoecd/38/32/45364846.pdf

exklusiv von der Industrie bezahlt sein und ihre Druckerzeugnisse auch die gleiche Intention haben wie beispielsweise die Werbung eines Elektronikfachmarkts: Steigerung des Bedarfs und des Umsatzes. Mit unabhängiger medizinischer Information hat dies alles nichts zu tun.

Fallbeispiel: „Universum Medizin" kommt in der Ausgabe 7/08 mit 145 Seiten und vier Beilagen daher. In diesem Heft finden sich 55 großflächige, meist ganzseitige Werbeanzeigen. Weitere 50 Seiten entfallen auf sogenannte „entgeltliche Einschaltungen". Dort werden in Form von Experteninterviews oder Berichten von Satellitensymposien „außerhalb der Verantwortung der Redaktion" einzelne Arzneimittel gelobt. Diese Einschaltungen sind von den unabhängigen Beiträgen formal kaum zu unterscheiden und sollen dem Leser eine unabhängige, wissenschaftlich fundierte Meinung suggerieren. Andere Artikel scheinen auf den ersten Blick tatsächlich unabhängig zu sein. Doch dann lässt die geschickte Platzierung einer zum Inhalt passenden Werbung daran zweifeln. So folgt z. B. einer Expertenmeinung über „Depression und erektile Dysfunktion" eine Anzeige mit Abbildung eines kraftstrotzenden Mannes mittleren Alters, der für ein Antidepressivum wirbt. Somit bestehen etwa zwei Drittel dieses Heftes der „Fachzeitschrift der österreichischen Gesellschaft für Innere Medizin" allein aus Werbung.

Mögliche Auswege

- Finanzierung des Gesundheitswesens aus einem Topf
- Größere Transparenz der Abläufe im Gesundheitssystem, Schnittstellenoptimierung (ELGA, e-card)
- Belohnung von Zeit und Gespräch, nicht von Untersuchungen
- Elektronische Verordnungsunterstützung
- Priorisierung von Arzneimitteltherapien
- Einfache Regelerstellung in der Therapie (not more than five, start low – go slow – but go)
- Angebot alternativer, nicht medikamentöser Maßnahmen insbesondere für Patienten mit sozialen Störungen (Tageskliniken, psychotherapeutische Angebote, Yoga ...)

- Fortlaufende Effektivitäts- und Indikationsüberprüfung (Kulturwandel)
- Unabhängige Fortbildung und Arzneimittelinformation
- Werbeverbot für Arzneimittel
- Unabhängige Forschung mit praxisnahen Fragestellungen
- Modifikation der Leitlinien für Risikogruppen wie alte Menschen

Literaturhinweise

Abbasi K., Smith R., No More Free Lunches. British Medical Journal. 2003; 326:1155-1156.

Angell M., Der Pharma Bluff. Kompart Verlag 2005

Choudhry N. K., Stelfox H. T., Detsky A. S., Relationships between authors of clinical practice guidelines and the pharmaceutical industry. JAMA 2002; 287:612-617

Ehgartner B., Gesund bis der Arzt kommt. Bastei Lübbe (Lübbe Hardcover); Auflage 2010

ISDB EU, Berlin Declaration on Pharmacovigilance. http://66.71.191.169/isdbweb/pag/berlin_dec.php

Fick D. M., Cooper J. W., Wade W. E., Waller J. L., Maclean J. R., Beers M. H. (2003), Updating the Beers criteria for potentially inappropriate medication use in older adults. Arch Int Med 163: 2716-2724

Page R. L., Ruscin J. M., The risk of adverse drug events and hospital-related morbidity and mortality among older adults with potentially inappropriate medication use. 2006 Am J Geriatr Pharmacother 4: 297-305

Schaber J., Keine Medikamente für die Armen? Mabuse Verlag 2005

Sommeregger U., Iglseder B. et al., Polypharmazie und Stürze im Alter. Volume 160, Numbers 11-12, 293-296, DOI: 10.

Schuler J., Dückelmann C., Beindl W., Prinz E., Michalski T., Pichler M., Polypharmacy and inappropriate prescribing in elderly internal medicine patients in Austria. Wi Kli Wo 2008

Lexchin J., Bero L. A., Djulbegovic B., Clark O., Pharmaceutical industry sponsorship and research outcome and quality: systematic review. BMJ 2003; 326:1167-1170

Wild C., Zahlenspiele in der Medizin: Eine kritische Analyse. Wien 2010

Weblinks

http://www.drugpromo.info
http://www.nofreelunch.org
http://www.healthyskepticism.org/global/
http://www.haiweb.org/
http://www.bukopharma.de/
http://www.der-arzneimittelbrief.at/
http://gutepillen-schlechtepillen.de/pages/index.php

Bernhard F. Seyr: Die Ärzteausbildung in Österreich, Deutschland und der Schweiz und ihre bildungsökonomischen Implikationen

1. Allgemeines

Im Sinne der Generic Governance[1], einer transdisziplinären Theorie der Governance sozialer Systeme, dienen Systemvergleiche und systemkritische Analysen der Weiterentwicklung von Organisationen und Teil-Systemen einer Volkswirtschaft. Die Verschiedenartigkeit der Bildungssysteme und der Voraussetzungen für den Erwerb von Berufsberechtigungen in Europa macht es bildungswissenschaftlich und ökonomisch notwendig, Vergleiche auch im Bereich der Ärzteausbildung anzustellen. Als Organisationen können hier „Bildungsorganisationen" wie medizinische Fakultäten bzw. Universitäten oder „Gesundheitsorganisationen" wie Krankenanstalten begriffen werden. Als Teil-Systeme fungieren in diesem Zusammenhang das Bildungs- und Gesundheitssystem in seiner Gesamtheit. Die systemischen Rahmenbedingungen, auf die sich vorliegender Beitrag bezieht, liegen in der Schnittmenge beider Teil-Systeme und werden in Bildungs- und Gesundheitsorganisationen umgesetzt. Das beste systemische Governance-Konzept hilft wenig, wenn die Umsetzung auf der Organisationsebene scheitert.

Governance im heutigen Sinne beschränkt sich schon lange nicht mehr auf betriebs-, rechts- und politikwissenschaftliche Betrachtungen. Beispielsweise auch bildungswissenschaftliche Aspekte in Verschränkung mit ökonomischen Fragestellungen determinieren das Humankapital einer Volkswirtschaft. Sie beeinflussen dadurch die Ebene der ökonomischen Teil-Systeme und die darunter liegende organisationale Ebene sowie die davon betroffenen Individuen, also wirken in Form einer

1 Vgl. Türke/Eckert 2010, S. 25 f.

wechselseitigen Rückkoppelungsschleife ausgehend von der Makro- auf die Mikroebene und umgekehrt.

Der vorliegende Beitrag stellt die Systeme der ärztlichen Aus- und Weiterbildung in Österreich, Deutschland und der Schweiz überblicksartig dar, um eine Systemkritik zu ermöglichen und Weiterentwicklungspotenziale aufzudecken. Besondere Beachtung findet hier die außeruniversitäre Aus- und Weiterbildung der Ärzte, da sich in diesem Bereich einige Unterschiede zwischen den Staaten finden. Das Medizinstudium in den drei Staaten ist inhaltlich in etwa vergleichbar, auch von der vorgesehenen Studiendauer her bestehen keine großen Unterschiede. Der Beitrag wird mit einer bildungsökonomischen Betrachtung abgerundet.

2. Ärzteausbildung in Österreich

1.1 Ärztliche Ausbildung während des Studiums

Die gesetzliche Studienzeit der Humanmedizin dauert 12 Semester, wobei das Studium in drei Abschnitte untergliedert ist. Der 1. Studienabschnitt dauert zwei Semester, der 2. Studienabschnitt sechs Semester und der 3. Studienabschnitt vier Semester. Jeder Studienabschnitt endet mit einer Diplomprüfung. Eine Ausnahme bildet die Paracelsus Medizinische Privatuniversität (PMU) in Salzburg, an der der Studienabschluss schon innerhalb von fünf Jahren erlangt werden kann.

Im Laufe des Studiums ist eine 18wöchige *Pflichtfamulatur* zu absolvieren, die den Studierenden praktische Einblicke in den medizinischen Beruf ermöglichen soll. Im Folgenden werden exemplarisch die Vorschriften der Medizinischen Universität Wien zur Famulatur wiedergegeben:[2]

Die Pflichtfamulatur kann frühestens nach erfolgreicher Ablegung der ersten Summativen Integrierten Prüfung (SIP 1) und nach erfolgreicher Ablegung der Lehrveranstaltungen „Ärztliche Gesprächsführung A“,

---

2 Vgl. Medizinische Universität Wien 2009, S. 27.

„Ärztliche Grundfertigkeiten", „Physikalische Krankenuntersuchung" und „Famulaturpropädeutikum" (3. und 4. Semester) abgeleistet werden. Mindestens acht Wochen sind vor Eintritt in den dritten Studienabschnitt zu absolvieren.

Eine Famulatur an einer Einrichtung darf eine Dauer von zwei Wochen nicht unterschreiten.

Mindestens vier Wochen der Pflichtfamulatur sind an einer Abteilung für Innere Medizin abzuleisten. Weitere vier Wochen müssen in einer Einrichtung der Primärversorgung (Lehrpraxis für Allgemeinmedizin und/oder annerkannten Einrichtungen der Erstversorgung an Krankenanstalten) absolviert werden. Um praxisnahe Kenntnisse des Prozessmanagements im Gesundheitswesen sowie des Gesundheitssystems in Österreich zu erwerben, sind die Pflichtfamulaturen aus Innere Medizin und Primärversorgung in Österreich zu absolvieren.

Mindestens vier Wochen Pflichtfamulatur müssen an einer Abteilung für Chirurgie absolviert werden.

Zwei Wochen Pflichtfamulatur muss der Student an einer Abteilung für Pathologie abzuleisten. Voraussetzung für die Famulatur an einer Pathologie ist die positiv absolvierte SIP 2.

Für die restlichen vier Wochen kann der Student eine Disziplin (vier Wochen anrechenbar) oder zwei Disziplinen (je zwei Wochen anrechenbar) frei wählen, wobei empfohlen wird, diese in den Disziplinen Neurologie, Orthopädie (auch in Rehabilitations-Einrichtungen), Unfallchirurgie oder Kinderheilkunde zu absolvieren bzw. eine strukturierte Famulatur im Ausland nachzuweisen.

Die Pflichtfamulatur kann nur an Einrichtungen angerechnet werden, an denen die von der Curriculumkommission festgelegten Richtlinien („strukturierte Famulatur") eingehalten werden und die entsprechenden Lehrveranstaltungen von der Curriculumdirektion anerkannt werden.[3]

3 Medizinische Universität Wien 2009, S. 27.

Die praktische Ausbildung zum Arzt für Allgemeinmedizin bzw. zum Facharzt, das heißt der Erwerb der selbstständigen Berufsberechtigung *(ius practicandi)*, erfolgt in Österreich erst nach Absolvierung des Turnus und einer anschließenden Prüfung *nach* dem Medizinstudium.

2.2 Ausbildung zum Arzt für Allgemeinmedizin[4]

Zum Berufsbild des Arztes für Allgemeinmedizin gehören der gesamte menschliche Lebensbereich, die Krankheitserkennung und Krankenbehandlung sowie die Gesundheitsförderung. Im Wesentlichen beschäftigt sich der Allgemeinmediziner mit der Vorsorge, der Früherkennung von Krankheiten, der patientenorientierten Erkennung und Behandlung jeder Art von Erkrankungen, der Betreuung chronischkranker und alter Menschen sowie der Erkennung und Behandlung von milieubedingten Schäden.

Die Ausbildung zum Arzt für Allgemeinmedizin ist in § 9 Ärztegesetz sowie in den Bestimmungen der Ärzte-Ausbildungsordnung (ÄAO) 1994 geregelt. Sie besteht im Wesentlichen aus drei Teilen:

1. Absolvierung der entsprechenden Ausbildungszeit,
2. Vorlage eines (in den Kerninhalten) positiv ausgefüllten Rasterzeugnisses,
3. positive Absolvierung der Arztprüfung.

Im Gegensatz zu den Fachärzten mussten Allgemeinmediziner (früher: praktische Ärzte) nach Abschluss ihres medizinischen Universitätsstudiums keine gesonderte Arztprüfung ablegen. Um den Beruf des Allgemeinmediziners aufzuwerten, wurde dies vor einigen Jahren geändert.

So endete mit 31.12.2006 eine entsprechende Übergangsregelung, nach der nur jene Ärzte zur Arztprüfung antreten mussten, die ihre

4 Die Darstellungen des Turnus in Österreich beruhen auf den Auskünften von Dr. Gerda Fuchslueger (Österreichische Ärztekammer) vom 29.9.2010 sowie auf den durch sie per E-Mail übermittelten Materialien, die an diesem Tag unter www.aekwien.at abrufbar waren.

Ausbildung nach Abschluss des Medizinstudiums nach dem 31.12.1996 begonnen hatten. Ab 1.1.2007 sind auch jene Mediziner zur Ablegung der Arztprüfung verpflichtet, sofern sie ihre praktische Ausbildung vor dem 31.12.1996 begonnen, aber nicht vor dem 31.12.2006 abgeschlossen haben.

Die Ausbildungszeit beträgt im Rahmen eines Arbeitsverhältnisses insgesamt mindestens drei Jahre (Turnus zum Arzt für Allgemeinmedizin). Unterbrechungszeiten wie Präsenz- oder Zivildienst oder allfällige Karenzurlaube werden in die Ausbildungszeit nicht eingerechnet. Urlaubs-, Krankheits- oder sonstige Fehlzeiten werden nur dann in den Turnus eingerechnet, wenn diese ein Sechstel der Ausbildungszeit nicht übersteigen.

Das Ziel der Ausbildung ist die Vermittlung und praktische Anwendung von Kenntnissen und Fertigkeiten zumindest in dem Umfang, wie er für die einzelnen Ausbildungsfächer festgelegt wurde. Dabei müssen die Ärzte in Ausbildung (Turnusärzte) für die persönliche Mitarbeit herangezogen werden. Sie tragen im Rahmen dieser Mitarbeit auch Mitverantwortung, soweit es ihr Ausbildungsstand zulässt.

Die Ausbildungsvorschriften sehen während des Turnus folgende Mindestzeiten innerhalb der folgenden Ausbildungsfächer vor:

- Allgemeinmedizin: mindestens 6 Monate (nach dem 31.12.1994)
- Chirurgie: mindestens 4 Monate
- Frauenheilkunde/Geburtshilfe: mindestens 4 Monate
- HNO: mindestens 2 Monate
- Haut- und Geschlechtskrankheiten: mindestens 2 Monate
- Innere Medizin: mindestens 12 Monate
- Kinder- und Jugendheilkunde: mindestens 4 Monate
- Neurologie oder Psychiatrie: mindestens 2 Monate

Art und Umfang der Vermittlung der Fähigkeiten werden durch die Ärzte-Ausbildungsordnung §§ 6 ff. festgelegt. Die Ausbildung darf in den meisten Fächern auch teilweise in anerkannten *Lehrpraxen* eines entsprechenden Facharztes oder Arztes für Allgemeinmedizin, in einer anerkannten Lehrgruppenpraxis oder in einem entsprechend anerkannten Lehrambulatorium erfolgen. Als Ausbildungsstätten zugelassen sind nach dem Ärztegesetz jene Krankenanstalten, Universitätskliniken und Lehrpraxen, die im Ausbildungsstättenverzeichnis der Österreichischen Ärztekammer angeführt sind. Die Ausbildungsstätten sind für die ordnungsgemäße Ausbildung der Turnusärzte verantwortlich. Sofern Ausbildungsinhalte nicht mit Erfolg bewältigt wurden, müssen die Kandidaten diese wiederholen. Die Ausbildung muss möglichst gleichmäßig auf die Wochenarbeitszeit verteilt werden. Die Österreichische Ärztekammer kann in begründeten Fällen einer Ausbildungsstätte die Ausbildungsberechtigung entziehen.

Sofern Ausbildungszeiten bei niedergelassenen Ärzten für Allgemeinmedizin bzw. bei Fachärzten absolviert werden, sind die Fächer sowie das zeitliche Ausmaß der Ärzte-Ausbildungsverordnung zu beachten. Die Fächer Innere Medizin sowie Chirurgie bzw. Chirurgie und Unfallchirurgie müssen jedenfalls in einem Krankenhaus absolviert werden. Die Ausbildungszeit in Lehrpraxen dauert meist um einen Monat länger als die in einem Krankenhaus.

Der Inhaber der Lehrpraxis hat seine Berufserfahrung durch eine mindestens dreijährige freiberufliche Tätigkeit in seinem Fachgebiet nachzuweisen. Darüber hinaus ist eine offizielle Anerkennung als Lehrpraxis durch die Österreichische Ärztekammer erforderlich. Der Inhaber einer Lehrpraxis darf nicht mehr als einen Turnusarzt aufnehmen. Die Kernarbeitszeit für Turnusärzte beträgt auch in einer Lehrpraxis mindestens 35 Wochenstunden untertags, jedenfalls umfasst sie die Ordinationszeiten. Der Lehrpraxisinhaber ist auch für die Evaluation des Lernerfolgs seines Turnusarztes verantwortlich und muss der Österreichischen Ärztekammer halbjährlich den bei ihm beschäftigten Turnusarzt melden.

Die Ausbildung von Turnusärzten kann auch an sogenannten *Lehrambulatorien* erfolgen. Es handelt sich dabei um anerkannte Krankenanstalten in der Betriebsform selbstständiger Ambulatorien. Ob eine bescheidmäßige Anerkennung als Lehrambulatorium durch die Österreichische Ärztekammer erfolgt, hängt unter anderem von der apparativen Ausstattung und der Anzahl ausbildender Ärzte ab. Der entsprechende Bescheid legt auch die Höchstgrenze für die Zahl der Turnusärzte fest, die an diesem Lehrambulatorium ausgebildet werden dürfen. Im Übrigen gelten die Bestimmungen für Lehrpraxen.

Das Ärztegesetz sieht vor, dass von den 35 Wochenstunden Kernarbeitszeit jedenfalls 25 Stunden in der Zeit zwischen 8:00 Uhr und 13:00 Uhr zu absolvieren sind. Reine Nachmittags- oder Nachtdienste sind daher im Rahmen der Turnusausbildung gesetzwidrig.

Das Ärztegesetz gestattet die Absolvierung bestimmter Fächer im Rahmen von Teilzeit. Jedenfalls in Vollzeit müssen hingegen folgende Fächer absolviert werden:

- Allgemeinmedizin: mindestens 4 Monate in Vollzeit
- Innere Medizin: mindestens 6 Monate in Vollzeit
- Chirurgie bzw. Unfallchirurgie: mindestens 4 Monate in Vollzeit
- Frauenheilkunde und Geburtshilfe: mindestens 2 Monate in Vollzeit

Die Wochendienstzeit darf bei der Ausbildung in Teilzeit maximal auf die Hälfte herabgesetzt werden. Das ergibt bei der gesetzlichen Kernarbeitszeit von 35 Wochenstunden eine Ausbildungszeit von zumindest 17,5 Wochenstunden. Nacht- und Wochenenddienste müssen entsprechend der Reduktion nur eingeschränkt übernommen werden.

Das Ärztegesetz gestattet lediglich die Teilzeit-Ausbildung in einem gewissen Rahmen, schafft aber keinen Rechtsanspruch auf eine Teilzeit-Ausbildung. Daher müssen Turnusärzte mit dem Dienstgeber klären, ob ein Teilzeit-Dienstvertrag als Turnusarzt gewährt wird oder nicht.

Die Ausbildungsverantwortlichen an Krankenanstalten und Lehrpraxen bzw. Lehrambulatorien haben auf Verlangen des Turnusarztes nach Erfüllung der vorgeschriebenen Mindestausbildungszeiten Rasterzeugnisse auszustellen.

2.3 Ausbildung zum Facharzt

Die Ausbildung zum Facharzt verläuft in wesentlichen Bereichen analog zur Ausbildung zum Allgemeinmediziner. So kann auch hier die praktische Ausbildung nach Abschluss des medizinischen Universitätsstudiums begonnen werden.

Gemäß § 10 der Ärzte-Ausbildungsordnung (ÄAO) 2006 gibt es insgesamt 45 Sonderfächer.

Die Ausbildung zum Facharzt besteht analog zur Ausbildung zum Allgemeinmediziner aus drei Teilen:

1. Absolvierung der vorgeschriebenen Ausbildungszeit
2. Vorlage eines (in den Hauptinhalten) positiven Rasterzeugnisses
3. positive Ablegung der Facharzt-Prüfung.

Die Dauer der Facharztausbildung beträgt mindestens sechs Jahre im Rahmen von Arbeitsverhältnissen (Turnus zum Facharzt).

Die Facharzt-Ausbildung erfolgt in einem Hauptfach sowie in zusätzlichen Sonderfächern als Nebenfächer. Diese Nebenfächer gliedern sich in Pflicht- und Wahlnebenfächer. Die Ausbildung muss in einer anerkannten Ausbildungsstätte, einer anerkannten Lehrpraxis, Lehrgruppenpraxis oder einem anerkannten Lehrambulatorium erfolgen.

Wie bei der Ausbildung zum Arzt für Allgemeinmedizin tragen auch hier die Ausbildungsverantwortlichen Sorge für die qualifizierte Ausbildung der Turnusärzte. Die Ausbildungsverantwortlichen überprüfen den Erwerb von Kenntnissen und Fähigkeiten und beurteilen diesen.

Als Ausbildungsstätten dienen vor allem jene Abteilungen und medizinischen Einrichtungen von Krankenanstalten bzw. Universitätskliniken, die von der Österreichischen Ärztekammer als solche akkreditiert worden sind.

Betreffend die Lehrpraxen, Gruppenlehrpraxen und Lehrambulatorien gelten im Allgemeinen die Ausführungen zur Ausbildung von Allgemeinmedizinern. Die in einer Lehrpraxis, einer Gruppenlehrpraxis oder einem Lehrambulatorium absolvierten Zeiten sind im Höchstmaß von 12 Monaten sowohl für das Haupt-, als auch für das Gegenfach anerkennbar.

Nach Absolvierung der Ausbildungsteile besteht ein Rechtsanspruch auf Ausstellung von Rasterzeugnissen durch die Ausbildungsverantwortlichen. Es hat die Feststellung zu enthalten, ob die Ausbildung im jeweiligen Fach mit oder ohne Erfolg zurückgelegt wurde.[5] Die Ausbildungsinhalte werden in den Rasterzeugnissen aufgelistet und mit Datum und Unterschrift der jeweiligen Ausbildungsverantwortlichen bestätigt.

Die Ausbildungsverantwortlichen müssen gem. § 24 Abs. 1 der ÄAO 2006 auch ein entsprechendes Rasterzeugnis ausstellen, sofern die vorgeschriebenen Mindestausbildungszeiten erfüllt wurden. Sofern die Ausbildungsdauer in einem Fach mehr als ein Jahr beträgt, ist am Ende eines Ausbildungsjahres unverzüglich ein Rasterzeugnis auszustellen. Gemeinsam mit dem Turnusarzt soll geplant werden, welche Ausbildungsschritte und Inhalte noch fehlen. Die Ärztekammer prüft am Ende der Ausbildungszeit, ob und inwieweit die Voraussetzungen für die Zuerkennung der Berufsberechtigung als Facharzt vorliegen. Dies kann auch im Rahmen einer Prüfung des Einzelfalles geschehen, wenn nicht alle Inhalte positiv erledigt wurden.

Wesentlich für die Anrechnung der Ausbildung im Hauptfach ist, dass der Ausbildungsverantwortliche die Ausbildungsstellen und ihre Inhaber der Ärztekammer meldet. Diese Meldung hat halbjährlich zu geschehen, wobei die Zahl der Ausbildungsstellen pro Abteilung limitiert ist. Es kann auch eine zeitliche Limitierung der Ausbildungsstelle erfolgen (Teilanerkennung). Das Ausbildungsstättenverzeichnis der Österreichischen Ärztekammer gibt Auskunft darüber, welche Ausbildungsstellen in welchem Umfang zur Verfügung stehen.

---

5 Vgl. § 26 Abs. 2 Ärztegesetz.

Analog zur Ausbildung der Ärzte für Allgemeinmedizin gilt, dass von den 35 Wochenstunden der Kernarbeitszeit unbedingt 25 Stunden zwischen 8 und 13 Uhr zu absolvieren sind. Für die Teilzeitausbildung gelten die Bestimmungen analog zur Ausbildung für Allgemeinmedizin. Ebenso besteht kein Anspruch auf eine Teilzeitausbildung und der Turnusarzt muss stichhaltig begründen, warum ihm keine Ausbildung in Vollzeit möglich ist.

Ausbildungsverantwortlicher ist generell der zuständige Abteilungsleiter oder Klinikvorstand, der sich allerdings eines sogenannten Ausbildungsassistenten bedienen kann. Dieser Ausbildungsassistent muss Facharzt des entsprechenden Sonderfaches sein. Die Letztverantwortung sowie die Unterfertigung der Zeugnisse obliegen jedoch dem Ausbildungsverantwortlichen und nicht dem Ausbildungsassistenten.

Abb. 1: Auszug aus einem Rasterzeugnis (Seite 2/8) für Innere Medizin. Quelle: Österreichische Ärztekammer, 2007.

Dr. med. Franz MUSTER, geb. am 21.11.1983
Name der/des Auszubildenden, Geburtsdatum

Innere Medizin
1.) Ausbildungsinhalte

Folgender Inhalt und Umfang der Ausbildung sind von dem/der Ausbildungsverantwortlichen (Ausbildungsassistent/-in) vermittelt und durch geeignete Maßnahmen von der/dem Ausbildungsverantwortlichen überprüft worden:

Inhalte, die im Zuge der Ausbildung nicht oder nicht erfolgreich vermittelt wurden, sind durch Streichung des jeweiligen Punktes zu kennzeichnen.

A) Kenntnisse	mit Erfolg Datum	Unterschrift
1. Theoretische Grundlagen der Inneren Medizin und ihrer Kernfächer (Pkt. C 2)		
2. Interpretationen von Befunden radiologischer und bildgebender Verfahren		
3. Umwelt- und arbeitsbedingte Erkrankungen		
4. Arbeitsmedizin		
5. Humangenetik		
6. Nuklearmedizin (Diagnostik und Therapie mit radioaktiven Substanzen)		
7. Strahlenschutz		
8. Transplantationsnachsorge		
9. Angiographie		
10. Densitometrie		
11. Interventionelle Techniken		
12. Radionuklidtherapie		
13. Für die Ausübung des ärztlichen Berufes einschlägige Rechtsvorschriften, insbesondere betreffend das Sozial-, Fürsorge- und Gesundheitswesen einschließlich entsprechender Institutionenkunde * System des österreichischen Gesundheitswesens und des Sozialversicherungssystems * rechtliche Grundlagen der Dokumentation und der Arzthaftung * Zusammenarbeit mit anderen Gesundheitsberufen		
14. Grundlagen der multidisziplinären Koordination und Kooperation insbesondere Orientierung über soziale Einrichtungen, Institutionen und Möglichkeiten der Rehabilitation		

A) Kenntnisse	mit Erfolg Datum	Unterschrift
15. Fachspezifische Psychosomatik		
16. Kenntnisse der Gesundheitsberatung, Prävention, fachspezifische Vorsorgemedizin und gesundheitliche Aufklärung		
17. Fachspezifische Betreuung behinderter Menschen		

Dient zur Vorlage bei der Ärztekammer

 Seite 2 von 8

2.4 Rechte und Pflichten der Turnusärzte

- Die *Verschwiegenheitspflicht* umfasst alles, was der Turnusarzt im Zusammenhang mit seiner ärztlichen Tätigkeit über den Patienten erfährt (auch Privates).

- Die ordnungsgemäße Ausführung der *turnusärztlichen Tätigkeit* erfolgt unter Aufsicht und Anleitung der ausbildenden Ärzte. Der Turnusarzt kann sehr wohl auch eigenverantwortliche Tätigkeiten übernehmen, sofern sie seinem Kenntnis- und Wissensstand entsprechen. Im Rahmen dessen kann er auch die Aufsicht über das ihm helfende Pflegepersonal ausüben. Direkt weisungsbefugt ist allerdings der Turnusarzt *nicht* gegenüber dem Pflegepersonal.

- Die *Leistung von Nacht- und Wochenenddiensten* ist Teil der Ausbildung. Die Leistung solcher Dienste ist allerdings nur bei Anwesenheit eines zur selbstständigen Berufsausübung berechtigten (Fach-) Arztes im Anstaltsbereich gestattet.

- *Versteuerung* der Einkünfte aus unselbstständiger Arbeit, es sei denn es handelt sich um Klassegelder, die nicht im Namen der Krankenanstalt verrechnet werden. Diese unterliegen der Einkommen- und Umsatzsteuer. Mindestens 40 % der Klassegelder sind auf die nachgeordneten Ärzte (darunter auch Turnusärzte) zu verteilen.

- Die *Dienstzeit* für den Turnus beträgt *(theoretisch)* 35 Wochenstunden verteilt auf fünf Tage pro Woche. Dazu gehören auch Nacht- und Wochenenddienste. In der Regel weicht die tatsächliche Dienstzeit aber deutlich nach oben ab.

- Es besteht grundsätzlich *Kündigungsschutz* für den Turnusarzt, da es sich um ein auf eine bestimmte Zeit geschlossenes Dienstverhältnis handelt. Beendet kann das Dienstverhältnis nur werden aufgrund einer einvernehmlichen Lösung oder durch Entlassung aus wichtigem Grund.

- Der *Urlaubsanspruch* beträgt fünf Wochen pro Jahr.

- Die *Rechtshilfe* der Ärztekammer durch finanzielle Unterstützung bei der Klagsführung und damit durch Abnahme des Prozessrisikos steht auch den Turnusärzten zu, sofern das Urteil für eine größere Zahl von Ärzten von Bedeutung ist.

3. Ärzteausbildung in Deutschland[6]

3.1 Ärztliche Ausbildung

Die Berufsausbildung der Ärzte in Deutschland gliedert sich in die ärztliche Ausbildung an der Universität und die ärztliche Weiterbildung zur Erlangung der Berufsberechtigung als Facharzt bzw. niedergelassener Arzt.

Die verpflichtende 18monatige Tätigkeit nach dem Studium als Arzt im Praktikum für die *Vollapprobation* wurde per 1. Okt. 2004 abgeschafft, was zu einer deutlichen gehaltsmäßigen Verbesserung der Assistenzärzte als Berufseinsteiger führte. 1988 wurde das 18monatige Prakti-

---

6 Vgl. Deutsche Bundesärztekammer 2010; BÄO; ÄApprO 2002.

kum zur Qualitätsverbesserung eingeführt, jedoch dann 16 Jahre später zur Hebung der Attraktivität des Arztberufs nach Reformierung der Studienpläne wieder abgeschafft. Eine praktische Ausbildung ist derzeit in Form des Praktischen Jahres bereits im Medizinstudium in Deutschland integriert.

Der akademische Grad „Dr. med." kann durch ein gesondertes Promotionsstudium erworben werden.

Die ärztliche Ausbildung wird durch die Approbationsordnung von 2002 (zuletzt geändert am 24.7.2010) festgelegt. Artikel 2 legt fest, dass die medizinische Ausbildung außer dem Studium eine zusammenhängende praktische Ausbildung mit einer Dauer von 48 Wochen (sog. Praktisches Jahr) enthält.

Darüber hinaus muss eine Ausbildung in Erster Hilfe, ein Krankenpflegedienst im Ausmaß von drei Monaten und eine Famulatur von vier Monaten absolviert werden. Die ärztliche Prüfung ist in zwei Abschnitten abzulegen.

Die Regelstudiendauer beträgt einschließlich Prüfungszeit im zweiten Abschnitt der ärztlichen Prüfung sechs Jahre und drei Monate. Nach zwei Jahren gesetzlicher Studiendauer ist der erste Abschnitt der ärztlichen Prüfung abzulegen. Nach weiteren vier Jahren (inkl. Praktisches Jahr) findet der zweite Abschnitt der ärztlichen Prüfung statt.

Frühestens nach Ablauf von zwei Jahren und zehn Monaten nach Bestehen des ersten Abschnitts der ärztlichen Prüfung kann das Praktische Jahr jeweils in der zweiten Hälfte der Monate Februar und August begonnen werden. Es besteht aus drei Ausbildungsabschnitten im Ausmaß von je 16 Wochen:

1. Innere Medizin
2. Chirurgie
3. Allgemeinmedizin oder in einem übrigen, das heißt nicht unter 1 oder 2 fallenden, klinisch-praktischen Fachgebiet

Die Absolvierung einer Ausbildung in Erster Hilfe ist bei der Anmeldung zum ersten Abschnitt der ärztlichen Prüfung nachzuweisen.

Vor Beginn des Studiums oder während der unterrichtsfreien Zeit ist ein dreimonatiger Krankenpflegedienst zu leisten. Dieser Dienst kann auch in drei einmonatigen Diensten erbracht werden. Er soll den Studienanfänger in den Krankenhausbetrieb und die üblichen Tätigkeiten der Krankenpflege einführen. Der Nachweis darüber muss vor der Anmeldung zum ersten Abschnitt der ärztlichen Prüfung vom Studenten erbracht werden.

Abgesehen davon ist eine Famulatur im Ausmaß von vier Monaten nach positivem Abschluss des ersten Abschnitts der ärztlichen Prüfung und vor dem Beginn des Praktischen Jahres während der unterrichtsfreien Zeiten zu absolvieren. Die Famulatur muss bei der Anmeldung zum zweiten Abschnitt der ärztlichen Prüfung nachgewiesen werden.

3.2 Ärztliche Weiterbildung zum Facharzt bzw. niedergelassenen Arzt

Die Approbation zum Arzt, also die Berufsberechtigung als Arzt, ist in der deutschen Bundesärzteordnung und der Approbationsordnung bundesweit einheitlich geregelt. Im Gegensatz dazu ist die Weiterbildung in den Ländergesetzen und in den autonomen Satzungen der 17 Landesärztekammern normiert und lehnt sich eng an die Muster-Weiterbildungsordnung der deutschen Bundesärztekammer an.

In Deutschland unterscheidet man zwischen Gebieten (z. B. Frauenheilkunde und Geburtshilfe) und Schwerpunkten (z. B. Gynäkologische Onkologie). Daneben bestehen Zusatzbezeichnungen (z. B. Allergologie, Intensivmedizin etc.).

Die Weiterbildung endet mit einem Facharztdiplom (Facharztanerkennung) und dauert je nach Fach zwischen fünf und sechs Jahren. Ärzte für Allgemeinmedizin haben den Rang eines Facharztes. Sie erfolgt unter der Leitung der durch die Ärztekammern befugten Ärzte in Universitätszentren, Universitätskliniken oder in zugelassenen Einrichtungen der ärztlichen Versorgung, wozu auch Praxen niedergelassener Ärzte zählen.

Die Weiterbildung zum Facharzt, in Spezialfächern sowie Zusatz-Weiterbildungen erfolgen grundsätzlich in Form einer Vollzeitbeschäftigung.

Während seiner Zeit als Weiterbildungsassistent hat der Arzt einen in der Weiterbildungsordnung und in den Weiterbildungsrichtlinien festgelegten Katalog zu erfüllen. Diesen Katalog kann man mit den Rasterzeugnissen in Österreich vergleichen. Anschließend kann sich der Arzt bei der zuständigen Ärztekammer zur Facharztprüfung anmelden. Das Fachgespräch ist mündlich und findet vor einer dreiköpfigen Kommission statt, wobei zwei der drei prüfenden Ärzte für das Prüfungsgebiet anerkannt sein müssen.

4. Ärzteausbildung in der Schweiz

4.1 Ärztliche Ausbildung

Die medizinische Laufbahn beginnt auch in der Schweiz mit einem 12semestrigen Studium der Humanmedizin. Dafür zuständig sind in der Schweiz die Universitäten Basel, Bern, Genf, Lausanne und Zürich. Durch den *Bolognaprozess* haben sich die Schweizer Medizinfakultäten in den letzten Jahren dazu entschlossen, auch das Medizinstudium in einen dreijährigen Bachelor- und einen dreijährigen Masterstudiengang zu spalten, wobei das Bachelorstudium keine Berufsberechtigung als Arzt mit sich bringt.

Im letzten Jahr (Wahlstudienjahr) des Masterstudiengangs sind nach einem Pflichtmonat in „Wissenschaftliches Arbeiten“ insgesamt neun Praxismonate abzuleisten, was von der Idee her der österreichischen Famulatur oder dem deutschen Praktischen Jahr ähnelt.

In diesem Sinne legt beispielsweise die Universität Basel folgende Richtlinien für das sogenannte Wahlstudienjahr fest: Drei Monate müssen an einer Universitätsklinik oder einem Kantonsspital mit mindestens 500 Betten geleistet werden. Generell sind mindestens drei Monate des Wahlstudienjahres in der Inneren Medizin, drei Monate in der Chirurgie und die letzten drei Monate in einem gewählten Fachgebiet zu absolvieren.[7]

Die Berufsberechtigung kann erst *nach* dem Masterstudiengang (Diplom „Master of Medicine“) durch die Eidgenössische Ärztliche Prüfung erlangt werden. Erst nach deren erfolgreicher Ablegung ist man zunächst zur Arbeit als Assistenzarzt in Krankenhäusern und Arztpraxen befugt. Früher bildete das von der Universität verliehene eidgenössische Arztdiplom nach Abschluss des sechsjährigen Studiums der Humanmedizin die Voraussetzung, um eine Weiterbildung zum Facharzt zu beginnen.

4.2 Ärztliche Weiterbildung zum Facharzt bzw. niedergelassenen Arzt

Die Weiterbildungsordnung aus 2000 (WBO 2000) bildet die Grundlage für die Facharztausbildung sowie für den Erwerb von Fähigkeitsausweisen. Mediziner können aus derzeit 45 Weiterbildungsprogrammen wählen. Der Facharzttitel („Facharzt für ... FMH“)[8] ist erforderlich, um selbstständig praktizieren zu dürfen. Ärzte für Allgemeinmedizin gelten in der Schweiz als Fachärzte.

Innerhalb der FMH (Foederatio Medicorum Helveticorum) ist das SIWF (Schweizerisches Institut für ärztliche Weiter- und Fortbildung) vor allem in folgenden Bereichen für die Facharztausbildung zuständig und entscheidungsbefugt:[9]

- Beschlussfassung über Revisionen der WBO
- Schaffung und Aufhebung von Facharzttiteln, Schwerpunkten und Fähigkeitsausweisen

7 Vgl. Medizinische Fakultät Basel 2010.

8 Foederatio Medicorum Helveticorum (Berufsverband der Schweizer Ärzte), zuständig für Reglementierung und Überwachung der Weiterbildungszeit der Assistenzärzte.

9 Art. 4 WBO 2000.

- Beschlussfassung über Weiterbildungsprogramme
- Beschlussfassung über Auslegungsfragen der Weiterbildungsordnung und Weiterbildungsprogramme
- Anerkennung und Revision von Fähigkeitsprogrammen

Die Weiterbildung zum Facharzt geschieht an Weiterbildungsstätten und Studiengängen und dauert regelmäßig fünf bis sechs Jahre. Die fachspezifische Weiterbildung umfasst in der Regel mindestens drei Jahre.

Der Leiter der Weiterbildungsstätte hat dem Kandidaten alle zwölf Monate und am Ende einer Weiterbildungsperiode ein Zeugnis der FMH auszustellen. Dieses erläutern die Verantwortlichen den Kandidaten in einem persönlichen Gespräch. Die Leistungen während der Weiterbildung werden mindestens einmal jährlich sowie bei Abschluss einer Weiterbildungsperiode im Rahmen eines strukturierten Evaluationsgesprächs beurteilt. Die Ergebnisse dieser Gespräche werden in einem sogenannten Logbuch festgehalten, welches vom Weiterbildungsverantwortlichen und vom Kandidaten unterzeichnet wird. Das Logbuch bildet einen Bestandteil des FMH-Zeugnisses.[10]

Als Weiterbildung können grundsätzlich diejenigen Praxiszeiten anerkannt werden, die im Rahmen einer Weiterbildungsstelle an einer anerkannten Weiterbildungsstätte absolviert wurden. Sofern die FMH Studiengänge für die Weiterbildung anrechnet, ist dies im jeweiligen Weiterbildungsprogramm geregelt.[11]

In der Weiterbildungszeit sind gesetzliche Ferien, Militärdienst und Mutterschaftsurlaub sowie Krankheit inbegriffen, sofern sie acht Wochen pro Jahr nicht überschreiten. Darüber hinaus gehende Absenzen müssen nachgeholt werden. Art. 31 WBO 2000 normiert taxativ Ausnahmen von diesem Grundsatz.

Die fachspezifische Weiterbildung kann bis zu 50 % in Teilzeit absolviert werden, die nicht fachspezifische Weiterbildung kann der Kandidat zur

10 Vgl. Art. 19 und 20 WBO 2000.
11 Vgl. Art. 28 WBO 2000.

Gänze in Teilzeit zurücklegen. Die Teilzeitbeschäftigung muss mindestens 50 % der Vollarbeitszeit betragen. Art. 33 WBO 2000 regelt die Modalitäten für die Anerkennung von im Ausland absolvierten Weiterbildungen. Die ärztliche Tätigkeit im Rahmen einer Praxisassistenz bei einem anerkannten frei praktizierenden Arzt sowie im Rahmen von Hilfsaktionen und des Militärdiensts oder der Besuch von Weiter- und Fortbildungskursen kann in der Schweiz in bestimmten Fällen als Weiterbildungszeit angerechnet werden.

Als Weiterbildungsstätten dienen Spitäler, Kliniken, Institute, Spezialanstalten, Ambulatorien, Arztpraxen und ähnliche Institutionen, sofern diese über eine entsprechend bezahlte Weiterbildungsstelle verfügen und der Leiter der Weiterbildungsstätte eine einschlägige fachärztliche Qualifikation besitzt. Der Leiter einer Arztpraxis muss, sofern er Weiterbildungsstellen anbietet, seine Praxis mindestens zwei Jahre lang geführt und einen Lehrarztkurs besucht haben. Die Weiterbildungsstätten erarbeiten ein Konzept, in dem sie die Lehrinhalte zeitlich, inhaltlich und personell festlegen. Mit den weiterzubildenden Ärzten schließen die Weiterbildungsstätten Arbeitsverträge inklusive fachspezifischer Lernzielvereinbarungen ab. In begründeten Fällen wird die Berechtigung als Weiterbildungsstätte entzogen.

Gemäß Art. 23 WBO 2000 empfiehlt es sich, zur Facharztprüfung im letzten Jahr der Weiterbildung anzutreten. Zur Facharztprüfung kann zugelassen werden, wer ein Schweizer oder anerkanntes ausländisches Arztdiplom besitzt.

Mindestens einmal jährlich muss ein Prüfungstermin für die jeweilige Facharztprüfung angeboten werden. Die Kandidaten dürfen die Facharztprüfung in deutscher, französischer und italienischer Sprache ablegen. Die Prüfung findet vor einer Prüfungskommission statt und darf beliebig oft wiederholt werden.

Außer Abschlüssen mit dem Facharzttitel besteht in der Schweiz auch die Möglichkeit, Fähigkeitsausweise für weniger umfangreiche Weiter- und Fortbildungsgänge zu erwerben.

4.3 Lernziele für die Schweizer Weiterbildungsprogramme

In Anlehnung an die Rollen des Arztes nach dem Royal College of Physicians and Surgeons of Canada definiert die FMH für die Schweiz folgende Lernziele für die Weiterbildung der Ärzte:[12]

Medical Expert (Ärztlicher Experte)

Den medizinischen Experten macht die Integration der Rollen als Communicator, Collaborator, Manager, Health Advocate, Scholar und Professional aus. Die Fachärzte sollen über spezifische Kompetenzen zur geeigneten Behandlung ihrer Patienten verfügen. Dies geschieht nach dem aktuellen wissenschaftlichen Stand und richtet sich nach allgemein anerkannten ethischen und ökonomischen Grundsätzen. Die Ärzte respektieren das Selbstbestimmungsrecht ihrer Patienten und berücksichtigen deren Umfeld.

Communicator (Kommunikator)

Fachärzte gehen entsprechend der Situation effizient mit ihren Patienten, deren Familien und weiteren Bezugspersonen um. Der Umgang mit anderen an der Behandlung beteiligten Fachkräften erfolgt ebenso professionell und effizient. Die Entscheidungen und die Weitergabe von Informationen beruhen auf gegenseitigem Vertrauen und Verständnis.

Collaborator (Mitarbeiter)

Die partnerschaftliche Zusammenarbeit mit Patienten, deren Familien und Bezugspersonen sowie mit anderen beteiligten Fachkräften geschieht in einer partnerschaftlichen Weise. Die Fachärzte berücksichtigen deren Kompetenzen und verschiedene Anschauungen. Die Fachärzte arbeiten häufig in verschiedenen Teams an wechselnden Orten.

---

12 Gem. Art. 3 Abs. 2 WBO 2000.

Manager

Fachärzte fügen sich in bestehende Strukturen ein. Sie versuchen diese ständig weiterzuentwickeln. Die Übernahme von Management-Aufgaben gehört ebenso zum Facharzt-Beruf.

Health Advocate (Gesundheitsförderer)

Fachärzte helfen ihren Patienten bei der Orientierung im Gesundheitssystem und unterstützen diese dabei, eine angemessene Versorgung zu erhalten. Sie sind in der Lage, die Gesundheit ihrer Patienten und Patientengruppen sowie der Bevölkerung zu fördern, indem sie Einflussfaktoren gesundheitlicher Probleme des Einzelnen sowie der Gesellschaft erkennen und geeignete Maßnahmen ergreifen.

Scholar (Gelehrter)

Fachärzte sind fachwissenschaftlich kompetent und zur Weiterbildung bereit. Sie sind zur kritischen Analyse von Fachinformationen befähigt und berücksichtigen diese bei ihren Entscheidungen. Fachärzte sollen in der Lage sein, ihr Wissen und ihre Fähigkeiten in adäquater Form an andere *Stakeholder* des Gesundheitssystems weiterzugeben.

Professional (Berufsrepräsentant)

Fachärzte sind zu ethischem Handeln verpflichtet. Ärztliche Kompetenz, menschliche Integrität in Verbindung mit Uneigennützigkeit dienen der Förderung des Wohls des Einzelnen und der Gesellschaft. Ärzte sollen sich der Stellung als Vertrauensperson würdig erweisen.

Abb. 2: Lernziele und ärztliche Rollen (Royal College of Physicians and Surgeons of Canada 2005, S. 2)

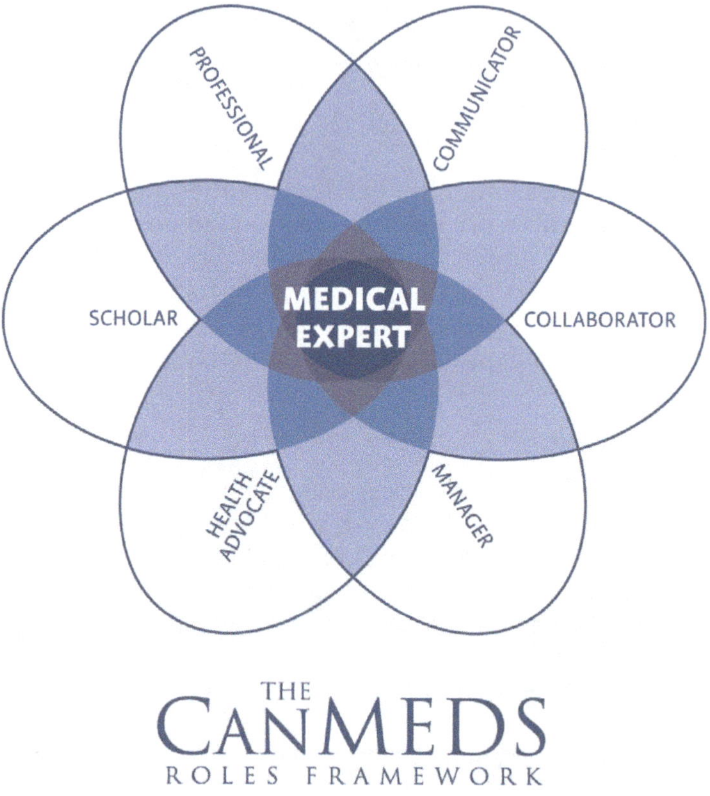

5. Resümee und bildungsökonomische Schlussfolgerungen

Aus den obigen Ausführungen ist ersichtlich, dass die Systeme der Ärzteausbildung in den drei verglichenen Ländern Österreich, Deutschland und Schweiz ähnlich gestaltet sind. Einem etwa sechsjährigen Universitätsstudium folgen mehrjährige Praxiszeiten im angestrebten Fach (in der Regel an anerkannten Krankenanstalten) und eine abschließende Prüfung, um selbstständig praktizieren zu dürfen.

Aus bildungsökonomischer Sicht wird diskutiert, den Turnus für Allgemeinmediziner abzuschaffen bzw. Praxiszeiten oder gar das Studium zu verkürzen und den Medizinern damit einen früheren Einstieg in das Berufsleben zu ermöglichen. So beläuft sich die Studiendauer für Humanmedizin an der „Paracelsus Medizinische Privatuniversität" in Salzburg auf nur 10 Semester, anstatt der sonst vorgeschriebenen 12 Semester.

Argumente zur Reform der Ärzteausbildung liefert beispielsweise auch die Österreichische Ärztekammer, da diese meint, die Ärzteausbildung befände sich in einer Sackgasse (vgl. ÖÄK 2010):

Hauptproblem 1: Lange Dienstzeiten

Sowohl für angehende Allgemeinmediziner als auch Fachärzte stellen übermäßig lange Dienstzeiten eine große Belastung dar. Nur bei zwei Drittel der Jungmediziner wird die gesetzliche Arbeitszeit von 60 Wochenstunden eingehalten. Bei einem Drittel wird die gesetzliche Arbeitszeit bis zu 76 Wochenstunden erheblich überschritten. Durch diese Überbelastung leiden Konzentration und die Qualität der Ausbildung, auch wenn sich durch den Einsatz von Turnusärzten billige Arbeitskräfte für die Krankenanstalten gewinnen lassen.

Hauptproblem 2: Belastung durch administrative Aufgaben

Turnusärzte in Ausbildung zum Allgemeinmediziner wenden derzeit knapp die Hälfte (47 %) ihrer Arbeitszeit für Administration und Dokumentation auf, bei den Turnusärzten in der Facharztausbildung beträgt dieser Anteil 34 %. Offenbar werden Turnusärzte als günstige Verwaltungsgehilfen eingesetzt, anstatt ihnen medizinische Kenntnisse und Fähigkeiten zu vermitteln. 38 % der Turnusärzte in Ausbildung zum Allgemeinmediziner sind mit der momentanen Ausbildungssituation völlig unzufrieden. Etwas zufriedener zeigen sich angehende Fachärzte. (Vgl. IFES Studie 2006 zit. nach ÖÄK 2010)

In diesen beiden Punkten besteht akuter Reformbedarf. Die gesetzlichen Arbeitszeiten sollten in Zukunft jedenfalls eingehalten und die Verwaltungsagenden an Verwaltungs- oder Hilfspersonal weitgehend abgegeben werden. Dies wäre allerdings mit erheblichen Mehrkosten verbunden. Entlastet man die Turnusärzte hinsichtlich der administrativen Aufgaben, so muss auch höchstwahrscheinlich die gesetzliche Arbeitszeit nicht überschritten werden. Ausbildungsqualität und Zufriedenheit mit der Ausbildung würden auf diese Weise insgesamt steigen.

In *Deutschland* erhalten Mediziner die Vollapprobation mit dem Studienabschluss, allerdings dürfen sie damit nicht selbstständig praktizieren. Die verpflichtende Tätigkeit als Arzt im Praktikum wurde in Deutschland abgeschafft und die Jungmediziner beginnen anschließend an das Studium ihre Weiterbildung zum Facharzt bzw. Arzt für Allgemeinmedizin als gehaltsmäßig besser eingestufte Assistenzärzte.

Eine Ausnahme stellt hinsichtlich der Studienorganisation die *Schweiz* dar, deren medizinische Fakultäten bereits den Bachelor und den Master eingeführt haben. Es bleibt zu hoffen, dass die anderen Staaten diesem Beispiel nicht folgen, da der Bachelor – dem Gedanken der Bologna-Deklaration entsprechend – zur Berufsberechtigung führen soll. Dies kann bei einem dreijährigen Bachelor of Medicine keineswegs der Fall sein. So muss man in der Schweiz ohnedies für den Antritt zur Arztprüfung einen Mastergrad in Medizin nachweisen. Der Bachelor dürfte daher auf dem Arbeitsmarkt als Zwischenabschluss weitestgehend wertlos sein.

Die Zukunft wird darüber entscheiden, ob auch andere Staaten tatsächlich dem Bologna-System in der Medizinerausbildung folgen bzw. ob sich dieses langfristig in allen Disziplinen bewährt, was sehr zu bezweifeln ist.

6. Literatur- und Quellenverzeichnis

ÄAO 2006, Ärztinnen-/Ärzte-Ausbildungsordnung 2006 (Österreich): BGBl. II Nr. 286/2006, Inkrafttretensdatum: 1.2.2007.

ÄrzteG 1998, Ärztegesetz 1998 (Österreich): BGBl. I Nr. 169/1998 zuletzt geändert durch BGBl. I Nr. 156/2005, Inkrafttretensdatum: 1.1.2006.

ÄApprO 2002, Approbationsordnung für Ärzte vom 27. Juni 2002 (BGBl. I S. 2405), die zuletzt durch Artikel 10 des Gesetzes vom 24. Juli 2010 (BGBl. I S. 983) geändert worden ist. (Deutschland)

BÄO, Bundesärzteordnung in der Fassung der Bekanntmachung vom 16. April 1987 (BGBl. I S. 1218), die zuletzt durch Artikel 5 des Gesetzes vom 24. Juli 2010 (BGBl. I S. 983) geändert worden ist. (Deutschland)

FMH – SIWF (Schweizerisches Institut für ärztliche Weiter- und Fortbildung) – ISFM (Institut suisse pour la formation médicale postgraduée et continue): Lernzielkatalog. Allgemeine Lernziele für die Weiterbildungsprogramme (gemäss Art. 3 Abs. 2 WBO). Bern: 15.7.2010.

FMH – SIWF (Schweizerisches Institut für ärztliche Weiter- und Fortbildung) – ISFM (Institut suisse pour la formation médicale postgraduée et continue): Weiterbildungsordnung (WBO). Bern: 21.6.2000 (letzte Revision 26.5.2010)

Medizinische Fakultät Basel, Dekanat: Wegleitungen für Studierende im Wahlstudienjahr. Basel: Mai 2010.

Medizinische Universität Wien: Curriculum des Diplomstudiums Humanmedizin der Medizinischen Universität Wien, Mitteilungsblatt 20. Stück, Studienjahr 2008/09, ausgegeben am 30.6.2009, Nr. 29.

ÖÄK – Österreichische Ärztekammer: Rasterzeugnis für die Ausbildung zur Fachärztin/zum Facharzt im Hauptfach „Innere Medizin". Wien: 2007.

ÖÄK – Österreichische Ärztekammer: Ärzteausbildung: Medizinernachwuchs in der Sackgasse. Wien: Stellungnahme vom 14.7.2010.

Royal College of Physicians and Surgeons of Canada: The CanMEDS Project Overview. Ottawa: Arbeitspapier, 2005.

Türke, R.-E./Eckert, H.: Center for Transdisciplinary Governance. St. Gallen: IDT-Blickpunkt Nr. 22/2010. (Universität St. Gallen, Institut für Öffentliche Dienstleistungen und Tourismus)

Internetquellen

Ärztekammer Wien: www.aekwien.at (Stand: 29.9.2010)

Deutsche Bundesärztekammer: www.bundesaerztekammer.de (Stand: 7.10.2010)

Markus Wiesinger: Wissensmanagement in der Medizin

I. Einführung

Aus der Informationsflut, die über jeden von uns hereinbricht – sei es über Nachrichten aus den verschiedensten Medien oder aus Gesprächen mit Kollegen in den medizinischen Berufen oder aus der einfachen Unterhaltung mit Freunden, Bekannten oder Nachbarn – die wichtigen Informationen herausfiltern und anschließend mit vorhandenen Informationen zu verknüpfen, damit sie zu Wissen werden, ist eine der wichtigsten Aufgaben der Menschen. Ohne Wissen gibt es keinen Fortschritt und keine neuen wissenschaftlichen Errungenschaften. Krankheiten, die vor einigen Jahren oder Jahrzehnten als unheilbar galten können, heute erfolgreich behandelt werden. Wissen wird hier in der Forschung konkret angewendet.

Doch was ist Wissen überhaupt – und warum muss sich ein Mediziner mit Wissen und Wissensmanagement überhaupt beschäftigen? Gibt es Wissen, das schon vorhanden ist, aber noch keinen Anwender „gefunden" hat? Wie können Lücken zwischen Forschung und „angewandter Medizin" im Bereich Wissen geschlossen werden? Diese Fragen sollen in diesem Kapitel näher betrachtet werden.

Der allgemeine Gewinn von Wissen und wie damit richtig umgegangen wird, ist Inhalt des ersten Teils dieses Kapitels. Zuerst wird der Begriff Wissen definiert, die Arten von Wissen – insbesondere das implizite und das explizite Wissen – erläutert und erklärt, wie der Wissenstransfer funktioniert und wie mit Wissensverlust umgegangen wird. Der nächste Abschnitt beschreibt das Wissensmanagement, wobei besonders auf die Bausteine des Wissensmanagements eingegangen wird.

Im folgenden Abschnitt wird speziell auf medizinische Aspekte des Wissenstransfers eingegangen mit einem historischen und rechtlichen Überblick. Wie groß der Bedarf, der Nutzen und die Nutzung von Wissen sind, wird im darauf folgenden Abschnitt erläutert. Welche Formen von Wissensquellen in der Medizin zur Verfügung stehen, wie Wissen gewonnen wird und wie sich das Wissen in der Medizin weiter entwickeln wird steht am Schluss dieses Kapitels.

II. Wissen

Dieses Kapitel beschreibt, wie Wissen aufgebaut ist, den Unterschied zwischen bewusstem, dokumentierbarem Wissen und unbewusstem Wissen und Formen der Wissensweitergabe. Es wird gezeigt, wie es zu Wissensverlusten kommt und wie diese vermieden werden können.

II. 1. Wissenstreppe nach North

North beschreibt den Aufbau des Wissens mit einer Treppe:

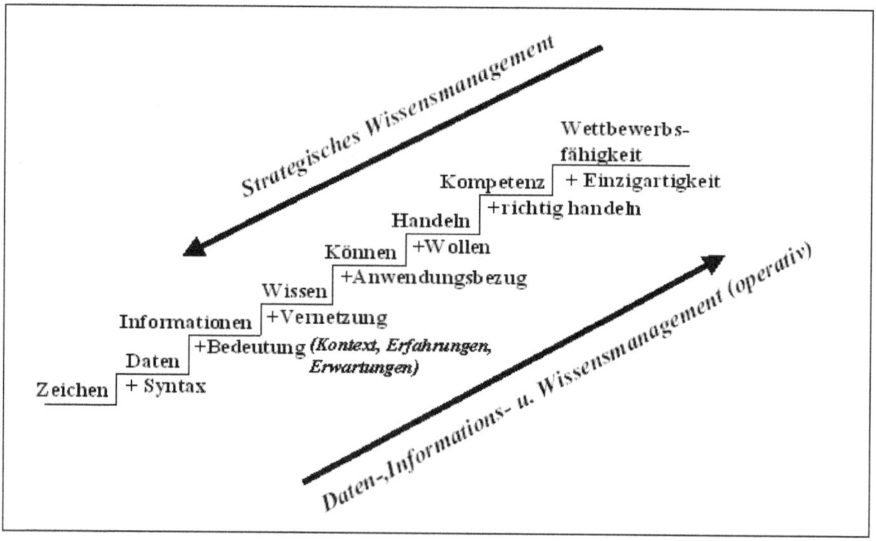

Abbildung 1: Wissenstreppe nach North[1]

Zeichen sind beispielweise Buchstaben oder Ziffern (A, B, C; 1, 2, 3). Werden diese Zeichen zusammengefügt entstehen *Daten*. Diese sind

1 North (2002)

Wörter und Zahlen (Nase, 46). Haben diese Wörter oder Zahlen eine Bedeutung, entsteht *Information* (Die Nase ist gebrochen. 46 als Anzahl der Chromosomen des menschlichen Körpers.). Wird die Information mit anderen Informationen verbunden, entsteht *Wissen*. (Die Nase ist gebrochen, weil auf sie eingeschlagen wurde. Der Mensch hat 22 Chromosomenpaare und 2 Geschlechtschromosomen). Wird das Wissen angewendet, entsteht *Können* (Ich verwende ein Mikroskop zum Untersuchen der Chromosomen). Verbindet man das Können mit dem Willen, so entsteht das *Handeln* (Ich richte die Nase wieder ein. Ich untersuche Chromosomen auf Schädigungen.). Wird richtig gehandelt, spricht man von *Kompetenz* (Ich diagnostiziere einen Nasenbeinbruch und als Therapie richte ich die Nase ein und lege einen Verband an). Um einen Wettbewerbsvorteil zu erzielen (wird auch im medizinischen Bereich immer wichtiger – besonders in den Städten, wo man sich die Mediziner wegen des großen Angebots aussuchen kann), verbindet man die Kompetenz mit einer besonderen Handlungsweise (Zahnarzt versendet halbjährlich ein SMS oder ein Email, um seine Patienten zur Zahnkontrolle einzuladen.).

II. 2. Arten von Wissen

Beim Wissen wird unterschieden, wem es zur Verfügung steht: Haftet das Wissen an einer Person, wird es als *individuelles Wissen* bezeichnet, im Gegensatz zum *kollektiven Wissen*, das einer Gruppe zur Verfügung steht. Entspringt das Wissen der Forschungsabteilung im „eigenen" Krankenhaus, ist es *internes Wissen*. Wird es von außen bezogen, nennt man es *externes Wissen*.

Es wird weiters unterschieden zwischen implizit-unbewusstem und explizit-dokumentiertem Wissen. Diese Unterscheidung ist für den Wissenstransfer entscheidend.[2]

2 Herbst (2000)

II. 2. a) Implizites Wissen

Nach Michael Polanyi, der den Begriff „implizites Wissen" wesentlich geprägt hat, ist implizit in diesem Zusammenhang als unbewusst zu verstehen.[3]

Diese Form des Wissens setzt sich aus einem *distalen* (das gesamte Objekt beschreibend) und einem *proximalen* (einzelne Bestandteile eines Objekts beschreibend) Teil zusammen. Diese beiden Aspekte der Dinge miteinander verknüpft ergeben das *implizite Wissen*.[4]

So wird man auf die Frage wie man Auto fährt, die Antwort bekommen, dass man das Fahrzeug startet und dann losfährt (distaler Teil) – nicht aber die einzelnen unbewussten und automatisierten Tätigkeiten wie das Steigen auf die Kupplung und Bremse zur gleichen Zeit, wenn sich Kinder auf der Straße befinden (proximaler Teil). Dieses Bedienen von Kupplung und Bremse wird ausgelöst durch implizites, unbewusstes Wissen. Warum der Lenker ausgerechnet in diesem Augenblick (und nicht später) diese Tätigkeit durchführt, ist ihm selbst, zum Zeitpunkt der Handlung, nicht bewusst.

Das Wissen wird im Beispiel im Zusammenhang mit der Information „Kinder auf der Straße" und „mögliche Gefahr" im Gehirn abgerufen. Diese Informationen werden bewertet und mit den schon gemachten Erfahrungen verknüpft – implizites Wissen wird angewendet.

Implizites Wissen muss nicht immer richtig sein. Werden Beobachtungen falsch interpretiert oder mit einseitig gemachten Erfahrungen bewertet, entsteht falsches implizites Wissen, das sich in fehlerhaften Reaktionen wie z. B. Vorurteilen oder falschen Handlungsweisen ausdrückt.[5]

---

3 Neuweg (1999)

4 Polanyi (1985)

5 Büschken und Blümm (2000)

Implizites Wissen ist das Wissen, das jeder in sich trägt. Es ist schwer verfügbar, weil es sich nicht bzw. nur unter großem Aufwand dokumentieren lässt.

II. 2. b) Explizites Wissen

Im Gegensatz zum impliziten, unbewussten Wissen, ist das explizite, dokumentierte Wissen jederzeit abrufbar und kann (theoretisch) unendlich vielen Personen gleichzeitig mitgeteilt werden. Explizites Wissen wird festgehalten in Form von Büchern, Beschreibungen, Datenbanken, Zeitschriftenartikeln, Dateien u. Ä. in analoger und digitaler Form oder als Text bzw. Bild.

Explizites Wissen ist für den Mediziner jederzeit und meist ohne großen Aufwand verfügbar.

II. 3. Wissenstransfer

Wissen für sich allein hat keinen Nutzen. Es braucht einen Wissensträger, der bereit ist, sein „Know-how“ mit anderen zu teilen.

Nonaka/Takeuchi stellten vier Arten von Wissenstransfer zwischen Personen fest:[6]

II. 3. a) Sozialisation

Die Übertragung von implizitem Wissen zwischen zwei Personen wird Sozialisation genannt.

Durch Wahrnehmen einer Tätigkeit und wiederholtes Nachmachen wird Wissen übertragen. Beispiel: In der Medizin wird eine neue Operationstechnik einem anderen Mediziner bei einer Operation gezeigt.

---

6 Nonanka und Takeuchi (1995)

II. 3. b) Externalisierung

Bei der Externalisierung wird implizites Wissen in explizites Wissen übertragen.

Beispiel: Eine Operation wird in einzelne Schritte zerlegt und diese Schritte werden niedergeschrieben. Dadurch wird dieses Wissen anderen zur Verfügung gestellt. Es kann aber nicht das gesamte implizite Wissen dokumentiert werden – daher bleibt dieser Wissenstransfer lückenhaft, was aber in Kauf genommen wird.

II. 3. c) Kombination

Es werden bei der Kombination zwei explizite Wissensquellen miteinander verknüpft.

Es entsteht dadurch neues Wissen. Beispiel: In der Medizin könnten etwa zwei Forschungsstudien, die verschiedene Teilaspekte einer Krankheit betrachten, zu einer neuen Wissensquelle zusammengeschlossen werden.

II. 3. d) Internalisierung

Wird explizites Wissen in implizites Wissen übertragen, spricht man von Internalisierung.

Bei diesem Wissenstransfer wird dokumentiertes, explizites Wissen mit der durch die häufige Anwendung gemachte Erfahrung erweitert. Es können dabei Arbeitsschritte optimiert werden oder der Einsatz von Medikamenten oder deren Kombination immer mehr in der Anwendung verfeinert werden.

II. 4. Problem des Wissensverlustes

Jeder Mediziner ist bestrebt, Wissen zu erwerben und zu erhalten. Nicht immer gelingt das, ja es kommt auch vor, dass Wissen abhanden kommt. Wissensverlust kann mehrere Gründe haben:[7]

II. 4. a) Personengebundenes Wissen

Personengebundenes Wissen geht einerseits durch Kündigung, andererseits durch absichtliches oder unabsichtliches nicht Weitergeben von Wissen (besonders häufig bei impliziten Wissen) an andere Mediziner verloren. Verringern kann man diesen Wissensabfluss durch Förderung der Gespräche zwischen den Medizinern und ehemaligen Mitarbeitern bspw. eines Krankenhauses, die die Schwachstellen des Spitals kennen und mit dem nötigen Abstand bewerten können.[8]

II. 4. b) Dokumentiertes Wissen

Dokumentiertes Wissen kann ein Arzt oder ein Krankenhaus oder eine andere medizinische Einrichtung durch schlechtes archivieren (die Information ist nicht mehr abrufbar), durch Computerabsturz und Computerviren und damit verbundenen Datenverlust sowie durch Datenmissbrauch wie die Weitergabe von Sozialversicherungsdaten oder Krankengeschichten, die anschließend gelöscht wurden, verlieren. Abhilfe schaffen eine regelmäßige Datensicherung, Virenschutzprogramme und sichere Zugänge zu sensiblen Daten.

II. 4. c) Organisatorisch gebundenes Wissen

Organisatorisch gebundenes Wissen geht verloren, wenn Arbeitsschritte, Verfahrensanweisungen und Verfahrensabläufe die in der medizinischen Einrichtung etabliert sind, durch Umstrukturierungsmaßnahmen verloren gehen.

7 Probst, Geneva Knowledge Forum (2003)
8 Fey und Schulz-Hardt (2000)

II. 4. d) Umfeldbezogenes Wissen

Umfeldbezogener Wissensverlust tritt ein, wenn einerseits nicht mit den Lieferanten von medizinischen Leistungen (Pharmazeuten, Herstellern von medizinischen Geräten) oder andererseits nicht mit den Patienten (Patient wird nicht in die Entscheidungsfindung von Behandlungen mit einbezogen – es werden dadurch andere Symptome übersehen) nicht (ausreichend) kommuniziert wird.

III. Wissensmanagement

Das Wissensmanagement befasst sich mit der Erzeugung, Verarbeitung und Weitergabe von Wissen.[9] Im Folgenden werden die zu Grunde liegenden Konzepte beschrieben, die Aufgaben benannt und die Bausteine des Wissensmanagements anhand eines praktischen Beispiels beschrieben.

III. 1. Wissensmanagement – Konzepte

Es existieren drei Wissensmanagement-Konzepte:[10]

- Die technische Linie, basierend auf der elektronischen Datenverarbeitung mit dem Ziel der technischen zur Verfügung Stellung von Wissen.
- Die wirtschaftswissenschaftliche Linie, basierend auf der ökonomischen Nutzenorientierung mit dem Ziel Wissen bedeutsam für Prozesse zu machen.
- Die soziologische Linie, basierend auf der Lernfähigkeit von Organisationen, mit dem Ziel mit fremdem und eigenem Wissen umgehen zu lernen.

Für medizinische Forschungseinrichtungen ist Wissensmanagement von großer Bedeutung. Kein Unternehmen auf dem medizinischen Sektor kann es sich leisten, Wissen leichtfertig zu vergeuden. Durch

---

9 Probst, Geneva Knowledge Forum (2003)
10 Roehl (1999)

jeden Wissensverlust wird es in seiner Wettbewerbsfähigkeit[11] eingeschränkt.

III. 2. Aufgaben des Wissensmanagements

Die Aufgaben von Wissensmanagement lassen sich wie folgt beschreiben:

- Informationen bei Mitarbeitern, anderen Forschungsstellen und in der eigenen Forschungsabteilung finden, für eigene Zwecke nutzbar machen und nach einem Nachdenkprozess diese bewerten.
- Informationen miteinander in Beziehung setzen, daraus Wissen generieren und im Unternehmensgedächtnis (Archiv, Intranet, Datenbank o. Ä.) für alle anderen Mitarbeiter aufbewahren, solange bis sie nicht mehr zweckdienlich bzw. überholt sind.
- Das Wissen anderen mit den Techniken des Wissenstransfers (siehe oben) mitteilen und durch kompetentes Handeln umsetzen lassen.
- Wissen vor schädlichen Einflüssen von außen und von innen schützen und möglichst verhindern, dass Wissen verloren geht.

III. 3. Bausteine des Wissensmanagements

Das Modell der Bausteine des Wissensmanagements von Probst zeigt die Wechselbeziehung zwischen den einzelnen Bausteinen des Wissensmanagements.

Anhand eines praktischen Beispiels wird das Modell von Probst (siehe Abbildung 2) näher erläutert. Dieses Beispiel ist eine mögliche Theorie, wie die einzelnen Bausteine angewendet werden könnten.

11 In Zeiten von Einsparungen auf Regierungsseite muss jedes Krankenhaus und jede andere medizinische Einrichtung sich am freien Markt behaupten. Darum kann man durchaus von einer Wettbewerbssituation sprechen.

III. 3. a) Wissensziele

Die strategisch Verantwortlichen (z. B.: medizinischer Leiter eines Krankenhauses) legen fest, wer in welchem Umfang das Wissen über eine neue Therapieform erwerben soll. Sie sollen auch den Wissenserwerber das Gefühl vermitteln, dass ihr Wissen (und das noch zu erwerbende Wissen) notwendig und wichtig für das Unternehmen ist. Im operativen Bereich werden die festgelegten Zielvorgaben durch die Entwicklung von Ausbildungssystemen umgesetzt.

Das Wissensziel könnte hier lauten: Nach zehn Mal hospitieren und weiteren zehn unter Aufsicht durchgeführten Therapien kann und darf der Mediziner selbständig die Therapie beim Patienten anwenden.

III. 3. b) Wissenstransparenz

Nachdem das Wissensziel formuliert wurde, geht es darum, Quellen des Wissens aufzuspüren. Solche Quellen können Ärzte aus anderen Krankenhäusern (z. B.: von anderen Ländern, Kontinenten oder Ärzte, die sich das Wissen im Ausland angeeignet haben) sein, in denen die Therapieform erfolgreich angewendet wird und zur Unterstützung Fachliteratur, in der die Therapieform genau beschrieben ist.

Damit auf die jeweiligen Wissensträger schneller zurückgegriffen werden kann, sollten diese in Verzeichnisse (Datenbanken) eingetragen werden. Der Inhalt des Verzeichnisses sollte Name, Telefonnummer, Email Adresse und die Art des Wissens umfassen.

III. 3. c) Wissenserwerb

Der Erwerb des Wissens erfolgt durch Wissenstransfer aus externen Quellen. Im konkreten Fall können diese Quellen geschulte Ärzte aus anderen Krankenhäusern oder aus dem eigenen Krankenhaus sein. Zur Unterstützung können auch Dokumentationen in schriftlicher Form eingesetzt werden.

III. 3. d) Wissensentwicklung

Zur weiteren Entwicklung des Wissens sind die Ärzte angehalten, die Erfahrungen, die sie mit der neuen Therapieform gemacht haben, mit bestehendem Wissen zu verknüpfen und so neues Wissen zu schaffen.

Beispiel dafür ist eine Dokumentation mit „häufig gestellten Fragen" und deren Antworten.

III. 3. e) Wissensverteilung

Das „Know-how" der geschulten Mitarbeiter wird bei der Wissensverteilung auf andere Mitarbeiter übertragen. Dies geschieht entweder in internen Schulungen oder in der „Community of Practice".

III 3. f) Wissensnutzung

Das erworbene Wissen der Mitarbeiter soll produktiv für das Krankenhaus eingesetzt werden. Im angeführten Beispiel ist es die für den Patienten schonende Therapieform.

III. 3. g) Wissensbewahrung

Wissensbewahrung heißt fortlaufende Dokumentierung und Aktualisierung des Wissens, im konkreten Fall über die neue Therapieform. Eine weitere Maßnahme ist die Bindung der geschulten Mitarbeiter an das Krankenhaus, d. h. der Mitarbeiter darf erst nach einem vorher definierten Zeitraum das Krankenhaus verlassen und muss sein implizites Wissen auf die ihm nachfolgenden Mitarbeiter übertragen.

III. 3. h) Wissensbewertung

In der abschließenden Wissensbewertung wird der Ist-Zustand mit dem Soll-Zustand, den Wissenszielen, verglichen. Anschließend werden die angepassten Wissensziele in die Unternehmensziele (Leitlinien) implementiert.

Abbildung 2: Bausteine des Wissensmanagements[12]

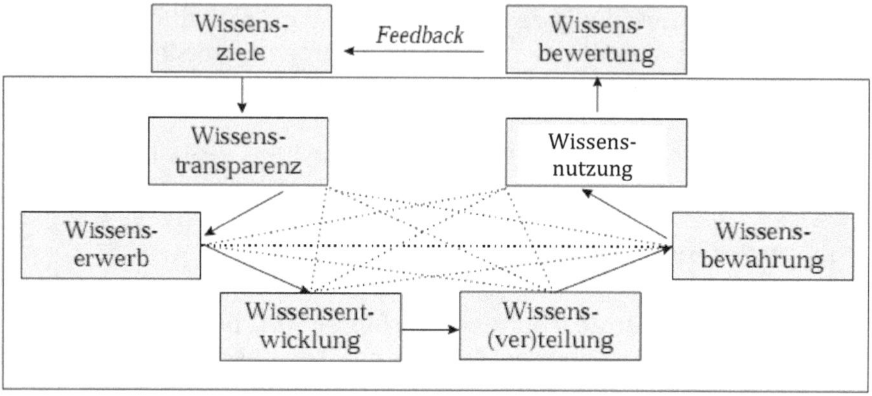

IV. Historische und rechtliche Grundlagen des Wissensmanagements in der Medizin

IV. 1. Geschichte des Wissensmanagements in der Medizin

Wissen wurde bis zur Verwendung der Schrift, aber noch lange Zeit darüber hinaus in der Medizin mündlich und durch Handlungen vermittelt, also hauptsächlich durch Sozialisation.

Das Wissen der Medizinmänner der Indianer, der Druiden[13] bei den Kelten oder der Schamanen über Heilpflanzen, Anwendungen gegen Vergiftungen, Massagen oder andere nach dem damaligen Wissenstand heilbringende (medizinische) Techniken wurde nur an wenige auserkorene Schüler weitergegeben.[14]

Auch im hippokratischen Eid versprechen die Studierenden, dass ärztliche Unterweisungen nur an die Söhne der eigenen Lehrer und an

12 Probst, Raub und Romhardt (2003)

13 Nicht alle Druiden beschäftigten sich mit der Heilung Kranker.

14 Lind (1978)

Schüler „die durch den Vertrag gebunden sind“ weitergegeben werden dürfen.[15]

Mit der Erfindung der Schrift konnte dieses Wissen konserviert und an die nachfolgende Generation weitergegeben werden. Einer der wichtigsten ersten medizinischen Abhandlungen war der Codex Hammurabi, der um 1700 v. Chr. in Mesopotamien entstand. Jede frühe Hochkultur hatte ihre medizinische Fachbibliothek, die durchwegs nur aus Abschriften bestand.[16]

Die Schrift setzte sich aber erst nach einem längeren Zeitraum richtig durch, weil für die detaillierte Beschreibung von Operationen noch die geeigneten Schriftzeichen bzw. Worte fehlten, um diese auch umfassend erklären zu können.[17]

Neben der griechischen war auch die römische Sprache und Schrift das wichtigste Transportmittel des Wissens in der Antike. Das Problem bei Büchern war, dass eine lange Überlieferungskette die Quelle war. Dadurch wurden sämtliche Fehler mit überliefert. Eine kritische Betrachtung der Texte fand nicht statt.[18]

Mit der Eroberung der Araber im siebten und achten Jahrhundert kam das westliche medizinische Wissen auch in den islamischen Kulturkreis und wurde dort verfeinert.[19]

Das medizinische Wissen wurde immer mehr verbessert. Ab der Mitte des 14. Jahrhunderts wurde es mit der Verbreitung des Papiers auf einen günstigen Trägerstoff aufgebracht. Durch die Erfindung des Buchdrucks wurde es auch erleichtert, fehlerhafte Texte zu korrigie-

---

15 Deichgräber (1983)
16 Sigerist (1963)
17 Jouanna (1996)
18 Sigerist (1963)
19 Gibb und Landau (1968)

ren[20], Fußnoten und Indizes einzufügen und so die Fachliteratur leichter lesbar zu machen.[21]

Durch die bis heute anhaltende rege Forschungstätigkeit in der Medizin entstanden und entstehen immer noch neue Teilgebiete, die wiederum ihre Forschungsergebnisse in Form von Artikeln und Büchern den Interessierten zur Verfügung stellen.

In den 1950er Jahren wurde der Wissenstransfer durch die elektronische Datenverarbeitung revolutioniert.[22]

Mit der Erfindung des Internets ist das elektronisch erfasste Wissen weltweit abrufbar.

IV. 2. Rechtliche Aspekte des Wissensmanagements in der Medizin

Beim Arzt gilt vor Gericht ein besonders hoher Sorgfaltsmaßstab. Er wird wie folgt definiert:

Das immer weiter entwickelte Wissen in der Medizin hat sich der Arzt bis an die Grenzen seiner Zumutbarkeit anzueignen.

Er ist zwar nicht verpflichtet alle medizinischen Fachzeitschriften und Bücher zu lesen, aber durch geeignete Fortbildungsmaßnahmen sein Wissen auf dem Stand der Wissenschaft zu halten.

Der medizinische Stand der Forschung ist durch medizinische Sachverständige zu ermitteln und darf nicht durch den Richter festgelegt werden.

---

20 Es musste nur der Drucksatz korrigiert werden und nicht x-Fach neu geschrieben werden, wenn ein Buch falsche Informationen enthielt.

21 Buck (1984)

22 Rothschuh und Schäfer (1955)

Neue Erkenntnisse und Behandlungsmethoden muss der Arzt anwenden, wenn er die neuen Methoden beherrscht und der Nutzen das Risiko überwiegt.[23] [24]

V. Ausbildung der Ärzte in Deutschland, Österreich und der Schweiz

Beim Erwerb von Wissen wird zwischen Wissenserwerb und Wissensvertiefung unterschieden.

Ausbildung:
Im Studium wird die Basis des medizinischen Wissens gelegt und mit der Erteilung der Approbation abgeschlossen.

Weiterbildung:
Das Wissen wird in einem Fachgebiet vertieft. Der Arzt darf den Titel Facharzt tragen.

Fortbildung:
Durch die Forschung wird das Wissen verfeinert und vertieft. Die neuen Erkenntnisse werden den Ärzten bei Fortbildungsveranstaltungen vorgetragen und dadurch medizinische Standards gesetzt.

V. 1. Ausbildung in Deutschland[25]

V. 1. a) Ausbildung

Studienplätze an medizinischen Universitäten in Deutschland unterliegen einer Zulassungsbeschränkung und werden durch die Zentralstelle für die Vergabe von Studienplätzen in Dortmund nach einem Zulassungsverfahren, das die Bundesländer festgelegt haben, vergeben. Seit dem Studienjahr 2000/01 können Universitäten Studienplätze mit einem eigenen Auswahlverfahren vergeben. Voraussetzung ist ein

---

23 Meurer (1999)
24 Rechtsinformationssystem (1999)
25 Bundesärztekammer (2006)

entsprechender Abiturerfolg (numerus clausus) oder eine Hochschulzugangsberechtigung, die die Länder vergeben.

Der Zugang und die Ausbildung des Arztes sind in der Bundesärzteordnung und der Approbationsordnung für Ärzte geregelt. Nach der Approbationsordnung umfasst die Ausbildung:

- ein Hochschulstudium der Medizin von mindestens sechs Jahren und drei Monaten inklusive der Prüfungszeiten, wobei das letzte Jahr des Studiums eine zusammenhängende praktische Ausbildung in Krankenanstalten von achtundvierzig Wochen umfasst (§ 3 ÄAppO);
- eine Ausbildung in Erster Hilfe (§ 5 ÄAppO);
- einen Krankenpflegedienst von drei Monaten (§ 6 ÄAppO);
- eine Famulatur von vier Monaten (§ 7 ÄAppO) und
- folgende Prüfungen:
  - Erster Abschnitt (vorklinischer Teil) der Ärztlichen Prüfung nach zwei Jahren in den Fächern Physik und Physiologie, Chemie und Biochemie/Molekularbiologie, Biologie und Anatomie, Medizinische Psychologie und Medizinische Soziologie
  - Zweiter Abschnitt (klinischer Teil) der Ärztlichen Prüfung nach dem Praktischen Jahr

Nach Bestehen des zweiten Abschnitts können die Absolventen ihre Approbation beantragen. Das nach der Prüfung ausgestellte Zeugnis wird im gesamten EU-Raum anerkannt.

Die Approbation berechtigt den Mediziner zur uneingeschränkten Ausübung des ärztlichen Berufs, wenn er die Voraussetzungen (bestimmte Staatsangehörigkeit, körperliche, geistige und charakterliche Eignung) erfüllt.

Zur Berufsausübung müssen die Ärzte der Ärztekammer oder einer vergleichbaren Institution beitreten, die die Berufs- und Weiterbildungspflichten überwacht.

V. 1. b) Fortbildungspflicht

Ärzte müssen sich regelmäßig fortbilden.

Im § 95 SGB V ist die Fortbildungspflicht für alle Ärzte mit Kassenvertrag normiert. Innerhalb von fünf Jahren müssen mindestens 250 Fortbildungspunkte nachgewiesen werden. Die Punkte werden mit einem Zertifikat der Landesärztekammer bestätigt. Der Nachweiszeitraum beginnt grundsätzlich mit Beginn der Zulassung und endet nach fünf Jahren, wo er wieder von Neuem beginnt. Wird der Fortbildungsnachweis nicht im vollen Umfang erbracht, wird das Honorar im ersten Jahr um 10 % ab dem 2. Jahr um 25 % gekürzt. Wenn innerhalb einer zweijährigen Nachfrist der Nachweis der vollen 250 Fortbildungspunkte nicht erbracht wird, wird die Zulassung entzogen.

Das Gesetz sieht eigene Regelungen für eine längere Krankheit, für das Ruhen lassen oder dem Verzicht der Zulassung und bei Doppelzulassungen vor.[26]

V. 2. Ausbildung in Österreich

V. 2. a) Ausbildung

Die Ausbildung zum Arzt (Allgemeinmediziner und Facharzt) ist im Ärztegesetz 1998 und in der Ärzte-Ausbildungsordnung festgelegt. Anders wie in Deutschland gibt es in Österreich keinen numerus clausus, eine Aufnahmeprüfung ist aber vor dem Studienbeginn bei der jeweiligen Universität zu absolvieren.

Neben den allgemeinen Voraussetzung (Eigenberechtigung, Vertrauenswürdigkeit, Staatsbürgerschaft, gesundheitliche Eignung und beherrschen der deutschen Sprache) ist die Matura oder ein anderer geeigneter Nachweis der Hochschulreife zu erbringen.

Nach dem Studium ist man Doktor der gesamten Heilkunde.

26 Bundesvereinigung (2009)

Es ist dann noch eine praktische Ausbildung im Umfang von 3 Jahren zu absolvieren (§7 Ärztegesetz 1998). Diese hat in den in § 8 Ärztegesetz 1998 vorgegebenen Ausbildungsfächern zu erfolgen. Der jeweilige Abteilungsvorstand hat den Lernerfolg zu bewerten. Nur, wenn alle Abteilungen positiv absolviert wurden und er eine abschließende Prüfung positiv abgeschlossen hat, darf der Arzt selbständig arbeiten.

Bei der praktischen Ausbildung gibt es die Möglichkeit sich zum Allgemeinmediziner oder zum Facharzt ausbilden zu lassen. Eine abschließende Prüfung ist aber in beiden Fällen erforderlich.

V. 2. b) Fortbildungspflicht[27]

§ 49 des Ärztegesetzes 1998 normiert, dass sich der Arzt laufend im Rahmen anerkannter Fortbildungsprogramme der Ärztekammer in den Bundesländern oder der Österreichischen Ärztekammer oder im Rahmen anerkannter ausländischer Fortbildungsveranstaltungen fortzubilden hat.

Die Richtlinie des Diplom-Fortbildungsprogramms sieht vor, dass innerhalb von drei Jahren jeder Arzt 150 Fortbildungspunkte für das Fortbildungsdiplom vorzuweisen hat. Alle drei Jahre ist das Diplom zu erneuern. Erwirbt ein Arzt nicht das Fortbildungsdiplom, hat das für seine Berufsausübung keine Konsequenzen.[28]

V. 3. Ausbildung in der Schweiz

V. 3. a) Ausbildung

Das Medizinstudium dauert in der Schweiz sechs Jahre. Bevor das Studium begonnen werden kann, muss bei einigen medizinischen Universitäten ein Eignungstest absolviert werden. Abgeschlossen wird das

27 Ärzte (2010)
28 Ärztekammer (2008)

Studium mit dem eidgenössischen Arztdiplom. Mit diesem Diplom darf man nur unselbständig in Arztpraxen oder Krankenhäusern arbeiten.[29]

Will ein Arzt selbständig arbeiten, muss er sich einem mehrjährigen Weiterbildungsprogramm unterziehen. Es stehen ihm etwa 45 verschiedene Programme zur Auswahl. Die Grundlagen regelt die Weiterbildungsordnung. Mit Abschluss eines Weiterbildungsprogramms ist es einem Arzt möglich, eine Arztpraxis zu eröffnen oder einen Facharzttitel zu führen.[30]

In den Weiterbildungsprogrammen sind das Anforderungsprofil und die Dauer für einen bestimmten Facharzttitel festgelegt. Während der Weiterbildung sind Evaluationsgespräche zwischen den Ausbildnern und den Ärzten in Ausbildung zu führen. Dabei wird der Lernfortschritt dokumentiert. Sämtliche Schweizer Facharzttitel werden in der Europäischen Union anerkannt. Alle Ärzte, die sich einer Weiterbildung unterzogen haben, sind in einem öffentlichen Register der FMH registriert.[31]

V. 3. b) Fortbildung

Seit 2007 ist die Fortbildungspflicht in der Schweiz gesetzlich verankert.

In der Fortbildungsordnung der Verbindung der Schweizer Ärztinnen und Ärzte ist in der Fortbildungsordnung eine 50stündige nachweisbare und strukturierte Fortbildung und 30 Stunden Selbststudium vorgeschrieben.

Schwerpunkte bei der Fortbildung gibt es folgende:

Alterspsychiatrie und Alterspsychotherapie; Diagnostische Neuroradiologie; Geriatrie; Neuropädiatrie; Pädiatrische Kardiologie; Pädiatrische

29 Fortbildung, Ausbildung – medizinisches Basiswissen (2010)
30 Fortbildung, Weiterbildung – klare Richtlinien (2010)
31 S. I.- u. Fortbildung (2008)

Nephrologie; Pädiatrische Onkologie-Hämatologie; Pädiatrische Pneumologie; Pädiatrische Radiologie

Die Struktur und Anerkennung der Fortbildungsprogramme wird über die einzelnen Fachgesellschaften beschlossen.[32]

VI. Bedarf, Nutzen und Nutzung von Wissen in der Medizin

VI. 1. Bedarf an Wissen in der Medizin

Der Wissensbedarf in der Medizin ist in der Forschung, Krankenversorgung und Lehre unterschiedlich groß. In der Forschung wird das aktuelle Wissen nachgefragt und mit der jeweiligen eigenen Forschung verknüpft. Der Wissensbedarf wird als dringend jedoch nicht als zeitkritisch definiert. Die Krankenversorgung benötigt aktuelles, aber sehr zeitkritisches Wissen. Das Wissen wird für die Diagnose von Krankheiten und deren Therapie benötigt.[33]

Der Bedarf an Wissen steigt in der Medizin von Tag zu Tag. Es ist aber sehr schwierig, das generierte Wissen zu systematisieren und so schnell einer großen Anzahl von Ärzten zur Verfügung zu stellen.

Der Wissensbedarf ist aber in der Medizin nicht nur auf das medizinische Fachpersonal beschränkt. Auch die Patienten haben einen immer größeren Bedarf an Wissen. Um die herausragende wissenschaftliche Stellung des medizinischen Personals zu bewahren, müssen diese aber ständig die ihnen nützlichen Informationen auswählen und in geeigneter Form abrufbar halten.[34]

VI. 2. Nutzung von Wissen in der Medizin

Die Nutzung von Büchern, Zeitschriften und elektronischen Daten als Informationsquelle ist abhängig von:

---

32 S. I.- u. Fortbildung, Fortbildung – lebenslanges Lernen (2010)
33 Kaltenborn (1999)
34 Heimpel (1999)

- Informationsbedarf, der abhängig vom Ausbildungsstand und der fachlichen Ausrichtung des einzelnen Mediziners ist.[35]
- Daraus folgt, welches Wissen das Umfeld durch seine Handlungen benötigt. Spezielle Forschungen in einem Krankenhaus benötigen daher auch ein spezifisches Wissen.
- Durch die Nutzung von Wissenssystemen im jeweiligen speziellen Wissensbereich wird durch Verknüpfung neues Wissen generiert. Mit der Entwicklung elektronischer Datenverarbeitungssysteme wird die Nutzung dieses neuen Wissens vielen anderen Nutzergruppen zugänglich.[36]

Eine auch für den Patienten oft miterlebte Form der Nutzung anderer Informationsquellen ist die Überweisung des Allgemeinmediziners zu einem Facharzt oder in ein Krankenhaus.

Fachärzte und die Ärzte im Krankenhaus nutzen als Wissensquelle und zum Informationsaustausch andere Fachärzte, die mit dem jeweiligen Krankheitsbild zu tun gehabt haben.[37]

Den Patienten ist es durch das Internet ermöglicht worden, leichter zu medizinischem Fachwissen zu gelangen. Als mündige Bürger verwenden sie auch Internetforen, in denen verschiedenste medizinische Fragen diskutiert werden. Durch dieses Wissen verändert sich die Rolle des Patienten, der etwas „erleidet", zu einem Menschen, der die Behandlung seiner Krankheit aktiv mitgestalten will. Mit dieser Sichtweise müssen die Ärzte erst nach und nach vertraut werden. Das Wissensmonopol der Mediziner, wie es noch vor einigen Jahren vorherrschte, ist dadurch stark ins Wanken gekommen.[38]

Wie mündig der Patient wirklich ist und wie er tatsächlich vorhandene Informationsquellen nutzt, ist abhängig vom Bildungsstand und der sozialen Gesellschaftsschicht.

---

35 Haux et al. (1995)
36 Wissmann (1991)
37 Kaltenborn (1999)
38 Lindberg et al. (1993)

Ein ähnliches Problem wie es bei den Römern und Griechen gab, ist auch bei den „neuen Medien", besonders beim Internet, vorhanden. Die Autoren in den Diskussionsforen schreiben von anderen Foren und Fachartikeln ab, ohne sie kritisch zu überprüfen und zu hinterfragen. Das wirft möglicherweise zwei Fehlerquellen auf: Zum Ersten kann fehlerhaftes Wissen weiter verbreitet werden. Zum Zweiten kann Wissen, das nicht mehr am letzten Stand der Forschung oder schon überholt ist, dem Ratsuchenden im Internet zur Verfügung gestellt werden. Ideal wäre es, wenn von der jeweiligen aktuellsten Wissensquelle sämtliche Artikel zum jeweiligen speziellen Thema auf den neuesten Stand gebracht würden. Damit könnten die beiden genannten Problemfelder gleichzeitig bearbeitet und gelöst werden. Theoretisch könnten so Fehlerquellen nahezu ausgeschlossen werden, in der Praxis aber müsste eine Heerschar von wissenschaftlichem Hilfspersonal zum täglichen Durchforsten des Internets beschäftigt werden, was aber unbezahlbar wäre.

VI. 3. Nutzen von Informationsquellen in der Medizin

Der Arzt nutzt sein Wissen grundsätzlich auf zwei verschiedene Arten, je nachdem in welchem Behandlungsstadium er sich beim Patienten befindet.

Bei der Diagnose grenzt er an Hand von Symptomen und Messergebnissen das Krankheitsbild ein. Hat er die Krankheit dadurch festgestellt, setzt er mit der Therapie den ersten Schritt zur Behandlung der Krankheit. Zur Erstellung eines Behandlungsplans werden unterschiedliche Informationsquellen genutzt. Bei häufig verbreiteten Krankheiten werden, falls erforderlich, Fachbücher verwendet, bei neueren und spezielleren Krankheiten werden elektronische Quellen verwendet.[39]

VII. Wie wird Wissen in der Medizin „erzeugt"?

Die wichtigste Quelle der medizinischen Forschung sind Studien in den Kliniken. Die wichtigsten Informationsquellen der studierenden Medi-

---

39 Kaltenborn (1999)

ziner sind die in den Lehrbüchern enthaltenen Lehrmeinungen und Leit- und Richtlinien. Zwischen diesen beiden Quellen liegen oft einige Jahre an unterschiedlichem Wissensstand, wenn nicht die Vortragenden selber intensiv in dem jeweiligen Teilgebiet forschen oder sich mit Fachkollegen regelmäßig austauschen.[40]

Der fertig ausgebildete Mediziner muss von den Forschern „produziertes" Wissen für sich nutzbar machen. Dazu haben Lorenz et. al. drei wichtige Möglichkeiten aufgezeigt: die Leitlinie, den Konsensusprozess und die Metaanalyse.[41]

VII. 1. Leitlinien

Leitlinien geben Handlungsanweisungen bei einem standardisierten Krankheitsbild. Sie sind bis zu einem gewissen Grad verbindlich und können in abweichenden Fällen durch den behandelnden Arzt abgeändert werden.

Leitlinien werden ständig dem aktuellen Stand der Wissenschaft, der sich aus gesicherten klinischen Studien, dem Meinungsstand in der Literatur und dem Expertenwissen zusammensetzt, angepasst. Leitlinien werden durch die medizinischen Fachgesellschaften verabschiedet.

Ein weiteres Kriterium ist die Verfügbarkeit der Leitlinien. Sie werden in medizinischen Fachzeitschriften und über das Internet auf der Homepage der Arbeitsgemeinschaft der wissenschaftlichen medizinischen Fachgesellschaften veröffentlicht.[42]

Die gute Lesbarkeit, die Präzession und der Blick auf das Wesentliche sind wichtige Kriterien für die Akzeptanz der Leitlinien.[43]

---

40 Nitsche (1998)
41 Koller, Lorenz und Sitter (1998)
42 www.uni-duesseldorf.de/WWW/AWMF
43 Koller, Lorenz und Sitter (1998)

VII. 2. Konsensusprozess

Die Meinung der Fachgesellschaften über neue zu verabschiedende Leitlinien wird in einer Gruppe generiert. Dazu wird eine Mischform aus den drei im Folgenden erläuterten Techniken gewählt. Ändert sich der Wissenstand für eine Leitlinie, wird der Konsensusprozess wieder in Gang gesetzt.

VII. 2. a) Konsensuskonferenz

Bei der Konsensuskonferenz diskutieren Experten über vorher gehaltene Referate. Das Ergebnis ist ein Schlussstatement, das gemeinsam beschlossen wird. Die Entscheidungsfindung wird durch *opinion leader* maßgeblich beeinflusst.

VII. 2. b) nominaler Gruppenprozess

Beim nominalen Gruppenprozess gibt es nach einem gemeinsamen Meinungsaustausch Einzelentscheidungen aller Gruppenmitglieder. Nach Bekanntgabe der Verteilung der Entscheidung wird das Ergebnis noch einmal diskutiert und anschließend noch einmal mittels Einzelentscheidungen der Meinungsstand erhoben und eine Gruppenentscheidung daraus abgeleitet.

VII. 2. c) Delphi – Methode

Bei der Delphi-Methode füllen die Beteiligten Fragebögen aus. In einer zweiten Befragung wird nach der Bekanntgabe des Ergebnisses der ersten Runde das endgültige Gruppenergebnis erhoben.

VII. 3. Metaanalysen

Bei der Metaanalyse werden zumindest zwei Studien zum selben Thema mittels mathematisch-statistischen Verfahren verglichen. Das am häufigsten angewendete Modell der Metaanalyse vergleicht die relativen Vorteile zweier Behandlungsmöglichkeiten.

Bei der Gewinnung von Wissen kann auf eine Vielzahl von Einzelmeinungen zurückgegriffen werden, können „blinde Flecken" aufgegriffen und widersprüchliche Untersuchungsergebnisse zu einem Trend zusammengefasst werden. Probleme bei der Metaanalyse sind unter anderem, dass nicht alle relevanten Studien unter Umständen erfasst wurden, dass die Studien unterschiedliche Ziele verfolgen und somit untereinander schwer vergleichbar sind und dass bei der Analyse die Studien unterschiedlich gewichtet wurden.[44]

VIII. Mit welchen Medien wird Wissen in der Medizin anderen zur Verfügung gestellt?

In der Medizin wird neben Büchern und Fachzeitschriften immer mehr in elektronischer Form publiziert. Eine große Zahl an Datenbanken ermöglicht ein leichtes recherchieren für den nach einer Antwort suchenden Mediziner.

VIII. 1. Die Entwicklung der elektronischen Medien

Als in den 1960er Jahren begonnen wurde, medizinische Fachartikel mit elektronischen Datenverarbeitungssystemen herzustellen, wurden die Artikel gedruckt und auf Magnetbändern gespeichert.[45]

Die Magnetbänder wurden kurze Zeit später auch kommerziell genutzt.[46] Die Abfragetechnik war noch nicht sehr ausgereift und der Nutzer musste oft lange auf eine Antwort warten.[47]

Mit Verbesserung der Computertechnik konnte die Wartezeit gesenkt und die Benutzerfreundlichkeit erhöht werden.[48]

Mit der Erfindung der CD-ROM in den 1980er Jahren wurde das Magnetband als Speichermedium abgelöst. Die Zugriffszeiten auf einzelne

44 Koller und Lorenz, Methoden zur Aggregation von medizinischem Wissen (1998)
45 Li (1985)
46 Williams (1997)
47 Pizer (1984)
48 Li (1985)

Datensätze konnte mit dieser Technik wesentlich reduziert werden. Viele Datenbanken wurden auf diesem neuen Medium der interessierten Fachwelt angeboten.[49]

Mit den immer schneller werdenden Computerprozessoren und den großen Bandbreiten bei der Datenübertragung im Internet sind heute Online-Recherchen im wissenschaftlichen Betrieb nicht mehr wegzudenken. Riesige Datenmengen können von Datenbanken auf Knopfdruck in Sekundenschnelle abgerufen werden.

VIII. 2. Datenbanken in der Medizin[50]

Im folgenden Abschnitt verzichtet der Autor auf die namentliche Nennung von Datenbanken, da laufend neue Datenbanken hinzukommen. Es wird nur systematisch dargestellt, wie Datenbanken eingeteilt werden können.

VIII. 2. a) Multidisziplinäre Datenbanken

Bei dieser Art von Datenbank werden mehrere Fachgebiete abrufbar bereitgehalten. Sie beinhalten meist wissenschaftliche Zeitschriften mit Literarturangaben, sowie Dissertationen und Kongressberichte.[51]

VIII. 2. b) Allgemeinmedizinische Datenbanken

Für Mediziner sind sie die wichtigsten elektronischen Quellen, denn über drei Viertel der medizinischen Quellen sind in diesen Datenbanken aufgenommen. Allgemeinmedizinische Datenbanken stehen als CD-ROM oder auch im Internet zur Verfügung. Teilweise sind über 100 Jahre alte Zeitschriftenartikel aufgenommen. Regelmäßig wurden Abstracts, Autoren und Schlagworte je Artikel in einem Datensatz aufgenommen.[52]

---

49 Tilley (1999)
50 Schwarz und Umstätter (1999)
51 Wissmann (1993)
52 Schwarz und Umstätter (1999)

Die Internetquellen sind teilweise kostenlos oder zu einem geringen Betrag im Internet verfügbar.[53]

VIII. 2. c) Datenbanken für Fach- und Spezialgebiete in der Medizin

Das Hauptthemengebiet bei diesen Datenbanken liegt in der Onkologie und bei HIV-Infektionen einschließlich Aids. Ein Teil der Quellen dieser Spezialdatenbanken stammt aus den allgemeinmedizinischen Datenbanken. Andere Quellen sind von spezialisierten Forschungsstellen.[54]

VIII: 2. d) Datenbanken, die für die Medizin bedeutsam sind, aber aus anderen Fachdisziplinen stammen

Viele andere Disziplinen haben Schnittpunkte mit der Medizin. Aus diesem Grund können in diesen Datenbanken auch für Mediziner relevante Informationen beinhaltet sein.

Beispiele für andere Wissenschaftsdisziplinen mit Schnittpunkten zur Medizin sind:

- Biologie und Biowissenschaften
- Chemie
- Psychologie und Psychiatrie
- Soziologie und Sozialwissenschaften

VIII. 2. e) Toxikologie-, Pharmazie- und Pharmakologie Datenbanken

Um eine möglichst effektive und effiziente Therapie bei erkrankten Menschen gewährleisten zu können, betreibt die Pharmaindustrie eigene Forschungsstellen, ist aber auch abhängig von anderen medizi-

---

53 MEDLINE (1997)
54 Eysenbach (1994)

nischen Forschungsstellen. Der Informationsbedarf ist in diesem Sektor stark steigend.[55]

Die Datenbanken stehen im Internet bzw. auch als CD-ROM zur Verfügung.

VIII: 2. f) Datenbanken für Krankenpflegeberufe

Patienten brauchen neben einer Behandlung von hervorragend ausgebildeten Medizinern auch eine hochwertige Pflege. Immer mehr Lehrgänge und Fachhochschulen bieten Studiengänge im Bereich Pflegemanagement, Pflegepädagogik und Pflegewissenschaften an. Um eine höherwertige Position als Krankenpfleger erreichen zu können, ist ein Abschluss eines oben genannten Lehrgangs unverzichtbar. Das Wissen in diesem Gebiet wird ebenfalls zum Teil in Datenbanken erfasst.[56]

VIII: 2. g) Datenbanken für das Krankenhausmanagement

Einige Datenbanken beschäftigen sich auch mit der Verwaltung von Krankenhäusern. Wichtige Aspekte darin sind die Finanzierung, das Management, die rechtliche und die politische Entwicklung des Gesundheitssystems.[57]

VIII. 2. h) Volltextdatenbanken

Früher war es ein Problem, die gefundene Quelle des Interessierten als Volltext zur Verfügung zu stellen. Heute sind der Großteil der Datenbanken Volltextdatenbanken, d. h. wenn die Quelle im Internet in einer Datenbank gefunden wird, lässt sich diese relativ einfach auf den eigenen Rechner herunterladen. In manchen Fällen sind die Volltexte kosten- und / oder registrierungspflichtig.

---

55 Schwar-Kaske (1993)

56 Erichsen (1998)

57 Schwarz und Umstätter (1999)

Bei Datenbanken, die auf CD-ROM angeboten werden, handelt es sich öfters um bibliographische Datenbanken. Mit der Erfindung der DVD können nun auch Volltexte in großen Mengen gespeichert werden.[58]

IX. Wertkette nach Porter[59]

IX. 1. Definition

Die Wertkette geht auf Michael Porter zurück, der sie zur Analyse von Wettbewerbsvorteilen für Unternehmen entwickelte. Das Unternehmen wird dabei in strategisch relevante Teile gegliedert. Diese Gliederung wird Wertkette genannt. Das Ziel der Wertkette in der Medizin ist es, dass der Patient einen Mehrwert erreicht, den er alleine nicht erreichen könnte.

IX. 2. Wertkette in der Medizin

Wie ist diese Wertkette in der Medizin anzuwenden?

Was sind die strategisch relevanten Teile in einem Unternehmen, das medizinische Dienstleistungen anbietet?

Dazu müssen einige Begriffe geklärt und abgegrenzt werden:

- *System:* Das Gesundheitssystem unterliegt grundsätzlich der *Selbstverwaltung*. Die Rahmenbedingungen und Ziele werden durch die *Politik* in Form von *Vorschriften* definiert. Der *Markt* der Patientenversorgung ändert sich stetig durch neue wissenschaftliche Erkenntnisse und neue Krankheiten.

- *Versorgung:* Die Versorgung der Patienten erfolgt in *Ordinationen* und *Spitälern*. Die Auswahl der Ärzte erfolgt im Regelfall nach folgenden Überlegungen: Ist der Arzt leicht erreichbar (*öffentliche Verkehrsmittel, Parkplatz*)? Muss ich die Leistung selber

58 Schwarz und Umstätter (1999)
59 Pichlbauer (2010)

bezahlen oder hat er einen *Kassenvertrag*? Was habe ich über diesen Arzt von anderen Patienten gehört?

- *Behandlung:* Wie ist das Verhältnis zwischen mir und dem behandelnden Arzt (und umgekehrt)? Ist eine Vertrauensbasis aufgebaut worden?

Diese drei Bereiche sind getrennt voneinander zu betrachten und dürfen nicht vermischt werden.

IX. 3. Strategisch relevante Teile

Um die Effektivität in der Versorgung zu erhöhen, bedarf es eines strategischen Versorgungskonzeptes, das an die Bedürfnisse und Angebote des Gesundheitsdienstleisters angepasst werden muss.

Beim *Wissens- und Informationsmanagement* wird vorhandenes Wissen des medizinischen Personals angewandt bzw. bei erst vor kurzem entdeckten Krankheiten bzw. bei Krankheiten, die noch wenig erforscht wurden, neues Wissen generiert (siehe oben Kapitel „Wie wird in der Medizin Wissen erzeugt“). Dieses Wissen wird in der Aus-, Weiter- und Fortbildung an andere weitergegeben.

Im zweiten Bereich stehen die Aufklärung und *Information des Patienten* im Mittelpunkt. Wie schon erwähnt, werden die Patienten immer mündiger und suchen sich selbst Informationen, meist aus dem Internet, über „ihre“ Krankheit. Dies kann und darf aber Ärzte nicht von ihrer Informations- und Aufklärungspflicht entbinden. Vielmehr muss diese Aufklärung als Korrektiv von, unter Umständen, falsch transportiertem Wissen verstanden werden.

Der dritte Bereich umfasst die *Dokumentation der Behandlung*. Es gibt in der österreichischen Gesundheitspolitik schon gute Ansätze, um diese Dokumentation patientenzentriert zu gestalten. Ein Beispiel ist der elektronische Patientenakt und ein Projekt, in dem alle relevanten Untersuchungsergebnisse für alle Ärzte, die mit dem Patienten in Berührung kommen, schnell und einfach abrufbar sind.

Der vierte Bereich, der *Zugang zum Patienten* genannt, berücksichtigt vor allem den zwischenmenschlichen-psychologischen Bereich beim Patienten-Arzt-Verhältnis. Hier ist es wichtig, eine vertrauensvolle Atmosphäre zu schaffen, in der der Patient sich über seinen Krankheitszustand äußern kann und der Arzt dadurch zentrale Informationen für die weitere Behandlung daraus gewinnt.

In der *Prävention und Screening* steht die Vorbeugung und die Früherkennung bzw. Vermeidung von Krankheiten im Mittelpunkt. Je früher eine Krankheit erkannt wird bzw. Maßnahmen gesetzt werden, um diese zu verhindern, desto geringer ist der Aufwand für die Ärzte und desto geringer ist auch der finanzielle Aufwand für den Sozialversicherungsträger und somit der Allgemeinheit. Für die Prävention sollen alle Untersuchungsmethoden herangezogen werden dürfen, die eine hohe Aussagekraft haben und für den Patienten schonend sind. Beispiel: MRI und Ultraschall statt der belastenden Mammographie in der Brustkrebsvorsorge.

Wurde beim Screening etwas entdeckt, das nicht der Norm entspricht, ist eine *exakte Diagnose* durchzuführen. Dabei ist auf das Ergebnis des Screenings zurückzugreife und mittels anderer Untersuchungen die Krankheit genau einzugrenzen und dadurch die Diagnose zu präzisieren.

Die Zeit der *Vorbereitung* muss in der Medizin einen neuen, größeren Stellenwert bekommen. Wie in diesem Artikel schon mehrfach erwähnt, werden die Patienten immer mündiger und wollen aktiv mitbestimmen, was mit ihrem Körper geschieht und vor allem, wie sie aktiv den Heilungsprozess beeinflussen können. Der Arzt oder das Ärzteteam hat sich in diesem Zeitpunkt aktiv mit dem Patienten auseinanderzusetzen, mit ihm die Diagnose zu besprechen, mögliche Therapieformen zu erläutern und mit dem Patienten gemeinsam eine Therapieentscheidung zu treffen. Eine gute Vorbereitung mit, wenn notwendig, psychischer Betreuung ist wesentlich für den weiteren Krankheitsverlauf.

Bei der *Intervention* wird die in der Vorbereitungsphase beschlossene Therapieform umgesetzt. Hat die Therapie nicht den gewünschten

Erfolg gebracht, ist der Patient auf eine andere Therapie vorzubereiten.

An die Intervention schließt sich unmittelbar die *Rehabilitation an*, in der der optimale Zustand für den Patienten – gemeinsam mit dem Patienten – hergestellt wird.

Mit der *Nachsorge* findet die Behandlung des Patienten seinen Abschluss. Es ist dabei das Umfeld zu betrachten, in dem der Patient lebt. Dazu gehören sein Familienverband, seine Arbeitswelt und sein Freizeitverhalten. Es ist auch durchaus möglich, dass der Patient psychologische Hilfe benötigt, um seine erlebte Krankheit abschließen zu können. Ein gut geführtes Gespräch kann oft teure Medikamente ersetzen.

X. Schlussbemerkung

Den Menschen möglichst lange gesund zu erhalten und den Kranken möglichst schnell zu heilen, ist Ziel eines jeden Arztes. Die Forschung dringt immer weiter in den menschlichen Körper vor. Waren es vor einigen Jahrzehnten die Zellen die im Mittelpunkt der Forschung standen, sind es heute die Gene, die den Forschern viele Möglichkeiten eröffnen, Krankheiten und deren Therapien zu erforschen.

Mit neuen, besseren, für den Patienten mit weniger Nebenwirkungen behafteten Medikamenten wird der Krankheit zu Leibe gerückt. Aber die Krankheitserreger sind meist einen Schritt voraus, indem sie sich so ändern, dass die Medikamente nicht zum vollen Erfolg führen.

Hier ist die Wissenschaft gefragt, schnell neue Lösungsmöglichkeiten zu finden. Zentrale Stelle für das Finden dieser neuen Lösungen ist das Wissen jedes einzelnen Mediziners oder Forschers in diesem Bereich. Noch wichtiger allerdings ist, dass auch der „andere“ Forscher davon erfährt, was sein Kollege gerade erforscht und zu welchem Ergebnis (auch Zwischenergebnis) er gekommen ist.

Hier setzt Governance und der Wissenstransfer ein. Das Wissen wird immer komplexer und das Umfeld in dem dieses Wissen entsteht, ist nicht mehr geordnet, sondern turbulent. Es bedarf daher in Zukunft – eigentlich schon jetzt – einer klaren Struktur und Steuerung des Wissens. Ziele müssen definiert werden, Strategien entwickelt und Maßnahmen daraus abgeleitet werden.

Die Medizin bildet hier keine Ausnahme. Es ist vielleicht heute noch verpönt, vom Wettbewerb in der Medizin zu sprechen – aber er hat schon längst begonnen: Im Krankenhaus A werden die kleinsten Schnitte beim Blinddarm gemacht, im Krankenhaus B ist die Belegdauer eines Krankenbettes im Schnitt um so viele Tage – oder statistische Stunden – geringer als im Krankenhaus C.

Es braucht nur den Mut des Managements einer medizinischen Einrichtung sich auf Governance beim Wissenstransfer in der Medizin einzulassen, um so leistungs- und wettbewerbsfähig zu bleiben!

XI. Literaturverzeichnis

Ärzte, Akademie der. Akademie der Ärzte. 2010. http://www.arztakademie.at/diplom-fortbildungs-programm/grundsaetzliches-begriffe/ (Zugriff am 5. September 2010).

Ärztekammer, Österreichische. „Diplom-Fortbildungs-Programm der Österreichischen Ärztekammer Richtlinie zur kontinuierlichen Fortbildung von Ärzten ." arztakademie. 12. Dezember 2008. http://www.arztakademie.at/fileadmin/template/main/dfpPdfs/DFP_Richtlinie.pdf (Zugriff am 5. September 2010).

Buck, August. „Die Medizin im Verständnis des Renaissancehumanismus." In Humanismus und Medizin, von Rudolf Schitz und Gundolf Keil. Weinheim: Deutsche Forschungsgemeinschaft, Kommission für Humanismusforschung Mitteilung XI, 1984.

Bundesärztekammer. „Ärztliche Ausbildung in Deutschland." Bundesärztekammer. 14. Juli 2006. http://www.baek.de/page.asp?his=1.101.169 &all=true (Zugriff am 5. September 2010).

Bundesvereinigung, Kassenärztliche. FAQs – Fortbildungsverpflichtung gemäß § 95d SGB V. 26. November 2009. http://daris.kbv.de/daris/ doccontent.dll?LibraryName=EXTDARIS^DMSSLAVE&SystemType=2& LogonId=bacae0e392babd85d39f52726aa91b82&DocId=003757054& Page=1 (Zugriff am 5. September 2010).

Büschken, Joachim, und Blümm, Christian. „Zur Rolle von impliziten Wissen im Innovationsprozess." September 2000. http://www.ku-eichstaett.de/Fakultaeten/WWF/Lehrstuehle/MKT/downloads/HF_secti ons/ content/innovation.pdf (Zugriff am 4. September 2010).

Deichgräber, Karl. Der hippokratische Eid. Stuttgart, 1983.

Erichsen, Norbert. Literatur ein wichtiger Katalysator zur Weiterentwicklung in der Pflege. 1998. http://www.agmb.de/96/erich.htm (Zugriff am 7. September 2010).

Eysenbach, Gunther. Computer- Manual für Mediziner und Biowissenschaftler. München, 1994.

Fey, Dieter, und Schulz-Hardt, Stefan. Vom Vorschlagswesen zum Ideenmanagement. Göttingen, 2000.

Fortbildung, Schweizerisches Institut für Weiter- und. Ausbildung – medizinisches Basiswissen. 2010. http://www.fmh.ch/bildung-siwf/ ausbildung.html (Zugriff am 5. September 2010).

—. Fortbildung – lebenslanges Lernen. 2010. http://www.fmh.ch/ bildung-siwf/fortbildung.html# (Zugriff am 5. September 2010).

—. Weiterbildung – klare Richtlinien. 2010. http://www.fmh.ch/bildung-siwf/weiterbildung_allgemein.html (Zugriff am 5. September 2010).

Fortbildung, Schweizerisches Institut für Weiter- und. Rechtliche Grundlagen im medizinischen Alltag. 2008. http://www.fmh.ch/files/pdf1/Rechtliche_Grundlagen_D.pdf (Zugriff am 5. September 2010).

Gibb, Hamilton; Landau, Jacob. Arabische Literaturgeschichte. Zürich, 1968.

Haux, R., et al. „Zugriff auf medizinisches Wissen über klinische Arbeitsplatzsysteme und medizinische Wissensserver: Erfahrungen und Konsequenzen für das Management von Krankeninformationssystemen." In Medizinische Forschung – Ärztliches Handeln, von H. J. Trampisch und S. Lange. München, 1995.

Heimpel, Hermann. „Medizinische Ausbildung und die neuen Informationsmedien." In Informations- und Wissenstransfer in der Medizin und im Gesundheitswesen, von Karl-Franz Kaltenborn. Frankfurt, 1999.

Herbst, Dieter. Erfolgsfaktor Wissensmanagement. Berlin, 2000.

Jouanna, Jacques. „Die Entstehung der Heilkunst im Westen." In Die Geschichte des medizinischen Denkens. Antike und Mittelalter, von Mirko D. Grmek. München, 1996.

Kaltenborn, Karl-Franz. „Bedarf, Nutzung und Nutzen von Information und Wissen in der Medizin und im Gesundheitswesen." In Informations- und Wissenstransfer in der Medizin und im Gesundheitswesen, von Karl-Franz Kaltenborn. Frankfurt, 1999.

Koller, Michael; Lorenz, Wilfried. „Methoden zur Aggregation von medizinischem Wissen." In Informations- und Wissenstransfer in der Medizin und im Gesundheitswesen, von Karl-Franz Kalteborn. Frankfurt, 1998.

Koller, Michael; Lorenz, Wilfried; Sitter, H. „Qualitätsmanagement in der operativen Medizin." In Qualitätssicherung und Lebensqualität in der Kinder- und Jugendpsychiatrie, von Klaus Schmeck, Heinz Katschnig und Fritz Poustka. Wien, 1998.

Krankenversicherung, Gesetzliche. Sozialgesetzbuch V. 5. September 2010. http://www.sozialgesetzbuch-sgb.de/sgbv/95d.html (Zugriff am 5. September 2010).

Li, Tze-Chung. An Introduction to Online Searching. Greenwood Pub Group Inc, 1985.

Lind, Ulf. „Medizin bei den Naturvölkern." In: Krankheit, Heilung, Heilkunst, von Heinrich Schipperges, Eduard Seidler und Paul Unschuld. Freiburg, 1978.

Lindberg, D. A.; Siegel, E. R.; Rapp, B. A.; Wallingford, K. T.; Wilson, S. R. „Use of MEDLINE by physicians for clinical problem solving." Journal of the American Medical Association, 1993: 3124 – 3129.

MEDLINE, erleichterter Zugang zu. 31. Oktober 1997. http://www.dimdi.de/dynamic/de/index.html (Zugriff am 7. September 2010).

Meurer, Dieter. „Die rechtliche Dimension des Informations- und Wissenstransfers." In Informations- und Wissenstransfer in der Medizin und im Gesundheitswesen, von Karl-Franz Kaltenborn. Frankfurt, 1999.

Neuweg, Georg Hans. Könnerschaft und implizites Wissen – zur lehr-lerntheoretischen Bedeutung der Erkenntnis- und Wissenstheorie Michael Polanyis. Münster, 1999.

Nitsche, Jörg. „Medizinimmanente und medizintranszendente Determinanten des Informationsbedarfs in der Medizin und im Gesundheitswesen." In Informations- und Wissenstransfer in der Medizin und im Gesundheitswesen, von Karl-Franz Kaltenborn. Frankfurt, 1998.

Nonanka, Ikujiro; Takeuchi, Hirotaka. The Knowledge-Creating Company – How Japanese Companies Create the Dynamics of Innovation. New York, Oxford, 1995.

North, K. Wissensorientierte Unternehmensführung: Wertschöpfung durch Wissen. Wiesbaden, 2002.

Patientenanwalt. patientenanwalt.at 2010. (Zugriff am 5. September 2010).

Pizer, I. H. „Looking backward, 1984 – 1959: twenty-five years of library automation – A personal view." Bulletin of the Medical Library Association 71, 1984: 335 – 348.

Pichlbauer, Ernest. Was tun wir für unsere Patienten – die neue Wertkette. Wien, 2010.

Polanyi, Michael. Implizites Wissen. Frankfurt am Main, 1985.

Probst, Gilbert. „Geneva Knowledge Forum." 2003. http://geneva knowledgeforum.ch/downloads/haufigefragen.pdf (Zugriff am 4. September 2010).

Probst, Gilbert; Raub, Steffen; Romhardt, Kai. Wissen managen. Wie Unternehmen ihre wertvollste Ressource optimal nutzen. Wiesbaden, 2003.

Rechtsinformationssystem. „1Ob91/99k." Rechtsinformatiossystem. 25. Mai 1999. https://www.ris.bka.gv.at/Dokument.wxe?Abfrage=Justiz &Dokumentnummer=JJT_19990525_OGH0002_0010OB00091_99K000 0_000 (Zugriff am 5. September 2010).

—. Ärztegesetz 1998. 5. September 2010. https://www.ris.bka.gv.at/ GeltendeFassung.wxe?Abfrage=Bundesnormen&Gesetzesnummer=10 011138 (Zugriff am 5. September 2010).

Roehl, Heiko. „Kritik des organisationalen Wissensmanagements." In Organisationslernen durch Wissensmanagement, von Projektgruppe wissenschaftliche Beratung. Frankfurt, 1999.

Rothschuh, Karl Eduard; Schäfer, A. Qualitative Untersuchungen über die Entwicklung des physiologischen Fachschrifttums in den letzten 150 Jahren. 1955.

Schwar-Kaske, R. Entwicklung und Marketing: Informationen für die Pharmaindustrie. 1993.
Schwarz, Iris; Umstätter, Walter. „Medizinische Online-Dienste und CD-ROM-Datenbanken." In Informations- und Wissenstransfer in der Medizin und im Gesundheitswesen, von Karl-Franz Kaltenborn. Frankfurt, 1999.

Sigerist, Henry Ernest. Anfänge der Medizin. Zürich, 1963.

Tilley, C. B. „Medical database and health information systems." Annual Review of Information Science and Technology 25, 1999: 313 – 382.

Williams, M. E. „The state of database today." In Gale Directory of Databases 1997, v.1: Online Databases, von Group Gale und Nolan. Detroit, 1997.

Wissmann, C. Online- und CD-ROM-Literaturrecherchen an der Universitätsbibliothek und der Zentralen Medizinischen Bibliothek Marburg. Marburg, 1991.

Wissmann, C. „Techniques of data retrieval for scientometric research in the ISI citation indexes." Journal of Information Science 19, 1993.

Die Autoren

Alexandra Adamczyk

Geb. 1987 in Salzburg. Schule/Studium: 2001 – 2006 BHAK I Salzburg (Schwerpunkt Informatik); 2006 –2009 Universität Salzburg „Bachelor Recht und Wirtschaft" (Spezialisierung: Strategisches Management); ab WS 2009 Uni Salzburg „Master Recht und Wirtschaft" (Spezialisierung: Wirtschaftsmanager). Bachelor-Arbeiten: Verhältnis zwischen Kunst und Wirtschaft – aktuelle Wirtschaftstrends; Gebührenkalkulation in öffentlichen Haushalten

Peter-Wolf Aichberger

Geb. 1939, verheiratet, 6 Kinder.

1959 – 1970	Zivil-Ingenieur, Prof. Dr. techn. DI. Ernst Armbruster, Statik-Konstruktivbau
1970 – 1976	Frank Steinhofer KG, Bauträger/Aufbau der REX-BAU, Direktor
1976 – 1983	Negrelli/Neue Reformbau, Hoch-und Tiefbau Niederlassungsleiter
1983 – 2003	PWA/GECO General Consulting, Planung Krankenanstalten und Pflegeheime
1984 – 2009	Geschäftsführer einer Ärztegesellschaft in Wels
1989 – 1990	Sanatorium Wels, Inbetriebnahme und Leitung Management
2005 –	PWA – Konsulent Bau-Sonderfragen für Bundesministerien in Wien

Interessenschwerpunkt: Systemanalyse. Interessenskonflikte: der Tag hat nur 24 Stunden!

Florian Connert

Dr. med., Allgemeinmediziner in Köstendorf bei Salzburg. Matura am Privatgymnasium der Herz-Jesu-Missionare in Salzburg-Liefering 1998.

Medizinstudium an der Medizinischen Universität Innsbruck, 2007 Promotion zum Dr. med., Dissertation an der Sektion für Molekulare und Zelluläre Pharmakologie. Auslandsfamulaturen in Südafrika und Thailand. Turnusausbildung an den Salzburger Landeskrankenanstalten 2007 – 2010. Turnusärzte-Referent der Salzburger Ärztekammer. Turnusärztevertreter an den Salzburger Landeskrankenanstalten 2007 – 2009. Vizepräsident des Vereins Turnusärzte Salzburg 2008 – 2010. Vizepräsident der Salzburger Gesellschaft für Allgemeinmedizin. Mitarbeit an mehreren Projekten zur Verbesserung der Turnusausbildung.

Christoph Dachs

Dr. med. Geb. 1959. Schulen in Salzburg, Studium in Innsbruck, Promotion zum Dr. med. im März 1985, Turnus in Salzburg und Hallein. Seit 1990 niedergelassen als Allgemeinmediziner in Hallein/Rif. Präsident der SAGAM (Salzburger Gesellschaft für Allgemeinmedizin). Vorstand des integrierten Gesundheitsprojektes „gesundheitsnetzwerk.at“ Tennengau. Lehrauftrag an der PMU Salzburg. Anliegen an das Gesundheitssystem: Finanzierung des Gesundheitssystems aus einem Topf. Schlüsselrolle des Hausarztes und gescheite, starke Politiker, die sich trauen, gegen zahlreiche Lobbyisten sinnvolle und wissenschaftlich abgesicherte Reformen durchzuführen.

Nikolaus Dimmel

Univ.-Prof., Dr. iur., Dr. phil., diplomierter Sozialmanager; Leiter der Lehrgänge für Sozial- und Migrationsmanagement (Salzburg), Mitglied des österreichischen Menschenrechtsbeirates; war/ist als Strafverteidiger, Sozialamtsleiter, GmbH-Geschäftsführer und Universitätslehrer tätig; nationale und internationale Consultingerfahrungen.

Tamara Friedrich

L.L.B. oec. Geb. 1987 in Graz. Schulen in Salzburg: 1997 – 2005 Neusprachliches Gymnasium der Ursulinen Salzburg. Juni 2005 Matura. 2005 bis 2009 Bachelorstudium „Recht und Wirtschaft“ in Salzburg.

Bachelor-Arbeiten: „Allokation und Palliative Care“ und „Saubere Kleidung? Von Kinderarbeit, unmenschlichen Arbeitsbedingungen und Fair Trade.“

Alfred Kyrer

Em. o. Univ.-Prof. Dkfm. Dr. Geb. 1935. Doktor der Handelswissenschaften der Hochschule für Welthandel (heute: Wirtschaftsuniversität Wien). 1965 Habilitation für das Gesamtgebiet der Nationalökonomie. 1970 Berufung auf den Lehrstuhl für Volkswirtschaftslehre und Volkswirtschaftspolitik an der Paris Lodron Universität Salzburg. Seit 2003 Emeritus im Fachbereich für Sozial- und Wirtschaftswissenschaften. Derzeitige Forschungsschwerpunkte: Aktionsforschung, Governance Research, Private Public Health. E-Mail: alfred.kyrer@sbg.ac.at

Fritz Lechleuthner

Dipl.-Kfm. Geb. 1941. Wirtschaftsstudien an der Hochschule für Welthandel (heute Wirtschaftsuniversität Wien). MBA der Graduate School of Business Columbia University New York (Fulbright Scholarship). Zunächst Associate, dann Principal bei McKinsey & Company, Inc. in USA, Mexico, Deutschland und Österreich. Danach Manager International Forum, IIASA (Intl. Institute for Applied Systems Analysis), Laxenburg. Seit 1983 selbständiger Unternehmensberater mit Schwerpunkten Corporate Development, Strategie, Produktivität und Organisation für Industrieunternehmen, Unternehmensgründer und Geldinstitute sowie Entwicklung von Fachhochschul-Studiengängen. Zuletzt Lehrbeauftragter für Strategic Management an der Fachhochschule Salzburg. Aktuell: Befassung mit systemischen Ansätzen für Fragen des Wissensmanagements, der private und public Governance und der Innovation in Wirtschaft, Politik und Demokratie.

Heinz Locher

Dr. rer. pol., 1976 – 1989 Beauftragter des Regierungsrates für die Planung und den Betrieb von Spitälern, Schulen und Heimen in der Gesundheits- und Fürsorgedirektion des Kantons Bern. Von 1989 bis 1998

Sitzleiter sowie von 1989 – 2000 verantwortlicher Partner für den Bereich Gesundheitswesen bei STG-Coopers & Lybrand in Bern. Seit 2001: Dr. Heinz Locher, Management + Consulting Services in Bern. Problemstellungen: Regulierung, Unternehmensstrategie, Allianzen, Fusionen, Netzwerke, Risiko- und Qualitätsmanagement im Gesundheits- und Bildungswesen.

Kurt Luger

Univ.-Prof. Dr. Professor für Transkulturelle Kommunikation am Fachbereich Kommunikationswissenschaft der Universität Salzburg; Wissenschaftlicher Leiter der Universitätslehrgänge „Interkulturelle Kompetenz“ und „Intercultural Studies; Lehrbeauftragter im Bereich Gesundheitskommunikation an der SMBS-University of Salzburg Business School; Vorsitzender von EcoHimal, Gesellschaft für Zusammenarbeit Alpen-Himalaya. *Jüngste Publikationen:* Kulturelles Erbe und Tourismus, Hg. mit Karlheinz Wöhler (2010); Transdisziplinäre Kommunikation, Hg. mit Erich Hamberger (2008); Welterbe und Tourismus, Hg. mit Karlheinz Wöhler (2007); Auf der Suche nach dem Ort des ewigen Glücks – Kultur, Tourismus und Entwicklung im Himalaya (2007). E-Mail: kurt.luger@sbg.ac.at

Günter Neubauer

Univ.-Prof. Dr. rer. pol. Lehrte von 1976 bis 2006 an der Universität der Bundeswehr in Ottobrunn/München mit dem Schwerpunkt Gesundheitsökonomik und ist Direktor des Instituts für Gesundheitsökonomik (IfG). Von 1986 bis 1990 Mitglied der Enquete Kommission „Reform der GKV“ des Deutschen Bundestages und von 1990 bis 1998 Mitglied des Sachverständigenrates für die Konzertierte Aktion im Gesundheitswesen. Mitglied in Aufsichtsgremien und wissenschaftlichen Beiräten von Einrichtungen/Unternehmen des Gesundheitswesens und Vorsitzender bzw. Mitglied mehrerer Schiedsämter auf Bundes- und Landesebene.

Ernest G. Pichlbauer

Dr. med. Geb. 1969. Arbeitete, bevor er sich der Gesundheitsversorgungsforschung zuwandte, als Universitätsassistent an der Pathologie des Wiener AKH. Während seiner Zeit am Österreichischen Bundesinstitut für Gesundheitswesen (ÖBIG) war er unter anderem maßgeblich an den Arbeiten zum Österreichischen Strukturplan Gesundheit (ÖSG) beteiligt und verfasste für die deutsche Bundesregierung mehrere HTA-Berichte. 2007 veröffentlichte er gemeinsam mit Ingrid Korosec die gesundheitspolitische Diskussionsgrundlage „Gesunde Zukunft – Österreichs Gesundheitsversorgung NEU" – und wurde prompt aus seinem damaligen Job im Niederösterreichischen Gesundheitsfonds entfernt.
Seit 2008 ist er unabhängiger Experte und gesundheitspolitischer Kolumnist in der Wiener Zeitung („Rezeptblock") und der Ärzte-Krone („Scharf gedacht"). Wesentlicher Inhalt seiner versorgungswissenschaftlichen Arbeit ist die Analyse und Kritik vorhandener Daten und der Entwurf von Versorgungskonzepten, die den Patientennutzen erhöhen. Als unabhängiger Experte nimmt er sich das Recht heraus, öffentlich als „Dissident" aufzutreten, um der Versorgungswissenschaft in Österreich politisch Gehör zu verschaffen.

Wolfgang Pichler

Univ.-Prof. Dr. iur. Habilitation für Volkswirtschaftslehre und Finanzwissenschaft, Fachbereich Sozial- und Wirtschaftswissenschaften, Paris Lodron Universität Salzburg, Leiter des Universitätslehrgangs MTD (Master in Training and Development), Psychoanalytiker (Lehranalytiker), Gruppentherapeut, Supervisor, Coach. Verschiedene Publikationen an der Tangente von Ökonomie und Psychoanalyse. E-Mail: wolfgang.pichler@sbg.ac.at

Walter Scherrer

Univ.-Prof. Dr., Fachbereich Sozial- und Wirtschaftswissenschaften, Universität Salzburg. Magister und Doktorat an der Universität Linz bei Kurt Rothschild und Ewald Nowotny; Habilitation für Volkswirtschaftslehre und Finanzwissenschaften; Preis der Stadt Salzburg für wissenschaftliche Arbeiten; Visiting Professor an der Fudan University Shanghai und Gastlehrender an den Universitäten Bologna und Ljubljana. Initiator der Tagungsreihe „International Seminar Regional Innovation Policy“ in Kooperation mit den Universitäten Porto und Edinburgh Napier; Mitglied der COST Action TU 1001 Public Private Partnerships in Transport: Trends & Theory; Mitgründer und Leiter von Universitätslehrgängen der Paris Lodron Universität Salzburg in Kooperation mit SMBS; Vorstandsmitglied der Wissenschaftsagentur der Universität Salzburg. Derzeitige Arbeitsschwerpunkte: Regionale Wirtschaftspolitik und Public-Private-Partnerships. E-Mail: walter.scherrer@sbg.ac.at

Martina Schmidt

Jahrgang 1950. Ausbildung zur Sozialarbeiterin, Tätigkeit als Erzieherin im Bundesblindenerziehungsinstitut Wien. 1976 Wechsel zu Nixdorf Computer, Aufgabenbereich Training und Sales. 1990 – 1995 Consultant für Total Quality Management (Konzeptentwicklung, Umsetzung und Verantwortung als Qualitätsmanager). Ab 1995 Senior Consultant mit den Themenschwerpunkten Change Management und Unternehmensentwicklung. Zahlreiche externe Kundenprojekte und Managementseminare. Seit 2000 in gleicher Funktion und Aufgabenstellung im Bereich Corporate Development/Change Management der Siemens AG Österreich. Regelmäßig persönliche Weiterbildungsmaßnahmen zu strategischer Unternehmensführung und Personalentwicklung.

Jochen Schuler

Dr. med. Facharzt für Innere Medizin, Kardiologie und Intensivmedizin. Medizinstudium an der FU Berlin 1990 – 2004, Ausbildung an den Kardiologischen Abteilungen von Humboldt Klinikum Berlin und Charite Campus Buch, seit 2001 in Oberarztposition, seit 2004 an der Univ.-Klinik für Kardiologie und internistische Intensivmedizin der Paracelsus Medizinische Privatuniversität Salzburg. Arbeitsbereiche: Herzkatheterlabor und Arzneimitteltherapiesicherheit. Seit 2005 Versorgungsforschung im Bereich Arzneimitteltherapie, speziell Polypharmakotherapie beim älteren Menschen. Zahlreiche Publikationen und Vortragstätigkeiten zu diesem Thema. Redaktionsleitung der unabhängigen Zeitschrift „Der Arzneimittelbrief" mit über 150 Artikeln zur Arzneimitteltherapie in den vergangenen 15 Jahren. E-Mail: j.schuler@salk.at

Bernhard F. Seyr

Tit. Univ.-Prof., Mag. Dr. rer. soc. oec., Mag. Dr. phil., Dr. habil. Geb. 1976 in Linz. 2002 Doktoratsstudien in Pädagogik an der Paris Lodron Universität Salzburg sowie an der Johannes Kepler Universität Linz in den Sozial- und Wirtschaftswissenschaften. 2010 Lehrbefugnis (venia legendi) für Wirtschafts- und Organisationswissenschaften der Westungarischen Universität in Ödenburg (Sopron) und akademischer Grad „Doctor habilitatus". Seyr lehrt u. a. an dieser Universität im deutschsprachigen Studiengang der Fakultät für Wirtschaftswissenschaften. Außerdem ist er in Österreich als Sachverständiger für Schulen und Kurse aller Art sowie für betriebliche Aus- und Weiterbildung tätig. Als selbstständiger Unternehmensberater arbeitet er vor allem im Personalentwicklungs- und Organisationsbereich. Derzeitige wissenschaftliche Schwerpunkte: Governance und Wissensmanagement, Bildung und Arbeitsmarkt, Design und Erprobung eines 4-Quadranten-Portfolios zur Evaluation von Personalentwicklungsmaßnahmen. E-Mail: seyr@seyr.at, Websites: www.seyr.at, personalwirtschaft.cc

Markus Siegfried Wiesinger

L.L.B. oec. Lehre als Maschinenschlosser bei den ÖBB, Abendgymnasium Salzburg, Studium Recht und Wirtschaft, Moderator von „INFRA.Idee" und Leistungskoordinator bei ÖBB Infrastruktur AG, Bereich Anlagen-Service in Salzburg. Schwerpunkt: Wissensmanagement. Publikationen: Sitzungen effektiv gestalten; Salzburg 2006. Ideen- und Wissensmanagement als Basis für Innovationen; Salzburg 2007. Personalentwicklung und ältere Arbeitnehmer; Salzburg 2008.

Kolibri 360 GmbH
Ferdinand-Jühlke-Straße 7
99095 Erfurt, Deutschland
produktsicherheit@kolibri360.de